महानगर वियना नयी सदी के नये महानगर की, युद्धोत्तर बाद की व्यथा से घिरे समाज का चेहरा दिखाता है। *महानगर वियना* एक नयी तकनीक से कथा प्रवाह बहाता पाठक को बाँधे रखने वाला उपन्यास है।

द्वितीय विश्वयुद्ध के बाद एक पूरी सदी युद्ध के प्रभाव से ऐसी प्रभावित हुई कि देश, काल, भौगोलिक परिधि ही नहीं समूची संस्कृतियाँ भरभरा गयीं। वियना भी उससे अछूता नहीं रहा। ये उपन्यास युद्ध की हिंसा और उससे उत्पन्न भीषण रक्तपात से परे अस्त्र–शस्त्रों से दूर उस मनोवैज्ञानिक हिंसा का, ऑस्ट्रियाई समाज पर पड़े उसके गहरे प्रभाव का सजीव वर्णन करने वाला एक जीवन्त आधुनिक उपन्यास है।

महानगर
एक कोलाहल
खण्ड-खण्ड पाखण्ड
वियना

महानगर वियना

एक कोलाहल खण्ड-खण्ड पाखण्ड

ऑस्ट्रियाई लेखक

पीटर रोसोई

हिन्दी भावानुवाद

रमा पाण्डेय

वाणी प्रकाशन

वाणी प्रकाशन ग्रुप

Austrian Embassy New Delhi

austrian cultural forum[de]

इस पुस्तक का प्रकाशन ऑस्ट्रियन एम्बेसी, नयी दिल्ली के
ऑस्ट्रियन कल्चरल फोरम के सहयोग से सम्पन्न हुआ है।

This book is published by the support from the Austrian Cultural Forum
of the Austrian Embassy, New Delhi.

वाणी प्रकाशन ग्रुप
मुख्य कार्यालय

4695, 21-ए, दरियागंज, नयी दिल्ली 110 002

फ़ोन : +91 11 23273167 फ़ैक्स : +91 11 23275710

शाखाएँ

अशोक राजपथ, पटना 800 004, बिहार

कॉफ़ी हाउस कैम्पस, महात्मा गांधी मार्ग, इलाहाबाद 211 001, उत्तर प्रदेश

महात्मा गांधी अन्तरराष्ट्रीय हिन्दी विश्वविद्यालय, वर्धा 442 001, महाराष्ट्र

सुल्तानिया रोड, मोतिया पार्क, भोपाल 462 001, मध्य प्रदेश

www.vaniprakashan.com
marketing@vaniprakashan.in
sales@vaniprakashan.in

Mahanagar Vienna
Translated from the German original *Wien Metropolis*

by Peter Rosei
Hindi Translated by Rama Pandey

ISBN: 978-93-5518-044-5

Novel

मूल्य : ₹ 599

थॉमसन प्रेस (इंडिया) लि. में मुद्रित

वाणी प्रकाशन का लोगो मक़बूल फ़िदा हुसेन की कूची से

प्राक्कथन

'मैं और पीटर रोसोई'

2008 में, पीटर रोसोई आस्ट्रिया के आधुनिक साहित्यकारों में एक उभरा हुआ नाम—मुझसे भारत में तब टकराये जब उनकी किताबों की चर्चा आधुनिक जर्मन साहित्य और अनुवादित अंग्रेजी साहित्य में होने के आर्कषण ने सांस्कृतिक विभाग, आस्ट्रियाई दूतावास को पीटर को भारत आने का निमंत्रण देने को प्रेरित कर डाला।

मेरा आस्ट्रियाई दूतावास से ही नहीं ख़ासतौर पर उसके सांस्कृतिक विभाग से भी ख़ासा सम्बन्ध बना रहा है। उसकी वज़ह मेरी क़लम और कैमरा है। तब तक मैं फ्रान्ज़ काफ्का के जीवन और उपन्यास 'ट्रायल' को आधार बनाकर अपना बेहद लोकप्रिय नाटक 'गिरफ़्तारी' लिख और मंचित कर चुकी थी।

आस्ट्रिया के सांस्कृतिक फोरम के डायरेक्टर मुनिश बहल ने फिर मुझसे सम्पर्क साधा और कहा– ये किताब "वियन मैट्रोपोलिस" पढ़ें 4 दिन बाद इस पर चर्चा है आपको किताब सार पर कविता पढ़नी है। पीटर रासोई को पढ़ना, समझना और उसके सूक्ष्म साहित्य तत्त्वों तक जाना आसान काम नहीं था। दिन भी थे 4 ही पर जब "वियन मेट्रोपोलिस" पढ़ने बैठी तो किताब हाथ से छोड़ ही नहीं पायी। पीटर का कथा शिल्प मेरे कैमरे से कहानी फिल्माने जैसा है बिल्कुल आधुनिक तरीक़ा जब कलम ही कैमरा बन जाती है, हर शब्द एक चित्र है। छाया बिम्ब है। मैंने उस सोच का मूल तत्त्व पा लिया था। कविता जब मैंने हिन्दी में पढ़ी तो दिल्ली के आई.आई.सी. का वो

हॉल बार–बार तालियों से गूँजा। पीटर और मुझे 'स्टैंडिंग ओवेशन' यानी खड़े होकर स्वागत अभिनन्दन सराहना मिली। पीटर चौंक गये कि एक कविता में मूल पुस्तक का ऐसा मन्थन भी हो सकता है वो बहुत ख़ुश हुए। मुझे अपने हाथ से हस्ताक्षर करके किताब देते हुए कहा– कभी फिल्म बनाओ तो मुझे याद करना। फिल्म कहाँ बननी थी बात आयी गयी हो गयी। सालों साल गुज़र गये और अचानक ये किताब कोविड काल में प्रकट हो ही गयी। इस समय भी ऑस्ट्रियन सांस्कृतिक विभाग के आग्रह ने मेरे हाथ बाँध दिये। पीटर से पूछा गया– उसने मेरा नाम सुनते ही हाँ कह दिया।

मैंने कहा ये भावानुवाद ही होगा कविता की तरह–ताकि तुम्हारी मूल आत्मा उसमें बनी रहे और शब्द बिम्ब मेरे रहें ताकि बात सांस्कृतिक धरती के अलग–अलग होने के बाद भी नितान्त अपनी सी लगे। अपने हिया में निजी ज़िन्दगी के आस–पास बिखरे जीवन, समाज, चेहरे बूँद–बूँद से टपकते जायें– उसने (पीटर ने) यह सब कुछ माना। किताब वाणी प्रकाशन तक मेरे आग्रह से आयी क्योंकि मैं अरुण जी और अदिति की सोच से परिचित थी।

ये उपन्यास एक बेहद उलझे, त्रासदी से परिपूर्ण समाज की छवियों का चित्रांकन है जैसे मुट्ठी–भर कोड़ियों को सँजोकर खेलने से पहले एक झटके में टेबिल पर बिखरा दिया जाये और फिर एक–एक करके अलग क्यू में ऐसे सजाया जाये कि बेतरतीबी में भी तरतीब नज़र आये। ये पीटर का लेखन क्राफ्ट है। जिसकी जितनी तारीफ की जाये कम है और मेरे लिए एक अद्‌भुत चुनौती जिसे मैं एक साल में पूरा कर पायी ताकि भाषा भाव पर न हावी हो और भाव भाषा पर। आप वही समझे जो पीटर ने लिखा और रमा ने समझाया। मेरी कोशिश सुधी पाठकों आप तक पहुँचने की रही है ख़ासतौर पर नौजवानों तक जो इस विसंगत बँटे अधकचरे समाज की विकृत मनोदशा को झेलते जा रहे हैं झेलते जायेंगे।

आभारी हूँ पीटर की उसने फिर मुझे चुना– आभारी हूँ आस्ट्रियाई सांस्कृतिक फोरम कि जिन्होंने एक बार फिर आस्ट्रिया के एक और महान लेखक की कृति मेरे हाथ में दी, मुझ पर भरोसा किया।

आभारी हूँ श्री मीतयास राद्रोपिथ मिनिस्टर प्लानी पोटेन्शनरी और मुनिया बहल की जिन्होंने इस महत्त्वपूर्ण आधुनिक साहित्य की हस्ताक्षर कृति को मुझे सौंपा और दोनों देशों आस्ट्रिया और भारतीय साहित्य चेतना को नया आयाम दिया। आभारी हूँ तत्कालीन निदेशक श्रीमती गुडयन हर्डिमन की जिन्होंने सबसे पहले पीटर रोसोई के साहित्य को भारत में प्रकाश में लाने की पहल की और मुझे अपने साथ जोड़ा।

आभारी हूँ वाणी प्रकाशन समूह की जिन्होंने इस पुस्तक को भारतीय युवा वर्ग और साहित्य प्रेमी वर्ग तक पहुँचाने की ये साहित्यिक चेतना पूर्ण ज़िम्मेदारी उठायी। आभारी हूँ पाठकों की कि आपके हाथ में ये समाज मन्थन का अन्तर्राष्ट्रीय साहित्य है और आप इसे पढ़ रहे हैं।

–रमा पाण्डेय

खण्ड - एक

अध्याय-1

वियना शहर की आठवीं नगर पालिका शानब्रूनगासे की सड़क जोसफस्ट्रासे के एक कोने में खड़ी थी वो पाँच मंज़िला भव्य इमारत। इमारत का रंग भी ठीक उसी पीले रंग में पुता था जिस पीले रंग में ख़ुद शोनब्रून का आलीशान राजसी महल रंगा है।

एकबारगी ये इमारत आपका ध्यान नहीं खींचती क्योंकि वो उन तमाम और उस जैसी इमारतों के बीच खड़ी है जो उन्नीसवीं सदी के दूसरे भाग में तब बनायी गयी थीं जब ऐसी इमारतों के लिए चारों तरफ़ पैसा ही पैसा था। लिहाज़ा इमारतों की कारीगरी बाहर से ही बता देती–हम ख़ास हैं–बाहरी दीवारों पर देवियों के चेहरे पूरे सौन्दर्य भरी गरिमा के साथ उकेरे गये हैं अब तो उनका नाम और काम दोनों ही धूमिल अँधेरों में खो गये हैं।

देवी शीशों की ये क़तार इस इमारत की आख़िरी मंज़िल की खिड़कियों के ऊपर होकर गुज़रती है पूरी इमारत को चारों तरफ़ से घेरती हुई जैसे किसी इमारत को रिबन ख़ूबसूरती से बाँध दिया हो। इन तमाम देवियों की केश सज्जा में गूँथे गये हैं फूलों के गज़रे–मालायें और रिबन। मूर्तियों के आकार में भी ये पत्थर के मुख बाल लहराते हुए ऐसे लगते हैं जैसे एक मन्दिर मधुर लय में हवा में ठीक वैसे ही लहरा रहा है–इमारत के भीतर से धीमे पग से चलता आता मीठा संगीत।

जोसफस्ट्रासे के एक कोने में कोई पहली मंज़िल की ऊँचाई के बराबर बना है एक बड़ा पुरुष शीश–भव्य चेहरे पर घनी दाढ़ी जैसे

उसे और गरिमामय दिखाने के लिए बनायी गयी हो–इस मूर्ति की मुख मुद्रा में कसकर बन्द होंठ जैसे कहते हों चुप रहना ही ठीक है और उसकी भावशून्य गहरी बड़ी आँखें ख़ास हैं। एक निर्मोही दृष्टि वो कोई आत्मिक सन्देश नहीं देती। लगता है वो कोई भटकी आत्मा है जो अपना रास्ता भूल गयी हो और उसे अपने इस तरह भटक जाने की, ख़ुद का ही अस्तित्व बदल जाने की बेहद ख़ुशी हो। इसी इमारत की पाँचवी मंज़िल पर रहते है जोसफ पान्डुरा और ओबरकोफलर–दोनों जोसफस्ट्रासे के सड़क की तरफ़ मुख किये वाले फ्लैट में रहते हैं।

युद्ध के समय से ही जार्ज ओबरकोफलर इसी फ्लैट में अपनी पत्नी के साथ रह रहा था वो आस्ट्रियन सेना का सिपाही था जो वो अब भी है। इस इमारत में रहने वाले दूसरे किरायेदारों को आज भी याद है कि लम्बा गठीले बदन वाला का आकर्षक ये फर्स्ट लेफ्टिनेंट ओबरकोफलर अपनी बेहद ख़ूबसूरत पत्नी की बाँहों में बाँहें डाल सीढ़ियों से नीचे किस शान से उतरता था उसमें एक सलीका और वैसी ही नफ़ासत भरी थी जैसी के आर्मी ऑफ़िसर में होती है। दोनों एक भद्र शालीनता के साथ गर्मियों की ख़ूबसूरत शाम में अहाते से बाहर निकल जाते।

यूँ तो इस फ्लैट या रिहाइशी हिस्से में रहने के लिए केवल दो कमरे व स्नानघर और एक रसोई भर थे। अब ये शानब्रूनगासे सड़क पर बसे इमारतों से छोटा ही था जो एक अलग बात थी क्यों कि बाक़ी सभी रिहाइशी हिस्सों में नियमानुसार चार–चार बड़े आकार ऊँची छतों वाले कमरे थे। कमरे चार से ज़्यादा भी हो सकते थे पर कम नहीं–इस तरह ये फ्लैट भव्य नज़र आते थे–बड़े–बड़े लगते थे।

दूसरा विश्व युद्ध समाप्ति पर था–इसी दौरान पोलैण्ड के मासूरेन इलाक़े वाले ऐलैनश्टाईन से जर्मन सेना वापस लौटने लगी–युद्ध के ये सबसे ज़्यादा ख़ूनी महीने थे। सारा ख़ून–ख़राबा इन्हीं महीनों में हुआ। और तभी इस इमारत में वो घटा जो आप अब सुनने जा रहे हैं।

जर्मन सेना की वापसी और हो रहे ख़ून–ख़राबे की भनक पड़ते ही सभी भव्य सामन्ती परिवेश में बसे हुए उच्चवर्गीय लोग अपने मकान फ्लैट खाली करके–पाँव पैदल भागना शुरू हो गये–ऐसी ही एक शाम लौट रहे जर्मन सैनिकों ने इस इमारत की एक खिड़की में रोशनी छनकर आती देखी।

सैनिकों ने सोचा लगता है कि घर खाली कर भागने की जल्दी में घरवाले बत्ती बुझाना भूल गये–कौतूहल और मद से भरे उन्मादी सैनिकों ने अपनी राइफल के कुन्दे मार–मारकर इमारत का पहला दरवाज़ा तोड़ डाला और हमला बोल दिया–देखते क्या हैं कि बड़े भव्य कमरे के आतिशदान यानी फायर फ्लेस में हाथ की बुझी राख की हल्की सिलेटी परत जिसमें नारंगी चिनगारियाँ अब भी जली–बुझी की लुका–छिपी खेल रही थीं गर्माहट दे रही थीं। लगता था जाने वाले ने जाने से पहले कुछ बेहद ज़रूरी काग़ज़ात जलाये होंगे। सैनिकों ने वो सीढ़ी ढूँढ़ ली जो नीचे शराब भण्डार की ओर जा रही थी–इतने में सैनिक टुकड़ी का आख़िरी रक्षा दल भी आ पहुँचा जिसकी अगुवाई फर्स्ट लेफ्टिनेंट और कोई नहीं जार्ज ओबरकोफलर ख़ुद कर रहा था। उसने पाया कि उसकी अगली टुकड़ी जिसके नायक पान्डूरा थे–इमारत की लूट–खसोट में जुटी पड़ी है–जिसको भी शराब से भरे ढोल पीपे नज़र आये उसी ने अपनी पिस्टल से शराब के पीपे में छेद कर डाला और उसमें से पानी की तरह बहती शराब को जो बर्तन मिला उसमें भर लिया और शुरू हो गयी नशीली शाम। ओबरकोफलर ने ये तमाशा देखा तो और कुछ नहीं कहा सिवाय इसके–कल सुबह जो समय से नहीं उठ पाया वो रूसियों की गोलियों से मरने को तैयार रहे। ये कहकर उसने अपने पहने दस्ताने मेज़ पर फेंक दिये और कुर्सी पर पैर फैलाकर बैठ गया।

देर शाम सैनिकों की चपड़–चपड़ शान्त हो गयी–नशे में धुत्त जर्मन सैनिक इस फ्लैट के कमरे में पसरने लगे जिसे जहाँ जगह मिली पड़ गया–कोई फ़र्श पर तो कोई सोफे टेबिल पर सबके सब अपनी पूरी सैनिक वर्दी पहने सो रहे थे।

पान्डूरा अपनी सफ़ेद साफ़ शराब शैनबूस की बोतल लेकर अलग बैठ गया–खिड़की के बाहर चाँदनी रात बिखरी थी सामने बगीचा अजीब फीके पीले रंग में नहाया हुआ पसरा पड़ा था–सर्दी की ठण्डक दस्तक़ दे रही थी मैदानों ने बर्फ़ की चादर ओढ़ रखी थी। मैदानों पर खड़े ऊँचे–काले पेड़ किसी अकड़े हुए काले चमड़े के चाबुक से लग रहे थे। जैसे जंगल में नहीं कोई अदृश्य हाथ उन्हें मुट्ठियों में थामे हो।

कमरे में जो आतिशदान था उसकी चौखट से टिका ओबरकोफलर बड़ी देर पान्डुरा को पीछे से ही निहार रहा था। अचानक वो चलकर पान्डुरा के पास आया और उसके कन्धे पर हाथ रखकर कान में धीरे से फुसफुसाया जाओ देर हो गयी जाकर सो जाओ–

ओबरकोफलर का ये कहना अप्रत्याशित बात थी। सेना में पद और व्यवहार की सीमायें तयशुदा होती हैं। ओबरकोफलर ने गहरी भर्रायी आवाज़ में जो मौन तोड़ा उससे पान्डुरा बिजली की तरह घूम गया–जैसे चौंक गया हो, पर सच तो ये है कि वो इतनी देर से इसी इन्तज़ार में था कि ओबरकोफलर कब आयेगा उसके पास।

दरअसल पान्डुरा जिसका पूरा नाम बोन पान्डुरा था ओबरकोफलर को पहले से ही जानता था। युद्ध के शुरू होते ही ये दोनों एक ही जर्मन सेना की एक ही यूनिट में भेज दिये गये थे। एक लम्बे समय तक दोनों एक ही टुकड़ी में तो थे पर उनका आपस में कोई सीधा सम्बन्ध या संवाद नहीं था। वो दूर से एक–दूसरे को देखते रहते थे सेना भोजन कक्ष में, टुकड़ी के नायक द्वारा सभी को लाइन हाज़िर किये जाते समय, सेना की बैरकों के रिहायशी इलाक़े में या फिर कभी–कभार घर जाने की छुट्टी पर वियना जाते समय एक ट्रेन के डिब्बे में उनकी नज़रें एक–दूसरे से टकरा जाती थीं।

सेना के नियमानुसार ओबरकोफलर एक ऑफ़िसर था–जो सीधा सेना में भर्ती किया गया था पर पान्डुरा एक ग़ैर सैनिक सिपाही था–और इस स्तर का फ़र्क़ दोनों के बीच हमेशा रहा।

पहली बार इन दोनों का एक–दूसरे से सीधा आमना–सामना, लेन–देन तब शुरू हुआ–इस टुकड़ी के बहुत सारे सैनिक इस युद्ध

की ख़ूनी लड़ाई में मारे गये और टुकड़ी के सारे सैनिकों की वर्दी बदलकर फिर से नयी टुकड़ी बनायी गयी।

एक बार की बात है यूक्रेन पर धावा बोलने से पहले एक सैनिक टुकड़ी जिसमें ओबरकोफलर और पान्डुरा दोनों ही थे एलैनस्टाईन के बाज़ार में सड़क पर एक जूते की दुकान पर पान्डुरा एक शोरूम के बाहर जूते देखने में खो गया। सड़क पर गश्ती टुकड़ी थी जिसमें ओबरकोफलर भी था उसने पान्डुरा को जूतों की दुनिया में मशगूल पाया ओबरकोफलर काफ़ी देर तक पान्डुरा की हिमाकत को देखता रहा कि ड्यूटी पर होने के बाद भी गश्त छोड़कर पान्डुरा जूतों की निगरानी कर रहा था—और कोई वक़्त होता तो पान्डुरा को सज़ा के तौर पर लाइन हाज़िर होना होता पर ओबरकोफलर ने पान्डुरा को ये सोचकर मन ही मन माफ़ कर दिया कि चलो छोड़ो ये अपने वियना का ही तो रहने वाला है। सिवाय इस रिश्ते के दोनों एक शहर के निवासी थे। दोनों के बीच आपसी जुड़ाव व झुकाव के कोई कारण नहीं थे एक आम से आदमी के साथ आम—सा रिश्ता।

पान्डुरा शरीर से भारी थुलथुला—सा था। साँवले और चौड़े चेहरे का आकार चाँद की तरह गोल—गोल—सा था। एकबारगी देखने में ऐसा नहीं लगता था कि वो कोई ख़ास बहादुरी का करतब दिखायेगा पर नहीं वक़्त और ज़रूरत के आते ही पान्डुरा महान वीर सैनिक जैसा अदम्य साहस जब तब दिखाता रहता। उसके इस अचानक ख़तरा मोल लेने की आदत को उम्र में बड़े सैनिक उसको को गधा समझते थे जो बिना बात ख़तरों का खिलाड़ी बना घूमता था। ख़तरा सामने आते ही पान्डुरा जान पर खेलने को तैयार हो जाता। दुश्मन सामने देखते ही पान्डुरा का रूप ही बदल जाता था। जिस फ़ुर्ती से वो हमला करना लगता किसी ने शेर को माँद में से निकाल दिया हो। ओबरकोफलर पान्डुरा के लिए इन्हीं शब्दों का इस्तेमाल करता था कि वो सोता हुआ शेर बस छेड़ने भर की देर है। समय के साथ सभी पान्डुरा के ठिगने छोटे कद के भीतर छिपी ताक़त को पहचानने लगे थे। वो सब कुछ एक साथ था कठोर तना हुआ भारी पर साथ

ही हल्का और लचीला भी। जैसे चुम्बक की सूई जैसे बर्फ़ के फाये। उसको पार करके आगे बढ़ना असम्भव था–हमले के वक़्त पान्डुरा एक कठोर मज़बूत ढाल बन जाता था जिसके पीछे छिपे रहकर आप दुश्मन के इलाक़े में आगे बढ़ सकते थे।

युद्ध के मैदान में लाशों के ढेर के बीच से पान्डुरा ऐसे गुज़रता जैसे उसने लाशें देखीं ही नहीं, जैसे उसे परवाह ही न हो कि इस हमले की क्या क़ीमत चुकानी पड़ेगी।

जब वो युद्ध में सेना की अगली पंक्ति में नहीं होता और दूर बैठा होता तो फिर उसका कायाकल्प हो जाता–अब वो बिल्कुल शान्त, खामोश और अन्तर्मुखी हो जाता। सिर्फ़ उसकी बड़ी–बड़ी भूरी आँखों की चमक से लगता था कि उसके भीतर बहुत कुछ चल रहा है जिसे वो ऊपर से शान्त रहकर छिपा रहा है–पान्डुरा जमकर शराब पीता और ख़ूब जुआ खेलता। किसी के छेड़ने पर वही ऊपर से शान्त आँखें गुस्से से धधकने लगतीं उनकी चमक ही बदल जाती–पान्डुरा की आँखें सुर्ख होकर कौंधने लगतीं बस पान्डुरा की आँखों की इसी कौंध ने ओबरकोफलर का ध्यान अपनी ओर खींच लिया था।

बाक़ी सैनिकों में पान्डुरा कुछ ख़ास लोकप्रिय नहीं था। लेकिन फर्स्ट लेफ़्टिनेंट ओबरकोफलर अपनी टुकड़ी में सबके प्यारे थे। पान्डुरा की असली समस्या थी उसका तीखा मिज़ाज–कुछ पता ही नहीं चलता था कि कब सहज है, कब असहज, कब नाराज़, कब ख़ुश–कभी रुष्ट है कभी तुष्ट है। स्वभाव के इसी असन्तुलन की वजह से वह कभी दूसरे सैनिकों से ठीक से घुल–मिल नहीं पाता था–उसकी पसन्द–नापसन्द बड़ी गहरी थी। अक्सर ऐसा लगने लगता था कि घोर एकाकीपन और एकान्त ही उसकी पहली पसन्द हैं।

ओबरकोफलर ने खिड़की के पास बैठे पान्डुरा से कहा, "मैं तो पहाड़ों पर ही पैदा हुआ हूँ फिनज़गाऊ के एक फार्म हाऊस की पैदाइश हूँ मैं। उस फार्म में खड़े होकर हम वाईशबाखोर्न स्वाइज़ोकोफ और ग्लोकनेर तक देख सकते थे। गर्मियों के मौसम में सुबह–सवेरे की साफ़ ताज़ी हवा में जब बादल नहीं होते थे तो वादी की गोद में

पड़ी ज़ेक झील अपनी चमक से आँखों को चौंधिया देती थी झिलमिल करती थी। वो वहाँ देखते थे वहीं छोटे–छोटे घर थे ब्रक के फुश थे दूर से लगता था जैसे कुछ रंगीन धब्बे हों बाद में इसी जगह पर ग्लोकनेर रोड बना दी गयी।"

अब ओबरकोफलर पान्डुरा की आँखों में झाँककर बात कर रहा था। वो बोला, "वादी में किसानों में ग़रीबी के घर कर जाने से खेतीबाड़ी के धँधे पर गहरा असर पड़ा है। जिन दिनों देश में मन्दी का भयंकर दौर चल रहा था। एक दिन मेरे पिता ने मेरा हाथ पकड़ा और ले गये सीधे टैक्सनबाख के रेलवे स्टेशन, वहाँ टिकट की खिड़की के पास जाकर उन्होंने एक टिकट वियना के लिए ख़रीदकर मेरी हथेली में रख दिया और कहा वियना से ही तुम और पूर्व की ओर ब्रुक अन डार लेईसा जाओगे सैनिक स्कूल में पढ़ने। तब उन दिनों सैनिक स्कूल वहीं हुआ करता था। हमारे गाँव के चर्च सैन्ट जियोरंगन के एक पादरी ने मेरे लिए सैनिक स्कूल में पढ़ने के लिए छात्रवृत्ति दिलवा दी थी।"

ओबरकोफलर और पान्डुरा दोनों एक रेस्तराँ में बैठे शाम गुज़ार रहे थे। हालाँकि शाम गर्म थी हवा में उमस भी थी पर ये दोनों रेस्तराँ के बन्द कमरे में ही बैठे थे। खुली खिड़कियों से बीच–बीच में कुछ हवा के झोंके अन्दर कमरे के फ़र्श की धूल उड़ा देते थे। फ्लोर बोर्ड चरमर की आवाज़ कर रहे थे लगता था कि बहुत दिनों से उसमें तेल नहीं दिया गया। दोनों ने एक बड़ी बोतल बियर मँगवायी और फिर उसी बोतल से दोनों जने बारी–बारी से पीने लगे।

ओबरकोफलर बोला, "जब वियना से रेल चली और जब पहाड़ी रास्ते से गुज़री तो अँधेरा–सा छा गया। दोनों तरफ़ काली–काली चट्टानें थीं जिनमें काले पेड़ों की पके हुए काले रंग की डालियाँ झुक रही थीं। पटरी से थोड़ी दूर बने रेलवे के पथरीले फुटपाथ से लगे हुए ब्रुक के शोर मचाते दहाड़ते पेड़...ओह ऐसा लगा जैसे मैं ख़ुद से ही अलग भाग रहा हूँ, जा रहा हूँ नर्क की गर्त में। मेरे किशोर मन में नर्क की कल्पना कुछ ऐसी ही नज़र आयी।"

पान्डुरा एक अमीर घर का लड़का था। ओबरकोफलर के मुक़ाबले उसका ख़ानदान कहीं ज़्यादा धनी था—उसके पिता बड़े ज़मींदार थे। ये लोग रुमानिया से आये थे और खेतों की उपज और फार्म की कमायी से अच्छा पैसा कमाते थे। यही नहीं इसी पैसे को उन्होंने सट्टाबाज़ार में लगाकर अपनी दौलत दुगनी कर ली। कुछ पैसा उन्होंने रियल स्टेट यानी इमारतों की ख़रीद—बेच में लगाकर ख़ासा मुनाफ़ा कमाया।

या तो पान्डुरा के बाप को व्यापार की गहरी समझ थी या फिर गज़ब का निशाना था उनका। अब इमारतों के क्रय—विक्रय को ही लें वो जान—बूझकर वियना के दक्षिण सिरे पर पड़े उजाड़ ज़मीन के टुकड़ों और इमारतों को सस्ते दामों पर ख़रीदकर रख लेता ऐसी बझिन जमीनें जहाँ भेड़—बकरियाँ घास चरने जाती थीं वो भी चरवाहे की ज़मीन पान्डुरा के पिता ने पहले ख़रीदी फिर कुछ ही समय बाद ऊँचे दामों पर बेच दी। ये धन्धा उनके लिए सोने की ख़ान साबित हुआ।

आगे चलकर इन्हीं ज़मीनों पर ईंटों के भट्ठे चालू किये गये जिनमें आग में तपायी ईंटों से ही नये वियना शहर, ख़ूबसूरत वियना शहर का रंग—रूप गढ़ा गया चमकाया गया। धीरे—धीरे गढ़ रहा था—नया शहर—बन रहा था एक महानगर वियना।

बादाम की पेस्ट्री खाते हुए पान्डुरा के बाप ने ख़ूबसूरती से तराशे गये शैम्पेन के प्याले से शराब का एक घूँट और लिया, और गम्भीर आवाज़ में बोला, आख़िर इस सबका मतलब क्या है। मिसाल के तौर पर अभी तुम में से कोई पानी में उतर जाये, चलो नहाने की हौदी यानी बाथटब में ही उतर जाये तो पानी में सिर डूबते ही सिर के सारे बाल किसी फूल की पंखुड़ियों की तरह पानी में ऊपर तैर जायेंगे जैसे ख़ुद भगवान की माँ का पवित्र दिल हो वो—ऐसा रूप अधखिला गुलाब जैसा रूप—मैं जानता हूँ मैं क्या कह रहा हूँ...एक बार की बात बताऊँ, बचपन में मैंने कैथोलिक धर्म का एक नियम ख़ुद उसके चर्च में ही तोड़ दिया था। शायद हम तब रूमानिया में ही थे—हुआ यूँ कि जब नियमानुसार लाइन में लगे भक्तों के मुँह में बारी—बारी से

ईश्वर के प्रसाद के रूप में पादरी प्रार्थना के लिए इकट्ठा लोगों के मुँह में प्रसाद स्वरूप पवित्र रोटी का पवित्र जल में डूबा टुकड़ा डाल कर आशीर्वाद दे रहे थे तो मैंने टुकड़ा मुँह में रख तो लिया पर उसे खाया नहीं मैं मुँह बन्द कर रेल की पटरियों की ओर दौड़ गया जहाँ कुछ कीड़े बिलबिला रहे थे वहीं बस वहीं थूक दिया मैंने वो प्रसाद जिसे स्वयं प्रभु ईसा मसीह की देह से निकला मानते हैं। वो पवित्र प्रसाद रेल की पटरी पर लोट गया–और फिर कुछ नहीं हुआ, कुछ भी नहीं हुआ बहुत पुरानी बात है ये–

प्रोट हार वोन पान्डोरा ने नीले मोतियों के भराव वाली पूर्व के किसी देश से आयी महोगनी की काली चमकती टेबल पर अपना गिलास सरकाते हुए अपनी लाल बालों वाली किसी साथी की ओर देखकर मुस्कुराया फिर ख़ामोशी से लेस लगे पर्दों की फड़फड़ाहट से पार ग्राबेन की तरफ़ देखने लगा जो अब खाली हो चुका था।

पान्डुरा के बाप हारवोन पान्डोरा को औरत नाम की हर चीज़ अच्छी लगती थी–फिर चाहे वो उसकी बीवी हो कोई दूसरी काऊन्टस हो उसकी राह में जो भी औरत आ जाये सिर्फ़ मुर्गी और कुतियों को छोड़कर–वो उसे भोगता ज़रूर था और ये बात बड़ा पन्डोरा ख़ुद ही सबको बड़े गर्व से बताता था।

आज उसकी वासना की साथी बनायी गयी भट्टे पर काम करने वाली एक मज़दूरिन। जैसे–जैसे पन्डोरा की उम्र बढ़ रही थी उसकी देह की भूख बढ़ रही थी और अब वो भूख कम उम्र की लड़कियों के साथ सहवास कर बुझायी जाती। आज की लड़की थोड़े भरे बदन की काले बालों वाली थी उसके गाल फूले–फूले थे। जी करता कि इन गालों पर प्यार भरी एक चपत मार दी जाये। वोन पान्डुरा लड़की से कहता है कहाँ की हो तुम? बोस्निया की। फिर एक गाली देता है। लड़की समझ नहीं पाती–बड़ा पान्डुरा उसको दीवार की तरफ़ धकेलकर उसकी पीठ दीवार से सटा देता है और उसके कपड़े उठा देता है और ख़ुद को उसके शरीर में समा देता है। संभोग के लिए आनन्द के लिए।

वो मज़दूर जवान लड़की पान्डुरा की इस कामोत्तेजना में घिरकर कुनमुनाती है, कसमसाती है, नानुकर करती पर फिर एक समझदार ग़रीब लड़की की तरह बदन को ढीला छोड़कर पान्डुरा के काम प्रवाह में बहने लगती है। हाँ ये सही है क्योंकि अब उसकी जाँघें थरथरा रही हैं पान्डुरा के देह ज्वारभाटे के बीच लड़की भी कामातिरेक की आग से धधक रही है। अचानक लड़की रति संभोग रस से भीतर गीली-गीली होकर भीगने लगती है उसका रति रस निसृत हो रहा है...बूढ़ा पान्डुरा भी अब स्खलित हो चुका है।

पन्डोरा लड़की के हाथ में 10 शिलिंग रखता है। वह हाथ में 10 शिलिंग कस के पकड़ लेती है, आँखें शर्म से झुकाकर निशब्द लड़खड़ाती बाहर निकल जाती है। निकलते समय धन्यवाद भी नहीं कह पाती। लड़की डगमगाते कदमों से ईंट भट्ठे के मैदान में बड़ी जंगली घास के बीच, कपड़े ठीक करती अपनी देह को सँभालती चली जा रही है। स्मोक उत्तरी गैलिस और स्कीव अब अपनी जगह आ चुके हैं। पैसे की कमी और बेरोज़गारी ने युद्ध बाद के वियना में मन बहलाने का कोई साधन नहीं छोड़ा था ऐसे में ओबरकोफलर और पान्डुरा को मनोरंजन का एक ही साधन मिला था-सड़कों पर सैर करना सुबह-शाम लम्बी-लम्बी सैर करना-ये सैर एक तरह से उनकी ज़िन्दगी की डायरियाँ बन गयी थीं ज्यों दोनों जने मन में जो कुछ भरा था उसे एक-दूसरे के साथ साझा करने को आतुर रहते-होड़-सी लगी थी दोनों में-कौन ज़्यादा सच बोलता है बेबाक बेझिझक अपनी ज़िन्दगी की किताब का पन्ना दर पन्ना खोलता जाता है। साझा करता जाता है कहानी ज़िन्दगियों की है तो उसमें घटी घटनायें भाग लेने आये पात्र उनका असर-ख़ुद उनके सपने-उनके आने वाले दिनों की योजनायें, उनकी अपनी आशाएँ सब कुछ दोनों एक-दूसरे को बता रहे थे, साझा कर रहे थे पर वो ऐसा किसलिए कर रहे थे किसी को मालूम नहीं था। ये इतनी निजी जानकारियों को एक-दूसरे को बता देने की वजह साफ़ नहीं हो रही थी।

मान लो कि कभी कभार बोलने बतलाने का सिलसिला अगर रुक भी गया तो दोनों चुपचाप चलते रहते। उस समय भी वो यही सोच रहे होते थे कि क्या बच गया जो अब तक दूसरे साथी से साझा नहीं किया, कहीं कुछ छूट तो नहीं गया, कहीं कुछ अनकहा रह तो नहीं गया। कुछ बचा तो नहीं जो दोहराया नहीं गया हो।

उनकी अन्तहीन बातें, बेहद उछाह भरे जीवन प्रसंग थे, प्रेरक संस्मरण थे, न भूली जाने वाली घटनायें थीं, रोमांचक बातें, भावुक कर देने वाली बातें, ख़तरों से खेलने की बातें—दोनों साथ चलते जाते बीच में सिर्फ़ एक हाथ का फासला लिए उनके रास्तों में आस–पास खड़े येस्ट नेट के पेड़ों के फूल मोमबत्ती से जगमगा रहे थे सफ़ेद और गुलाबी। हवा महकी–महकी थी।

पेड़ों की पत्तियों के झूरे शहाना तरीक़े से झूम–झूम कर कभी रोशनी कभी अँधेरे की परछाइयों का खेल खेल रहे थे। तीनों आदमियों ने वियना की उस शाम, आपस में जाम टकराकर शाम की शुरुआत की। तीन में से एक आदमी बेहद लम्बा और बिल्कुल सीधी लाइन के बदन वाली देह का था। दूसरे दो उससे कद में ख़ासे छोटे—एक तो ठिगना सा ही था—अपने सीने से शानापस की गिलास लगाये (आलुबुखारे से बनी शराब) दोनों खाली गिलासों के फिर से भरे जाने की आस में खड़े थे। तीसरा आदमी सफ़ेद बालों वाला था। वो ख़ासा अधेड़ और थका–सा लग रहा था। वो गिलास रख चुका था उसने अपना चेहरा खिड़की की ओर कर लिया जहाँ बाहर से छनकर आती रोशनी सीधे उसके मुँह पर पड़ रही थी।

सहसा उसने कहा, "अभी तो मौसम बदलना शुरू ही हुआ है अब शुरुआती दौर में तो मौसमी बदलाव कुछ बेहतर भी तो हो सकता था—ये दरवाज़े कब खुलेंगे उसकी आवाज़ धीर–गम्भीर और व्यंग से भरी थी। लम्बा आदमी बात से कुछ असहज हो गया और दीवार पर जहाँ–तहाँ उँगलियों से थपथपाने लगा। सफ़ेद बाल वाले ने जवाब नहीं दिया उसके दो कारण हो सकते थे एक तो यह कि वो अपने ख़यालों की दुनिया में कहीं और ही खो गया था। दूसरा यह कि वो तब तक

खाने की लम्बी मेज़ पर फैले यहाँ से वहाँ तक लगे पकवानों को खाने में व्यस्त हो गया था। ये व्यापारी–सा लग रहा आदमी एक चमकीले नरम धागे से बुने कपड़े का चमचमाता सूट पहने था। उसने एक बिना लेबल वाली मामूली देसी बियर की बोतल पकड़ी जिसमें कार्क की जगह पुराने अख़बार का डाटा बना कर बोतल में फँसाया गया था।

ठिगने आदमी ने पीछे से चिल्लाकर कहा, "ये क्या पी रहे हो– जानवरों को दिया जाने वाला ज़हर या डीजल, पेट्रोल..."

सफ़ेद बालों वाले ने कहा–मैं क्या पी रहा हूँ ये तुम थोड़ी देर में जान ही जाओगे–सच जल्दी ही सामने आ जायेगा।

फिर लाओ इधर ये बोतल थोड़ी मुझे भी दो।

रूखी आवाज़ में कहते हुए ठिगने आदमी ने अपना गिलास आगे बढ़ा दिया।

सवाल है कि ये तीनों आपस में कहाँ मिले?

वियना के खुले बाज़ार में जिसे नैश बाज़ार (Nach market) कहते हैं। वियना शहर के केन्द्र से हटकर वहीं एक तरफ़ एक खुला मैदान है जिसे किसानों के साप्ताहिक हाट बाज़ार के लिए छोड़ा गया है।

सफ़ेद बाल वाले का नाम लीएटोमेरिटज़्की (Leitomeritzky) है। एक सधा हुआ व्यापारी है उसने खुले मैदान के एक तरफ़ वियना नदी की रेलिंग के सहारे खड़े इन दोनों को (पन्डोरा और उसके साथी ओबरकोफलर) को देखा। इधर–उधर नज़रें दौड़ाते घूमते–घामते जो देख तो किसी घाघ व्यापारी की तरह देखते ही ताड़ गया कि इससे अच्छा सौदा पटाया जा सकता है। उसे लगा इनसे सौदा किसी छोटी चीज़ का नहीं होगा–जैसे सोना, चाँदी की अँगूठी, पुरानी ईरानी कालीन या अपेरा देखने की दूर की दूरबीन जिसके शीशे आधे घिस चुके थे। ये जोड़ी बड़ी दूर की कौड़ी नज़र आ रही थी। दोनों जने ओबरकोफलर और पान्डुरा हमेशा की तरह इधर से उधर बेचैनी से टहल रहे थे। ओबरकोफलर घर के हथकरघे से बुने कपड़े का ठीक–ठाक–सा दिखने वाला सूट पहने था और पान्डुरा अपना पुराना सैनिक कोट जिस पर से उसने पहचान वाले सारे निशान उखाड़

दिये थे इसीलिए दोनों में से कोई भी पहचान में नहीं आ रहा था। ऐसा उन्होंने कोई जान–बूझकर नहीं किया था वो तो वियना वुड के जंगलों की ठण्डी हवाएँ तीखी तुर्श होती हैं जो सीधे गर्दन में तीर की तरह आकर लगती हैं। इसीलिए पान्डुरा ने कोट पर से सैनिक बटन हटाकर कोट का कॉलर खड़ा कर लिया था ताकि गर्दन ढँक जाये और वो ठण्ड से बच जाये।

बसन्त की ठण्डी हवायें बड़ी तेज़ और तीख़ी होती हैं। इस जगह खुले मैदान से वियना के घरों के पीछे खड़े वियना वुड्स के घने जंगलों के पीछे से कोहरे में से निकलते साँवले धुँधलाये पर्वतों की एक लम्बी क़तार नज़र आ रही है।

इन्हीं पर्वतों पर झुकी जा रही हैं बादलों की सुडौल आकार की घटायें। इन्हीं बादलों की आती–जाती परछाइयाँ वियना के इस शानदार चौराहे को ढ़ँक लेती हैं। हवाएँ बादलों को हिन्डौले से हिला–डुलाकर बार–बार इधर से उधर करती हैं। बादलों के इन खुलते बन्द होते गड्ढों से नीला आसमान झाँकता है छिपता है। सड़क पर ग्रुऐनडरज़िट के सुनहरे माहौल में बसन्त भी इस शाम में सुनहरा खेल खेल रही थी।

ओबरकोफलर ॠतु के हिसाब से हल्के कपड़े पहने था, पर भगवान के नाम पर कोई उससे ये पूछता क्यों नहीं कि तुमने गर्म कपड़े क्यों नहीं पहने? उसका साथी पान्डुरा उसके आगे–पीछे ऐसे चल रहा है जैसे किसी ने उसके गले लगी लगाम खोल दी हो। कभी कुछ क़दम आगे हो जाता तो कभी कुछ क़दम पीछे। उसकी लालची निगाहें बाज़ार की दुकानों पर लगी चीज़ों पर गड़ी थीं। उसे बाज़ार में घूम रहे लोगों को घूरने का भी शौक़ था सो उन पर भी अपनी निगाहें डालता चलता था–

लीएटोमेरिटज़्की भीड़ को चीरता हुआ चला आ रहा था इन दोनों के पास अपने प्रतिस्पर्धी व्यापारियों को पीछे छोड़ता हुआ सधे क़दमों से। अपनी जीत का भरोसा साथ लिए कि सौदा वही करेगा–पान्डोरा और ओबरकोफलर की तरफ़ चला आया।

उसी शाम को बाद में तीनों जब एक साथ एक शराबखाने के तहखाने वाले हिस्से में मिलकर बैठे तो हंगेरियन गुलाश (हंगरी का मांसाहारी पकवान) और बियर का दौर चल पड़ा। लीएटोमेरिटज़्की ने जब अपने लिए रोजो मँगाये तो ओबरकोफलर और पान्डुरा ने कहा उन्हें भी बहुत तेज़ भूख लगी है।

लीएटोमेरिटज़्की बोला, "मुझे तो इतनी तेज़ भूख लगी थी कि मैं एक पूरा घोड़ा खा सकता था और जहाँ तक तुम दोनों का सवाल है मुझे लगता है कि अगर मैं तुम्हारे सामने पड़ी हाथ घड़ी के बदले में कुछ अच्छे पैसे दे दूँ तो तुम ज़्यादा दूर नहीं जा सकोगे।" जिस घड़ी का जिक्र लीएटोमेरिटज़्की कर रहा था। वो एक सुन्दर पुरानी घड़ी थी जिसका चमड़े का पट्टा फट चुका था।

ओबरकोफलर बोला, "क्या तुम अक्कसर इस पुरानी चीज़ों की हाट में आते हो?" फिर उसने लीएटोमेरिटज़्की की तरफ़ उम्मीद से देखते हुए कहा–अब से कुछ दिनों बाद शायद मैं तुमसे कुछ ख़रीद ही लूँ कुछ ख़ास–जैसे कि फर कोट या कुछ उससे भी बेहतर।

वियना वुड के हरे जंगलों से घिरे वियना शहर को भूगोल शास्त्री एक बेसिन में या सीप में बसे शहर की संज्ञा देते हैं–बात सच भी है वियना वुड के इलाक़े से नीचे झाँको तो वियना एक तलहटी की कोमल गोद में बसा शहर लगता है। वियना वुड्स का घुमावदार जंगल और पर्वत कुछ हल्के घुमाव वाले मोड़ के साथ नीचे फैलता ही जाता है–पूर्व की सीमा पर सपाट शिखरों वाले पहाड़ से घिरा है ये और उत्तर की तरफ़ खेहकेन वर्ग से जा मिलते हैं ये जंगल जहाँ जाकर डैन्यूब नदी का तट इसे घेर लेता है।

बसन्त के इन दिनों पतझड़ की शुरुआत में ऐसे कई दिन होते हैं जब शहर वियना की धुँध अपनी सारी आकृतियों को या मीनारें, छतें, मस्ज़िदों के गुम्बदों को लेकर पर्वत की ओर उठती है, जिसके कारण कण कभी नीले होते हैं कभी भूरे या सही कहें तो कुछ वाइन बेल के नये–नये कोंपलों का सुनहरा रंग लिए उड़ते हैं। ये धुँध भरे बादल वाइन बेल बेलौस लिपट रही है तारों से सीधे खड़े खम्भों से

ऊपर चढ़ने के लिए पर अगर तभी आप नीचे बसे शहर वियना की तरफ़ देखो या उतरकर सड़कों पर घूमो तो पाओगे कि ज़रा–सी देर में धुँध ऊपर चढ़ गयी। और जो ऊपर दिखा था वो नीचे उतर आया है। सब कुछ अस्त–व्यस्त ऊपर वाला नीचे, नीचे वाला ऊपर।

ये जानते हुए भी कि इन खड़ी चट्टानों और गोल टीलों के पहाड़ों में जो चूना पत्थर, मिट्टी के बने हैं सब कुछ अस्थायी हैं। ये बदल जायेगा। फिर भी शहर समन्दर सा लगता है और सब कुछ इसी के भीतर लहरा रहा है। भीतर ही भीतर उठ गिर रहा है हिचकोले खा रहा है। उसी समन्दर के किनारे खड़े हैं चेस्टनट के उलझे–उलझे पेड़, चीड़ के गहरे भूरे और हरे पेड़, नाज़ुक से किउन के पेड़, ये पेड़ संगीत के अबूझे स्वर जैसे हैं जैसे किसी संगीत रचना के पन्नों पर काले–काले आकार लिए खड़े इधर से उधर लहर रहे हों। इस संगीत को आप सुन सकते हैं। ये ध्वनि है उस स्वर्गिक संगीत की जो, अब तक अनसुना रह गया था। जिसे आप अब सुन–सुनकर अहसास की गहराइयों में समा रहे हो। ऐसा संगीत जो इससे पहले कभी था ही नहीं। वियना शहरों, पहाड़ों से घिरा होने के कारण वादियों, नालों, संकरे दर्रे को अपनी गोद में समेटे है। पहाड़ों से संकरे नाले से बहकर आते पानी के बहाव छलाँगें भरते हुए डैन्यूब नदी में समा जाते हैं या फिर उसी की बाँह बनी जलधारा डैन्यूब कनाल में मिल जाते हैं। पहाड़ी मैदान शहर के ही हिस्से लगते हैं। वादी में इन्हीं के कारण रास्तों का एक अलग हिसाब है। जहाँ से यातायात गुज़रता है मिसाल के तौर पर जोसफस्ट्रासे इलाक़े को ही ले लीजिए। यहाँ ज़मीन और पहाड़ एक तल पर आकर समतल हो गये हैं। देखने में ऐसा लगता है जैसे ऊँचा सिलेटी रंग निचले सिलेटी रंग से आ मिला है। अब आँख को इस सिलेटी रंग में सिलेटी रंग मिलाकर कुल लम्बा सिलेटी अन्य साया दिखाई देता है। जो बिना किसी से मिले निरुद्देश्य बस चला जा रहा है। नैश बाज़ार में मिलने के बाद उसी सप्ताह में लीएटोमेरिटज़्की ने शालीनता का परिचय देते हुए पान्डुरा और ओबरकोफलर को रात के खाने पर बुलाया।

इस बार दावत एक बेहतरीन रेस्टोरेन्ट में थी। शाम में आराम का माहौल बड़ा सहज और ख़ुशी से भरा था।

खाना चल रहा था। वियना के ख़ास बीफ़ सूप के साथ बहुत सारे अण्डों का बना मोटा पैन केक चल रहा था। भगवान जाने ये रेस्टोरेन्ट के मालिक ऐसे मुश्किल समय में इतने अंडे कहाँ से जुटा लेते हैं ये सोचते हुई लीएटोमेरिटज़्की ने जल्दी से अपना खाना ख़त्म किया और इन दोनों से कहा—हूँ ओबरकोफलर और पान्डुरा कितने सुन्दर नाम हैं न ये...?

पान्डुरा ने बीच में ही बात काटी और कहा लीएटोमेरिटज़्की ये भी क्या बुराई है। नहीं, आपको मानना ही होगा कि पान्डुरा और ओबरकोफलर नामों की बात ही कुछ और है।

तब तक भुने गोश्त का बर्तन मेज़ पर आ चुका था आस्ट्रिया की पहचान 'टाफलस्पिटिज़' जिसे शानदार तरीके से सेब और मूली के साथ परोसा गया था। आलू भी धनिया जैसी पासेकी पत्तियों के साथ परोसे गये।

लीएटोमेरिटज़्की ने विजयी मुस्कान के साथ फिर बोलना शुरू किया।

हाँ तो जब हम पहली बार नाश बाज़ार में मिले थे और आप दोनों के नाम मैंने पहली बार सुने थे—तो मेरे दिमाग़ में जैसे बिजली कौंध गयी थी। मैंने सोचा, नहीं ये सच नहीं हो सकता। क़िस्मत इन दोनों शानदार अफ़सरों को मुझ तक ख़ुद ही खींच कर लायी है।

पान्डुरा ने टोका कहा, वो अर्ध सैनिक पद था।

लीएटोमेरिटज़्की बोला तो क्या हुआ अब तो पूर्ण सैनिक पद हैं वो ये कहते हुए अपनी कुर्सी पर पीछे की तरफ़ झुक गया और एक जबर्दस्त विश्वास उसकी आवाज़ तक सबको सुनायी दी।

फिर वो अपने खाने की तरफ़ वापस झुका और मांस का एक टुकड़ा चाकू से काटकर खाने और गटकने के बाद बोला—मैं एक डांस और शिष्टाचार सिखाने का स्कूल खोलना चाहता हूँ। युद्ध के दौरान और उसके बाद के इन सालों में सबसे बड़ा नुकसान सभ्यता,

शिष्टाचार और संस्कृति का हुआ है। इसलिए मैं सोचता हूँ कि अब सही समय आ गया है जब इन्हें बचाने की कोशिश की जाये। इसीलिए ऐसे शिक्षण संस्थानों को खोले जाने की सख़्त ज़रूरत है। आप लोग इस बारे में क्या सोचते हैं।

ओबरकोफलर जो अब तक ध्यान से लीएटोमेरिटज़्की की बात सुन रहा था–हाँ में सिर हिलाते हुआ बोला हाँ बात तो सही है पर उसका हम दोनों से क्या लेना–देना है।

पान्डुरा अचानक उत्तेजित होकर बीच में ही आया और अपने हाथ का खाने का चाकू और काँटा सीधा तानकर ज़ोर से बोला बता सकते हो तुम युद्ध में क्या करने आये हो।

लीएटोमेरिटज़्की सवाल और इतनी तेज़ आवाज़ सुनकर एकदम सकपका गया। उसने सोचा भी नहीं था कि पन्डोरा उस पर ये सवाल दाग देगा वो भी इस समय। उसने अपने को सँभाला और फिर वो भी ज़ोर–ज़ोर से हाथ हिला–हिला कर बड़ी भाव मुद्रा बना–बनाकर बड़े उत्साह से बताने लगा कि वो दरअसल फ्रांस में रह रहा था वहाँ उसकी ज़िन्दगी बड़ी शानदार थी। उसके पास ऐशो इशरत थी।

पान्डुरा ने फुसफुसाकर कहा–मेरा भी यही ख़याल था। फिर सिर झुकाकर खाने की ओर ध्यान देने लगा। लीएटोमेरिटज़्की का ये प्रस्ताव कि इन दोनों को अपने डांस स्कूल का हिस्सा बनाया जाये दो कारणों से था एक तो दोनों के नामों में ताल और लय थी ओबरकोफलर और पान्डुरा दूसरा कि वो सच में उन्हें अपने स्कूल में डांस सिखाने का अध्यापक बनाना चाहता था। ओबरकोफलर बोला–पर मुझे तो नृत्य–वृत्य बहुत अच्छी तरह से नहीं आता पान्डुरा चुप रहा। वो कुछ नहीं बोला बस उस शराब के घूँट भरता रहा जो लीएटोमेरिटज़्की ने परोसी थी। उसने सवाल का जवाब दिये बगैर अपनी निगाहें घुमा लीं कहीं और दूर देखने लगा। अपने ख़यालों में गुम हो गया, एक–बारगी लगा कि वो अब शान्त और सन्तुष्ट हो गया है।

खाना ख़त्म होने के बाद ओबरकोफलर और पान्डुरा घर लौटने लगे रास्ते में दोनों के बीच ख़ासी दूरी बनी रही–राह अँधेरी थी–

जोसफस्ट्रासे कहने को शहर की नामी सड़क है पर रोशनी के नाम पर ये एक अँधेरी सड़क थी।

पान्डुरा शराब के नशे में झूमता चल रहा था और पोलैण्ड के किस्से सुना रहा था–वो बोला वहीं कहीं एक विश्राम केन्द्र था शायद पूर्वी बिस्टुला में कहीं। हम एक गाँव पहुँचे ताकि अपना कैम्प लगा सकें–उन्हें तो वहाँ कि हालत मालूम है। पोलैण्ड के गाँवों में कुछ ज़टील से घरों में रास्ते में जहाँ–तहाँ दलदले पानी के गड्ढे होते हैं और उन में तैरती हैं बत्तखें, धूल उड़ती हुई इन नीची ज़मीन के मकानों के पास डेरा डाला गया–डेरों के साथ ही चलती हैं हमारी सैनिक रसद की गाड़ियाँ। उन दिनों कुछ भी सही सोच पाना, समझ पाना एक मुश्किल काम था। मुझे अचानक टट्टी लगी तो मैं एक घर के पिछवाड़े झाड़ियों में जाकर बैठा ही था कि मेरी निगाह नाले के पास छोटे पानी के पोखरनुमा गड्ढे पर पड़ी जो ज़्यादा गहरा नहीं था–उसमें से एक जवान लड़के की लाश झाँक रही थी। उसकी दाढ़ी अभी उगी ही होगी, भूख से उसके गाल पिचक गये थे, दोनों हाथ छाती पर गुणा की मुद्रा में रखे हुए कास बनाये हुए पाँव नंगे थे–मर चुका था वो बिल्कुल मरा हुआ था निष्क्रिय जैसे दरवाज़े में ठुकी लोहे की कील। पान्डुरा की कहानी ओबरकोफलर निशब्द सुनता रहा–जैसे उसे काठ मार गया हो। रास्ते भर वो कुछ भी नहीं बोला। दरवाज़े पर पहुँचकर उसने बड़ी मुश्किल से दरवाज़ा खोला। पान्डुरा अपनी कहानी समाप्त करने के अन्दाज़ में बोला–मुझे लीएटोमेरिटज़्की की किसी बात पर विश्वास नहीं है–ये कभी युद्ध में नहीं था, ये सेना में नहीं रहा। अगर मुझसे पूछो तो सच ये है कि ये ख़ुद एक यहूदी है ये ज्यू है।

आमतौर पर जब भी देर सवेरे उठकर अपनी रसोई की तरफ़ ओबरकोफलर आता है देर माने कोई 11 बजे या 11:30 बजे तो उसे पान्डुरा वहीं बैठा मिलता सिर्फ़ पैन्ट पहने उघारे बदन और नंगे पाँव इसी धज में वो बैठा सिगरेट के कश लगा रहा होता–सिगरेट पीने का पान्डुरा का अन्दाज़ ही अलग था–वो सिगरेट का ज़ोर से कश

खींचता धुआँ छाती में भरता फिर एक साथ सारा धुआँ छोड़ता तो धुएँ का सघन बादल–सा बन जाता–पैन्ट से बैल्ट निकालकर किचन टेबल पर फेंक देता, ख़ुद कुर्सी पर पीठ टिकाये पीछे की तरफ़ झुक जाता और एक चौड़ी मुस्कुराहट के साथ ओबरकोफलर का स्वागत करता।

इन दोनों ने अपने फ्लैट को दो भागों में बाँट रखा था–फ्लैट ओबरकोफलर का था लिहाज़ा ओबरकोफलर अपने शयनकक्ष में ही अपने दहेज़ में आये पलँग पर सोता था जबकि पान्डुरा बड़े कमरे यानी बैठक में एक सोफे पर सोता था।

पान्डुरा ने कई बार ओबरकोफलर से पूछा तुम्हारा तुम्हारी पत्नी के साथ क्या चक्कर है? कहाँ है वो? ये सवाल युद्ध ख़त्म होने के बाद लौटते समय ओबरकोफलर से दक्षिण के एक ध्वस्त हुए रेलवे स्टेशन पर भी पूछा। उन खण्डहरों के बीच भी ओबरकोफलर चुप रहा उसने कोई जवाब नहीं दिया–तब से ये सवाल कॉफ़ी पीते समय, ब्रेकफास्ट करते समय और जैम टोस्ट व सॉसेज खाते समय कई–कई बार पूछा जा चुका है, लेकिन ओबरकोफलर ने कोई जवाब नहीं दिया तो नहीं दिया।

कभी कह देता कि–देख तो रहे हो वो यहाँ नहीं है जा चुकी है और फिर एक दिलेर हँसी हँस देता–पर अगर यही सवाल उस समय पूछा जाता जब पान्डुरा बोतल से शराब पीता तो ओबरकोफलर उसे टोकता कहता क्या कर रहे हो सुबह शराब फिर शुरू कर दी। देखो बोतल आधी हो गयी।

पान्डुरा लाल–लाल सूजी आँखों से कहता मैं नहीं पी रहा हूँ। ओबरकोफलर कहता मैं जानता हूँ मेरा इस बात से कोई लेना–देना नहीं है।

तो पान्डुरा कहता नहीं कैसे है लेना–देना तो है।

ओबरकोफलर कहता मैं यही कह सकता हूँ–तुम्हारे लिए ये बुरा है।

इस पर पान्डुरा हँसना शुरू कर देता और हँसता ही जाता।

जब से दोनों जने साथ रह रहे थे दोनों के बीच ऐसा कुछ नहीं घटा था जिसका ज़िक्र करना ज़रूरी होता–पर एक रात एक

अनहोनी घट गयी। सुबह के नाश्ते के बाद पान्डुरा अपने–आप को बड़े करीने से सजाता ताकि शाम को होने वाली मुलाक़ातों में वो जँच के जाये–ओबरकोफलर पान्डुरा की इन हरकतों से चिढ़ता था उसे ये सब पसन्द नहीं था।

कई बार नाश्ते के तुरन्त बाद ही दोनों जने कॉफ़ी हाऊस चले जाते वहाँ बैठकर ताश खेलते। ये लोग रात में भी ताश की बाज़ी जमाते। अगर पान्डुरा से मिलने को सुन्दरी बाला नहीं आती तब कोई रात के दो बजे पान्डुरा शराब के असली दौर चलाता।

पान्डुरा अपने जीवन का वो पन्ना अक्सर सुनाता जब वो पेरिस में था। हमने पेरिस में एवेन्यू फ्राईडलैन्ड में ज़िन्दगी की शुरुआत की, हाऊसमान बुकेवार्ड का ही एक इलाक़ा था। मेरे बाप ने यहाँ एक छोटा–सा घर लिया था–वो राजभक्त थे उनके लिए महाराजा सब कुछ थे–तो युद्ध में जब वो लड़ते नहीं तो वो कैसर ओटे के प्रति वफ़ादर थे। एक रात हमेशा की तरह वो शराब में झूमते झामते लीएटोमेरिटज़्की के नृत्य स्कूल से वापस लौटे। हर रोज़ वो लौटने से पहले रातभर खुले रहने वाले नाइट कैफ़े हाऊस में ज़रूर बैठते थे। उस रात भी वो देर से नशे के सुरूर में डूबे घर लौटे तो लेटते ही अपने–अपने बिस्तरों में ठह गये। जब अचानक ओबरकोफलर ने बैठक में सोये पान्डुरा को नींद में ज़ोर–ज़ोर से बड़बड़ाते सुना बड़बड़ाते क्या लगभग चीखते सुना जैसे बचाओ–बचाओ की गुहार लगा रहा हो। वो कह रहा था पेरिस...पेरिस नहीं–नहीं–वो मैं नहीं था, मैं नहीं था। इस बार वो रो पड़ा सूने कमरे में उसकी ये चीख भयभीत कर देने वाली थी। ओबरकोफलर ने पान्डुरा को जगाने की कोशिश की वो बेचारा अपने पजामे में ही भागा–भागा बाहर आया था। पान्डुरा अब भी गहरी नींद से जागने के बाद की विभ्रम स्थिति में था, उसने नींद में ही अपने ऊपर झुके हुए ओबरकोफलर की गर्दन में अपनी दोनों बाँहें डालकर उसे ज़ोर से अपनी ओर खींच लिया–ओबरकोफलर ने कभी सोचा भी नहीं था कि मोटे–छोटे पान्डुरा की बाँहों में इतना दम होगा। ओबरकोफलर जो ख़ुद एक सुन्दर सुडौल बदन वाला

आदमी था पान्डुरा की बाँहों में खिंचता चला गया और फिर इस गहरे आलिंगन ने उन दोनों को चुम्बन लेने की तृप्ति दे डाली। और फिर...

दूसरी सुबह दोनों के रिश्तों में गहरा बदलाव नज़र आया। हमेशा ही ओबरकोफलर नाश्ते की मेज़ ख़ुद साफ़ करता था पर आज कुछ बात और ही थी। ये रिश्तों का देह मिलन उनके आपसी व्यवहार में दिखाई देने लगा। यहाँ तक डांस स्कूल दोनों एक–दूसरे से एक अलग किस्म की मधुरता भरा व्यवहार कर रहे थे। ओबरकोफलर एक सधे अनुभवो नृत्य शिक्षक की तरह डांस क्लास में महिलाओं को डांस सिखाता था वो ख़ुद भी अपनी इस प्रतिभा पर हैरान था कि वो एक निपुण शिक्षक की तरह छात्र–छात्राओं को शिक्षा दे रहा था। पान्डुरा से तो कहीं बेहतर तरीक़े से ओबरकोफलर कक्षा में नाच सिखा रहा था। लीएटोमेरिटज़्की सिर्फ़ इसलिए पान्डुरा को सहन करता था क्योंकि वो ओबरकोफलर का साथी था और मांस के एक अतिरिक्त हड्डी की तरह उसे मिला था।

पान्डुरा का सारा ध्यान डांस सीखने आयी औरतों को पटाने की तरफ़ लगा रहता था वो उनकी सेवा डांस क्लास के पहले भी और बाद में भी करने को उत्सुकता से उनके खाली होने का इन्तज़ार करता रहता था। डांस क्लास में शुरू हुए परिचय को अपनी शाम की रंगीन मुलाक़ातों में बदल दिया जाता।

पेरिस में राजा के वफ़ादारों ने हिटलर की सेना को रोकने के लिए एक युद्ध प्रतिरोधी सेना बना डाली। मेरे पिता जो शाही सामन्त तो थे पर उनके पास और कुछ नहीं था सिवाय पैसे के सो वो राजशाही सेना पर पैसा बहाने लगे–पैसा और पैसा प्रतिरोधी सेना किन नये उपायों में जुटी थी मैं अपने पापा की गाड़ी का ड्राइवर था। उनकी लम्बी शानदार गाड़ी।

एक सामन्ती परम्परावादी होने के कारण मेरे पापा कठोर उग्रवादियों से नफ़रत करते थे। फिर चाहे वो आस्ट्रियायी मूल के हों डोकफूस हों या उनके जर्मन भाई हों–उन्हें इन लोगों की जमात में ऊपर से लेकर नीचे कोई पसन्द नहीं था। वो सबसे घोर घृणा करते थे।

मिशपोला से नफ़रत ही नफ़रत थी उन्हें पर अभाग्यवश ऑस्ट्रियन लोग सिर्फ़ बड़ी–बड़ी बातें ही कर पाये मिसपोशा को बलपूर्वक रोक पाने की सारी योजना धरी की धरी रह गयी। पापा कहते इन अतिवादियों ने मेरी जन्म–भूमि छीन ली। हिटलर ऑस्ट्रिया में क्या घुसा मेरी ज़मीन चुरा ली गयी। हम लोग दरबदर इधर–उधर भटकते हुए पेरिस के एक इलाक़े गारे डूनोर्ड में स्थित एक फ्लैट में रहने लगे तब तक हमारी ज़मीन जायदाद लुट चुकी थी। इस सबसे हमें कोई फ़ायदा नहीं हुआ। अपने पापा से मैंने सिर्फ़ एक ही चीज़ सीखी–कैसे ज़िन्दगी ऐशो आराम से जी जानी चाहिए और यही एक चीज़ मैं आजकल कर नहीं पाता। पान्डुरा बोलता–बोलता थोड़ा रुक गया, उसने अपने माथे पर हाथ मारते हुए कहा यार ज़िन्दगी एक मज़ाक है।

मेरा बाप रोमानियन ईसाई था। कट्टर कैथोलिक इसीलिए सेमाईट के ख़िलाफ़ था। शुरू–शुरू में मुझे उसकी ये बातें समझ में ही नहीं आती थीं फिर जब 1939 में मैं वियना गया सेना में भर्ती होने के लिए तो ये सामन्ती विचारधारा मेरे सिर के ऊपर से गुज़रने लगी।

रात्रि भोज में, होटलों में पार्टियों में थैसर के भाषणों के चर्चे भरे पड़े थे। मुझे उसके मुक़ाबले में हिटलर ज़्यादा पसन्द था।

काश! तुमने मेरे पापा उस समय देखे होते जब वो हिटलर से निज़ात पाने वाली इस तथाकथित प्रतिरोधी सेना के चमचों या कहूँ कि ख़ून चूसने वाली जोंक जैसे लोगों की भीड़ से घिरे पेरिस की संकरी पगडण्डियों से गुज़रते थे। पुराने दिखने वाले सिकुड़नें भरे कपड़ों में भी हाथ में छड़ी लिए पापा की शान ही निराली थी। लगता था बन्दे में अब भी बहुत दम है। इसीलिए उनके पीछे इन लोगों की भीड़ चलती थी कि अभी कुछ और खींचा जा सकता है इस आदमी से। अमीर व्यक्ति माने जाते थे और अब उनके सर पर कम से कम एक तिनके वाला हैट तो बचा था।

वो जीवन के आख़िरी बसन्त पर थे। अब उनके लिए औरतें मायने ही नहीं रखती थीं वो बातें वो भूल गये थे। वो हमेशा गोदडूनोर्ड जाते रहते क्योंकि उन्हें वहाँ आने वाले शरणार्थियों से जर्मनी और ऑस्ट्रिया

की ताज़ा ख़बरें मिलती थीं। मुझे पूरा भरोसा है कि अपने आख़िरी दिनों में उन्होंने भगवान के चरणों में शान्तिपूर्वक जाने का निर्णय ले ही लिया था। वो घोर कैथोलिक ईसाई जो थे। जब हिटलर की सेना ने पेरिस पर आक्रमण किया मेरे पिता उस हमले में मारे गये। उस समय मैं भी पेरिस की ओर चल पड़ा था पर पिता को देखने के लिए नहीं।

लीएटोमेरिटज़्की एक मालिक के तौर पर बड़ा मुलायम किस्म का मालिक था। सबको पता था कि डांस स्कूल दो अध्यापकों से उसका क्या नाता है सो कोई भी पहचान न पाया कि चल क्या रहा है इन तीनों के बीच लीएटोमेरिटज़्की अपनी रिश्तों की पहचान को एक ख़ास रणनीति के पीछे छिपाये रखता था। एक तरफ़ तो ये स्कूल था जिस पर शानदार काँच के पट्टे पर लिखा था ओबरकोफलर और पान्डुरा डासिंग स्कूल–जो दूर से देखने पर किसी बड़ी फर्म का साईन बोर्ड–सा लगता था जिसे बड़े ख़ूबसूरत तरीक़े से हरे शीशे पर मिलवा अक्षरों में लिखा गया था तो इसकी तरफ़ दोनों सज्जनों को पता ही नहीं था कि ये स्कूल चलता कैसे है इसमें कितना पैसा आता है। इसका मुनाफ़ा या घाटा क्या है...(लाभ–हानि) सही कहो तो उन्हें कुछ भी नहीं पता था कि जो जोसेफ पिमोरीस्टेनगासी के इस स्कूल जो जोसेफटाडरस्ट्रासी से बहुत दूर नहीं था, का काम आख़िर चलता कैसे था।

लीएटोमेरिटज़्की ने स्कूल चलाने के लिए अपने ऑफ़िस के बड़े से हॉल को डान्सिंग हॉल यानी नृत्य कक्ष में बदलते हुए उसका बढ़िया रंग रोगन करवा दिया था। हॉल के एक हिस्से में चेरीवुड लकड़ी का कम करवाया था दूसरी और सिल्क यानी रेशम के लैम्प शेड लगाकर लैम्प लगवाये और छत के बीचोबीच एक बड़ा–सा झाड़ फानूस लटकाया–जिससे डान्सिंग हॉल का कोना–कोना रोशन हो गया। अगर कोई हाल की बड़ी–बड़ी खिड़कियों के ऊपर लगे दुल्हन के घूँघट जैसे सफ़ेद जाली के पर्दों को हटाकर देखता तो

नीचे की संकरी गली पर ढलुवाँ गोल पत्थरों का बनाया फ़र्श नज़र आता। जिस पर साथ की इमारतों की खिड़कियों से छनकर आती पीली रोशनी गिरती थी।

डान्सिंग स्कूल में ज़्यादातर लोग वियना के आठवें ज़िले के मध्यमवर्गीय बच्चे थे जो पास में ही रहते थे। एक–दो जोड़े बड़ी उम्र के भी थे जो भूले गये नृत्य को, क़दमों और तालों को फिर से याद कर दोहराना चाहते थे, पर सबसे अलग अविश्वसनीय बात थी अकेले लोगों का डांस सीखने आना। युद्ध से पूर्व ऐसी दुस्साहसी बात कभी सुनी ही नहीं गयी थी कि कोई अकेली औरत मर्दों के बग़ैर डांस सीखने जा सकती थी। अब इस युद्ध के बाद इस स्कूल में जोड़े बगैर अकेली औरतों और मर्दों का अकेले डांस के बहाने आना एक नयी बात थी। यह स्कूल अब एक क्लब सा बन गया जहाँ ये लोग अपना दिल ख़ुश करके वो संग सुख प्राप्त करने आते जो उन्हें पसन्द था। चाहे वो कुछ भी हो।

स्कूल के दरवाज़े पर से ही लीएटोमेरिटज़्की बढ़िया सूट टाई, चमचमाते जूते पहनकर हर आने वाले का स्वागत बहुत शालीन तरीक़े से करता। महिलाओ का हाथ चूमता मुस्कुराता पुरुषों से पूरी गर्मजोशी से हाथ मिलाता, मज़ाक भी करता, पर इस सबके बाद भी वो इस माहौल में फिट नहीं होता था। वो गरिमा उसमें नज़र नहीं आती जो एक नृत्य स्कूल के मुख्याधिकारी की होनी चाहिए थी। वो शक्ल से पीला और बेहद थका आदमी नज़र आता था।

उसके बीमार से दिखने वाले चेहरे पर उसकी बड़ी–सी नाक दूर से नज़र आती थी। उसके बाल अभी सफ़ेद होने लगे थे लाल होंठ हमेशा ही गीले नज़र आते।

जहाँ तक सवाल पन्डोरा का था वो चीज़ ही कुछ और था। शाम की शुरुआत होने पर जब वो डान्सिंग स्कूल आता तो उसका आत्मविश्वास पूरे माहौल पर छा जाता था। हालाँकि कपड़े वो भी कोई ख़ास सज–धज के नहीं पहनता था उल्टे थोड़ा अस्त–व्यस्त

सा ही लगता था पर अपने गठे बदन के साथ तब वो पूरे दमखम से चलता तो देखते ही बनता था। उसे हर हाल में अपने–आप को एक आत्मविश्वास से भरपूर आदमी दिखाने का हुनर अच्छी तरह से आता था। यहाँ तक कि अगर कभी वो डांस सिखाते समय फिसल कर गिर पड़ता या ताल ग़लत कर देता तो भी फट से उठकर खड़ा हो जाता और भूल को मज़ाक में बदल देता। उसके सारे मज़ाक और विश्वास का आधार वो शराब ही होती थी जिसे वो दोपहर से ही पीना शुरू कर देता।

काम पर जाते समय ओबरकोफलर और पन्डोरा अपने मालिक लीएटोमेरिटज़्की के बारे में बातें करते चलते, बातें क्या शिकायतों के पुलिन्दे थे। शाम 6 बजे के क़रीब वो दोनों डान्सिंग स्कूल पहुँच जाते पर रास्ते में इस बात पर बहस करना नहीं भूलते कि लीएटोमेरिटज़्की ने उन दोनों से जिस काग़ज़ पर हस्ताक्षर करवाये थे उसमें साफ़–साफ़ लिखा था कि वो दोनों फर्म के पार्टनर हैं...पर हमेशा की तरह उनके इस अनर्गल प्रलाप का कोई प्रभाव नहीं पड़ता स्थिति जस की तस बनी रहती।

नृत्य के असली क़दम सिखाते समय पन्डोरा पूरे ध्यान से लाइन में खड़े नये छात्रों को सिखाता। महिलाओं को नृत्य की गरिमामयी भंगिमायें सिखाते समय कहता ठीक से सीखो कि एक महिला को अपना हाथ किस शालीनता से पुरुष के आगे बढ़ाना चाहिए ताकि वह ठीक से उसका हाथ चूम सके। पुरुषों से कहता महिला का हाथ चूमने का मकसद और मतलब क्या है ये ठीक से समझ लो।

उधर ओबरकोफलर टैंएगो नृत्य सिखाने के लिए हॉल के बीचोबीच खड़े होकर एक हाथ ऊपर रखता और दूसरा हाथ काल्पनिक महिला की कमर में डालने की मुद्रा बनाता और पूरी गहराई से टैंगो के पहले क़दम सिखाता। लीएटोमेरिटज़्की तब तक अपने सफ़ेद पालिश वाले लकड़ी के केबिननुमा ऑफ़िस में जा चुका होता था और वहीं से बैठे–बैठे केबिन की छोटी–सी खिड़की से डांस स्कूल के कार्यकलापों पर नज़र रखता। ज़्यादातर वो डांस के बजाय टेलिफ़ोन पर ही व्यस्त रहता।

लीएटोमेरिटज़्की बहुधन्धी आदमी था आपको जो चाहिए वो आपको कहीं से भी लाकर देता। चाहे फिर वो रूसी रम यूसिया की बोतलें हों या अमेरिकी सैनिकों की पहनी हुई वर्दी की कमीज़ें हों जिन्हें लोग शौक से सेन्की कमीज़ें कहते थे या किनोलियम का फर्शी रोल हो फिर बढ़िया शानदार पोसेलिन के बर्तन, चाहे तो बढ़िया किस्म की वो कार भी हो सकती थी जिसे सिर्फ़ हल्की सी मरम्मत की ज़रूरत थी या कि रेशम के पर्दे जो चाहिए वो लीएटोमेरिटज़्की को बता दें। वो हर मर्ज़ की दवा बन गया खांटी व्यापारी था–फ़ायदे के लिए कुछ भी करने वाला व्यापारी वो तो किसानों से भी सब्जी, आलू, चेरी, अंडे ताज़े सोर क्राट कुछ भी जैसा मौसम हो वो पूरी फसल को किसानों से पहले ही तय कर लेता। उसकी खोजी नज़र सामान ढूँढ़–ढूँढ़कर लाती बच्चों की बड़ी गाड़ी, इस्तिरी करने का बोर्ड, गर्म कम्बल–रज़ाई लीएटोमेरिटज़्की चीज़ें ख़रीद–ख़रीदकर फ़ायदे पर बेचता, लेकिन ऐसा भी नहीं की वो सिर्फ़ फुटकर व्यापार में ही व्यस्त था। उसे अपने नाट्यालय केबिन में एक हाथ में एसप्रेसो कॉफ़ी और एक हाथ में सिगरेट लिए घण्टों चिन्तन की मुद्रा में डूबे देखा जा सकता था।

पिछले दिनों एक महिला जिनका नाम श्रीमती 'स्ट्रनाड' का अक्सर स्कूल में आना जाना बढ़ गया था। देखने से लगता था कि वो लीएटोमेरिटज़्की एक–दूसरे को पहले से ही जानते थे। पर जब कोई दूसरा सामने पड़ जाये तो वो एक–दूसरे से संकोच के साथ मिलते जुलते।

नाट्यालय की फ़ीस सबको नकद मुद्रा में देनी होती थी–जिसे बूथ में बैठकर लीएटोमेरिटज़्की अपने हाथों से जमा करते–हर छात्रा को पैसा बूथ की छोटी खिड़की से हाथ डालकर अन्दर देना होता पर श्रीमती स्ट्रेनाड से कोई फ़ीस नहीं ली जाती। सिर्फ़ अन्दर आने का इशारा कर दिया जाता।

सुश्री स्ट्रेनाड कोई 40 वर्षीय काले बालों वाली महिला थी जब कभी उनके बारे में कोई चर्चा होती तो वो अपने–आप को एक

सम्पति व्यवसाय कम्पनी की मालकिन बताती। उसका वजूद ही ऐसा था कि लोग मोहित हुए रहते उसकी छरहरी कमर, गदराये स्तन, चिकने उजले कन्धे, उसके छोटे से कोमल हाथ उसके सौन्दर्य को बढ़ाते थे। हाँ सुश्री स्ट्रनाड एक बहेद ख़ूबसूरत औरत थी लाजवाब ख़ूबसूरती वाली महिला। उसकी मुस्कुराहट पर हर कोई दिल जान से फिदा था। मुस्कुराती तो लगता सारी दुनिया उनके कदमों तले है। बिल्कुल बिन्दास हर समय शरारत सूझती थी उन्हें हमेशा हँसने को उमड़ी पड़तीं। उनकी कान की लबों में दो हीरे की लौंगें थीं जो उनकी लहराती जुल्फों के बीच से जब तब झाँकती रहतीं लोगों का ध्यान अपनी ओर खींचती रहतीं–उनकी नीली बिल्लोरी आँखें तो जादू करती थीं–जब वो सामने से अपना सिर थोड़ा तिरछा किये आतीं तो लगता वो आपको सिर्फ़ कनखियों से देख रही हैं, लेकिन तभी वो एकदम अचानक सीधे आपके ही सामने आ खड़ी होकर आपकी आँखों से आँखें मिलातीं।

आप जो चुपके–चुपके सुश्री स्ट्रेनाड को देख रहे थे हकबका जाते स्ट्रेनाड की निगाहों के तीर हर एक को घायल कर देते आत्मविश्वास से भरपूर कितनी आसानी से वो अपने आसपास खड़े हर व्यक्ति पर अपनी छाप छोड़ जाती कि देखने वाला देखता ही रह जाता। नाट्यालय का हर मर्द यही कहता क्या क़माल की हसीन औरत हैं।

शाम होते–होते डांस की क्लास ख़त्म होते ही स्ट्रेनाड नौजवान लड़कियों से घिर जाती जो उसके पहनावे और उसके सौन्दर्य पर मर मिटी होतीं स्ट्रेनाड शाम का सितारा बन जाती। उसकी शाही बेवकूफियाँ हर किसी को अपने जाल में फाँस लेती। लीएटोमेरिटज़्की अपने ऑफ़िस में बैठा हरे लैम्प की रोशनी में काम करता रहता। उसके बही–खाते में लम्बी लाइनों में सिर्फ़ नम्बर और नम्बर लिखे थे। दूर से देखने पर ये सब नज़र नहीं आता था। उसके सामने बर्तन में पड़ी कॉफ़ी ठण्डी हो जाती। लीएटोमेरिटज़्की अपने दूसरे हाथ में सिगरेट पकड़े ख़यालों में डूबा रहता और सिगरेट पर सिगरेट जलाये जाता।

स्ट्रेनाड और ओबरकोफलर का रिश्ता उतना सहज नहीं था। जितना स्ट्रेनाड के दीवानों से स्ट्रेनाड का। शुरू के दिन से स्ट्रेनाड ने नाट्यालय को अपने शिकारों की शिकारगाह समझा था। मर्दों को लुभाने, उनके साथ मौज़–मस्ती करने ही वो यहाँ आती थी। एक शाम इसके नाम एक शाम उसके नाम। ये बात सब जानते थे। मानते थे और जलन के साथ ही सही पर अब स्ट्रेनाड की इस शिकार नीति को लोगों ने स्वीकार लिया था। अब उसकी प्रेमलीलाओं के किस्से लोग जलन से ही सही पर चटखारा ले–लेकर सुनाते थे।

एक दिन अचानक शौचालय के ओर जा रहे गलियारे में स्ट्रेनाड ने ओबरकोफलर को राह में घेर लिया और दिलकश अन्दाज़ के साथ कहा क्या मैं तुमसे डांस की प्राइवेट कक्षाएँ ले सकती हूँ। ओबरकोफलर ने हतप्रभ होकर कहा पर मैं कहाँ सिखाऊँगा–स्ट्रेनाड ने कहा मेरे घर और कहा–कहकर वो मुस्कुराकर ओवरकोफलर के सामने से निकलकर हाल में समा गयी।

उस दिन जो ओबरकोफलर के पास से सुश्री स्ट्रेनाड के स्कर्ट रूपी आँचल की सरसराहट जो गुज़री वो आने वाले दिनों में उन दोनों के मिलन का परिचय सौगात बन गयी। वो दूर से स्ट्रेनाड को चुपचाप निहारता रहता ठीक वैसे ही जैसे वो पन्डोरा को निहारता और सराहता था। उन दोनों को देखकर ओबरकोफलर एक अजीब आत्म तुष्टी से भर जाता था। ऐसा नहीं था कि ओबरकोफलर स्ट्रेनाड को डांस फ्लोर पर कुछ ज़्यादा ध्यान देकर सिखाता था या उसके साथ नरमी उदारता बरतता था। डांस फ्लोर पर उसके सम्बन्ध स्ट्रेनाड से बिल्कुल कामकाज़ी और व्यवहारिक थे उसे देखकर ये पता ही नहीं चलता था कि इन दोनों के बीच कुछ ऐसा–वैसा चल रहा है। ठीक इसके विपरीत पन्डोरा स्ट्रेनाड पर ख़ासा ध्यान देता। उसके साथ ख़ास ढंग से पेश आता जैसे नाट्यालय के दूसरे मर्द कर रहे थे पर ये अलग बात थी कि इससे निकलता कुछ नहीं था। वैसे पन्डोरा को इससे कुछ ख़ास फ़र्क़ नहीं पड़ता था अपने–आप को ढाँढ़स बँधाना है। यह पान्डुरा ख़ूब अच्छी तरह जानता था।

स्ट्रेनाड अपने फ्लैट के दरवाज़े से ही ओबरकोफलर का स्वागत करती अन्दर लेकर आती है ये जगह रिशटस्ट्रास पर बसी जो संसद भवन के ठीक पीछे है। ये जगह टाउन हॉल के पास है स्ट्रेनाड फ्लैट के कमरों से गुज़रती ओबरकोफलर को अपने सैनिक पति के तमगे, इनाम दिखाती जाती है और कहती है वो युद्ध के मैदान में ही मर गया। ओबरकोफलर पूछना चाहता है मैडम ये जनाब सेना की किस यूनिट में थे फिर रुक जाता है सोचता फिर किसी और दिन पूछेगा ये सवाल।

स्ट्रेनाड और ओबरकोफलर एक–दूसरे के आमने–सामने आते ही स्ट्रेनाड कहती अजी अब इधर–उधर की बातें बन्द काम की बात करें। आओ डांस करें। कपड़े उतारने के लिए उस साथ वाले छोटे कमरे में जा सकते हो। कमरे में जब ओबरकोफलर लौटता तो पूरी तरह से नंगा होकर आता और स्ट्रेनाड के कदमों में झुक जाता उसके जूते चूमता उसे ऐसा करने में बेहद ख़ुशी हासिल होती। कई बार स्ट्रेनाड उसे सिर के बल नंगा लेट जाने को कहती और तब वो अपने गोरे मखमली पाँव ओबरकोफलर की गर्दन के निचले भाग पर बड़ी कोमलता से रख देती। प्रेमलीला की अनेक कहानियाँ बुनी जातीं। ओबरकोफलर के मन को इन कहानियों की ज़रूरत है वो ये कहानियाँ औरों को सुनाना चाहता है जो वो करता भी है ये कहानियाँ पान्डुरा को सुनाता जो गहन उत्सुकता से उन्हें सुनता और धीरे–धीरे ये जिज्ञासा जलन में बदल जाती। वो ये लम्बी–लम्बी दिनो–दिन बढ़ती मुलाक़ातें बर्दाश्त नहीं कर पा रहा था। एक दिन उसने कह ही डाला ओबरकोफलर तुम ऐसे नहीं थे। तुम अब बदल गये हो। ओबरकोफलर को स्ट्रेनाड के बहुत सारे सवालों का जवाब देना होता था जैसे कि उसे स्ट्रेनाड में क्या पसन्द है? जो पसन्द है वो क्यों पसन्द है उसमें से भी ख़ासतौर पर क्या पसन्द है? क्या वो स्ट्रेनाड को प्यार करता है? प्यार करने से उसका मतलब क्या है? क्या वो सिर्फ़ उसे ही प्यार करता है क्या वो सिर्फ़ उसे ही हमेशा

प्यार करेगा–स्ट्रेनाड को इन तमाम जवाबों से अकथनीय आनन्द मिलता था। उनकी रासलीला का अन्त नहीं था।

कभी अचानक ही उनकी प्रेमलीला दूसरा रूप ले लेती–स्ट्रेनाड पूछती ओबरकोफलर क्या तुम्हें अपनी माँ पसन्द थीं? वो कब तक ज़िन्दा रहीं? क्या तुम कभी अपनी माँ के साथ चर्च जाते थे? और फिर अचानक स्ट्रेनाड ओबरकोफलर से सम्बन्ध तोड़ डालती।

कभी–कभी कामोत्तेजना में धधकता ओबरकोफलर स्ट्रेनाड से गिड़गिड़ाता कि वो उसके साथ सहवास करे ताकि ओबरकोफलर के तने हुए अंगों की उत्तेजना शान्त हो सके। स्ट्रेनाड हँसकर कहती तो तुम मेरी कालीन की ऐसी की तैसी करना चाहते हो। ये कहते हुए स्ट्रेनाड, ओबरकोफलर के शरीर के पिछले हिस्से को ज़ोर से थपथपा देती।

एक बार ऐसा हुआ ओबरकोफलर ने शान मारने के लिए दम्भ भरी आवाज़ में स्ट्रेनाड के सामने कहना शुरू किया–युद्ध में मैंने एक भी आदमी बेकार नहीं किया। उसने देखा स्ट्रेनाड ने उसकी इस बात पर मुँह उस तरफ़ कर लिया जैसे उसे इस बात का ज़िक्र पसन्द नहीं आया हो पर ओबरकोफलर कहाँ रुकने वाला था–उसने और शान मारी और कहा अरे ऐसा कुछ नहीं था थोड़ी ग़लतफहमी हो गयी थी लुथियाना शहर में हमने सब को गोलियों से भून डाला–क्या रूल समर्थक, क्या माओवादी हमने सबको ज़मीन में ख़ुदी खाई के सहारे खड़ा किया और गोलियों से उन्हें भून डाला उनमें से एक ने जिसके हाथ पहले ही हमने सिर के पीछे रखा रखे थे–ने ज़ोर से 'कादिश' कुछ कहा–मैंने गरज़कर पूछा–क्या बोला तुमने फिर से बोलो–उसने जोर से कहा 'कादिश' और मैंने उसे गोली मार दी। उसका बेजान शरीर भी उसी खाड़ी में गिर गया जहाँ फटे चिथड़ों की तरह पहले से ही उसके साथी मरे पड़े थे। अचानक स्ट्रेनाड बड़े ज़ोर से चीखी जैसे उसे पागलपन का दौरा पड़ा हो–वो गुस्से में उछल गयी उसने ओबरकोफलर को ज़ोर से धक्का दिया उसकी छाती में ज़ोर–ज़ोर

से अपने कोमल हाथों से घूँसे मारने लगी—उसके मुँह से गालियों की बौछार बरसने लगी—कमीने, हरामज़ादे, राक्षस और फिर वो ज़ोर—ज़ोर से रोने लगी।

इधर पान्डुरा और ओबरकोफलर के बीच तनाव बढ़ता ही जा रहा था। पान्डुरा अब सुबह से पीना शुरू कर देता। वो सुबह ही अपने काँपते हाथों से अपने लिए एक गिलास रम का रसोई में जाकर जाम डाल लेता और वहीं बैठकर पीना शुरू कर देता। घर ओबरकोफलर का था वो जब—तब पान्डुरा को कड़ी आवाज़ में टोक देता—पान्डुरा को ओबरकोफलर की धौंस बर्दाश्त नहीं थी। पर ओबरकोफलर भी अपनी आदत से बाज़ नहीं आता। वो जानता था, घर का मालिक वहीं है वो अपने हक़ का पूरा इस्तेमाल करता अक्सर कहा—सुनी का कारण स्ट्रेनाड ही होती। पान्डुरा चिल्लाता ओबरकोफलर तुम्हें उस कुतिया का साथ छोड़ देना चाहिए। पछताओगे। ओबरकोफलर बदले में पान्डुरा को दो—चार खरी—खोटी सुनाता। झगड़ा बढ़ जाता पर ये बात ज़रूर थी कि हर ऐसे झगड़े के बाद ओबरकोफलर पान्डुरा से माफ़ी माँगता और घर छोड़कर नहीं जाने देता। और किस्साए स्ट्रेनाड फिर से चालू हो जाता।

एक बार स्ट्रेनाड ने ओबरकोफलर से पूछा—ये तुम्हारे और पान्डुरा के बीच क्या चल रहा है? कुछ ख़ास चल रहा है क्या? ओबरकोफलर ने बात को हँसी में टाल दिया और बोला क्यों बेचारे बुड्ढे के पीछे पड़ी हो? तुम्हारा क्या बिगाड़ा है उस बेचारे ने।

स्ट्रेनाड फिर तीखी आवाज़ में कहती—तुम दोनों युद्ध में भी एक ही साथ थे—थे ना? तुम दोनों उस हरामी हेर बोरोन की पलटन में थे। जो साला हरामी का पिल्ला बादन था भी नहीं (ज़मींदार) बुड्ढे का सब कुछ युद्ध में लुट गया। औरतों की संगत में सब कुछ गँवाया और ख़ुद आवाराओं की सोहबत में खो गया। यही हुआ था न? यही है न दस्ताने पान्डुरा? ये कहकर स्ट्रेनाड एक अज़ीब नफ़रत—भरी मुस्कुराहट से ओबरकोफलर की ओर देखती।

एक दिन शहर के बीचोबीच यातायात में यात्राबदलाव के स्टेशन पर सीढ़ियों से भूरे बालों वाली छोटे कद की औरत ओबरकोफलर की तरफ़ बढ़ती नज़र आयी। ये शायद सन् 1947 के बसन्त के मौसम की बात है पर अब साल की भी संख्या याद करने से क्या फ़र्क़ पड़ता है। ये महत्त्वपूर्ण नहीं है ये है कि औरत ओबरकोफलर की ओर स्टेशन की सीढ़ियों से उतरती सीधी चली आ रही थी। ओबरकोफलर को तो जैसे बिजली का करंट लग जाता है वो लपककर अपना हाथ उस महिला की तरफ़ बढ़ाता है जिसके साथ एक छोटी–सी प्यारी–सी बच्ची है। लेकिन उसकी पत्नी बेरुखी से मुँह मोड़कर ओबरकोफलर से किनारा करके बचकर निकल जाना चाहती है। ओबरकोफलर तड़पकर कहता है ईरीन क्या अब तुम मुझे पहचानती भी नहीं?

ईरीन ठण्डी निगाहों से ओबरकोफलर को देखते हुए कहती है अगर न पहचानूँ तो? और निकल जाती है–रह जाती ओबरकोफलर की आँखों में एक अमीर औरत की छवि जो बसन्त के इस मौसम में नीले फूल से सज़ा ख़ूबसूरत टोप लगाये क़ीमती कपड़ों और बेशक़ीमती रूप सज्जा से महकती हुई इस भरी भीड़ के स्टेशन में उसके पास से गुज़री थी।

आख़िर वो हो ही गया जिसका ओबरकोफलर को डर था। पान्डुरा ने एक सुबह घोषणा कर ही डाली आज वो उसका घर छोड़कर जा रहा है हमेशा–हमेशा के लिए। ओबरकोफलर अब चाहे कितना भी रोये गिड़गिड़ाये पान्डुरा नहीं रुकेगा।

पान्डुरा बोला–क्यों आश्चर्यचकित रह गये सदमा लगा? फिर विद्रूप मुस्कुराहट से रम की बोतल लेकर चला गया। घबराया हुआ ओबरकोफलर स्ट्रेनाड के घर दौड़ा स्ट्रेनाड से सलाह लेने कि वो अब क्या करे। पर स्ट्रेनाड ने उसे घर के बाहर ये कहकर निकाल दिया कि वो यहाँ उसके पास क्या सोचकर आया है वापस वहीं जाये जहाँ से आया।

अगली सुबह रसोई में एक आदमी का शव गैस के चूल्हे के पास पड़ा था। खाने की टेबिल पर एक पुराना अख़बार पड़ा था जो शायद

वो आदमी अपने आख़िरी पलों में पढ़ने की कोशिश में था–मरा हुआ आदमी गैस के चूल्हे पर प्रार्थना की मुद्रा में झुका था। उसका सिर गैस के स्टोव को छू रहा था जैसे कोई चर्च की वेदी पर झुका पनाह माँगता हो–ओबरकोफलर हमेशा से ही एक साफ़–सुथरा सफ़ाई–पसन्द आदमी था–उसके मृत शरीर के पास ही पड़ा था उसका गले में झूलने वाला पहचान पत्र उसकी रिहाइश का आधार कार्ड।

अध्याय-2

क्लाजेनफर्ट एक बेहद ख़ूबसूरत शहर है वहीं पूर्व की तरफ़ जाती एक मुख्य सड़क पर बसी है एक रिहाइशी कालोनी जिसकी एक बहुमंज़िला इमारत के कई हिस्सों में किरायेदार सहित ख़ुद मकान मालिक भी रहते हैं। इमारत की तीसरी मंजिल के एक बड़े हिस्से में मकान मालिक का परिवार रहता है। मकान पुराना है लेकिन बड़ा है। इस परिवार में एक प्रौढ़ औरत रहती है जो घर मालकिन कहलाती है। उसके एक बेटा है जो अब अच्छा–ख़ासा मर्द नज़र आता है वो भी अपनी माँ के साथ ही रहता है।

शहर करावन्कन पहाड़ों की बाँहों में घिरा हैं इन्हीं पहाड़ों की तलहटी में वादी के फैलाव के बीचोबीच से चमकते छल्ले–सी बहती है वोर्थ झील। जिसके ऊपर तने पहाड़ों की गहरी साँवली भूरी परछाइयाँ इस पर फैली हैं। चूना पत्थर के इन पहाड़ों पर भूरे–हरे धब्बे से दिखाई देने वाले ये टुकड़े दरअसल घने पहाड़ी जंगल हैं।

ऊँचे करावन्कन पर्वत श्रृंखला की सीधी ढलुआ ज़मीन पर एक कुछ हिस्सों में जंगल है और कुछ समतल हिस्सों में गाँव वाले खेतीबाड़ी करते हैं। इसके साथ बहती है एक छोटी–सी नदी जो किसी तीर की तरह बहती हुई जाकर अपने सीधे तल से मिलती है।

अब इस बहुमंज़िला इमारत के उस हिस्से की बात करें जहाँ फैक्ट्री मज़दूर का परिवार भी रहता है। इस परिवार में माँ–बाप के अलावा उनका किशोर बेटा अल्फ्रेड–जब वो छोटा था तभी से आस–पड़ोस में उसे विलक्षण प्रतिभा का धनी मान लिया गया था।

मिसाल के तौर पर जब वो बहुत छोटा था और अपनी माँ की उँगली पकड़कर सिटी सेन्टर जाता था तो रास्ते की हर दुकान के साइनबोर्ड पर क्या लिखा था पढ़े बिना बतला देता था। उसे एक–एक शब्द याद हो जाता था। वो सारे रास्ते बिना पढ़े याद से बताता चलता था–ये किसकी दुकान है, बोर्ड पर क्या–क्या लिखा है। यही नहीं अपनी अम्मा के धुआँ, राख से भरे चूल्हे पर लगने वाले लोहे के अलग–अलग आकारों के छल्लों को अल्फ्रेड बिल्कुल सही नाप में वापस फिट कर देता था। ज़रा भी ग़लती नहीं करता। अब ये मामूली–सी लगने वाली प्रतिभा को आस–पास के लोग और ख़ासतौर पर अल्फ्रेड की माँ एक अद्‌भुत प्रतिभाशाली चिह्न मानती थी। उसे लगता था अल्फ्रेड का भविष्य बहुत सुनहरा होगा।

अल्फ्रेड का बाप एक फैक्ट्री खलासी था। ये फैक्ट्री शहर के दक्षिणी इलाक़े में रेल की पटरियों के पास एक औद्योगिक क्षेत्र में थी। फैक्ट्री में पुराने तरीक़े से पुरानी तकनीक का इस्तेमाल करते हुए फलों का जूस बनाकर बोतल बन्द किया जाता था। ठीक 9 बजे फैक्ट्री का कॉफ़ी ब्रेक होता था यानी चाय पानी की मोहलत। इस दौरान सारे मज़दूर सर्दी–गर्मी बरसात की परवाह किये बगैर एक टीन के खुले बरामदे में औरत–मर्द साथ बैठकर कॉफ़ी पीते, गप्पें लगाते, गप्पें जो उनके सपने, उनकी ज़मीनी सच्चाई की दुनिया से जुड़े थे।

अल्फ्रेड का बाप मोटा ठिगना फूले गालों वाला, तिरछी–तिरछी आँखों वाला था। जो बहुत कम बोलता था पर जब भी मुँह खोलता तो खुरदरी करारी आवाज़ में ही बोलता। उसका सब कुछ बँधा हुआ था जैसे तयशुदा हो वो। फैक्ट्री से आता मुँह–हाथ धोता। बीवी का बनाया खाना रसोईघर के कोने में पड़ी टेबिल पर खाता और कहीं दूर ख्यालों में खोया सिगरेट फूँकता रहता। माँ–बेटे के बीच होती बातचीत में वो कभी हिस्सा नहीं लेता। चाहे बेटा बात करे या माँ बोले। महीने में एक बार वो शराब में इतना धुत्त हो जाता था

कि उसके नशे के असर से अल्फ्रेड का बाप कई दिन तक डगमगाता रहता।

उसने भी जंग में हिस्सा लिया था। वो पैदल सैनिक की रैंक में था–उसे उसकी बहादुरी के लिए कई बार ईनामी तमगे भी मिले थे। पर युद्ध के आख़िर में उसके पास कोई ईनाम बाक़ी नहीं बचा था। वो वैसे ही युद्ध से बैरंग लौटा जैसे युद्ध के लिए सेना में भर्ती होते समय था–खाली हाथ गया खाली हाथ लौटा...

विडम्बना यह थी कि मकान मालिक का लड़का नाज़ियों की तरफ़ था उसने बकायदा S.S. सेना में बर्लिन में भर्ती ली हुई थी। नाज़ियों की हार के बाद मकान मालिक का लड़का जब घर लौटा तो उसकी अकड़ वही पहले वाली थी। इसी के चलते वो अल्फ्रेड के बाप को धौल मारकर अपनी व्यंग भरी मुस्कान से कहता हो जाये दो–दो हाथ। अल्फ्रेड का बाप क्या करता वो हेमो से कद में छोटा था और उस पर ये बदनसीबी की वो हेमो का किरायेदार था।

अल्फ्रेड की माँ उसके बाप को किसी तरह से बर्दाश्त कर रही थी। वो उसकी बातों पर कोई ध्यान नहीं देती–अगर कभी किसी तरह का प्रेम उन दोनों के बीच रहा भी होगा तो अब उसके नामो–निशां मिट चुके थे। रह गया था सप्ताह में एक बार अँधेरे ककरे के बाहर निकलता हाँफती साँसों का शोर, चरमराते पलँग पर दो देहों का गुँथन। अगर इसे आप प्रेम कहना चाहें तो कह लीजिए। अल्फ्रेड माँ का पिछलग्गू था उसे जानता मानता था।

अल्फ्रेड की माँ एक छपाईखाने में मज़दूरी करती थी। उसका काम काग़ज़ के टुकड़े बीनना या बँधे हुए किताबों के बंडल पर गोंद चिपकाना था। छपाईखाने में ईसाइयों की धर्म पुस्तक बाईबल छपती थी–ईसाइयों के कैथोलिक मत को मानने वालों के लिए धर्म प्रचार के पैम्फलैट, गिरजाघर के समाचार पत्र भी वहीं छापे जाते।

अल्फ्रेड की माँ एक बेहद धार्मिक औरत थी। अब ये कहना थोड़ा मुश्किल था कि वो शुरू से ही ऐसी थी या छापेखाने के धार्मिक माहौल ने उसे गहरा धार्मिक ज्ञान दे डाला। वो रात में भी रसोईघर के चूल्हे के पास बैठकर ख़ामोशी से यीशू प्रार्थना दोहराती रहती थी–उसके कन्धे पर पड़ा शाल, प्रार्थना में बुदबुदाते उसके होंठ लगातार हिलते–रसोई में टँगी दीवार घड़ी टिक–टिक करती चलती रहती।

अध्याय-3

मकान मालिक का लड़का जिसे उसकी माँ हेमो बुलाती थी दिनभर पलँग तोड़ता था या तो रंगीन पत्रिकाएँ देखने में मशगूल रहता था। फिर शब्द पहेली यानी क्रॉस वर्ड पजल खेलता रहता था, पर शाम आने पर उसका नक्शा ही कुछ और हो जाता था। अब बड़ी आनबान शान से वियना शहर की ओर रुख करता था जहाँ की रंगीन महफ़िलें उसका स्वागत करने ख़ुशामदीद कहने को आतुर रहतीं थीं क्यों न रहती वो उनका मेहमाने खसूसी जो था यानी ख़ास मेहमान जब से वियना में सेना ने और सैनिकों ने अपना कब्जा कर लिया था वियना की शामें कुछ ज़्यादा ही रंगीन हो गयी थीं।

एक बेहतरीन सूट कोट और टाई पहनकर हेमो जब शराबखाने में बार पर अपनी तय जगह बैठकर ज़ोर से ठहाके लगाकर शराब परोसने वाले आदमियों और जाम ढालने वाली साकियों से छेड़छाड़ करता। ज़ोर–ज़ोर से बोलता हेमो सच में पूरे माहौल पर अपनी छाप छोड़ता था। रात के पिछले पहर तक उसकी वही रौबीली टाई एक झुके हुए झण्डे की तरह उसकी गर्दन में झूल जाती थी। उसका दाढ़ी वाला पीला चेहरा कुछ और फूला–फूला लगने लगता था। पौ फटने पर हेमो अपनी मर्सिडीज़ कार में अपार्टमेन्ट बिल्डिंग के अहाते में घुसता। हर बार की तरह उसकी कार में एक नयी औरत होती जिसे वो कार का इंजन बन्द करने के बाद दरवाज़ा खोलकर नीचे उतारता–साथ आती महिला अपनी ड्रेस को और ऊँचा कर लेती ताकि उसका लम्बा गाऊन अहाते की मिट्टी से छूकर कहीं मैला

न हो जाये–हेमो महिला का हाथ पकड़ उसे लगभग घसीटता हुआ अपने अपार्टमेन्ट की सीढ़ियों पर ले जाता। अपार्टमेन्ट के अहाते में और किरायेदारों की भीड़ भी थी जो सुबह होते ही इमारतों के इन फ्लैट से बाहर की तरफ़ नौकरी और अपने काम पर जाने के लिए तेज़ी से निकल पड़ती। इसी भीड़ का एक हिस्सा स्टार्क भी थी जो अब तक कुँवारी भी थी और अर्पाटमेन्ट बिल्डिंग के एक तरफ़ बने आऊट हाऊसनुमा ढाँचे में रहती थी जो शर्तिया पहले या तो कोई घुड़साल रहा होगा या भूसा रखने की जगह। ये हिस्सा पहले एक गाँव ही तो था। अपार्टमेन्ट के गैराज़ जहाँ बने थे ठीक उसी के साथ लगा हुआ था ये ढाँचा जहाँ अब सब ग्रामीण किसान मिटकर शहरी मिशनों में तबदील हो चुके थे यानी अपार्टमेन्ट बन चुके थे। पछीती तक अब ये छोटे–छोटे अपार्टमेन्ट बन चुके थे इसी में रहती थी। रिमस स्टार्क, जो एक असाधारण औरत थी। उसके ख़ास होने की दो वजहें थीं। एक तो यह कि वो काम पर नहीं जाती थी, और दूसरी वजह ये कि वो बिल्कुल अलग किस्म की थी जो अलग–अलग लोगों पर अलग–अलग तरीक़े से अलग–अलग असर डालती थी।

शाम के झुटपुटे में अँधेरे की आगोश में सड़क पर घूमते सड़क छाप किशोरों में जिनमें अल्फ्रेड शामिल था मिस स्टार्क को घूरना, उनके कमरे की खिड़की के पर्दे के पीछे तक झाँकपाना एक ऐसी हसरत भरा काम बन गया था; जिससे उन्हें कितनी तरावट मिलती थी। मिस स्टार्क की एक झलक देख पाना शाम की सौगात बन चुका था। इस बात के लिए अल्फ्रेड को उसके बाप से बहुत डाँट पड़ती थी। यह अलग बात थी कि ख़ुद अल्फ्रेड का बाप मिस स्टार्क को देखते ही लार टपकाने लगता था। मिस स्टार्क के चेहरे से उसकी नज़रें हटती ही नहीं थीं।

इधर मकान मालिक का लड़का हेमो अब रंगीन रातों के बाद दोपहर को जागते ही अपने शयन कक्ष के पर्दे के पीछे से छिप–छिपकर मिस स्टार्क के घर आने–जाने वालों की ख़बर रखता था। यही नहीं कौन आया कौन गया उसकी रनिंग कमेंटरी बेचारी उस औरत को भी

सुननी पड़ती थी जो रात भर उसके साथ सोने के बाद टूटते बदन से पलँग पर अलसायी पड़ी, करवटें बदल रही होती थी। चादर की सिलवटों से खेल रही होती थी।

एक दिन अकस्मात मिस स्टार्क अपने छोटे से फ्लैट में मरी पायी गयी। शायद उनके सबसे नये आशिक ने निर्ममता से उनकी हत्या कर डाली थी। इस तरह स्टार्क की छोटी–सी नामालूम–सी ज़िन्दगी का अन्त अचानक हो गया।

कुछ दिनों तक मिस स्टार्क की हत्या चर्चा का विषय बनी रही कि आख़िरकार कौन होगा उनका हत्यारा? किसने उनको मारा? फिर धीरे–धीरे सब शान्त हो गया। लोगों की रुचि अब इस हत्याकाण्ड में नहीं रही थी जैसा की हमेशा होता है।

इस अपार्टमेन्ट बिल्डिंग में एक व्यक्ति और है जो इस अपार्टमेन्ट में रहने वाले किरायेदारों के कमरे में फिट नहीं बैठता–ये व्यक्ति भी एक औरत ही है–ये महिला अल्फ्रेड के ख़ून के रिश्ते में सगी मौसी है जो ख़ास वियना शहर में रहती है। अमीर है। वो अपने ही घर के सामने रहने वाली अल्फ्रेड की माँ से ज़रा भी मिलती–जुलती नहीं। ये महिला लम्बे काले बालों वाली, सुडौल देह के कारण अच्छी–ख़ासी आकर्षक नज़र आती थी, दूसरी ओर ठिगने कद और सफ़ेद बालों वाली उसकी छोटी बहन अभाव और आवश्यकताओं की रगड़ खाकर खुरदुरे खरखरे से बदन की अनाकर्षक औरत दिखाई देती थी। दोनों को साथ खड़ा कर दो तो कहीं से भी दोनों एक–दूसरे की बहन नज़र नहीं आती थीं। अल्फ्रेड को मौसी का संसार भव्य व स्वर्णिम नज़र आता था जो किसी देव भूमि के दूर स्वप्निल देश में बसा था। उसे ये वियना के देहाती इलाक़े वालों को शहरेख़ास अपनी पहुँच से बाहर दिखाई देना अच्छा लगता था कि मौसी आती तो उसके लिए चॉकलेट से लेकर फैशनेबल पहनने–ओढ़ने खाने के ढेर सारे उपहार लेकर आती थी। यही नहीं उसके हाथ में आते ही कुछ नगद रुपये रख देती और कहती जो मन करे सोचकर लेना–पर अल्फ्रेड का बाप वो पैसे हमेशा उससे छीनकर अपने पास रख लेता।

इस अपार्टमेन्ट के आहाते में रहने वालों को ये बड़ा अजीब लगता कि अल्फ्रेड की मौसी कभी–कभार बहन से मिलने आने के लिए इतना मेहँगा अपार्टमेन्ट किराये पर लेकर रखती थी–फिर वो इस पहेली का हल ये कहकर ढूँढ़ लेते कि ये दोनों बहनों का भावनात्मक जुड़ाव है। आज भी अल्फ्रेड की माँ इस औरत की इकलौती बहन है। ग़रीब फैक्ट्री में काम करने वाली मज़दूर है तो क्या हुआ है तो बहन ही उसका अपना ख़ून–अकेला ऐसा जीवित परिवार जो उसका अपना था।

अल्फ्रेड तो महा ख़ुश हो जाता। मौसी प्यार से चूम–चूमकर उसके गाल लाल ही नहीं कर देती वरन् उसके लिए एक बार एक आश्चर्यचकित और मन पुलकित करने वाली सौगातों के डिब्बे खोलती जाती साथ हिदायत भी चलती रहती–"अल्फ्रेड पढ़ाई में ठील नहीं डालना ये सारे गिफ्ट तुम्हें अच्छे से पढ़ने के कारण ही दी जा रही हैं। बस तुम ठीक से पढ़ते चलो।" ये सिलसिला लगातार जारी था–अल्फ्रेड बड़ा होता गया मौसी के गिफ्टस और बड़ी होती गयीं फिर चाहे वो केक के टुकड़े का साईज़ हो या पैन्ट कोट का साइज़। सब कुछ बड़ा–बड़ा। अल्फ्रेड का बाप इन सबसे मतलब नहीं रखता। विरक्त रहता था–उसका मानना था कि क्या फ़र्क़ पड़ता है। साली साहिबा आती ही कितना हैं–वो साली को मज़ाक में आन्टी ही बुलाता था। क्योंकि अल्फ्रेड भी उसे आन्टी कहता था वो ज़्यादा बोलता चालता नहीं था। मतलब की बात करके किनारा कर लेता था पर वे वियना वाली महिला हमेशा आने के पहले दिन ही कुछ पैसे थमा देती थी और वो निशब्द साली जी के दिये पैसे अपनी पॉकेट में रख लेता।

कई बार वो अपने वैवाहिक पलँग पर (यानी वो पलँग जो दहेज में मिलता है) नींद में ज़ार–ज़ार रोता अल्फ्रेड की माँ उसे ज़ोर से हिलाकर जगाती कहती हान्ज़ मत डरो मत रोओ, युद्ध ख़त्म हो चुका है। उस दमघोंटू कमरे के अँधेरे में एक फुसफसाहट फिर गूँजती हान्ज़ मत डरो–डरो नहीं जंग ख़त्म हो चुकी है।

ये छोटी इमारत दो मंज़िला थी। हल्के हरे रंग की दीवारें और लाल खपरैली छत। ये इमारत इतनी सीधी सपाट थी कि सीधे सपाट शब्द में मिला हुआ सीधा शब्द भी इस इमारत की सादगी पर भारी पड़ेगा। इस इमारत और बड़ी इमारत के आहाते के बीच सिर्फ़ एक छोटी दीवार का पर्दा था। चाल नुमा इमारत के पीछे से गुज़रती रेलगाड़ी की पटरियाँ। रेल जब वहाँ से धुकधुकाती गुजरती तो मार्पाली ध्वनि से इलाक़ा गूँज उठता। यही नहीं आवाज़ों के इस शोर में शामिल हो जातीं लाइन मैन की पुकार हटो गाड़ी आ रही है। सड़क और रेलवे लाइन के बीच लगे लोहे के फाटक के डण्डे उठाये जाने गिराये जाने की क्री करती चींखती ध्वनि, चमकती रेल की चमकती पीतलिया घण्टी जो चेतावनी देती चलती टन–टन–टन हटो, बचो किनारे हो जाओ हम भकभकाते आ रहे हैं। माल गाड़ी के डिब्बों के हुक जब पटरी से गुज़रते तो धड़–धड़ एक–दूसरे से टकरा जाने से सारा शान्त माहौल को बींध देते। इन्हीं आवाज़ों और मुख्य सड़क से आवाज़ाही करते वाहनों के हॉर्न, घोड़ों की टापों के शोर के मिले जुले संगीत के बीच गुज़रा था अल्फ्रेड का बचपन। वो बचपन वियना शहर के बाहरी सब देहाती इलाक़े के रंग और गंध में रचा–बसा था। वे ध्वनियाँ रुक–रुक कर बीच में बिल्कुल खामोश हो जातीं। जैसे चर्च की ख़ामोशी।

सड़क की तरफ़ जिसको जितनी जगह मिली इन तमाम मज़दूरों ने अपनी छोटी–छोटी रसोई बगियाँ उगाई थीं यानी किचन गार्डन। इस छोटे से ज़मीन के टुकड़े पर क्यारियाँ बनाकर उगाये जाते सलाद के पत्ते, सेम की फली, और पास के खम्भे पर चढ़ा दी जाती लौकी की बेल। कोरंजट की बेल क्यारियों में डाली गयीं बहुत सारी किस्म की सब्ज़ियों में डालने वाली सुगन्धित पौधें–जड़ीबूटियाँ। अगर आप इस जगह की बाढ़ पर खड़े हों तो आपको नज़र आयेगी बड़ी सड़क जिसके किनारों पर लगी है बड़े घरों की क़तारें। इस गहरी सड़क से गुज़रती हैं गर्र–गर्र करती कुछ बसें। लगता है अकेली, नितान्त अपने में ही खोयी चली जा रही हैं बस...चले ही जा रही हैं।

रेल की पटरी और सड़क के बीच भी एक ऐसी ज़मीन का टुकड़ा था जो किसी भी सीमा से वैध नहीं था यानी खुली ज़मीन का वो टुकड़ा जिस पर किसी का अधिकार नहीं था सिवाय चाल में रहने वाले बच्चों का जो अब इसे अपना खेल का मैदान बना चुके थे। अब बस यही बच्चे, चाल में रह रहे दूसरे बच्चों के साथ अपना–अपना समूह बनाकर रोज़ खेलते। बच्चों का प्रिय खेल था बम–फिंकाई। इस दिलचस्प जुझारू खेल में टीन के कुछ डिब्बों से पिरामिड बनाया जाता और एक बच्चा उस पिरामिड की रक्षा करने को खड़ा होता बाक़ी बच्चे एक–एक कर पत्थर से उस टिन के ढाँचे को गिराने की भरसक कोशिश करते। अब मारने वाले और बचाने वालों के इस जंगी खेल में, अगर पिरामिड के रखवाले को हमलावरों का पत्थर लग जाये या वो ढाँचा गिर जाये तो रखवाले को फौरन ही उसे फिर से बनाना होता था। तब तक जिसने निशाना साधकर पत्थर मारा था उसे और उसके साथियों को वही पत्थर फिर से उठाकर लाना होता था। अगर पिरामिड के रखवाले ने पत्थर उठाने आये गिरोह में से किसी को पकड़ लिया तो पकड़े गये बच्चे को नया रखवाला बनना पड़ता था। और पत्थर बमों की बौछार से खाली टिन के केन के पिरामिड को और अपने को बचाना होता था। इस खेल में पत्थर बमों की मार से टिन के केन बेचारे पिट–पिटकर पिचक जाते और बेडौल हो जाते। अब इन मुड़े–तुड़े डिब्बों को फिर से सहेज़कर सही ढाँचा बना पाना महा मुश्किल हो जाता था। डिब्बे संतुलन खो बैठते थे। एक तरह से देखा जाये तो खेल के ये टूटे–फूटे पिचके असंतुलित टिन के डिब्बे वियना के इर्द–गिर्द बसे घरों की हालत बयान करते थे। युद्ध के दौरान बरसाये गये हवाई बमों से क्षत विक्षत, टूटे अधटूटे पूरी तरह से खण्डहर हुए घर। अब चोटिल वियना के ये इलाक़े अपने–आप को फिर से बनाने, फिर से जोड़ने की कोशिश में लगे थे। क्लाजेनफर्ट पर अंग्रेज़ों का क़ब्ज़ा था लिहाज़ा जो केन बच्चों को हाथ लगते थे वो सब अंग्रेज़ों की मेहरबानी का नतीज़ा थे। भूरे हरे रंग के उन टिन के डिब्बों पर लिखी गयी भाषा की लिपि बच्चे नहीं पहचानते थे और इसीलिए ये टिन के केन उनके रहस्य रोमांच को और बढ़ा देते।

सड़क पर से अक्सर ही सेना की टुकड़ियाँ गुज़रती रहती थीं ऐसे में अगर रेल का गुमटी फाटक बन्द होता, तो सैनिकों को वहीं रुककर इन्तज़ार करना पड़ता था। ट्रकों और जीपों में सवार इन सैनिकों के रुकने का फ़ायदा ये आवारा किस्म के ग़रीब बच्चे उठाते और नीचे सड़क पर खड़े होकर अपने से ऊँची ट्रकों और जीपों पर लदे सैनिकों को हाथ मिलाकर लुभाने की कोशिश करते।

गर्मियों का इन्तज़ार सबको रहता—क्योंकि गर्मी का मौसम मौसमों का राजा माना जाता था। गर्मी आते ही सब पर तैरने का जुनून—सा सवार हो जाता। सुबह होते ही साइकिलें सज जातीं आख़िरकार दोपहर को तैराकी पिकनिक जो होनी थी। किसी साइकिल का कीचड़ से बचाने वाला पर्दा टूटा था। किसी का चेन को बचाने वाला हिस्सा तिड़का हुआ था। किसी साइकिल की बैठने वाली सीट को कसे जाने की ज़रूरत पड़ रही थी। औरतों की साइकिलों की पिछले पहिये की रबर वाली जाली फट गयी होती थी जिससे उनकी साइकिल के पहियों जैसी ख़ूबसूरत चमक तबाह हो गयी होती। मोर रंग वाली तिलियाँ या सीप जैसी चमक खो गयी होती थी ये सब ठीक करने में सुधारने में सुबह बीत जाती थी।

अच्छा मानो ये सब कुछ भी न करना हो तो भी साइकिल सवार की उँगलियाँ साइकिल डायनामों को घुमाती चलतीं—जैसे किसी स्वप्न भरी यात्रा में विचर रही हों। जब भी चलती साइकिल रुकती तो डायनामों पर फिरती उँगलियाँ बड़े बेमन से रुकतीं। साइकिल जबरन धकियाये जाने के अन्दाज़ से उछलती और फिर रुकती।

नदी में नहाने की ये यात्रा किसी पेन्टिंग की तरह ख़ूबसूरत होती थी। लम्बे—लम्बे एवेन्यू से गुज़रकर साइकिलें, कभी खेतों की मेंड़ों से, सही पगडन्डियों से गुज़रतीं तो कभी मैदानों से। जिसकी सफ़ेद चमकती धूल जब इस काफ़िले को घेरती नीचे से ऊपर की ओर उठती तो धूप में ऐसे चमकती जैसे नदी तक एक चमकीला पाउडर फैल गया हो।

नदी पर उल्लास भरी चीखें उत्साह भरी ऊँची कूद, उमंग भरी गोताखोरी और पानी के सुखद स्पर्श से आहलाद भरी तैराकी एक

अनोखा माहौल बना डालती थी। नदी के जल में तैरते तैराकों की भूरी–भूरी गीली बाँहें, सिलेटी जल से उभरती डूबती रोशनी पड़ते ही जगमगा जातीं।

नदी में एक जगह विमर साया जिसकी वजह से नदी का पानी एक झील में बदल जाता था। लड़कों की ख़ास पसन्द जगह थी। यहीं वो बार–बार पानी से छपाछप टकराकर झाग पैदा कर देते पानी और लड़के दोनों ही ज़ोर से गरज़ते।

लड़कियाँ झील के तट पर दोनों हाथ छाती पर धरकर खड़ी अपने इन महानायकों का करतब देखतीं।

इस झुण्ड के दो ही हीरो थे–एक था लम्बा दुबला पिलयाये रंग का कम बोलने वाला जार्ज जो साइकिल तो अच्छी चलाता ही था साथ ही में उसमें ख़ूबी थी अपने चारों तरफ़ फैले संसार और घटनाओं को बख़ूबी देखने समझने की ओर देखकर गर्वीले भाव से मुझे दया के अन्दाज़ से उन्हें अनदेखा करने की कला में माहिर था। इसका नायक अल्फ्रेड था जो देखने में भारी छोटे कद का था जिसके चेहरे पर भूरे–भूरे तिल थे और जिसकी नाक और चेहरा दूर से ही ये आभास करवा देते थे कि लड़का बड़े अच्छे स्वभाव का है। थोड़ा–बहुत जंगलीपना चाहे हो पर अल्फ्रेड एक ईमानदार साथी माना जाता था।

लड़कों के इस गिरोह में विचित्र बात ये थी कि बिना किसी वोट के या आपसी सहमति के लड़कों ने हम दोनों को अपना नेता मान लिया था–जैसे कि इस झुण्ड का नेता होना उनका स्वभाविक अधिकार था मिज़ाज में दोनों लड़के एक–दूसरे से बिल्कुल अलग थे। इनमें अलग ब्रह्माण्ड का हिस्सा। बच्चा पार्टी क्या करेगी। क्या खेलेगी, इस बारे में ऊपरी तौर पर दोनों में जबर्दस्त आपसी एका था। जो बात अल्फ्रेड और जार्ज कह दें बालक दल के बाक़ी बच्चे बिना विरोध के उसका पालन करते। दोनों लड़के हर तरह से अलग–अलग स्वभाव व प्रवृत्तियों के थे। अगर वो एक ही गोलार्ध की परिधि का हिस्सा होते तो भी अलग ही लगते, लेकिन जनाब

कमाल ये था कि जब दोनों जोड़ा बनकर बच्चों के इस बाल दल का नेतृत्व सँभालते तो कहीं से भी उनमें कोई भिन्नता नज़र नहीं आती जैसे दोनों जोड़े के वो दो वायलिन हों जिनके बाज़े एक सुर में बजते हों। बिल्कुल एकात्म रूप। क्या वो ये बात जानते थे? क्यों करते थे वो ऐसा? क्या ये उनकी समझी हुई रणनीति का हिस्सा था जिसमें एक–दूसरे से बढ़–चढ़ कर लोहा लेने से बचते थे या अवसरवादिता जो उन्हें समझाती थी कि अगर दोनों में एक रहा तो बात बेहतर तरीक़े से बनेगी।

शायद इसीलिए ऐसा होता था कि दिन कैसे गुज़ारा जायेगा का पहला आदेश जार्ज की ओर से आता–कि आज गर्मी कुछ ज़्यादा ही है बच्चे तैरने नहीं जायेंगे। तो पेड़ के नीचे सुस्ता रहा अल्फ्रेड चुप बैठा रहता, जार्ज को आदेश देने देता–बिना नज़रें उठाये जार्ज को सब तो करने देता ख़ुद पेड़ के नीचे पसरा रहता–मिट्टी पर कँचे से लकीरे खींचता रहता।

इधर अगर अल्फ्रेड कोई खेल तय कर देता कि अब बच्चा बाबू लोग यही खेल खेलेंगे तो जार्ज भी उसकी हाँ में हाँ मिला देता।

पर कभी–कभार ऐसे भी हो जाता था कि अल्फ्रेड और जार्ज की राय एक जैसी न बन पाती तो मामला बड़ा मुश्किल में पड़ जाता था। उलझ जाता था, क्योंकि अल्फ्रेड पीछे हटने वालों में से नहीं था वो जल्दी हार नहीं मानता था फिर क्या था वो पूरे ज़ोर–शोर से अपनी राय दोहराता–एक के बाद एक तर्क रखता जाता–अपनी लच्छेदार बातों में बच्चों को गोल–गोल घुमाता जाता और ख़ुद भी घूमता जाता। दूसरे की राय अगर उसके दिमाग़ में नहीं बैठी तो अल्फ्रेड फिर अपने तर्क के तरकश से हर तीर निकालता था पर अगर उसे बात बाद में समझ आ गयी तो वो फिर अपना मन बदल लेता था, और बच्चों को नये निर्णय की बारीकियाँ उसी मज़बूती से समझाता कि जिससे वो पहले उसका विरोध कर रहा था। जार्ज अपने–आप में उसी–मुझे क्या फ़र्क़ पड़ता है वाली अदा से इन सब बहसों, तर्कों से अपने को अलग ही रखते हुए, एक तरफ़, अनमना–सा खड़ा रहता।

रेल की पटरियों के पास की ज़मीन पर जंगली पेड़–पौधे लहराते रहते। जब भी तूफ़ानी गति से रेलगाड़ी वहाँ से गुज़रती तो हवाओं के तेज़ झोंकों से पेड़ों, पौधों, सिलेटी पत्तियाँ तेज़–तेज़ लहराने लगतीं। गाड़ी में बैठी सवारियाँ बिना ख़याल किये रेलगाड़ी की खिड़की के बाहर काँच की खाली बोतलें फैंकते चले जाते। नीचे घास पर ये काँच बिखरकर घास पर बिछ जाते। ये सब कुछ देखने में बड़ा उदास–सा, वीराना–सा नज़र आता था, लेकिन दूर तक जाती हुई इस रेल लाइन के चारों ओर ज़मीन पर आजू–बाजू फैंके हुए इन उपेक्षित काँच और टिन के टुकड़ों पर जब रोशनी पड़ती थी तो वो चमचमा उठते थे और फिर ऐसा महसूस होता जैसे कोई लुभावना सपना आपको अपनी ओर खींच रहा है।

इमारत के सभी छोटे–छोटे फ्लैट्स जगह की कमी के कारण बड़े दमघोंटू थे। गर्मियों में तो उमस के कारण बैठना तो क्या साँस लेना मुश्किल होता। अहाता बड़ा काम आता उसमें जगह–जगह बैन्चें पड़ी थीं। एक बड़ा छतनार मेहराबनुमा पेड़ उनकी पनाह था। शाम ढलते ही बाहर निकल आते सब लोग–खुले आसमान के नीचे खुलकर साँस लेते। फिर चलता गप्पबाज़ी का दौर–कुछ इधर की कुछ उधर की मजनून चाहे कुछ भी हो। राजनीतिक मसलों पर कभी बातचीत नहीं की जाती। ऐसा लगता था जैसे आपस में कोई ऐसा समझौता किया गया है जिसके तहत पॉलिटिक्स की चर्चा करना मना था। आहाते के बाहर की दुनिया और अन्दर की दुनिया की कहानियाँ ही इस गप गोष्ठी का ख़ास हिस्सा बन जातीं। कहानियाँ दर्द की, कहानियाँ भय की, कहानियाँ प्यार की, विश्वास की, घात की, आघात की पर इन कहानियों से ऊपर कोई कहानी संसार इनका था तो वो था मोहल्ले के बच्चे मोहल्ले के किशोर। फलाने का लड़का बड़ा होकर क्या बनेगा इसके लक्षण तो अभी से ही नज़र आ रहे हैं या ढिकाने का लड़का बड़ा तेज़ है। कुछ कर गुज़रेगा ज़रूर। कभी–कभी मोहल्ले के मुद्दों पर झगड़े हो जाते। कुएँ से ज़रूरत से ज़्यादा पानी किसने बहाया। ये किसने कचरे का सारा डब्बा अपने घर के कचरे में भर दिया।

ये किसने सवेरे ही घर के धूल भरे गलीचे झाड़कर धूल ही धूल हवा में फैला दी या ये भी अब इतनी शाम को कालीन दरी झाड़ने की क्या ज़रूरत थी।

गर्मियों की शामों को अहाते के बड़े पेड़ की पत्तियाँ जैसे बिल्कुल थम जातीं। कोई हलचल नहीं फिर उनसे उठती एक तीखी तेज़ गन्ध जो चारों ओर फैल जाती।

अल्फ्रेड और जार्ज जब भी दिन के ढलते पर बच्चों के साथ–साथ खेलते थक जाते और छोटे बच्चों को सुलाने के लिए घर में ले जाया जाता तो जान–बूझकर अपने–अपने गुप्त ठिकानों में जाकर छिप जाते। दरअसल इमारती अहाते और शहर से दूर एक माल गोदाम बना हुआ था इसमें लोहे का टूटा–फूटा कबाड़ भरा रहता था। ये जगह हरे मैदानों छोटे फलों के बगीचों, खेतों से घिरी हुई थी। उदास, एकाकी–सी जगह अल्फ्रेड और जार्ज की शरण ली थी। दोनों अपनी साइकिलें लेकर अपनी चुनी हुई जगह पर वहाँ ले जाते जहाँ माल गोदाम के कँटीले तारों की बाढ़ एक बड़ा छेद नज़र आता था। ये छेद झाड़ी की बड़ी–बड़ी टहनियों से ढँका होने के कारण आसानी से दिखाई नहीं पड़ता था। बस इसी छेद से टहनियाँ हटाकर दोनों लड़के झुककर अन्दर घुस जाते और घास पर घुटनों के बल चलते। रेंग–रेंगकर चलते दोनों लड़के इस माल गोदाम के मालिक के कुत्ते से बचने की कोशिश करते जो यहाँ खूँखार था।

इस जंग लगे लोहे के कबाड़ के बीचोबीच इन दोनों ने अपने लिए वो महान जगह ढूँढ़ थी जहाँ इनकी शाही बैठक जमती। वहाँ खालते थे दोनों अपना मन करते थे ढेर–सी बातें। दोनों आपस में एक–दूसरे से कुछ नहीं छिपाते, दिल खोलकर कह डालते जो कुछ उनके दिल दिमाग़ में चल रहा होता वो ज़ुबान पर आ जाता। ये आपस की बातों का लम्बा सिलसिला तब तक नहीं रुकता जब तक उनकी माँयें उन्हें ज़ोर–ज़ोर से पुकारती मैदान तक नहीं आ पहुँचतीं।

जार्ज पितृहीन था। बाप का साथ ना होना उसे बहुत खलता था। उसका बस चलता तो वो पिता का साथ पाने, उनका अपनापन

पाने के लिए ख़ुद अपनी उम्र के कुछ साल उन्हें दे डालता–काश ऐसा हो पाता।

इसके ठीक उल्टा मामला था अल्फ्रेड का जिसकी उसके बाप से ज़रा नहीं पटती थी ना बाप को अल्फ्रेड की परवाह थी न अल्फ्रेड को अपने बाप की परवाह थी। जो कुछ लगाव था वो अपनी माँ से था पर मुश्किल ये थी कि इतना पूजा–पाठ में अपने–आप को डुबोये रखती कि अल्फ्रेड को वो किसी और दुनिया का जीव लगती जो किसी और ग्रह से आयी हो।

अल्फ्रेड की सपनों की आकृति वाली औरत थी उसकी लाल–लाल गालों वाली ख़ूबसूरत और बेहद अमीर मौसी विक्टोरिया। जो अल्फ्रेड को स्वर्ग से उतरी अप्सरा या महारानी–सी लगती। उसको पता था कि मौसी उसे बहुत प्यार करती उसे ये अहसास मौसी के जब भावों संवेदना। मौसी जब कभी उसे बाहर लेकर घूमने जाती तो अचानक रुक जाती अपने हाथों से अल्फ्रेड के गाल सहलाने लगती, उसके बालों में उँगलियाँ फिराती। अल्फ्रेड बच्चा था या तो क्या हुआ प्रेम के स्पर्श की गरमाहट को जानता था। वो जानता था अपने–आप खोयी रहने वाली सुन्दरी विक्टोरिया मौसी उस के प्रति सिर्फ़ दयावान नहीं थी दरअसल उसे दिल से प्यार करती है।

विक्टोरिया क्या सच में भाग्यशाली थी। वो सही समय पर क्लाजेनफर्ट से बाहर चली गयी। हमेशा सही मर्दों के साथ जुड़ी रही अक्सर सोते समय अल्फ्रेड सोचता रहता क्या विक्टोरिया मौसी उतनी अमीर हैं जितना लोग उन्हें अमीर मानते हैं।

अल्फ्रेड को नहीं मालूम असल में अमीर होना क्या होता है। वो तो सिर्फ़ यह जानता था कि ग़रीबी का उल्टा अर्थ है अमीरी। अमीर शब्द का उच्चारण भर अल्फ्रेड को एक मायावी संसार में पहुँचा देता जिससे वो बाहर ही नहीं निकलना चाहता था, वो सपनों के झूलों में चकराने लगता था। अमीर यानी–ख़ुशी–अमीर माने एक ख़ुशहाल ज़िन्दगी। ग़रीबी से दूर अमीरी से भरपूर ऐशो आराम की ज़िन्दगी तड़क–भड़क से भरपूर ज़िन्दगी।

साँझ की झुट–पुटी बेला में बचपन से किशोरावस्था की ओर जाते ये बच्चे जिज्ञासा के घोड़े पर चढ़कर मिस स्टार्क के निचले तल वाले फ्लैट की खिड़की के पर्दे के पीछे से झाँकने की कोशिश करते। झाड़ियाँ इतनी घनी थीं कि उनकी टहनियों के पीछे छिपे ये नवकिशोर किसी को नज़र नहीं आते थे। शैतान बच्चों का ये गिरोह घुटने के बल बैठ जाता फिर उचक–उचक कर खिड़की के पीछे से झाँकते एक–दूसरे के ऊपर लदे–फँदे जवानी की उत्सुकता के मारे मचले रहते कि कुछ ख़ास दिख जाये।

कभी–कभी क़िस्मत से उस आदमी की पीठ नज़र आ ही जाती जो मिस स्टार्क के दो बेहद चौड़ाई में फैले पाँवों के बीच खड़ा होता था। पर सिर्फ़ उस आदमी की चौड़ी पीठ ही दिखाई देती थी।

कई बार ऐसा भी होता था कि आदमी नहीं दिखता सिर्फ़ मिस स्टार्क के चौड़े फैल पाँवों के गोरे नरम तलवे ही नज़र आते, उसके कोमल पाँव ऐसे लगते जैसे किसी परी के पाँव हों जिनमें पंख लगे हों। एक पाँव से दूसरे पाँव की दूरी इतनी थी कि लगता ही नहीं था पाँव एक ही औरत के बदन से जुड़े थे।

सड़क के उस पार रेल की पटरियों के पीछे शहर का आख़िरी छोर था। इसी छोर की सड़क के किनारे नीचे खपरैली छतों के मकानों की एक सधी–सी क़तार दिखाई देती थी। इसी के इर्द–गिर्द थे दो फांकी डालों वाले बहुत से पेड़। सर्दियों में इन्हीं की शाखाओं पर बसेरा करते थे। जब ये कौवे ऊँची उड़ान भरते तो लगता आसमान काले धब्बों से भर गया है। वहीं से गिरजाघर की चिमनी झरोखा और लाल छत भी दिखाई देती थी। रविवार के दिन अल्फ्रेड अपनी माँ के साथ इसी गिरजाघर में आया करता था। चर्च के अहाते से वो भौचक्का होकर अपनी माँ को ताक़ता रहता था।

चर्च के पीछे खुले मैदान में खेत बने थे, भूसा भण्डार बने थे और इनके चारों तरफ़ लगी थी कँटीली तारों वाली बाड़। बस उसके बाद अनन्त आकाश दिखाई देता था। सूरज की किरणें इसी खुले आसमान

और नीचे ज़मीन को अपने ताप और रोशनी के तीखे प्रभाव से मन में एक भय पैदा करती। देह भय से काँप उठती पर...फिर कहीं मन के किसी कोने में एक खुशी–सी भी महसूस होती एक भयानक आनन्द की प्राप्ति होती क्या मालूम था कि अबकी बार भी घनी कतारें सूर्य के तेज़ ताप को हर लेंगी, आकाश सपाट हो जायेगा, नीचे कुछ जलेगा बस अब बादल घेरेंगे आसमान। जार्ज का परिवार भी कुछ–कुछ ऐसा ही था। एक ओर उसकी मौसी थी जो इतनी बीमार थी कि उसे घर से बाहर निकलने की भी मनाही थी और एक चाचा थे जो घरों से कचरा उठाने का काम करते थे। जब वो घर आते थे उनसे इतनी तेज़ सड़ान्ध उठती थी कि बदबू के मारे उल्टी आती थी। फिर भी पितृहीन जार्ज अपने को भाग्यशाली मानता था कि उसके शरणदाता कम से कम उसे तो प्यार से रखते थे।

जार्ज की असली माँ "मारिया वोर्थ" नामक जगह में मौसम आने पर झील पर बने एक होटल में परिचारिका का काम करती थी। सप्ताह अन्त में जार्ज से मिलने घर आती थी। जब भी वह अपनी साइकिल चलाती सज–धज के लाल लिपस्टिक लगाये छोटी गर्मी की ड्रैस पहने फिलगिरी के जूते पहने इठलाती घर आती तो जार्ज और अल्फ्रेड समझ जाते–अपने पहले खेल की छुट्टी।

मेज़ पर उँगलियों से तबला बजाती जार्ज की माँ जार्ज पर एक नज़र डालते ही समझ जाती जार्ज ने उसके पीछे क्या पढ़ा या क्या छोड़ा है–माँ जो थी। और फिर सजाओं का और तारीफों का लम्बा सिलसिला शुरू हो जाता। मुश्किल ये थी कि सिद्धान्त के हिसाब से बात ठीक लगती थी पढ़ने पर मज़ा, न पढ़ने पर सज़ा पर जब दोनों चीज़ों की मात्रा को नापें तो बड़ा अत्याचार था। जार्ज की माँ तारीफ़ के मामले मैं बड़ी कंजूस और अन्तर्मुखी थी पर सज़ा के मामले कर्कशा ज़हर कड़वी थी गुस्से मे वो आप मे नहीं रती थी–पर इस सबके बाद भी ये समझना भूल होगी कि जार्ज को अपनी माँ की काबिलियत पर कम भरोसा था या माँ का घर उससे मिलने आना जार्ज को अच्छा नहीं लगता था।

सच तो ये है कि जब वो अपनी माँ को आते देखता तो ख़ुशी से भर जाता। उसके पास उसे बहुत अच्छा लगता कि माँ सिर्फ़ उसे ही देखने उससे मिलने आ रही है तब माँ उसे दुनिया की सबसे ख़ूबसूरत, सबसे महान, सबसे चमत्कारी औरत लगती। अल्फ्रेड को जार्ज की माँ से बड़ी जलन होती थी। वो अपनी इस कुढ़न को गालियों का जामा पहनाता। जार्ज की माँ को किसी न किसी बहाने से गालियाँ देने में नहीं चूकता। जब वो जार्ज की माँ को वापस जाते देखता तो उसकी दूर जाती हुई बाइसिकल को देखकर बड़ा ख़ुश हो जाता। चलो बला टली।

जार्ज तब बेहद ख़ुश हो जाता था जब उसकी वियना वाली मौसी के आने का समाचार मिलता। जार्ज को वियना शब्द ही बड़े अचरज से भर जाता। मौसी वियना से आ रही है जो बहुत बड़ी जगह है क्लूगनफर्ट से कई गुना बड़ी। उसके नन्हे मस्तिष्क को वियना का प्रारूप समझ नहीं आता तो वो अपनी कल्पना की उड़ान को पंख दे देता और क्लाजेनफर्ट की गलियों, चौराहों, सड़कों को बड़ा और बड़ा करता जाता। उन्हें आसमान के चमकते सितारों में बदल देता। वो बड़े–बड़े सितारों वाला शहर ही वियना होगा पर वो ये सच्चाई समझता था कि ज़रूरी नहीं जैसा वो समझ रहा है उसका सपनों का शहर वैसा ही हो। ज़रूर सब कुछ बिल्कुल अलग–सा भिन्न–सा होगा पर उसकी कल्पना के शहर से कितना भिन्न होगा ये उसकी समझ से परे था।

विक्टोरिया मौसी कभी भी अल्फ्रेड के घर आकर ठहरी नहीं। कभी–कभी वो शहर के बीचोबीच बने एक ख़ूबसूरत होटल में भी ठहर जातीं। अपार्टमेन्ट में जगह की कमी उसका कारण बताया जाता। अल्फ्रेड से कहा जाता इस तंग खस्ताहाल में वियना वाली मौसी भला कैसे ठहर सकती हैं वो अमीर हैं न!

विक्टोरिया मौसी अल्फ्रेड को शहर के सबसे महँगे कॉफ़ी हाउस में ले जाना पसन्द करतीं। बेचारा अल्फ्रेड उस जगह बैठकर उसकी भव्यता देखकर बड़ा सकुचाता। शानदार कुर्सी–मेज़े, चाँदी का लेप चढ़ी खाने की चम्मचें, छुरीकाँटे–ये सब उसे बहुत अच्छे तो लगते थे

पर साथ ही एक अजब हीनभाव से भर देते थे। शहर के चौराहे में चर्च के सामने बना ये कॉफ़ी हाउस उस शहर का सबसे शानदार कॉफ़ी हाउस जो था। विक्टोरिया मौसी का गोरा बड़ा चेहरा काले बालों से घिरा ऐसा लगता था जैसे कोई विशाल ज़मीन का टुकड़ा हो जो अल्फ्रेड से बहुत दूर हो पर दिखाई दे रहा हो। अल्फ्रेड की नन्हीं निगाहें इसी ज़मीन में बार–बार भटक जाती थीं फिर विस्मित होकर लौट आती थीं। वो थीं सामने बैठी थीं सदेह सामने थी पर अल्फ्रेड को वो हसीन सपने–सी लगती तभी तो उसकी निगाहें बार–बार मौसी को देखती हुई कभी मौसी के ब्लाउज के बटन पर अटक जातीं या उनकी मोती की माला की सफ़ेद बुर्राक चमक उसका ध्यान अपनी ओर खींच लेती। अल्फ्रेड मौसी को अपनी रोमांचक खेलों के क़िस्से बड़े उत्साह से बढ़–चढ़कर सुनाता। अल्फ्रेड की बातें सुनकर मौसी प्यार से मुस्कुराती अपनी ख़ूबसूरत आँखों से लाड़ लड़ाती अल्फ्रेड की हिम्मत ही नहीं पड़ी कि वो अपनी ख़ूबसूरत मौसी की छाती या कूल्हों की ओर निगाह उठा सके। मौसी का दैहिक रूप अल्फ्रेड की सपनों की दुनिया का हिस्सा था जहाँ सच और स्वप्न आपस में इतनी बारीक़ी से उलझ जाते हैं कि उन्हें अलग कर पाना मुश्किल होता है। उसकी इस भ्रम जाल की दुनिया का अहसास, मिस स्टार्क के कमरे की खिड़की से झाँककर देख पाने वाले अहसास से अलग नहीं था। वो ख़याल और मौसी को देख पाने के ख़याल आपस में गुंथ जाते थे। कॉफ़ी हाउस में मौसी के साथ बैठा अल्फ्रेड पूछता मौसी वियना एक महान् शहर है न? बदले में विक्टोरिया प्यार से उसका हाथ थपथपाती और सख़्त लहजे में कहती "जब समय आयेगा तुम भी वहाँ पहुँच ही जाओगे।" एक बार अलफ्रेड ने मौसी से उनके वियना वाले जीवन के बारे में जानना चाहा तो अल्फ्रेड को भी नहीं पता था कि मौसी के जीवन से वियना की कहानी जानकर वो क्या कर लेगा पर मन के कौतूहल ने अल्फ्रेड से ये सवाल पुछवा ही लिया। विक्टोरिया ने इस सवाल को सुनते ही टाल दिया। इसका जवाब देने की जगह इधर–उधर की बातों में अल्फ्रेड का ध्यान बँटाने लगी।

उसने बात ही बदल दी। कुछ अनमनी हो गयी। कुछ उदास सी फिर उसने अपने भांजे से कहा चलो छोड़ो इन बातों को मैं तुम्हें वियना में लगे नये सरकस के बारे में सुनाती हूँ कितना मज़ेदार शानदार सरकस है वो जब तुम वियना आओगे तो मैं तुम्हें वहाँ ले चलूँगी।

मौसी का ये रूप अल्फ्रेड की मायावी वियना दुनिया के भ्रम जाल से अजीब सा लग रहा था। फिट नहीं बैठ रहा था कि अचानक विक्टोरिया मौसी ने फिर बातों का रुख फेर दिया। अब वो कॉफ़ी हाउस की खिड़की के बाहर दूर चौराहे की तरफ़ देख रही थी जहाँ पानी के एक छोटे गड्ढे के चारों तरफ़ कबूतरों का जमावड़ा लगा था।

विक्टोरिया बहुत प्यारी बातें नहीं करती थी पर जब भी बोलती प्यार से बोलती। अचानक उसने अल्फ्रेड से कहा एक दिन तुम भी बड़े हो जाओगे। अल्फ्रेड ने कहा—फिर क्या होगा?

विक्टोरिया ने कहा—तुम भी ये जगह ये शहर छोड़ जाओगे।

अल्फ्रेड को इस बात में ज़रा भी तकलीफ नहीं कि अगर वो बड़ा हो गया तो बचपन का ये शहर, उसके संगी साथी, गाँव गली—मोहल्ला उसके बचपन की जगह सब छूट जायेंगे और सबसे बढ़कर उसकी माँ भी यहीं पीछे छूट जायेगी। बाद का तो उसे ख़याल तक नहीं आया।

चेस्टनट के पेड़ की पत्तियों के झूमर शहर के चौराहे पर अपनी परछाइयाँ छोड़ रहे थे। वसन्त के दिनों की धूप—छाँव में कॉफ़ी हाउस वाले इस चौराहे पर यही नज़ारा होता था। सूरज बसन्ती आँखमिचौली खेलता था।

किशोर अवस्था के इन दो—तीन सालों में जार्ज और अल्फ्रेड ने क्लेगन फर्ट लम्बर मेले में अस्थायी काम करके कुछ पैसे भी कमा डाले। मेला आंचलिक देहाती मेला था। जिसमें जमकर ग्रामीण रंग छलकते थे। हँसी ख़ुशी शराब, शबाब, गीत, संगीत एक मदमाती मस्त शाम, एक हवा में झूलती गाती रात।

अल्फ्रेड का काम रात गुज़र जाने के बाद दिन दोपहर से शुरू होता था। जब वो मैला मैदान में काम के लिए पहुँचता तो एक बहकी रात की निशानी सा लुटा—पिटा दिन उसके हाथ लगता चारों

तरफ़ बियर के टिन फैले होते, गन्दी गिलासें, झूठी प्लेटें पड़ी होती, बेचारी मैदान की घास तो अपने ऊपर हुए जुल्म से कुचली पड़ी होती। सैकड़ों जुतों ने उसे पीसकर चटनी बना दिया होता था। बड़ी मुश्किल से उन्हें सीधा किया जाता।

इस भयंकर उथल–पुथल वाली इस मच्छी बाज़ार जैसी लगती जगह पर अपने स्टाल के बाद काउन्टर के पीछे मालिक खर्राटे भर कर सो रहा होता। अल्फ्रेड की आहट सुनकर जाग जाता। अल्फ्रेड बर्तन धोने की हौदी में गिलास, प्लेट धोता तो खटर–पटर की आवाज़ होती। टिन के फेंके डिब्बे उठाता, पूरी घास का कचरा बीनता तो आवाज़ होती, इन आवाज़ों को सुनते ही शराब काउन्टर का मालिक अपनी तारपोलिन की झूलती चारपाई पर लेटा लेटा पहले तो अपने भारी भरकम चेहरे पर हाथ फेरता और बिना कुछ बोले सबसे पहले अपने बगल में रखी बन्दूक को पहले उठाता और उसे ताले में बन्द कर देता।

अल्फ्रेड को बार काउन्टर का मालिक हमेशा कड़वे सुरों में पगे हुए आदेश देता। वो ये बात हरगिज़ नहीं छिपाता छिपाता हर चीज़ से चिढ़ता और हर बात से उसका पेट दुखता है। इतनी कड़वाहट के बाद भी अल्फ्रेड इस बियर गार्डन में काम करना बन्द नहीं करता। मेले के इस कोने में लगे बार काउन्टर के सामने की जगह पर एक तारपोलिन का छेद वाला चन्दोवा बाँधा जाता जिसके नीचे टेबल लगायी जाती तारपोलिन चारों कोनों से पेड़ के तने से बाँधा जाता। इस बहुत से फटे छेद वाले तारपोलिन रूपी चन्दोवा के छेद से जब सूरज की किरणें छनकर किसी बियर मग पर पड़तीं या किसी सुन्दर हँसती हुई महिला के चेहरे पर गिरतीं तो इस जगह ख़ूबसूरती दुगनी हो जाती।

जार्ज की नौकरी ज़रा ज्यादा कठिन थी क्योंकि उसे इस काउन्टर से बाल्टी में भरी बर्फ़ में डाली बियर की ठण्डी बोतलें और सोडा मेले भर में बेचनी होती थीं। रास्ते में उन्हें छीने जाने से या गिरने से बचाना होता था उसकी तरह बाल्टी में भरकर बियर और

सोडा बोतलें बेचने वाले कई और लड़के भी बार कीपर की नौकरी पर रखे थे पर कहना ना होगा–सबसे ज़्यादा कमाई जार्ज ने कर दिखाई। अल्फ्रेड एक मेहनती लड़का था। उसके काम से बार के मालिक को कभी कोई शिकायत नहीं हुई। वो उसे पूरे पैसे देता पर अल्फ्रेड को मेले के एक और स्टाल पर रंग–बिरंगी चमकती रौशनी वाली स्लॉट मशीन का चस्का लग गया–जुऐ खिलाने वाली इस मशीन का आकर्षण इतना जबर्दस्त बढ़ा कि अल्फ्रेड मालिक से पैसे पाते ही इस पैसा दुगना–तिगुना करने का लालच देने वाली मशीन की तरफ भागता और कमाये हुए पैसे दुगने करने के चक्कर में हारता ही जाता–गँवाये हुए पैसों को फिर से जीतने की चाहत और मजबूरी में फिर दाँव लगाता फिर हार जाता धीरे–धीरे मेहनत से कमाये अल्फ्रेड के पैसे जुआ की मशीन अपने पेट में गटक जाती। बेचारा अल्फ्रेड शुक्रवार को घर जब लौटता तो उसकी जेब में फूटी कोड़ी न होती।

घर वापस लौटते अल्फ्रेड को अब शहर की सड़कें बदरंगी और वीरान–सी लगतीं मेले के मैदान से बचने वाले झूला संगीतों की धुन उसके कान को खटकतीं जैसे ताना मार रही हों कर ली कमायी? वो सोचता माँ को क्या जवाब देगा–क्या कहेगा माँ से कि पैसे खो गये हैं या पैसे किसी ने चुरा लिए हैं। क्या वो उसका विश्वास करेगी लेकिन दूसरी ओर उसके अन्दर अहम भाव का उदय हो रहा था।

"कर ले जो करना है नहीं डरता" इस भाव से उसे एक गर्व–सा महसूस होता "हाँ मैं नहीं डरता किसी से जो करना हो कर लो।"

अगर आप पूर्व से वियना में घुसना चाहे तो सबसे पहले आपको दिखाई देंगे खाली मैदान जहाँ अध–सूखी नदी तल और हरे सफ़ेदे के लम्बे पेड़ की कतारें आपस में एक–दूसरे को काटती हुई रेखायें बनाती हैं जैसे कोई सलीब हो यानी क्रिस–क्रास करती चलती हैं। आजकल ये लम्बा–चौड़ा मैदान तेज़ रफ्तार की सड़कों से औद्योगिक क्षेत्रों के लिए जहाँ–तहाँ से काट दिया गया है। दरअसल ये महान हंगेरियन चढ़ाई का ही एक अलग–सा हिस्सा है। इसके बाद पड़ते हैं

वियन वर्ग और लार वर्ग के गोल पर्वत शिखर और लुढ़कती ढलान वाले हिस्से। अगर इन पहाड़ों पर चढ़कर नज़र डालें तो वियना शहर ऐसे नज़र आता है जैसे किसी सीप के भीतर में शहर हो उसके चारों तरफ़ घुमावदार पर्वत के घने जंगल हैं वियना वुड्स। इसी के बीच से झिलमिलाती हैं इमारतों की कतारें। जिनकी मिलती छतें, मीनारें प्याजी आकार के गुम्बद सब धुँध के परदे से बाहर निकलते हैं। लुका–छिपी खेलती–सी अजीब चिपचिपाहट भरी धुँध घेरती है वियना की इन इमारतों को। कभी लगती है ये सिलेटी रंग भर धुँध है कभी लगता नहीं किसी घाव की परतें उछली वाली धुँध है। इसी में से दिखाई देता है सन्त स्टीमन गिरजाघर। सैकड़ों सालों से ये गिरजाघर शहर का केन्द्रबिन्दु रहा है। सच कहें तो पूरे वियना का केन्द्रबिन्दु भी यही चर्च रहा। सुनने में बड़ी अचरज भरी बात लग सकती है पर सच यही है कि आज भी किसी स्थान की दूरी मापने के लिए इसी गिरजाघर की इमारत को आरम्भ बिन्दु माना जाता है। यहीं से सभी स्थानों की भौगोलिक सीमाओं की नपाई का जाल शुरू होता है। गिरजाघर का सम्बन्ध वियना की हर स्थानीय इमारत से जुड़ा है।

पूर्व की तरफ़ एक सुदूर इलाक़े में बसा है पारनडोर्फ जिसके पास ही बहती है लाईथा नदी। पारनडोर्फ गाँव को पोन्डरफालू नाम से भी जाना जाता है पर ये नाम उसे पड़ोसी देश हंगरी ने दे रखा है ये इलाक़ा पहले था ही जर्मनी अधिकृत पश्चिमी है हंगरी का है–जिसमें आज भी कुछ हंगेरियन परिवार बसे हैं। इसी गाँव में जाकूलेक परिवार भी रहता था जो क्रोएशियाई से यहाँ आया था जो पारनडोर्फ के दक्षिण में है चूँकि ये परिवार क्रोएशियाई था इसीलिए वो पारनडोर्फ के गाँवों में अपनी जगह नहीं बना पाया हमेशा अलग–अलग अजनबी–सा ही रहा।

जाकूलेक परिवार क्रोएशिया छोड़कर यहाँ प्रवासी की हैसियत से क्यूँ आया था ये किसी को अब याद नहीं। खुद जाकूलेक परिवार भी मूल क्रो एशियाई भाषा भूलकर कुछ कहावतों और कुछ भूले–भूले

वाक्यों से गुज़ारा कर रहा था जो किसी को समझ नहीं आती थी। हंगेरिया खाने की खासियत वाले पकवान की पाक विधि मोनी रेसिपी भी अब एक मुड़ी–तुड़ी पुरानी पाक शास्त्र की किताबो के बीच हाथ से लिखे कागज़ में समा गयी थी।

मारिया जब भी अपना बचपन याद करती तो उसे सबसे पहले अपने माँ–बाप का वो घर याद आता जो ठीक सड़क पर एक पुराने बेरी के पेड़ के सामने था जिस पर हर समय उस सड़क से उड़ी धूल जमी रहती थी। घर का फाटक लकड़ी का और ऐंचा–बेंचा–सा हो गया था। उसी से शुरू होता था घर का अहाता जिसकी सड़क कच्ची दलदली थी और फुटपाथ के नाम पर टूटे–फूटे पत्थर बीच में से एक गटरनुमा नाली बहती थी। महागन्दी जो जाकर सड़क के पास खुले गड्ढे में गिरती थी। जिसमें कीडों के लार्वा और मेंढक फुदकते रहते थे–छोटे–मोटे और भी कई जीव उस काले गंदेले पानी के वासी थे।

अहाते में ज़मीन पर बत्तखें घूमती रहतीं जो इस गन्दे दलदली पानी में बाल–बच्चों के लिए भोजन ढूँढ़तीं। मारिया की माँ इन बत्तखों को मक्के के टूटे–फूटे दाने डालती थी। बत्तखें मारिया की माँ को आते देख लालच से अपनी लम्बी सफ़ेद गर्दन पूरी तरह से उसकी ओर घुमा देती थीं और ज़ोर से क्वेक–क्वेक की आवाज़ों से अहाता गुँजा देती थीं। उन्हें पता था अब उनके लिए क्या आने वाले है और उन्हें क्या मिलने वाला है।

मारिया की माँ इन बत्तखों को मक्के के टूटे–फूटे दाने डालती थी। बत्तखों के लिए मक्का के दाने लाती मारिया की माँ का चेहरा किसी ख़ास शक्ल की तरह याद नहीं था। उसे वो एक बेहद सफ़ेद गोल अंडे की तरह नज़र आती थी जो बेहद चिकना तो था ही पर नैन–नक्श के नाम पर कोई ऐसा कटाव भराव निशान नहीं था जिसे मारिया अपनी ख़ास, अपनी माँ के चेहरे के रूप के नाम से याद कर सके, एक भावहीन चेहरा था मारिया की माँ का।

घर के चारों तरफ़ जो लकड़ी के खम्भे वाला हवादार बराण्डा–सा था। उसमें माँ रस्सी के ऊपर मक्के झूटे सूखने के लिए लटका देती थी

इन सूखते हुए भुट्टों के दानों को खाने के लिए चिड़ियों के झुण्ड आते और पूरे बराण्डे में पंख फड़फड़ाते घूमते। मारिया को लगता उसकी माँ के मुर्दो से लगते चेहरे से कहीं ज़्यादा ज़िन्दगी इन छियों में है ये कम से कम हिलते फड़फड़ाते तो हैं। हाँ उसकी माँ के शरीर में सिर्फ़ उसके हाथ ही ऐसे थे जो किसी मशीन की तरह लगातार चलते–गतिवान रहते–मारिया का लगता माँ के हाथ अपने–आप चलने वाली ऑटोमेटिक मशीन है जिसे किसी बाहरी आदेश के इन्तज़ार की ज़रूरत ही नहीं पड़ती।

हाँ माँ के यही हाथ प्रार्थना के समय ऊँचे उठकर श्रद्धा से जुड़ जाते थे तब बिल्कुल ही शान्त रहते। उसके चारों तरफ़ अगरबत्तियों की तीखी सुगन्ध धुएँ के बादल उठाती फैली रहती। सामने उसके मोमबत्तियों के ढेर सारे प्रकाश के साथ होते थे मोमबत्ती की गन्ध भरे झोंके और गुलदस्ते में सजे नरगिस और गुलाब के फूल।

जाकूलेक परिवार कट्टर ईसाई धर्मी था जो कभी चर्च जाना नहीं भूलते थे उनके लिए वो प्रभु की शरण स्थली जहाँ से प्रभु ईसा उनकी रक्षा करते थे। ईसा उनके मसीहा थे वे ईसा के मसीही। पारनडोर्फ मूल रूप से एक सीधी सड़क के इधर–उधर बसे एक मंजिला मकानों की कतारों का इलाक़ा था। यही सड़क आपको पारनडोर्फ के इस इलाक़े में आकर ख़त्म हो जाती। फिर लौटकर इसी सड़क से आप फिर गाँव की ओर लौट जाते हैं। हाँ कुछ दूर पर एक जगह एक मोड़–सा पड़ता है। जहाँ से दिखाई देते हैं, गेहूँ के खेत, चमकती जंगली घास और बादलों के आकार के लम्बे पेड़। जो इतने लम्बे हैं इधर भी, उधर भी हैं चारों तरफ़ वो लम्बे पेड़ ही पेड़ हैं, बहुत तीखे लगते हैं ये सारे मानो अब आकाश का सीना अपने दाँतों से फाड़ खायेंगे। इन सफ़ेद पेड़ों की लम्बाई और सघन पन ने बेचारी सपाट ज़मीन का अस्तित्व ही मिटा–सा डाला अब दूर से नज़र आते सिर्फ़ पेड़ या उन पर ताना नीला आकाश।

इसी राह से मारिया के पिता रोज़ काम पर वियना जाते। पेशे से वो राजगीर मज़दूर थे। मारिया हर सुबह अपने पापा को हाथ में

लकड़ी का बना औज़ार बक्सा लिए दूर जाते देखती थी वो जानती थी कि उसके 'पापा' अब दूर और दूर वहाँ तक जायेंगे जहाँ जाकर सड़क दो भागों में बंट जाती है। वहीं से वो बस में चढ़कर शहर की ओर जायेंगे। जहाँ बहुत सारी इमारत बनाने वाली कम्पनियों में काम चल रहा था। मारिया के पिता शहर जाते समय बाकायदा सूट पहने जाते हाथ में लिया खुरदरी लकड़ी का औज़ार बक्सा हमेशा वापस घर नहीं आता। पेन्ट के आड़े तिरछे धब्बों के रंग–बिरंगे आकार और सन्दूक़ के भीतर के औज़ार मारिया को किसी जादू के पिटारे से नज़र आते। घर के पास फार्म में जब कभी काम निकलता तो इसी जादू के पिटारे से एक–एक कर औज़ार बाहर निकलते छेनी, हथौड़ा, करनी।

एक सम्मोहन से भरा पल होता था वो। जाकूलेक खानदान बहुत बड़ा था और बड़ा व्यव स्थित था, लेकिन पारनडोर्फ में इस खानदान के कम ही लोग रहते थे। मारिया से बड़े भाई सब बाहर काम करते थे कोई जर्मनी में मज़दूरी कर रहा था कोई स्टि्ज़रलैन्ड में और एक भाई तो पारनडोर्फ में काम नहीं मिलने के कारण देश छोड़कर अमेरिका ही चला गया था। वो अब वहीं का नागरिक बन गया था।

अब पारनडोर्फ के फार्म हाउस में सिर्फ़ माँ और मारिया की छोटी बहनें रहती थीं। इसलिए उसकी यादों में ये बच्चे और वो ख़ुद मिट्टी से सने गँदले कपड़ों में कमरों, में अहाते में खेलते नज़र आते। अहाते में टूटे बिखरे खिलौने भी उसकी यादों का अहम हिस्सा थे वो बचपन की किलकारियाँ, वो ख़ुशी से भरी चीखें। मरिया को सब याद थीं। वियना में डैन्यूब नदी के उस पार एक बेहद चौड़ी सड़क पर बसे एक चालनुमा टेनेमैन्ट में मारिया के पिता ने एक कमरा किराये पर ले रखा था। कमरे के साथ एक छोटी सी रसोई भी थी और थी एक अलमारी जगह का नाम था–कागरान।

इस जगह आते–आते ज़मीन बहुत समतल हो जाती है। वहाँ खड़े हैं शहरी मकान दाँयें–बाँये से गुज़रती है डैन्यूब नदी की पतली कई धारायें। इन धाराओं के पानी के आस–पास है नीची ज़मीन पर

उगे जंगल और खेत। यहाँ पर ट्रेफिक की भीड़–भाड़ नहीं के बराबर रहती। तो जब मारिया को पारनडोर्फ से वियना पिता की देख भाल और सफ़ाईवाली बाई का काम पैसा कमाने के लिए, कुछ लिखाई–पढ़ाई सिखाने के लिए कारनगर लाया गया तो मारिया को लगा वो वियना, नहीं एक बड़े पारनडोर्फ में ही वापस ले आयी गयी है।

उसके पिता शाम 7 बजे घर लौटते और फिर थकान से चूर होने के कारण सीधे बिस्तर पर चले जाते। जिस दिन मज़दूरी में काम का बोझ कम होता मारिया के पिता और पैसा कमाने की चाह में मारिया को साथ लेकर छोटा–मोटा काम ढूँढ़ने निकल पड़ते उन्हीं शहरी इमारतों की तरफ़, जिसके पिछवाड़ों में ये थालनुमा इमारतें थीं। जहाँ मारिया के पिता और बाक़ी ग़रीब मज़दूर रहा करते थे। मारिया को कभी किसी मनोरंजन के लिए उसके पिता बाहर नहीं ले गये। घर में भी पैसा बचाने के लालच में मारिया के पिता इस छोटी–सी लड़की के दिल बहलाने का कोई भी सामान नहीं लाते। घर में हमेशा एक अँधेरे कोने में बैठ जाते। सिर्फ़ रविवार एक ऐसा दिन होता था जब मारिया के पिता कमरे में अँधेरे में नहीं एक छोटे से पिद्दी लैम्प के प्रकाश के तले बैठकर। अख़बार का वो हिस्सा पढ़ते जिसमें नौकरी के अवसरों के विज्ञापन छपे होते थे। वो उस अवसर की तलाश करते रहते थे जब कोई नया काम मिलेगा ऐसा काम जो उनकी क़िस्मत ही बदल देगा। बदली हुई क़िस्मत उसे पैसा और पैसा दे डालेगी और पैसा दे डालेगा उसे डेर सारी खुशियाँ इस पल से अगले पल मिलने वाले सुख का अहसास।

इस नपी–तुली बँधी सी, नामालूम सी ज़िन्दगी में, अगर कोई ख़ुश होने के पल आते थे तो वो थे चर्च में बिताये जाने वाला प्रार्थना सभा के पल।

सारा दिन दूसरे घरों में सफ़ाई का काम, ख़रीदारी का काम बच्चों का देखभाल करती मारिया थक जाती, ऊब जाती। इसीलिए सप्ताह के इस आख़िरी दिन यानी रविवार का उसे इन्तज़ार रहता था। इस दिन मारिया को काम नहीं करना पड़ता था। सज सांवरकर चर्च जाना होता था।

चर्च में सब लोग साफ़–सुथरे कपड़े पहनकर उल्लास और उछाह से भरे प्रभु यीशू का आशीर्वाद लेने क़तार लगाकर खड़े होते थे। रंग–बिरंगी बत्तियों से घिरे चर्च में हँसते बतियाते लोगों के बीच मारिया को बहुत अच्छा लगता। एक तरह से ये क्षण मारिया के लिए सबसे प्यारे पल थे–एक सुन्दर सपने की तरह।

कभी–कभार मारिया के पिता अपनी धुन में आकर उसे अपने बचपन और जवानी की यादों से भरी कहानियाँ सुनाते–कब क्या कहाँ कैसे–उनका जीवन गुज़रा–ये भी सुनाते कि मारिया की माँ उन्हें कहाँ पहली बार मिली थीं कैसे मिली थीं जब वो एक मयावर सा जीवन जी रहे थे। मारिया के पिता कहानी आगे पढ़ाते हुए कहते हैं तुमने कापरन का नाम तो सुना ही होगा। अरे वही कापरन जो बड़ा प्रसिद्ध है। बेटी जो स्विट्ज़रलैण्ड के इलाके में है वहीं मैं मोसर बाँध पर काम में लगा था। हे भगवान क्या जगह थी...वो सर्दियों की ऋतु सबसे पहले अपनी ठण्डी आहट के साथ सफ़ेद बादलों की बड़ी कतारों में पहाड़ों पर इधर–उधर भटकने लगती।

उन दिनों मज़दूरों में कुछ समाजवादी विचारधारा वाले मज़दूर ये आवाज़ उठाने लगे थे कि पहाड़ों पर लाभ पर मज़दूरी कम मिल रही है ज़रा ज़मीनी मज़दूरों को तो देखो उन्हें पर्वतीय इलाक़ों के मुक़ाबले कितना ज़्यादा पैसा मिलता है।

सप्ताह के अन्त में वादी के मज़दूर सारा कमाया पैसा गुलछरी में उड़ा देते, ख़ासतौर पर उत्तेनडोर्ट नीडेरनसिल जैसी जगहों पर पैसा बहाया जाता सारे बेवकूफ़।

जब ताप घर का काम ख़त्म हो गया तो मैं ग्रासगलौकन में बन रही सड़क पर काम करने लग गया। 6 महीने तक मैंने मालगाड़ी में काम किया। बड़ा मुश्किल समय था वह। कठिन था ज़िन्दा रह पाना। उसी समय के आस–पास मारिया के छोटे भाई पेपी की मौत हो गयी। मारिया उसे ठीक से जान भी नहीं पायी थी क्योंकि वो तो पारनडोर्फ से वियना जा चुकी थी तब भाई कुछ एक साल का ही रहा होगा। मारिया को वियना से पारनडोर्फ भाई के अन्तिम संस्कार

में शामिल होने लाया गया तो उसने अपनी ही कमाई से एक काली ड्रेस ख़रीदी। वहाँ अन्तिम संस्कार में शामिल होने के लिए चर्च जाते समय सभी काली पोशाक पहनते थे। मारिया जब अपने फार्म हाऊस से, चर्च की तरफ़ जाने वाली धूप भरी रोड पर काली लम्बी पोशाक पहनकर निकली तो जीवन में पहली बार उसे अपने होने का, अपनी देह के आर्कषण का, अपने बालों का, टाँगों का रूप–स्वरूप होने का कुछ–कुछ भान होने लगा। उसकी तरफ़ लोगों की उठी निगाहों ने मारिया को महसूस करा दिया कि वो लोगों की निगाहों में क्या नज़र आ रही है। उसने उनकी निगाहों से पहली बार अपने–आप को देखा। अपने होने के अहसास के बाद मारिया को उस दर्द ने घेर लिया जिससे उसके माँ–बाप इस समय गुज़र रहे थे। पिता काले सूट में और माँ काली फ्रिक वाली यानी भाकर वाली फ्राक में मरिया की तरफ़ पीठ किये पर बेटे के ताबूत की ओर मुँह किये सिर झुकाये खड़े थे। लकड़ी का वो ताबूत गाँव के खाती ने बनाया था। जिसका रंग–रोगन ख़ुद मारिया के पिता ने अपने हाथों से किया था।

हुआ ही क्या था मारिया के छोटे भाई को उस छोटे से बच्चे का सर दुखा फिर कुछ उल्टियाँ हुईं और तेज़ बुखार चढ़ा जो सन्निपात में बदल गया। वो बच्चा बहकी–बहकी बातें करने लगा फिर अचानक सब कुछ शान्त और ठण्डा होने लगा। मारिया का भाई मर चुका था उसकी देह अकड़ गयी ठीक वैसे ही जैसे उसका लकड़ी का पलँग।

पेपी यानी मारिया का भाई महज बच्चों के उस गोल घेरे का हिस्सा था जो मारिया के पिता के वियना से घर आने पर उसे घेर लेते थे। नहीं वो अपने साथ हर बार बच्चों के लिए उपहार लाते हों ऐसा नहीं था। हाँ कभी कभार सब बच्चों की क़िस्मत अगर अच्छी हुई तो सबको रंगीन चूसने वाली कम्पट गोली ज़रूर मिल जाती थी।

उदास दोपहर में कब्रिस्तान के अहाते में काले सफ़ेद पेड़ों और दूसरे पेड़ों की पत्तियाँ हवा के ज़ोर से हिलकर आपस में टकरा रही थीं।

पत्तियों की सरसराहट गूँज रही थी अब भी हवा में एक ताज़गी की सुगन्ध थी। पेपी के शव को लिए उसका ताबूत कब्र के लिए खुदे ऊँचे-नीचे खुरदरे, सूखे ज़मीनी गड्ढे में उतार दिया गया दफनाने के लिए।

इस हादसे का असर मारिया के पिता पर क्या पड़ा। ये इसी बात से साबित हो जाता है कि उस दिन के बाद वो फिर कभी लौटकर चर्च नहीं गये। मारिया की माँ ने बहुत समझाया यहाँ तक कि गुस्से में दो-चार सुना दीं पर मारिया के पिता चर्च नहीं गये तो नहीं गये। वियना शहर के बाहरी इलाके में डैन्यूब नदी के साथ-साथ बाढ़ आने पर पानी की निकासी के लिए नाला-सा बना है। इस नाले के चारों तरफ़ है जंगली घास भरा ढलुआँ मैदान जिसमें जहाँ-तहाँ पोखर हैं। पोखरों को घेरते हैं बिलो के पेड़ और कहीं नहीं अल्डर के पेड़ यही जगह पिकनिक और सैर-सपाटे के लिए वियना में मशहूर है। मनोरंजन की जगह है ये रविवार को वियना वाले भारी तादाद में यहाँ आते हैं और वे अक्सर अपने भीतरी छोटे कपड़ों के साथ धूप का आनन्द लेने मोटे कम्बलों पर अर्धनग्न होकर लेटी रहतीं कोई फोटो वाली रंगीन पत्रिका पढ़ती तो कोई दोटके के चालू किस्म के उपन्यास। दोपहर होते-होते तली हुई मछलियाँ और बन्द डिब्बों से निकले आलू खीरे के सलादों से पिकनिक भोजन सबके लिए परस जाता। लोग बड़े प्यार से धूप का आनन्द लेते तापी हवा सीसो में भर लेते। पोखरों में तैरने का मज़ा लूटते। कुछ बेहद हिम्मत वाले नदी की बर्फीली सिलेटी तेज़ धाराओं में कूदने का रोमांचक पर जोखिम-भरा आनन्द भी उठा आते। तक़रीबन सभी खेल यहाँ खेले जाते हैं क्या फुटबाल, क्या मुट्ठी बॉल यानी फिस्ट बॉल-दोजबॉल या फिर जिमनास्टिक-यानी संतुलन वाली कसरतें हों या साइकल चलानी हो-हर खेल के प्रेमी इस मैदान पर अपने अपने खेलों का अभ्यास करते। साँझ ढले जब वियना वुड्स के इन जंगलों के आसमान पर तारे निकल आते तो दिन की पहली पहचान में मिले प्रेमी युगल रात की बाँहों में खो जाते। अपने प्रेम की गहराई खोजते।

ऐसा ही एक रविवार था– इस बार मारिया इस जगह अकेली ही टहलती चली आयी। उसके छोटे भाई पेपी की मौत के बाद से ही मारिया के पिता बीमार रहने लगे थे–इस रविवार को वो पलँग पर पड़े रहे मारिया के साथ नहीं आये। मारिया टहलते–टहलते फिस्ट बॉल खेलने वाले खिलाड़ियों के मैदान की ओर आ गयी। खेल जोरो पर था। मारिया मैदान के किनारे खड़ी मुट्ठी से उछली गेंद का उछाल उस ज़मीन पर दूसरे पाले गिराने के दो दलों की आपसी मुठभेड़ और रणनीति का आनन्द ले रही थी। बड़ा मज़ा आ रहा था उसे दोनों विरोधी दलों के खिलाड़ियों और उनके चाहने वालों की जोशभरी चीखें सुन–सुनकर धीरे–धीरे उसकी निगाहें केवल एक ही खिलाड़ी के खेल पर टिक गयीं–लम्बे छरहरे धूप से तपे बदन वाले काले बालों वाले युवा खिलाड़ी पर।

खेल ख़त्म होने पर, वो नौजवान मारिया के पास आया बोला तो आपको फिस्ट बॉल पसन्द है। मारिया घबरा गयी अपने हाथ में पकड़े तिनके वाले हैट को ज़ोर–ज़ोर से घुमाने लगी। उसे समझ नहीं आया कि वो क्या जवाब दे। मारे शर्म के मारिया का चेहरा सुर्ख लाल हो गया।

ये तो बाद में मालूम हुआ कि उसका नाम जोहान ओ बर्थ है जो रेल रोड में काम करता है। वो रेल का कन्डक्टर है। कुछ सप्ताहों के बाद मारिया ने पाया कि जो उत्साह उछाह चर्च के अहाते में जाकर मिलता था उसका सौ गुना उन्माद वो तो कुछ भी नहीं था। उत्साह, उन्माद जो उसे जोहान की बाँहों के घेरे में मिल रहा था। उसका पूरा बदन जोहान के बदन की गन्ध से लिपट गया। वो भीतर से उमड़ रही थी। उमग रही थी। उसकी आँखों में रंग ही रंग बिखरे थे हरे, लाल, पीले, नीले–लाल रंग उसकी लिपस्टिक का था, हरा रंग वो हरी दूब का मैदान था जिस पर जोहान और उसकी देह आपस में गुँथी थी, पीला उसका तिनके वाले हैट का रंग था जो प्यार के इस खेल में दूर छिटका पड़ा था–और नीला वो तो उसकी स्कर्ट का रंग था जो बहुत देर पहले ही उतारकर फैंक दी गयी थी।

मारिया का दिल ज़ोर–ज़ोर से धड़क रहा था उसे अपने पिता का खयाल आता पर देह की गर्मी इस खयाल को पीछे ये सोचकर हटा देती पिता तो बीमार पड़े हैं उन्हें कैसे मालूम पड़ेगा। माँ का चेहरा सामने आते ही मारिया को लगता अब वो यहीं मर जायेगी–लेकिन देह में एक तीव्र भूख जगी थी– वो तृप्ति चाहती थी।

मारिया को लगा वो बहुत दिनों की भूखी है और चाहिए और चाहिए के इस देह तूफ़ान में उसे लगता वो अब ठण्डी हो रही है तो दूसरे क्षण सारा शरीर एक ताप से जलने लगता। उसे लगता वो जलती धूप से तपते पत्थरों पर नंगे पाँव तेज़ी से भाग रही है और कभी लगता वो पानी से भरी एक थैली है जो बार–बार पत्थर से टकराती है और फट जाती है तो छपाक–छपाक कर पानी बहने लगता है चरमोत्कर्ष के देह संगम में अथाह आनन्द की अनुभूति। उसे लगता देह की भूख अपनी आग को इतना तृप्त कर डाले कि देह थक जाये, छक जाये, अघा जाये। फैल जाये एक सिर्फ़ एक आकण्ठ तृप्ति अभाव। चारों तरफ़ बस वही फैला रहे।

अध्याय-4

जिस दिन ओबरकोफलर ने आत्महत्या की। उसी दिन शाम को जाने पान्डुरा को कैसे ये अचानक ख़बर मिल गयी। वो सीधा लीएटोमेरिटज़्की के डान्सिंग स्कूल गया और ज़ोर शोर से उसके ऑफ़िस केबिन में घुसकर इस घटना का बयान करने लगा। लीएटोमेरिटज़्की कोई कच्चा खिलाड़ी नहीं था वो भांप गया पान्डुरा का इरादा क्या है जैसे ही पान्डुरा ने अपना त्याग–पत्र लीएटोमेरिटज़्की की टेबिल पर रखा उसने भी सीधा ही सवाल दाग दिया तो तुम पान्डुरा अब अपनी तनख्वाह बढ़ाने के इरादे से ये त्याग–पत्र दे रहे हो? पान्डुरा ने बोला हाँ यही सोचा है मैंने। लीएटोमेरिटज़्की ने अपनी क़ीमती हवाना सिगार का अगला हिस्सा कैंची से कतरा और बड़ी अदा और शान से सिगार का एक कश लिया। फिर टेबिल पर आगे की ओर झुक कर अकड़ के साथ बोला। क्यों जुए का कर्ज़ चुकाना है? इसलिए।

पान्डुरा के त्याग पत्र का लीएटोमेरिटज़्की पर ख़ास असर नहीं पड़ने का दूसरा और बड़ा कारण था ये नाट्यालय अब उसकी व्यापारिक प्राथमिकता नहीं रह गयी थी। डांस स्कूल चलने के दौरान लीएटोमेरिटज़्की ने अगल–बगल में बहुत सारे धन्धों में अपनी टाँग फँसा ली थी और अब दस बार इस उस धन्धे में कमी छोड़कर कभी फिर पकड़कर वो समझ गया था कि असली फ़ायदा वाहनों के व्यापार में ही है। गाडियाँ ख़रीदो और बेचो तो डांस स्कूल पीछे छूटता जा रहा था। ये व्यापार उसकी सौदागिरी का ध्रुव बन गया था। दरअसल लीएटोमेरिटज़्की ने एक खाली मैदान, किराये पर ले

लिया था। कहते हैं कि वो दरअसल स्ट्रेनाड की सम्पत्ति थी और वही उस ज़मीन की देखरेख कर रही थी ये भी हो सकता था कि स्ट्रेनाड ने भी लीएटोमेरिटज़्की के व्यापार में अपना पैसा लगा रखा हो। सिमिरिंग में लीएटोमेरिटज़्की ने इस्तेमाल की हुई गाड़ियों का व्यापार शुरू किया। उसके पास हर किस्म की गाड़ियाँ थीं जो मरम्मत के अलग–अलग दौर पर खड़ी थीं। जैसी जिस ग्राहक की ज़रूरत हो एक मैकेनिक जो काम का उस्ताद था और ज़्यादा चूँ–चपड़ नहीं करता था। सारा दिन अपने तेल के धब्बों वाले कपड़ों को पहने इन्हीं मरम्मत की ज़रूरत वाली गाड़ियों को ठोकठाक के इतना चुस्त–दुरुस्त कर देता था कि वो फिर से बिकने लायक हो जायें। अब लीएटोमेरिटज़्की ज़्यादातर अपना समय इसी मैदान में गुज़ारता। उसने एक बड़ी गाड़ी अपने लिए इस्तेमाल करनी शुरू कर दी थी। अब हर सुबह वो मैदान का लोहे का गेट खोलता और जंगली घास को लात मारकर दबाता चलता जो पार पथ के चारों तरफ़ बड़ी–बड़ी होकर रास्ते को ऊबड़–खाबड़ बना रही थी।

बेचारा नाट्यालय उपेक्षित होता गया–लीएटोमेरिटज़्की दिनभर अपने नये व्यापार में उलझा, टेलीफ़ोन पर सौदे करता रहता। क़ीमतें तय करता रहता और सिगार पी–पीकर धुआँ उड़ाता रहता। ग्राहक के आते ही वो सौदे के लिए खड़ा हो जाता और फिर ग्राहक को बड़ी शालीनता के साथ गाड़ियों की लगी क़तारों तक अपने साथ ले जाता। लीएटोमेरिटज़्की एक विशेषज्ञ की तरह ग्राहक को गाड़ी की खूबियाँ समझाता।

लीएटोमेरिटज़्की का चेहरा अब झुर्रियों और शिकनों से भरने लगा था। माथे के बाल सफ़ेद होते जा रहे थे, लेकिन उसका ये उम्र की परछाईं वाला चेहरा उसे और प्रभावशाली रूप दे रहा था। जैसे एक अनुभवी, जानकार विद्वान का व्यक्तित्व होता है। ग्राहक उसकी बुद्धिमानी और जानकारी से दंग रह जाता था। ग्राहक बेचारे वैसे भी समाज के मध्यम वर्गीय लोग ही होते थे। इन छोटे लोगों के सामने लीएटोमेरिटज़्की की ऊँची तीखी नाक किसी लालची पक्षी की चोंच

की तरह और भी उभर जाती थी कुल मिलाकर उसे देखकर ऐसा लगता था कि वो कोई बीमार सूखे बदन और रूखे स्वभाव वाला ऐसा आदमी है जिसे ज़िन्दगी के रस रंगों से चिढ़ है वो इन सबसे अलग–थलग सा है। सिगरेट सिगार पी–पीकर पीली मकड़ी जैसे हो गये उसके पतले पीले हाथ और उँगलियाँ सिर्फ़ तीन–चार चीज़ों को पहचानते थे। सिगार, कागज़, पेन्सिल और टेलीफ़ोन इसके अलावा कुछ भी और काम करते ही कुछ और चीज़ छूते उन हाथों में अजब बिखराव, उलझाव आ जाता था।

आमतौर पर लीएटोमेरिटज़्की ने अपने–आप को, पहनावे को अज़ीब तरीक़े से ढाल लिया था उसका ढीला पड़ा बदन अब उसके कन्धों को आगे की ओर झुकाने लगा था। कद–काठी चाहे जैसी होती जा रही थी पर उसके कपड़ों का जवाब नहीं था।

हर समय वो साफ़–सुथरे उच्च वर्गीय कपड़ों से ऐसा सज़ा रहता था जैसे कि दर्जी की दुकान से निकलकर सीधा चला आ रहा हो। और तो और उसके बात करने के लहजे में भी फ़र्क़ आ गया था पहले उसकी बोली में नरमी थी और उसमें कभी–कभार देशी भाषा की झलक भी आ ही जाती थी पर अब तो वो उच्चस्तरीय जर्मन भाषा का प्रयोग करता था। अब आवाज़ में एक धीमी किस्म की भिनभिनाहट सी आ गयी थी। अब वो सिर्फ़ काम भर का वार्तालाप करता था उसकी बातचीत से साफ़ ज़ाहिर होता था कि वो जानता है वो क्या चाहता है। लीएटोमेरिटज़्की के दिन एक जैसे बीतते रहे थे। उसने तेज़ी से अपना डांस स्कूल उसके सब साज़ो–सामान के साथ बेच डाला यहाँ तक कि स्कूल के नाम की तख्ती जिस पर ओबरकोफलर और पन्डोरा डान्सिंग स्कूल लिखा था बेच डाली गयी और इस तरह ओबरकोफलर मरकर भी अमर रहा–तख्ती पर ख़ुदे नाम के रूप में।

सच तो ये है लीएटोमेरिटज़्की ने नाट्यालय को कभी अपना असली व्यापार माना ही नहीं। ये तो उसके लिए कोई और काम शुरू हो ने तक, बीच का रास्ता था, लेकिन इसी स्कूल के कारण

लीएटोमेरिटज़्की वियना वाले के शब्दों हिटलर युग के अन्त के बाद आये भारी बिखराव की कठिनाइयों और परेशानियों से बच गया।

अब बारी गाड़ियों के व्यापार की थी सब तरह की गाड़ियाँ, सब रंगों की गाड़ियाँ, सब स्तरों की गाड़ियाँ। एक शानदार संसार खड़ा हो गया गाड़ियों का, ट्रक, वेन, बस मोपेड, चेसिस, टायर–सीटें सब गाड़ियाँ कम पूँजी वाली लीएटोमेरिटज़्की भी इन्हें अब मेरी अपनी दुनिया कहता है। लीएटोमेरिटज़्की ने देखते ही देखते तेज़ी से अपना व्यवसाय बढ़ा लिया। शहर की चुनी हुई जगहों पर उसने अपनी नयी शाखायें खोल लीं और हर नये ऑफ़िस के साथ अच्छा तालमेल बैठा लिया। शहर के बाहरी ज़िलों में उसने मझले आकार के वाहन बेचने शुरू किये। ऐसे वाहन जो काफ़ी पुराने हो चुके थे और जिनके बहुत ज़्यादा दिन चलते रहने की सम्भावना नहीं के बराबर थी। गोगो मोबील टोपोलीनो, स्कोडा और वार्टबर्ग, फीके रंगों की गाड़ियाँ वहाँ बिकती थीं। कहने को वहाँ छोटी गाड़ी बीटल, पुजो और सीट्रोन व कभी–कभार ओपल भी लायी जाती थी। जिसकी बड़ी मशहूरी थी। इसके अलावा लोहनर स्कूटर, पोस्ट ऑफ़िस की सेवा से मुक्त की गयी गाड़ियाँ जो ग्राज से ख़रीदकर बेचने लायी जातीं सब मौजूद रहतीं।

रिंगस्ट्रास के कोने से जिसे **अपेराकार्नर** कहा जाता था। आख़िरकार लीएटोमेरिटज़्की ने एक शानदार नया कार शोरूम खोल ही लिया। इस शोरूम का उद्‌घाटन भी बड़ी शानोंशौकत से किया गया। ये शोरूम उसके गले के हार में असली नगीना जैसा चमका। ऊँची से ऊँची क़ीमत की ऐशोआराम की प्रतीक हर गाड़ी उसके शोरूम में मौजूद थी। मर्सिडीज़, रोवर, वैभवशाली मर्सिडीज जिसमें चमड़े के गद्‌दे और आरामदायक सामान लगा हुआ था। गाड़ियों की तकनीकी खूबियों का भी जवाब नहीं था। आधुनिक कलपुर्जों से सजी हुई बड़ी जानदार गाड़ियाँ थीं वो। लीएटोमेरिटज़्की का मानना था कोई भी गाड़ी जिसे चलाया जा सकता हो उसे वो बेच सकता है।

अपने उच्चस्तरीय ऑफ़िस से बैठा वो शीशे से बाहर चलते यातायात को देखकर अक्सर बुड़बुड़ाता वो चल रही है हाँ सब गाड़ियाँ

एक के बाद एक सरक रही हैं। तो गर्व से अपना माथा पीछे की ओर फेंकता और कहता, ये सब ठीक ऐसे ही होगा ये बात तो युद्ध के दौरान भी मुझे साफ़ नज़र आ रही थी।

अपनी निज़ी ज़िन्दगी में लीएटोमेरिटज़्की, वियना के दूसरे ज़िले ग्रोसेन शिफगास के बहुत बड़े से अपार्टमेन्ट में रहता था। एक पुराना सा अपार्टमेन्ट जो रंगे–रोगन और मरम्मत चाहता था। जगह बेहद ख़ूबसूरत थी जहाँ शहर एक समतल भाग में बसा है। ये ज़िला और ब्रिगेटनाउ मिलकर एक द्वीप सा आकार ले चुके थे क्योंकि उन्हें दोनों तरफ़ से पानी ने घेर रखा था। इनके एक ओर डैन्ब्यूब नदी थी तो दूसरी ओर डैन्ब्यूब नहर। उनके किनारों पर सफ़ेदे और आल्डर के ऊँचे छतनार पेड़ खड़े थे। सारा इलाक़ा नदी के ख़ूबसूरत हिस्सों को दर्शाता जहाँ एक ओर दलदल थी तो दूसरी तरफ़ लम्बी सीधी सड़कें। पर लीएटोमेरिटज़्की को ये सब देखने की फ़ुरसत ही नहीं थी या यूँ कह लीजिए कि इस सब में उसकी दिलचस्पी ही नहीं थी। संगीत के नाम पर कभी–कभार वो रेडियो पर वियनीज़ लोक गीत या आपेरा गीत नाट्य सुनता था, सिर्फ़ सुनता ही नहीं था काम करते करते उनके साथ गुनगुना भी लेता था। पर सच कहें तो उसके गाना गुनगुनाने पर मस्ती कम और हँसी ज़्यादा आती थी।

कभी–कभी गर्मियों की साँझ जब वो काम से घर लौटता था और नदी के तिकोने पर कोई इक्का–दुक्का राहगीर ही होता था जो अपना कुत्ता घुमा रहा होता था तो लीएटोमेरिटज़्की अचानक दौड़ने लगता और तेज़ी से तब तक दौड़ता जाता जब तक उसका घर नहीं आ जाता। लीएटोमेरिटज़्की का सबसे मनपसन्द मनोरंजन था टेबिल की दाराज़ से बहुत सारी फाइलें निकालकर खोलता वो शाम का समय होता था। अपार्टमेन्ट में सिर्फ़ लीएटोमेरिटज़्की ही होता था वो खिड़कियों के भी पर्दे गिराकर अँधेरा कर देता। वो कोई एक फाइल का दस्ता खोलता। जिनमें काग़ज़ों में खड़ी लाइनों के कालमों के बीच, संख्यायें और आँकड़े दर्ज थे। ढीले अलग–अलग काग़ज़ों, में संख्या और आँकड़ों के साथ–साथ लोगों के नाम पते भी लिखे हुए थे।

सहसा लीएटोमेरिटज़्की अपनी सिगार का गहरा कश लेता, इतना गहरा कश भी धुआँ, उसके फेफड़ों में भर जाता उसे इतना गर्म कर देता कि उसका शरीर गर्मी से बेहाल हो जाता वो थोड़ी देर के लिए सिगार और काम दोनों को परे सरका देता। फिर स्कीवोबिटज की आधी खाली बोतल खोलकर अपने लिए एक जाम डालता। लीटो अपनी मेज़ पर तीन रंग की पेन्सिलें रखा करता था। हरी, लाल और एक साधारण पेन्सिल। लाल पेन्सिल से वो हर बार लिस्ट में से इसका, उसका नाम काट दिया करता था। जब कभी भी लीटो लिस्ट में किसी का नाम काटता तो उसे थोड़ी अचकचाहट और पछतावा होता था। पर फिर उसके साथ ही एक लम्बी प्रक्रिया नोटिस की शुरू हो जाती। वो हरी पेन्सिल से लिखे गये पते को लाल पेन्सिल वाले कटे हुए नाम को जोड़ता फिर एक औपचारिक ख़त लिखता जिसमें कहता कृपया मुझसे तुरन्त मिलने आइये भवदीय लीएटोमेरिटज़्की।

साधारण पेन्सिल से लीटो इस पते को पत्र भेजने के बाद नीचे रेखांकित कर देता। कई बार वो पूरी लिस्ट को ऊपर से नीचे पढ़ता, दोहराता चलता। फिर अचानक बीच में से ही उठकर खड़ा हो जाता। और गन्दे कालीन पर पैर रखना आस–पास पड़े फर्नीचर के बीच चलना शुरू कर देता। उसके क़दमों तले लकड़ी के फ़र्श की तख्तियाँ चरमराकर चरमर करने लगतीं। लीटो हॉल से गुज़रकर रसोई की तरफ़ जाता और एक ठण्डा गिलास पानी अपने गले में उड़ेलता **लीटो** को अँधेरा ज़्यादा रास आता था। वरना ये कैसे सम्भव था कि उसकी जैसी आमदनी वाले आदमी के घर सिर्फ़ उसकी टेबिल पर रखे लैम्प के बल्ब में रोशनी होती थी। उसने ये एक अजीब आदत ही बना ली थी कि बाक़ी अपार्टमेन्ट में सड़क की रोशनी का प्रकाश ही उजाला करता था। उसकी पीली धीमी रोशनी में उसकी अपार्टमेंन्ट की दीवारों का उघड़ा बदरंगी काग़ज़ चमकता था।

इधर मिस स्ट्रेनाड का व्यापार चमक रहा था। उसने लीएटोमेरिटज़्की के गाड़ियों के गाड़ियों के व्यवसाय में भी पैसा लगा रखा था। ख़ुद उसके इमारतों के व्यापार वाले लोगों के घेरे में वो

महा काईयाँ और हद से ज़्यादा चतुर मानी जाती थी। उसके अपने जान पहचान के लोगों में समाज के उच्चवर्गीय लोग शामिल थे। जिनमें व्यवसायी क़ानून दा लोग, दलाल, मकानों के मैनेज़र लोग शामिल थे। पर कोई भी उसके बारे में बुरा नहीं बोलता था। या उस पर ग़लत व्यावसायिक तरीक़े अपनाने का आरोप नहीं लगाता था। अक्सर उसके बारे में ये तो कहा जाता था कि वो इमारती सम्पत्ति का व्यापार आर्गनाईज्ड सम्पत्तियों के भरोसे चला रही है।

आर्गनाईज्ड इमारतें व सम्पत्तियाँ वो सम्पत्तियाँ होती हैं जो तीन प्रभारियों में बाँटी जा सकती हैं एक तो वो जो मरने के डर से नाज़िमों से भाग रहे यहूदियों से महासस्ती दर पर यानी औने–पौने दामों में ख़रीदकर महँगे दामों में बेच दी जाती हैं।

दूसरी ओर यहूदियों की वो सम्पत्ति जो ज़बरन नाजिमों द्वारा हथिया ली गयी थी और बाद में वही सम्पत्ति बाज़ार में बिकावली के लिए लायी गयी हो या नाज़ी या उन जैसी मनोदशा वाले लोगों ने अपने ही इस्तेमाल के लिए कब्ज़े में ली हो।

अब ये कौन बता सकता है कि जो प्रॉपर्टी या सामान आपने लिया है उसका यहूदी मालिक मर गया है या गैस चैम्बर में घुसाकर मार दिया गया है या वो ज़िन्दा है? अगर है तो क्या परिवार भी ज़िन्दा है या वो भी उसी के साथ मार डाला गया या उसका अन्त किसी और भयानक तरीक़े से हुआ?

ऐसी भ्रम की स्थिति में मकानों के इस व्यापार में दो किस्म के लोग आ गये थे। एक तो वो यहूदी जो भाग गये थे और दुनिया के अलग–अलग कोनों से वापस लौट रहे थे अमेरिका से, अर्जेन्टीना से या किसी और देश से जान बचाकर भागे हुए यहूदी अब वियना वापस लौट रहे थे और क़ानून के अलग–अलग प्रावधानों से नियमों से अपनी विरासतों को वापस ले रहे थे पर इनके साथ ही एक ख़ासा तबका उन लोगों का था जिन्होंने नाज़ियों के साथ मिलकर यहूदियों का माल लूटा था और अब इस लूट से हाथ नहीं धोना चाहते थे (यानी माल खोना नहीं चाहते थे) तो फिर क्या समझा जाये

कि स्ट्रेनाड के बारे में फैलायी गयी बातें–आरोप सही थे या वो सिर्फ़ दिल जले लोगों का कुप्रचार था जो स्ट्रेनाड के विरोधी और उसकी तरह सफल नहीं हो पाये थे।

मिसाल के तौर पर लीसा का किस्सा ही लीजिए। एक दिन स्ट्रेनाड के ऑफ़िस में एक फ़ोन आया स्ट्रेनाड की सचिव ने फ़ोन स्ट्रेनाड को दिया उधर से एक नौजवान लड़की की आवाज़ आयी जो भारी अमेरिकन लहजे में जर्मन बोल रही थी। लड़की ने एक सम्पत्ति का पता देते हुए कहा ये मकान और इसके साथ की खाली ज़मीन का मालिकाना हक उसका है। उसके पास सब क़ानूनी काग़ज़ हैं जो ये सिद्ध करते हैं कि ज़मीन उसकी है। ये जगह स्ट्रेनाड ने किराये पर चढ़ा रखी थी। ये जगह वियना की ह्वारिंग डिस्ट्रिक्ट में स्थित थी।

स्ट्रेनाड बहुत मुलायम सुरों में बात करती थी नपातुला बोलती थी, दोस्ताना व्यवहार करती थी और जहाँ तक सम्भव हो बात का सही हल ढूँढ़ने की कोशिश करती थी। उसने लीसा से कहा वो उससे एक कॉफ़ी पर शाकर रेस्टोरेन्ट में मिले। बैठकर बात करते हैं इसमें कुछ भी औपचारिक नहीं है हम सिर्फ़ मिलेंगे। बात को समझेंगे इसी बहाने एक–दूसरे से मिलना हो जायेगा। सौदे की बात नहीं होगी। ये ऑफ़िस में मिलने से ज़्यादा बेहतर होगा। बोलो क्या कहती हो? और फिर शाकर कैफ़े में स्ट्रेनाड पहुँच जाती न एक मिनट जल्दी न एक मिनट देरी से। बिल्कुल व्यवसायिक पोशाक में, सिलेटी सूट पहने हाथ में ब्रीफकेस लिए। न बहुत सजी–धजी न ही सीधी सादी वेशभूषा जो स्ट्रेनाड और स्ट्रेनाड जैसे लोगों पर बहुत सजती है।

जैसी उम्मीद थी वो अमेरिकी अतिथी पहले से ही रेस्टोरेन्ट में बैठी थी। एक कमज़ोर सी काठी, पीले बुझे रंग वाली मामूली सी लड़की जिसकी शक्ल एक बार देखने के बाद पीठ घुमाते ही आपके दिमाग़ से ही उतर जाये। ये तो नहीं कहा जा सकता कि वो बदसूरत थी पर ये कहा जा सकता है कि वो कोई याद रखी जाने वाली सूरत नहीं थी। उसके बोलने से स्ट्रेनाड ने पहचान लिया कि ये मिडवैस्ट

से आयी है। सच भी यही था वो महिला ओहियो के एक छोटे से गाँव की रहने वाली थी। उसके पिता की मृत्यु हो चुकी थी। उसके पिता को नाज़ियों से जान बचाकर भागना पड़ा था और फिर वो इसी गाँव में बस गया था। महिला ने स्ट्रेनाड को बताया इस घटना के समय वो एक छोटी–सी बच्ची भर थी।

स्ट्रेनाड ने और कोई सवाल पूछा ही नहीं कि फिर पूरे परिवार का आख़िर क्या हुआ? स्ट्रेनाड परिस्थिति को अच्छी तरह समझती थी बात सामने साफ़ थी सो उसने बात ही बदल ली उल्टा ख़ुद बताने चली कि कैसे उसे अमेरिका बहुत ही पसन्द है बहुत–बहुत पसन्द। वो नियाग्रा फाल्स यानी जलप्रपात को देखने की गहरी इच्छा रखती है वो अमेरिका में छुट्टी पर जाकर बहुत घूमना चाहती है। अमरीकी लोग भी बहुत अच्छे स्वभाव के लोग हैं कि तभी लीसा ने स्ट्रेनाड को टोककर कहा मेरी माँ मार डाली गयी थी।

शाकर रेस्टोरेन्ट में अचानक गहरा सन्नाटा पसर गया। स्ट्रेनाड ऊपरी तौर पर बिल्कुल विचलित हुए बिना शान्त बनी रही और लड़की के लाये दस्तावेज़ों को गौर से पढ़ती रही। इस बीच उसने साधारण भाव से अपने सिर से पिन खोलकर मोटे होंठों के बीच पिन सेव रखकर हैट उतार लिया था और उसे बैन्च पर अपने पास ही रख लिया था। अब वो बहुत सहज और शान्त लग रही थी।

स्ट्रेनाड को पल भर में ही पता लग गया कि इसमें किसी शक की गुंजाइश ही नहीं है कि थीरिंगस्ट्रास ह्वारिंग में जिस मकान के ये दस्तावेज़ हैं वो दरअसल इस लड़की मिस कोर्नफील्ड का ही घर है वो ये बात इस तरह जानती है कि मौजूदा हालत में मकान जिसके कब्ज़े में है वो एक नाज़ी बुड्ढा है। इस मकान की देख–रेख स्ट्रेनाड ही करती है। स्ट्रेनाड सिकुड़ी निगाहों से कहती है हाँ अब ये सम्पत्ति एक नाज़ी के कब्ज़े में है। इस अनऔपचारिक बैठक के ख़त्म होने तक दोनों महिलायें मित्र बन गयीं। रेस्टोरेन्ट से बाहर निकलते समय कारन्टेनेस स्ट्रास की ख़ूबसूरत रोशन सड़क पर दोनों औरतें ख़ुशी–ख़ुशी एक–दूसरे की बाँहों में बाँहें डाले जा रही थीं।

तो क्या ये मान लिया जाये कि स्ट्रेनाड अब नाज़ियों के पीछे पड़ी है और यहूदियों की मदद कर रही है यो दोनों को ही ठग रही है। नाज़ियों को भी यहूदियों को भी।

स्ट्रेनाड के ग्राहकों की सूची में सभी लोग इन विचारों से घिरे हों ऐसा नहीं था। उसके ग्राहक बिल्कुल साफ़–सुथरे अतीत से जुड़े थे जैसे डॉ. होलब्रुक जो एक मुख्य चिकित्सक अधिकारी थे जिनका बड़ा नाम था वो ह्वारिंग में अपनी पत्नी और बच्चे के साथ रहता था। डॉक्टर अक्सर स्ट्रेनाड से कहता था, मैं सोचता हूँ डॉक्टरों को वसीयत में बहुत कुछ मिल जाता है। ये वक्तव्य देकर वो अपनी साफ़–सुथरी अँगुलियों को गहन विचार की मुद्रा में गाल पर टिका लेता था। स्ट्रेनाड अनुभव से जानती थी कि डॉक्टर के ज्ञान के वाक्यों का कोई जवाब उसे नहीं देना वरन् एक हल्की सी मुस्कुराहट को पूरे सम्मान के साथ इस खूबसूरत विन्टर गार्डन में बिखेर देना है ताकि एक खुशी भरी ताज़गी बनी रहे। विन्टर गार्डन की चमकती काँच की दीवारों पर पुरानेपन की हल्की सी धुँध छायी है पर बड़ी ख़ूबसूरत है ये जगह और इसका माहौल। वेंत की कुर्सियों की चरमराहट बाहर की ओर ले जाते सिकड़े पैदल पार पथ के गोल पत्थर जिनके दोनों तरफ़ फूलों के ख़ूबसूरत गमले लगे हैं जगह को एक अजीब सुहानापन देते हैं। आकर्षक केरेसिंग ग्रास ह्वारिंग ज़िले की छोटी–सी सामन्ती लगने वाली सड़क है। इस पर सिलेटी रंग के भाव शून्य मकान खड़े हैं। दो–तीन मंजिल इन मकानों की क़तारों से सजी इस छोटी–सी उजाड़ सड़क पर ऐसा कुछ भी नहीं है जिसे आकर्षक कहा जा सके सिवाय इसके कि ये इलाक़ा अपनी ग़रीबी और वीराने को बड़ी चतुराई से छिपाकर रखता है। इस हिसाब से पेरिसगस्ट्रास को आकर्षण का चरम बिन्दु माना जा सकता है। सालों की गर्द से काली पड़ गयी खपरैल वाली छतें गहरे नीले आकाश तले अलग तरह का विरोधाभास पैदा करती हैं। इन मकानों की सपाट तहों वाली दीवारों का रंग और मकानों के क्राऊन किसी भीगे दिन बिल्कुल धुँधलायी–सी शक्लों का

आकार ले लेते हैं पर जब यही भीगी दीवारें गीली हो जाने के बाद सूखने लगती हैं जो अजीब भूरे रंग में बदलती जाती हैं जैसे सूखे हुए काले फूलों का रंग हो, जैसे (रैन्ट) मान्गो कबूतर की छाती के रोयों को रंग हो। इस वीराने का आगे बढ़ाती चलती हैं पैदल पार पथ की पगडंडियाँ जिनके दोनों ओर जहाँ–तहाँ कुत्तों के सूखे मल के ढेर लगे थे। इमारतों की बाहरी दीवारों पर कुछ वक्त पहले तक जो गारे सीमेन्ट की बनायी गयी भव्य मूर्तियाँ लगी थीं उन्हें युद्ध के दौरान जहाँ–तहाँ से तोड़ दिया गया था। कुछ अवशेष जो बचे रह गये थे वो युद्ध के बाद उपेक्षा से तोड़ दिये गये या टूट जाने दिये गये क्योंकि उससे इमारत का रखरखाव सस्ता पड़ जाता था। किसी–किसी शाम ये इमारती सजावट सूर्य की रोशनी से चमक उठती और सुनाने लगती उस नदी की कहानी। जिससे बहकर वो यहाँ तक पँहुचे थे। तब लगने लगता क्षितिज़ से आती रोशनी ये सन्ध्य छाया बिल्कुल ऐसा अहसास दिला रही है जैसे कि गाँव घर की ओर जाती कोई अपनी सड़क।

ये इमारतें ये भी याद दिलाती देखो हमने क्या–क्या सहा है। हम किस अभावों के दौर से गुज़रे हैं। ये भूलना नहीं।

थेरिसिंगासी एक बड़ी मामूली–सी और छोटी–सी जगह है इसमें कुछ भी ख़ास नहीं है। अगर कोई चीज़ इसे ख़ास बनाती है तो वो है इस इलाक़े से नीचे जाने वाली ढलान वाली सड़क जिस पर अगर आप ऊपर खड़े हों तो नीचे की वादी की सभी सड़कें और आस–पास का सुन्दर इलाक़ा देख सकते हैं। उस इलाक़े के भव्य मकान और उनके उतने ही सुन्दर बागीचे भी पहाड़ से नीचे जाती इस सड़क से देखे जा सकते हैं। यही नहीं वियना शहर का भी एक भाग इस थेरिसिंगासी सड़क से नज़र आता है। शुरू–शुरू में इसको भाँपना मुश्किल लगता है कि इतना कुछ इस इलाक़े की सड़क पर खड़ा होकर देखा जा सकता है उस शानदार इलाक़े के एक मकान से, जिसे कोटेज कहा जाता है, एक सुनहरे बालों वाली महिला एक बच्ची का हाथ पकड़े घर से बाहर निकलती है। लड़की अपनी माँ से बातें

कर रही है हम ये मानकर चलते हैं कि शायद वो महिला उसकी माँ ही है। लड़की माँ से अपने लिए ईस्टर का उपहार माँग रही है वो कहती है माँ मुझे ईस्टर पर बाईसिकल ही चाहिए माँ जवाब देती। तुझे मुझे बाईसिकल ही मिलेगी। तू चिन्ता मत कर।

इन दोनों के पीछे सूर्य की रोशनी में नहाया वो फाटक था जो मकान से और घर के मैदान के आख़िरी छोर पर लगा था जिससे लगी थी पीतल की चमकती रोमन अक्षरों में बड़े–बड़े आकार में लिखी मकान में रहने वाले के नाम की तख्ती। जो भड़कीली भी थी और एक तरह से सादा भी नाम था यूनिवर्सिटी प्रोफसर डॉ. अडोल्फ खोलब्रुक इन्टरनल मैडिसिन।

वाईनर नीयूस्टाड से अल्फ्रेड और जार्ज रेल के डिब्बे की खिड़की के शीशे से सटे खड़े–खड़े ही सफर कर रहे थे। वो शीशों पर आँखें गड़ाये ऊपर पार के दृश्य देखने में लगे थे। साँझ का झुटपुटा अँधेरा छाने लगा था ज़्यादा कुछ बाहर अब नज़र नहीं आ रहा था। सिवाय पर्वत की काली गहराती छायाओं के क्योंकि सूरज अब पहाड़ों के पीछे जा चुका था। हाँ मैदान के कुछ भागों पर अभी जाती धूप की रोशनी थी। फैक्ट्री कि धुआँ चिमनी के चारों तरफ़ की रोशनी का एक लाल चमकीला घेरा उभर गया था।

जार्ज और अल्फ्रेड रास्ते भर एक–दूसरे को कोंचते हुए बाहर का दृश्य दिखाते हुए चल रहे थे पर ये भी एक सच था कि जो वो देखते चल रहे थे उसमें कुछ भी ऐसा नहीं था जो उनके बड़े और एक चमत्कारी शहर के सपने जैसा हो। सच पूछो तो दोनों निराशा में डूब रहे थे।

अल्फ्रेड की मौसी विक्टोरिया प्लेटफार्म पर पहले से ही मौजूद थी। अल्फ्रेड अपनी मौसी को एक सुन्दर औरत मानता था, लेकिन उसके दिमाग़ में अभी असल और बहुत ही शानदार के बीच उसके भाव अदलते–बदलते रहते थे। लेकिन अब तो विक्टोरिया मौसी बिल्कुल सामने खड़ी मुस्कुरा रही थी और अपने सीधे हाथ को उठाकर अँगुलियाँ हिलाकर उसके आने की ख़ुशी ज़ाहिर कर रही थी।

अल्फ्रेड को ये सब और भी मर्मस्पर्शी लगा। वो भाव वेग में अपने को रोक नहीं पाया और दौड़कर विक्टोरिया की बाँहों में समा गया।

जार्ज अब तक अलग–थलग खड़ा था वो अब और लम्बा हो गया था और इस चक्कर में उसका पहना हुआ सूट बाँहों में नाप में छोटा हो गया था। इसीलिए वो झुककर खड़ा होता था कि सिकुड़े सूट पर किसी की नज़र न जाये। जार्ज के बाल भूरे सुनहरे थे जिन्हें वो ठीक से माँग निकालकर सफ़ाई से बनाता था। जार्ज के सूट के कोट से कमीज़ का कफ बाहर निकल रहा था। उसके लम्बे हाथ भी बाहर थे। जो अब कड़ी सर्दी के कारण लाल हो रहे थे। अल्फ्रेड का बदन थोड़ा भरा हुआ था उसके काँधे चौड़े थे और कूल्हे भारी। वो जार्ज से क़द में एक सिर छोटा था यानी अल्फ्रेड का सिर जार्ज के कान्धे तक आता था। अल्फ्रेड के बाल घुँघराले और चेस्टनेट रंग के कादिमा भूरे थे लेकिन उसमें चुस्ती फुर्ती ख़ूब थी। अल्फ्रेड अपनी चंचल निगाहों से चारों तरफ़ देख रहा था। एक भूख सी थी उन नज़रों में जब मौसी को उसने बाँहों में भरा तो बोला अरे आप तो काँप रही हैं। मौसी ने कहा मैं काफ़ी देर से तुम दोनों का यहाँ इन्तज़ार कर रही थी। मौसी ने थोड़ा–सा पीछे हटकर अल्फ्रेड को अच्छी तरह से देख पाने की कोशिश की अल्फ्रेड ने मौसी को अभी भी अपनी बाँहों के घेरे में बाँध रखा था। तीनों ने तेज़ क़दमों से चलकर प्लेटफार्म पार किया। अल्फ्रेड मौसी के आगे चल रहा था। विक्टोरिया बीच में और जार्ज उनके पीछे। जैसे ही तीनों स्टेशन के दरवाजे से बाहर आये सड़कों के लैम्प जल उठे–ब्राड स्क्वायर रोशनी में नहा उठा।

उस रात अल्फ्रेड देर तक नहीं सोया। जार्ज और वो दोनों ही एक ही कमरे में ठहर गये थे। दोनों अपने–अपने बिस्तरों में थे। कमरा छोटा था तो दोनों का मुँह एक–दूसरे के सामने था। कमरे की हवा में घुटन थी। उतनी ही घुटन जितने क्लागेनफुर्ट के उनके अपने दमघोंटू सामान से अटे पड़े सोने के कमरे थे।

मौसी इन दोनों को एक टैक्सी में घर लायी थी वो अब टैक्सी ड्राइवर को किराया चुका रही थी और जार्ज और अल्फ्रेड का सामान

अभी फुटपाथ पर ही रखा था। दोनों अच्छी तरह से उस जगह की इमारती शक्ल को देखने में लगे थे जो अब उनका घर होने जा रहा था।

कमरा बहुत छोटा था बड़ी मुश्किल से दोनों के बक्से उसमें समा पाये थे। बक्सों के ऊपर दोनों के सूटकेस रखे गये थे और दोनों के पलँग व दो छोटी मेज़ों को कमरे की इकलौती खिड़की के सामने लगाया गया था।

अपने पलँग पर लेटे–लेटे अल्फ्रेड ने जार्ज से पूछा कल हम लोग क्या करेंगे?

अल्फ्रेड ने जवाब नहीं दिया। जीवन में पहली बार ऐसा हुआ कि जार्ज की किसी बात का अल्फ्रेड ने जवाब नहीं दिया। वो इसमें अकेला रहना चाहता था। ये भी अनहोनी बात थी कि जार्ज से ये सवाल पूछ डाला। क्योंकि आम तौर पर जार्ज को हमेशा पता होता था कि क्या, होने जा रहा है या होने वाला है। सभी मामलों पर अपनी राय देना अल्फ्रेड का काम हुआ करता था। अब लग रहा था कि इन दोनों के बीच अब कुछ बदल गया है। जार्ज को ये बात गहराई से मालूम थी कि ये जगह विक्टोरिया मौसी की दी हुई मेहरबानी है और विक्टोरिया अल्फ्रेड की मौसी है।

जार्ज में एक नया आत्मविश्वास भर गया था। इस नयी भावना के पीछे कुछ जलन छिपी थी कुछ हीनभावना जो उसे अपनी माँ की भी याद दिला रही थी जो क्लेगनफर्ट कस्बे के ग़रीब घर में रसोई के चूल्हे पर झुकी उसके लिए रात का खाना गर्म करती रहती है।

कमरे के दरवाज़े के सीधे हाथ में बाईं तरफ़ सन्दूक़ और पलँग रखे थे दिन के दौरान इन बिस्तरों को कम्बलों से ढँक दिया जाता था। डेस्क साफ़ करके रखी जाती थीं। इन टेबलों पर सिर्फ़ काम करने की इजाज़त थी।

इस घर का अनुशासन बेहद कड़ा व कठोर था। सुबह आँख खुलते ही कमरे को साफ़ करना होता था नाश्ता बाद में मिलता था। इस घर की देख रेख एक पादरी करता था जो सुबह होते ही प्रार्थना

के स्वरों से हॉल गुँजा देता था। उसे हर चीज़ का पता रहता था। उसकी नज़र हर ओर से चौकन्नी रहती थी। खाने के बड़े हॉल में स्कूल के छात्रों की आवाज़ें गूँजती रहतीं। सब के सब टेबिलों के पीछे सीधी लाइन में खड़े हो जाते सब टेबिलों पर धुआँ उड़ाती गर्म चाय और कॉफ़ी तामचीनी के बर्तनों में रखी रहती। सामने ही टोकरी में डबल रोटियों के टुकड़े मक्खन लगाकर रखे जाते थे।

जल्दी ही दोनों लड़कों को इस माहौल की आदत पड़ गयी। सारा कठोर अनुशासन उसके सिर के ऊपर से निकल गया जैसे चिकने घड़े से पानी। अब जब उनका पेट भरा होता वो मस्ती में आ जाते और ज़ोर–ज़ोर से बोलते ठठाकर हँसते। यदा–कदा उस घर से बाहर निकलकर आते तो ख़ूब मस्तियाते। विक्टोरिया मौसी यही समझ रही थी कि दोनों नौजवान इस घर में बहुत ख़ुश हैं। ये सादगी भरा जीवन ही इनके लिए ठीक है।

लड़के सड़क पर घूमने निकलते तो धूप के बावजूद वो बिल्कुल सूनी मिलती, मकानों की खिड़कियाँ बन्द मिलतीं। अगर कभी कोई खिड़की खुली नज़र आती तो उसमें से भी बिस्तर की चादरें ही बाहर लटक रही होतीं। जिन्हें हवा देने के लिए वहाँ सुखाया गया था।

एक दिन यूँ ही घूमते–घूमते दोनों ब्रिज के नीचे उतर गये जो एक छोटे से चौक तक जाती थी। जहाँ कुछ छितरे छितराये पेड़ लगे थे एक बदसूरत कुत्ता, कबूतर के पीछे पड़ा था और वहाँ लगे बच्चों के इकलौते झूले के पीछे बच्चों में जबर्दस्त झगड़ा हो रहा था। ये एक शहरी पार्क था।

अचानक उन्हें एक बुराक शैली का पीले रंग वाला गिरजाघर दिखाई दिया। जो गहमागहमी भरी मुख्य सड़क पर एक ऊँचाई पर खड़ा था। चर्च देखते ही दोनों लड़के चिल्लाये अरे ये तो बिल्कुल हमारे घर जैसा ही है। वो हँसकर बोले यार यहाँ भी पैन्ट के पाँयचे एक टाँग में एक ही करके पहने जाते हैं और ज़ोर से हँस दिये। इस मज़ाक पर अल्फ्रेड ने जार्ज को चूम लिया। जार्ज उसे भौचक्का होकर देखता रहा। इससे पहले अल्फ्रेड ने जार्ज को कभी नहीं चूमा था।

पर इस चूमने में कोई ख़ास बात नहीं थी क्योंकि अपने मित्र के मज़ाकिया स्वभाव और अचानक उठते भावावेग से जार्ज अच्छी तरह परिचित था। उसने चलना बन्द कर दिया और मुस्कुराने लगा। और पूछा अल्फ्रेड ये किस ख़ुशी में? जार्ज जान गया था कि अब जो ये सामने इसका दोस्त खड़ा है इसमें काफ़ी सतही भाव आ गया है और अब ये ऊल–जलूल हरकतें करने लगा है। इसलिए इसने ये चूमने कि फिज़ूल हरक़त कर डाली है।

चर्च के पास ही हाट मेला सा लगा था वहाँ कई ठेलेनुमा दुकाने थीं जिनसे लोग आलू, सलाद, पत्ता, मांस, सुअर के मांस जार में बन्द किये गये कुरकुरे। एक ठेले पर काटे हुए फूलों के बढ़िया खूबसूरत गुलदस्ते थे जो अख़बारों में लिपटे थे जो टिन के पानी भरे डिब्बे में डालकर रखे गये थे। ठेलों के पास मजबूत काठी की औरतें और आदमी खड़े थे जो बार–बार भारी–भारी सामान भरे डिब्बे ईधर से उधर उठाकर रखते जा रहे थे। एक बार देखने पर सब कुछ गाँव से अलग नज़र आ रहा था। कहना मुश्किल था कि क्यों अलग–सा लग रहा था। शायद सूरज की रोशनी जो पतली–सी थी फिर भी तीखी थी या औरतों की पोशाकें गाँव की औरतों से ज़्यादा रंगीन और भड़कीली थीं या फिर उनके चेहरे के नैननक्श अलग थे पता नहीं हर चीज़ में एक मिट्टी की सी गन्ध थी। हर चीज़ में एक अजब किस्म का रूखापन था या बहुत गीली नमी थी। सब्जियों के बचे टुकड़ों की सड़ान्ध थी।

जार्ज ने एक डबलरोटी ख़रीदी और अल्फ्रेड के साथ ही बाज़ार में टहलने लगा। सहसा अल्फ्रेड कुछ उदास सा लगने लगा। इधर–उधर देखकर कुछ सोचने लगा जैसे किसी बात का शक हो। जार्ज को अल्फ्रेड की ये आदत पता थी या बहुत कुछ या कुछ नहीं वाला मिज़ाज कभी बहुत ख़ुश तो कभी बेहद उदास।

बाज़ार से दोनों बाहर निकलकर एक अकेली जगह जा बैठे जहाँ कोई नहीं था। जहाँ पगडण्डियों की जंगली घास पर सूर्य की किरणें जलन वाला ताप पैदा कर रही थीं। पत्थरों के बीच की धूल

जाते सूरज की रोशनी में अंगार जैसी चमक रही थी। एक खाली पड़े मैदान में उन्होंने एक कपड़े धोने के साबुन का विज्ञापन देखा। एक लड़की कपड़े धोने के वाश बोर्ड के आगे हाथ फैलाये खड़ी थी। उसके बाल सफ़ेद लाल बिन्दुओं वाले रूमाल से बंधे हुए थे। नीचे रंग की पृष्ठभूमि पर छपी वो जवान लड़की साबुन की विशेषता गिना रही थी।

जार्ज और अल्फ्रेड आज पहली बार शहर के बाहर निकले थे तो दोनों ने तय किया कि आज कॉफ़ी हाऊस ज़रूर जायेंगे और विश्वविद्यालय में दाख़िला ले लेंगे। तो एक तरह आज उनका घर से बाहर निकलना एक ड्रैस रिहर्सल माना जा सकता था। कॉफ़ी हाऊस में दोनों खामोश एक–साथ बैठे थे अपने–अपने ख़यालों में डूबे हुए। अल्फ्रेड अपने दोस्त की साफ़–सुथरी छवि को बहुत पसन्द करता था। उसके दाढ़ी रहित चेहरे पर सजते साफ़–सुथरे ब्रश किये करीने से काढ़े गये बाल। उसकी गहरी समझदार निगाहें। जैसे वो सब जानता है कि क्या हो रहा है, क्या हो सकता है, क्या होने वाला है। जार्ज को पता था वो क्या चाहता है।

जार्ज पीले से रंग का बड़ा अच्छा दिखने वाला लड़का था जो हमेशा बड़े करीने से कपड़े पहनकर सजता था। जो शालीनता का पर्याय था। हालाँकि वो भीतर ही भीतर अल्फ्रेड की जैसी जिज्ञासाओं, कौतूहल–चंचलताओं से भरा था पर अपनी अधखुली आँखों की तिरछी निगाहों से वो सबके सामने कुछ भी नहीं जताता था। उसकी सधी कठोर ठोड़ी चमकते गाल देखकर कोई कभी नहीं बता सकता था कि ये भी चंचल और उच्छृंखल हो सकता है। जार्ज स्वाभाविक तौर पर बहुत शान्त होकर बैठा था। जैसे कि दुनिया का सबसे आसान काम शान्त निर्विकार होकर बैठना हो जबकि अल्फ्रेड बिखरा–बिखरा उखड़ा–उखड़ा कुछ नहीं समझ पाने का भाव ओढ़ बैठा था किसी बुद्धू भोंदू लड़के की तरह।

अल्फ्रेड ने सोचा हो सकता है जार्ज मेरी तरह से इतना उत्तेजित न हो पर ये बात मैं अपने लिए एक बहाना नहीं बना सकता।

मुझे अपने व्यवहार में सुधार लाना ही होगा। मैं भी एक बार में किसी एक लक्ष्य के बारे में ही सोचना शुरू करूँगा।

फिर वही हुआ कॉफ़ी हाऊस में खाली कुर्सी पर, घुटनों में हाथ दिये सिर झुकाये अपने ख़यालों में डूबा अल्फ्रेड ख़ामोशी से वो सब सुनता रहा जो जार्ज अब बोलने जा रहा था। बावजूद इस इच्छा के अन्दर की सारी बातें अल्फ्रेड के सामने न उगलूँ। जार्ज अपनी मन तहे उघाड़ता चल रहा था पर अल्फ्रेड सुनकर भी कुछ नहीं सुन रहा था सब कुछ उसके सिर के ऊपर से निकल रहा था।

उसके वही ख़याल दिमाग़ में कोहराम मचाये थे जिन्हें वो साधना चाहता था। दबाना चाहता था। चिंगारियों की तरह उसके दिमाग़ में ख़याल भड़क रहे थे पर ऊपर तौर पर वो टेबिल पर ख़मोश बैठा था।

यूनिवर्सिटी के दाख़िले के साथ ही अल्फ्रेड की मौसी ने उसके लिए नया सूट, नयी टाई, नयी कमीज़, नये जूते ले दिये। जूते थोड़ा काटते थे पर फिर भी नये और चमचमाते हुए थे। अपनी कक्षा में अल्फ्रेड बड़ी शान से और विश्वास के साथ बैठा।

अल्फ्रेड बराबर जार्ज को लोगों से मिलनसारिता से मिलते देखकर वही व्यवहार अपना लेता। अब उसकी मुस्कुराहट और हाथ मिलाकर अभिवादन करने की आदत में तालमेल बैठ गया था। वो भी पूरी गर्मजोशी से विश्वविद्यालय के और छात्रों से मिल रहा था। जार्ज अपने दोस्त का ये परिवर्तन देखकर बड़ा ख़ुश था वो उसको प्रशंसा की दृष्टि से देख रहा था। उसे थोड़ी ईर्ष्या भी हो रही थी क्योंकि वो पुराने कपड़ों में कक्षा में बैठा था। उसे ये बात बर्दाश्त नहीं हो रही थी।

दोनों एक–दूसरे को कैफ़े में बैठकर सराह रहे थे कि वो आख़िरकार इस रिंगस्ट्रास वियना तक पहुँच ही गये। अपने घर से दूर, अपने लोगों से दूर, उस जगह से दूर जहाँ के वो थे और हर पल दूर और दूर होते ही जा रहे थे। जैसे किसी ग्रह के निवासी जब उस ग्रह को छोड़ दें तो वो ग्रह दूर सरकता जाता है।

इतनी तेज़ी से दूर होता जाता है कि थोड़ी देर में गहरे नभमण्डल में ही खो जाता है हमेशा के लिए।

अगली सुबह जब दोनों ने विश्वविद्यालय में एडमिशन लिया तो जार्ज ने क़ानून को अपना विषय चुना। लेकिन कुछ ही महीनों बाद उसे क़ानून नीरस लगने लगा और उसने विषय बदलकर अंतरराष्ट्रीय व्यापार ले लिया। ये विषय उसकी रुचि का था।

अल्फ्रेड को यूनिवर्सिटी की आलीशान इमारत बड़ी पसन्द आयी। सब कुछ उस इमारत में बेहतरीन स्थापत्यकला का नमूना था। बाहर से ही इतने बड़े आकार के विश्वविद्यालय की इमारत देखते ही बनती थी और अन्दर उसकी भव्यता का कोई जवाब नहीं था, पूरी कलाकारी से सज्जित उसके खम्भे, गलियारे, सीढ़ियाँ, अध्ययन कक्ष, बड़ा–सा हॉल अद्भुत पुस्तकालय सब कुछ बेहद आर्कषक शैली में स्थापत्य की बेजोड़ कला का नमूना था।

अल्फ्रेड के लिए विश्वविद्यालय और उसकी छात्रवृत्ति सबका महत्त्व एक ही था। ये पत्थर पर खड़ी भव्य इमारत जिसमें वो पढ़ रहा था। अल्फ्रेड विक्टोरिया मौसी के घर गया– ये घर टाईकस्ट्रास पर था–बड़ी ख़ूबसूरत जगह पर सुन्दर इमारत। ये जगह टाऊन हॉल और पार्लियामेन्ट, और वर्गकिमेट के बीच में स्थित थी। अल्फ्रेड को मौसी की शानशौकत तड़क–भड़क बेहद अच्छी लगती थी। उसने मौसी के घर की इमारत के लम्बे–चौड़े दरवाज़े की घण्टी बजायी तो मौसी ने ऊपर से उसके लिए गिफ्ट भेजी तब तक वो लाल मखमल की पड़ी बैन्च पर बैठ गया। अहाते में अमलतास फूल रहे थे। मई का ये दिन बड़ा ख़ूबसूरत था। उसने लिफ्ट के शीशों में देखकर अपने को सँवारा। उसे ये आलीशान इमारत बेहद पसन्द आयी थी। उसकी सीढ़ियों पर बिछे कालीन, रेलिंग पर लगे पीतल के खम्भे जो ताँबे के गोल घेरों में फँसाये गये थे।

अल्फ्रेड ये सब देखकर बेहद ख़ुश हो गया। उसे और क्या चाहिए यही शानोशौकत। वो मौसी के लिए फूलों का गुलदस्ता लाया था जिसमें आधे खिले नरगिस के फूलों के बीच एक लाल गुलाब था

गुलदस्ता देखते ही मौसी ने हँस–हँसकर कहा, देखा अब तुम अपना इस तरह लुटाने पर तुले हो कहकर उसे गले से लगा लिया। अल्फ्रेड ने नोटिस किया कि मौसी यूँ तो देखने में सुन्दर लग रही है बाल भी नये ढंग के हैं, लिपस्टिक भी नयी लगी है, शहरी लाल रंग की पर फिर भी वो वैसी सुन्दर और तरो–ताज़ा नहीं लग रही थीं जैसी वो हमेशा लगती हैं। उनकी आवाज़ भी बदली–बदली लग रही थी ज़्यादा तीखी और ज़ोर देकर बोलने वाली आवाज़। अल्फ्रेड ने सहानुभूति जताते हुए पूछा–मौसी कैसी हो सब ठीक है न।

मौसी ने कहा–सब ठीक है।

अल्फ्रेड ने कहा तुम आज बहुत अच्छी लग रही हो। ऐसा कहकर उसने अपनी वो अचकचाहट छिपाने की कोशिश की जो उसे हमेशा तब होती थी जब वो मौसी के साथ अकेला होता था। अब भी उसे वैसी अचकचाहट महसूस हो रही थी।

काले बालों वाली मौसी काले रंग की ड्रैस में मोतियों की माला पहने बहुत ख़ूबसूरत लग रही थी।

अल्फ्रेड के ये कहने पर कि तुम बहुत सुन्दर लग रही हो। मौसी हँसने लगी। ज़ोर–ज़ोर से हँसने लगी उनकी हँसी मुँह पर हाथ रखने पर भी नहीं रुकी वो अल्फ्रेड के आगे चल रही थी। हँसी के मारे उसके दोनों कन्धे हिल रह थे। अल्फ्रेड ने कहा बात क्या है मौसी क्यूँ इतना हँस रही हैं आप?

मौसी बोलीं–मुझसे हर मर्द यही कहता है।

तुम बड़ी ख़ूबसूरत दिख रही हो।

मौसी अल्फ्रेड की तरफ़ मुड़ी और अब मुस्कुरायी फिर गुलदस्ते के फूल गुलदान में सजाने लगी। फूल सजाते–सजाते विक्टोरिया ने गाना गुनगुनाना शुरू किया। अल्फ्रेड ने ये गाना पहले कभी नहीं सुना था। उसने पूछा ये कैसा गीत है।

मौसी ने जवाब दिया ये गीत रेडियो पर हमारे वीर सिपाहियों का हौसला बढ़ाने के लिए तब बजाया जाता था जब वो युद्ध भूमि में हर मोर्चे पर लड़ रहे थे।

अल्फ्रेड बैठक के दरवाज़े पर रुकता है। इस कमरे में करीने से रखे छोटे–छोटे सजावट के अनेकों सामान हैं। कमरा आकार में बड़ा है। अल्फ्रेड की निगाह एक मीनाकारी वाले छोटे बक्से पर पड़ती है जो दराज़वाली मेज़ के ऊपर रखा हुआ है। दीवार पर दूसरी तरफ़ एक कढ़ी हुई एक फ्रेम मढ़ी तस्वीर टँगी है। अब उसके लाये हुए फूल भी कमरे में सज गये हैं। कुल मिलाकर माहौल में एक अजीब–सी आतंकित कर देने वाली ख़ूबसूरती थी। अल्फ्रेड कमरे में लगी बड़े शीशे वाली खिड़की के पास खड़ा होकर नीचे झाँकने लगा। नीचे टाउन हॉल पार्क में इस समय खड़े पेड़ छतनार नहीं थे। अभी पत्तियों का आना बाक़ी था इसीलिए पेड़ों के नीचे बिछे हुए पैदल चलने वालों की टाइलों से बनी पगडण्डियाँ तक दिखाई पड़ रही थीं पार्क में जो लम्बे–लम्बे चेस्टनट के पेड़ थे उनकी फुनगियाँ किसी भाले की तरह तीखी और आकाश की ओर मुँह करके तनी थीं। बर्गदाटन राजमहल के शाही बागीचे का हिस्सा है, ये चेस्टनट के पेड़ भी वहाँ बड़ी संख्या में लगे हैं। अल्फ्रेड ये सब देखकर मौसी से कुछ कहने के लिए मुड़ा ही था कि मौसी ने आगे बढ़कर उसके गालों को अपने सुन्दर भरे हुए होंठों से चूम लिया। ऐसा करते समय मौसी ने अपने–आपको अल्फ्रेड पर इतना नज़दीक ला दिया कि वो मौसी की साँसों को, उसकी गर्माहट को और महक को महसूस कर सकता था।

रविवार को मौसी के घर में खाना नौकरानी परोसती है। अल्फ्रेड के हिसाब से बाक़ी दिन वही नौकरानी इस घर की सफ़ाई का काम देखती है। मौसी को धूल ज़रा भी बर्दाश्त नहीं थी। धूल कहीं नहीं दिखाई देनी चाहिए। न खाने की टेबिल पर, न पाँव टेबिल पर न शीशे के सजावटी सामान पर, न छत पर टँगे झाड़ फानूस के शीशों पर। कमरे में रखी हर चीज़ साफ़–सुथरी और चमकती हुई रखने का विक्टोरिया को जुनून था। अल्फ्रेड को शक था कि सफ़ाईवाली नौकरानी के जाने के बाद मौसी फिर से सफ़ाई की चेकिंग करती है

वो खाने के टेबिल पर बिछने वाले कपड़े और बर्तन और प्लेट रखने वाले मैट्स को ज़रूरत से ज़्यादा बार बदलती है।

खाने की टेबिल खाने वाले कमरे के बीचोबीच रखी है ये कमरा बैठक से ज़्यादा ख़ुशनुमा है। कमरा चौकोर था आसानी से काम में आने लायक था। खाने की टेबिल पर लगे चमकते चीनी के बर्तन चौकी के काँटे, छुरी, चम्मच टेबिल पर बिछा सफ़ेद मेजपोश सब गवाही दे रहे थे कि आज का खाना कुछ ख़ास है।

मौसी और अल्फ्रेड खाने की टेबिल पर बैठ गये। मौसी का मुँह खिड़की की तरफ़ था और हमेशा की तरह अल्फ्रेड उसके सीधे हाथ की तरफ़ बैठा था। अल्फ्रेड ने देखा टेबिल पर एक और भी फ्लेट सजायी गयी है। अल्फ्रेड ने पूछा क्या कोई और भी खाने पर आ रहा है वो अब तक हालात से असमंजस में पड़ गया था। वो अजनबियों के सामने हमेशा असहज सा हो जाता था।

मौसी ने कहा मैं तुम्हें अपने एक पुराने दोस्त से मिलाना चाहती हूँ फिर उसने अपने माथे पर ऐसे हाथ रखा जैसे वो भूल ही गयी थी कि उसका मित्र भी खाने पर आमंत्रित है जैसे ही सफ़ेद लम्बा ऐप्रेन पहनकर कामवाली बाई खाना परोसने के लिए हाथ में सूप लेकर आई कि दरवाज़े पर घण्टी बजी। विक्टोरिया झट से खड़ी हो गयी अल्फ्रेड से बोली तुम मेरे साथ चल रहे हो? अल्फ्रेड सहर्ष मौसी के साथ हॉल के रास्ते पर चल पड़ा।

दरवाज़ा खुलते ही सामने खड़ा आदमी दिखाई दिया। पतला लम्बा शरीर, पीला चेहरा, सुतवाँ नाक, पतले लकीर जैसे लाल होंठ। सिर के सफ़ेद बाल माथे से कसकर चिपके हुए। होंठ ऐसे लग रहे जैसे किसी ने लाल रंग से रंग दिये हों। वो आदमी अल्फ्रेड को देखकर मुस्कुराया और अपना हाथ आगे बढ़ाया पर अल्फ्रेड अब भी अपने को असहज ही महसूस करता रहा।

आदमी के जूते पुराने नमूने के थे थोड़ी–सी तोंद भी थी एक ढलके हुए पेट की तरह ये दोनों ज्यों उसके समूचे व्यक्तित्व से

बिल्कुल अलग सी दिखाई दे रही थीं। आदमी हॉल से निकलकर ज्यों ही कमरे में आया मौसी ने फौरीतौर पर उस आदमी के गालों पर एक सरसरा सा चुम्बन अभिवादन के तौर पर दिया। आदमी ने मौसी के हाथों में हाथ डालकर अभिवादन स्वीकारा—मौसी ने कहा अल्फ्रेड ये लीटो है। अल्फ्रेड ने झुककर अभिवादन किया।

खाने के समय माहौल हल्का हो गया सब जने बतियाने लगे। हँसने बोलने लगे। ज़्यादातर बातें मेहमान ने की थीं। मेहमान बड़ा मज़ाकिया था, वो हर बात पर मज़ाक कर रहा था उसी दौरान अल्फ्रेड को मालूम हुआ मेहमान का पूरा नाम लीटोमेरीटज्की है। लीटो सिर्फ़ उस नाम का छोटा—सा अंश है। कोई भी लीटो को उसके पहले नाम जोसेफ से नहीं पुकारता था। यहाँ तक कि उसकी अपनी माँ भी कभी—कभार ही उसे जोसेफ कहकर बुलाती थी।

बार—बार मेहमान अल्फ्रेड की ओर देखता ये अन्दाज़ा लगाने के लिए कि उसे कैसा महसूस हो रहा है। अल्फ्रेड को समझ में आया कि ये लीटोमेरीटज्की ज़रूर कोई बड़ी मछली है तभी तो विक्टोरिया मौसी बड़े ही प्यार से शालीनता से उसके सामने पेश आ रही थीं जैसे उसके अहसानों तले दबी हों। सच तो ये है कि वो लीटोमेरीटज्की के सामने दबी—दबी नज़र आ रही थीं।

मेहमान बातों के ढेर लगाये जा रहा था। बड़े मज़े—मज़े कि बातें—कैसे एक राजनेता ने महँगी अंग्रेज़ी कार का ऑर्डर दिया, पिछले साल वाल्डेन में कैसा शानदार फूलों की सैर मेला आयोजित हुआ था, कैसे एक बेकिंग हाऊस ख़ुद पोप की सम्पदा की देखभाल करता है। इन सब बातों के बीच माहौल धीरे—धीरे बदल रहा कुछ तनाव सा आता जा रहा था।

अल्फ्रेड ने भाँप लिया था इन बातों के पीछे कुछ और ही छिपा है जो उससे छिपाया जा रहा है।

आख़िरकार मौसी विक्टोरिया ने कह ही डाला, "बता दो इसको जो बताना है।" तब तक खाने के आख़िर में खायी जाने वाली मीठी स्ट्राबेरी फ्रेन्टी क्रीम के साथ परोस दी गयी थी। छोटे—छोटे प्यालों

में सजी स्ट्राबेरी क्रीम को और ख़ूबसूरत बनाने के लिए उस पर हरी पत्तियाँ लगायी गयी थीं।

"अल्फ्रेड!" मेहमान ने कहा फिर चुप हो गया जैसे समझ नहीं पा रहा हो आगे कैसे बोले। उसने अपने सूखे होंठों पर उँगलियाँ फिरायीं फिर हिम्मत बटोरकर धीरे से कह ही डाला, "अल्फ्रेड मैं ही तुम्हारा बाप हूँ, तुम शायद विश्वास नहीं करो, लेकिन सच यही है कि तुम मेरे ही बेटे हो ये तुम्हारी मौसी दरअसल तुम्हारी माँ है। तुम्हारी सगी माँ। तुम हम दोनों के बेटे हो।" ज़रा सोचा और फिर लीटो चुप हो गया।

विक्टोरिया मौसी अब अपना सिर झुकाकर खामोश बैठी थी। कमरे में गहरा सन्नाटा पसर गया था। अल्फ्रेड ने मौसी को घूरना शुरू किया और अचानक उसका ख़ून गरम होने लगा। जिक़रगास में जो महाफेरी ध्वलि और प्रेटर से बहुत दूर नहीं है। एक बार बे बेबी ग्रेन्ड पियानो के पास एक 30 साल का लाल बालों वाला यहूदी लड़का खड़ा था। उसने काला सूट पहन रखा था। फेरी ध्वलि के सभी झूले बारी–बारी से घूम रहे थे। जब भी बड़ा चक्र घूमता तो रोशनी में उसमें लगे सारे केबिन फुर्र करके आँखों के आगे से ऐसे निकल जाते जैसे अकाश से गिरते धूमकेतू। रात के अँधेरे में इस जगह खड़े हो तो समझ आ जाता है कि दुनिया के काले समन्दर में कैसे रात और काला जल जीवित प्राणियों को जो बहुत ही छोटे हैं निर्बल हैं अपने साथ बहाये लिए जा रहे हैं, और ये जीवित असहाय प्राणी विवश होकर सिर्फ़ बहने को मज़बूर हैं वो कुछ भी नहीं कर पाते।

यहूदी लड़का अब पियानो वादन के साथ अब गा रहा था। पियानो वादक पूरे ज़ोर–शोर से पियानो बजा रहा था सिर्फ़ उसका चेहरा बता रहा था कि अब इस गाने और बजाने में वो दम नहीं रहा जो पहले था वो सिर्फ़ बजाने के लिए बजा रहा है। बाज़ार व्यापार सब ठण्डा पड़ा है लोगों के पास पैसा ही कहाँ है जो ख़र्च करें।

पैसा ख़र्च करना मुश्किल होता है पर उससे भी मुश्किल काम है ख़र्च कर पाने के लिए पैसा कमा पाना।

अब वो यहूदी पियानो वाले के पास खड़े थोडियम (बोलने के लिए बनायी गयी डेस्क) पर जा पहुँचा और वहाँ से एक–एक अंग्रेज़ी अमेरिकन दर्द भरा गाना गाने लगा–वो शायद इस बार का रोज़ का बँधा हुआ ग्राहक था। तभी उसके इस तरह के आज़ादी से गाने नाचने का कोई बुरा नहीं मान रहा था। वो बार काउन्टर तक नाचता हुआ गया और उसने बार पर खड़ी शराब पिलाने वाली महिला के खुले मुँह में अपने गिलास से शैम्पेन उड़ेल दी। जो उस शराब परोसने वाली औरत ने ख़ुशी से गले में उतार ली। वो मोटे सी स्थूल काया वाली औरत अकेली ही शरब परोस रही थी।

रात के 11:30 बजे थे।

अचानक दरवाज़ा खुलता है और एक मर्द–औरतों का ज़ोर–शोर से बतियाता हँसता हुआ समूह अन्दर घुसता है।

कुछ आदमियों ने सूट पहने हैं। औरतें आँखें फाड़–फाड़कर शराब खाने को देख रही हैं पर आदमी निशाचरों जैसे अनुभवी नज़र आ रहे हैं यानी रात में घूमने वाले उल्लू। एक बोतल शैम्पैन की मँगा ली गयी है। साथ ही शराब की इस बोतल का दाम भी पूछ लिया गया है।

इस बार के पीछे से एक आदमी निकलता है जो अब तक सो रहा था वो कहता है इस बोतल के दाम के ऊपर भी थोड़ा पैसा और देना ही पड़ेगा। एक बोतल आधी–आधी बाँट ली जाती है। पियानो वादक महिलाओं से आकर उनकी पसन्दीदा धुनों का नाम पूछता है ताकि वो पियानो पर बजा सके। औरतें यहूदी को हाथ का इशारा कर टेबिल से हटने को कहती वो शायद डरती है कि मनपसन्द धुन बजवाने पर कहीं यहूदी लड़का सभी औरतों को निमन्त्रण देता है कि अपने मन की धुन बजवाओ और जो चाहो सो खाओ–पियो सब उसके पैसे पर।

वो दूसरी ओर बैठे उन औरतों के साथ आये मर्दों को अनदेखा कर देता। वो मर्द वैसे भी अपने ही झुण्ड में मग्न थे सिगार के कश लेते शैम्पेन को आख़िरी घूँट तक सुड़क–सुड़क कर मजा लेते बैठे थे बेख़बर।

यहूदी ने महिलाओं को संगीत सुनाने और खिलाने के बाद–उसके साथ डान्स करने का भी आमन्त्रण दिया। एक काले बालों और उघड़े कन्धों वाली पोशाक पहने महिला उठी और उस यहूदी के साथ नृत्य करने लगी।

यहूदी लड़का बेहतरीन डान्स करता था। उसने नाचते–नाचते साथ वाली महिला से पूछा वो यहाँ क्यों आयी है?

महिला ने कहा ये हमारे ऑफ़िस की पार्टी है। अब हम कुछ ही लोग यहाँ बचे हैं बाक़ी सब लोग अपने–अपने घरों को वापस लौट गये हैं।

यहूदी बोला जल्दी ही ये भी वापस लौट जायेंगे। डान्स के बाद वो लड़की को बार काउन्टर पर ले जाता है और शराब पीने के लिए आमन्त्रित करता है। जिन लोगों के समूह के साथ वो आयी थी वो सब हैरान होकर इस तमाशे को देख रहे थे।

जाम पर जाम चढ़ाने के इस दौर के बीच यहूदी लड़का और उसकी डान्स पार्टनर एक–दूसरे के बारे में काफ़ी कुछ जान लेते हैं। महिला जब शराब खाने से बाहर अपने मित्रों के साथ जाती है तब तक उसका टेलीफ़ोन नम्बर उस यहूदी लड़के की कोट की जेब में समा जाता है।

अगले दिन वो यहूदी नौजवान लड़की को फ़ोन करता है। लड़की उस ऑफ़िस में प्रशासनिक सचिव है यानी ऑफ़िस का कामकाज़ देखती है। वो स्टेनोग्राफी और टाइपिंग के अलावा और कुछ नहीं जानती ऐसा उस लड़की ने ही हँसकर यहूदी लड़के को बताया था। वो दोनों एक दिन बड़े महँगे होटल में खाना खाने गये थे। बातें चल रही थीं लड़की ने यहूदी लड़के को बताया उसे वियना आये ज़्यादा समय नहीं हुआ है वो वियना में बिल्कुल नयी है। लड़की की आँखें बड़ी सुन्दर थीं एक शीतल सी छाह वाला हरा रंग था उन आँखों का। हम सब कहीं न कहीं से यहाँ वियना आये हैं और उस दिन एक निर्जन स्थान में उस यहूदी नौजवान ने लड़की को अपना परिचय दे ही दिया।

मैं लीएटोमेरिटज़्की हूँ पूरा नाम है जोसेफ लीएटोमेरिटज़्की। मुझे मेरे दोस्त लीटो कहकर बुलाते हैं, ये कहकर उसने दोस्ती के लिए अपना हाथ आगे बढ़ा दिया। लम्बा पतला सफ़ेद हाथ।

लड़की ने कहा–तुम तो कुछ काम करते दिखाई नहीं देते। मैंने तुम्हें एक दिन भी काम करते नहीं देखा?

लीटो ने कहा–और तुम? तुम काम करती हो। आख़िरकार लीटो ने उस लड़की पर जीत हासिल कर ही ली हालाँकि लड़की ने काफ़ी देर विरोध भी किया पर उस विरोध का लीटो को मज़ा आया–तभी तो वो उसके बदन को प्यार में भरकर जहाँ–तहाँ दाँत से काटकर गहरा प्यार जता पाया कामक्रीड़ा के रहस्य। साथ सोती लड़की बड़ी ही ख़ूबसूरत लग रही थी। सफ़ेद संगमरमरी शफ्फाक़ बदन। जैसे कोई महारानी हो। वो उसके बदन को सहलाता है उसके गाल बच्चों की तरह नरम मुलायम हैं। लीटो लड़की के गालों पर ऊँगलियाँ फिराता है। उसके बेहद मुलायम कन्धे ऐसे लगते हैं जैसे बरसात में भीगे हुए पेड़ की कोई शाख एकदम ताज़ी, नहायी और ठण्डी। यहूदी एक सिगरेट सुलगाता है इतने में लड़की आँखें खोल देती है। उस काले बालों वाली लड़की की आँखों का भाव और बदन की छुअन बता रही थी लड़की बहुत बार बिस्तर पर किसी आदमी के साथ नहीं सोयी है, कम से कम उसे देख वो यहूदी लीटो यही सोचता–समझता है।

दोनों जने पहले–पहले सप्ताह में दो बार मिलते थे फिर तीन बार मिलने लगे फिर बहुत सारे फ़ोन करने लगे। और एक दिन यहूदी ने उस लड़की से कहा तुम पुराना ऑफ़िस छोड़कर मेरे ऑफ़िस में मेरे साथ काम करना शुरू कर दो–उस लड़की ने यही किया। वो एक छोटे से गाँव की रहने वाली थी। गाँव का नाम था कारीन्यिक इमारतों की देखभाल का छोटा–सा व्यापार था उसका पद उसके साथ ही साथ वो जुआ में पैसे लगाता था कसीनो उसको बहुत पसन्द थे यानी जुआघर वाडेन के जुआघर में वो ताश और मशीनों पर पैसा लगाता था। लॉटरी के स्वीप स्टेक एक तरह का जुआ वो भी लॉटरी का हिस्सा होते थे–उसमें पैसा लगाता था।

क्रीयू और क्रीयूदेनाऊ में वो घोड़ों की रेस पर दाँव लगाता था। ये घुड़दौड़ का दाँव वो नियमित रूप से लगाता था। इन सब चीज़ों से ही उसके पास ज़्यादा पैसा आता था। जिसे वो दिल खोलकर ख़र्च करता था यूँ कह लीजिए कि पैसा लुटाने में उसे बहुत मज़ा आता था ज़िन्दगी उसे बहुत रास आ रही थी।

उसकी नयी महिला मित्र इस पैसे का सबसे ज़्यादा फ़ायदा पा रही थी। वजह उसकी ये भी थी कि अब लीटो ही लड़की का दीवाना हो चला था वो उसके संग चिपका रहता। ऑफ़िस में भी वो जब तब उसे दबोच लेता और उसके बदन को तीर की तरह भेदने लगता। महिला कहती अब तो लिहाज़ करो।

बहुत सारे लाल सुनहरे बालों में घुल–मिल गये सफ़ेद बाल, वो चेहरे को दायीं तरफ़ से देखता है तो उसे अपना चेहरा अच्छा लगता है–दाँत सब बराबर से दिखाई देते हैं। हाँ चमड़ी ज़रूर बूढ़ी और सूखी–सी लगती है उसकी वज़ह उसका सारा दिन अन्दर घुस के बैठना है। ऑफ़िस में रेस्टोरेन्ट्स में रात को जुऐ खाने में कमरों के भीतर ही रहता था। उसकी नाक बहुत ज़्यादा तीखी थी चील की चोंच की तरह शादी के बाद अबाज़िया शहर में हनीमून के दौरान उसकी नयी नवेली दुल्हन ने सवाल पूछा–तुम्हारा नाम जोसेफ क्यों है? लीटो ने कहा–मेरा नाम बादशाह जोसेफ के नाम पर है जिन्होंने यहूदियों के लिए बहुत कुछ किया था अब तुम बताओ तुम्हारा नाम विक्टोरिया क्यों रखा गया?

विक्टोरिया ने हँसते हुए कहा इंगलैण्ड की महारानी विक्टोरिया के नाम पर है मेरा नाम फिर दोनों हँस–हँसकर दोहरे हो गये और अपने चौड़े बिस्तर पर लोट–पोट हो गये। कमरे की बड़ी खुली खिड़की से समुद्र के खारे नमक और पत्थरों की पाइन की शाखाओं की महक कमरे में फैल रही थी।

लीटो अपनी पत्नी को रानी की तरह रखता था दोनों एक–दूसरे के साथ बेहद ख़ुश थे और सुख से रह रहे थे लेकिन तभी आया सन् 1938 का साल जब जर्मन सेना आस्ट्रिया में घुस आयी।

अब हालात ने वो खतरनाक मोड़ ले लिया जब दोनों के सम्बन्ध गहरे दबाव में आकर बिल्कुल उल्टे हो गये।

नौजवान औरत को लीटो की कम्पनी का मालिक घोषित करना पड़ा–लीटोमेरीटज्की क्योंकि यहूदी था इसलिए वो बच–बचकर छुपकर काम कर रहा था। सारा समय ऑफ़िस में होता भी नहीं था वो दूर सड़क से ही ग्राहकों को इशारा कर के अपनी पत्नी के पास भेज देता। ज़्यादातर ग्राहक यहूदी ही होते थे जो जान बचाकर घर बार बेचकर दूर भागना चाहते थे ऐसे ग्राहकों से सौदा करना भी आसान था।

ये भी सच था कि लोटोमेरीटज्की अब धड़ाधड़ खुल रही वाहन कम्पनियों का व्यवसाय नहीं रोक सकता था। चाहे रिश्वत खिलाता ये चाल खेलता पर इस व्यापार में तो नाज़ी लोग, उनके दल के कुछ और लोग व्यापारी यात्री सभी निवेश करने को आतुर थे और तो इमारतों और ज़मीनों के व्यापार में भी दखल देना चाहते थे–अकेला लीटो किस–किसको रोकता। वो कुछ भी नहीं कर सकता था। पर एक बात तो तय थी वो वियना छोड़ना नहीं चाहता था। न वो भागना चाहता था न वो छिपना चाहता था। वो सिर्फ़ अपनी पत्नी विक्टोरिया के साथ ही रहना चाहता था। फिर उसने वो किया जो सोचा भी नहीं था विक्टोरिया ने लीटो ने विक्टोरया को नाज़ी व्यापारियों, अफ़सरों, सेनानायकों के साथ मेल–जोल बढ़ाने को कहा। उसने कहा इसमें हर्ज़ क्या है मैं तुम्हारे साथ रह पाऊँगा–हम दोनों पैसे भी कमा लेंगे। उसकी पत्नी ने पूछा ऐसा कितने दिन चलेगा? अब वो एक बेहद ख़ूबसूरत युवती नज़र आती थी जिसके मासूम चेहरे पर से निगाहें हटती नहीं थीं। माथे पर लटके घूँघरों में दिल अटक जाते थे। घुटनों से ऊपर की उसकी छोटी फ्राक सबको उसकी तरफ़ देखने पर मज़बूर कर देती थी। सड़क पर विक्टोरिया सिर पर हैट सिल्क था बलून कोट और पैर में ऊँची एड़ी के पम्प जूते पहनकर, बन–सँवरकर निकलती थी, पर जैसे ही घर वापस पहुँचती खिड़की के पास रखी छोटी–सी मेज़ पर अपने पति के साथ बैठ जाती।

लीटो उसका हाथ अपने हाथों में लेकर कहता हमें सन्तोष करना चाहिए सब कुछ ठीक चल रहा है।

विक्टोरिया अपना हाथ पति के हाथ से छुड़ा लेती और कहती–कल किसने देखा है और रोने लगती। फिर आँसू पोंछकर जलती आँखों से एकटक शून्य आकाश में निहारती। 1941 के पतझड़ के मौसम तक लीटोमेरीटज्की ने वियना में अपने को बनाये रखा। बचाये रखा। फिर वही हुआ जो हज़ारों और यहूदियों को झेलना पड़ा, एक घेरे में सैकड़ों यहूदियों के साथ लीटोमेरीटज्की को भी रखा गया। घण्टों क्या था नरक था दुख का अथाह सागर था। आख़िर में लीटो उसके बदन को बार–बार किसी व्यापारिक तरीक़े से भेदता रहता पर बाद में उसे बहुत मधुर और कोमल सपने दिखाता है अब वो भी इन रस्सियों का रहस्य अच्छी तरह समझ गयी है। मतलब वो जान गयी है कि लीटो के तरीक़े क्या हैं और क्या हो सकते हैं।

वो सुन्दरी बाला अक्सर लीटो को टोकती है ये काम की जगह है कुछ तो लिहाज़ करो। लीटो बदले में कहता है अपने काम को इतनी गम्भीरता से मत लो।

अपनी शादी के दिन श्रृंगार करके सजे–धजे लीटो ने अपनी शक्ल शीशे में देखी और सब तो जो था वो था ही था पर ये कमबख्त एक जुल्फ बालों की लट किसी तरह काबू में नहीं आ रही थी। बार–बार बालों की ये लट कानों के ऊपर मुड़ जाती। लीटो उसे कन्धे से कानों पर दबाता पर वो काबू में नहीं आती। इस बार जब वो फिर से ऊपर उठ गयी तो लीटो को उसके नीचे दबे ढेर सारे सफ़ेद बाल नज़र आये।

पोलेण्ड के लोडजा नामक स्थान पर ये कैम्प लगाया गया था नाम था उसका लिडजमनडरज़ घेटो सैकड़ों दुखी भूखे कमज़ोर लोग वहाँ अमानवीय हालातों में थे। दुनिया से अलग–थलग अकाल मृत्यु को विवश भूख से कम खाने पर मजबूर, कमज़ोर लोग एक–एक करके मर रहे थे कुछ लोग सब कुछ छिन जाने और प्रिय लोगों की

मृत्यु हो जाने या हत्या कर दिये जाने के दुख से, दिल का दौरा पड़ने से ही मर गये। टायफाइड, डायरिया जैसी बीमारियों ने सैकड़ों को लील लिया। नये लोग प्राग से बुडापोस्ट से रिमसिरो से आये और इन नारकीय जगह में मरते चले गये पर लीटो बच गया। किसी तरह उसने एक दर्जी की दुकान में नौकरी भी ढूँढ़ ली और कैदियों के साथ वो भी इस कपड़ा फैक्ट्री में काम करता था। जो जर्मनी सेना के लिए वर्दी बनाती थी। फैक्ट्रियों में काम करने वालों के लिए ऐप्रेन व कोट बनाती थी।

1944 की गर्मियों में लीटोमेटाज्स घेटो से बचे हुए यहूदियों को निकालकर आसश्विरज कैदखाने में डाला गया। सभी को रेलगाड़ियों में भरकर ले जाया गया। लीटो को आख़िरी बारीकियों की देखभाल करने की ज़िम्मेदारी सौंपी गयी। एपलप्लाटज़ में सभी यहूदियों से एक लम्बी नाली खोदने को कहा गया। नाली इतनी चौड़ी थी कि इन्सान का शरीर उसमें दफनाया जा सकता था, यानी दूसरे शब्दों में सभी यहूदी कैदी अपनी ही क़ब्रें खोद रहे थे। तैयारियाँ ज़ारी थीं कि अचानक एक रात को कैदखाने से सारे सुरक्षा सिपाही भागते नज़र आये। उनकी जगह रूसी सिपाही आ गये जो नाज़ियों के पीछे लगे थे उन्हें मारने को। अब नाज़ियों को अपनी जान की चिन्ता पड़ी थी।

अब उसे अल्फ्रेड के दोस्त न होने का और माँ बन जाने के इस नये चरित्र से तकलीफ होने लगी थी।

और अब जब वो उसके सामने खड़ा था ठीक सामने तो वो उसको टाल नहीं सकती थी तब मौसी ने उसको कस के भींच लिया और माथे पर, गालों पर बार–बार चूमा जैसे कोई प्रेमिका प्रेमी को उन्माद में भरकर चूमती है।

अल्फ्रेड और जार्ज अपने आस–पास की दुनिया को पहचान रहे थे। विश्वविद्यालय से उनका अभ्यास काल ख़त्म हो चुका था अब वो सही मायने में दुनिया देख रहे थे थेरसिनगासी के तीन–चौथाई हिस्सों को वो खँगाल चुके थे। पूरा शहर वो पैदल ही घूमते थे। शाम को पेड़ घिरी सड़कों पर चलकर कोटज डिस्ट्रिक्ट तक जाते थे।

थेरसिनगासी के उनके छात्रावास के काटेज़ डिस्ट्रिक्ट की विला कोई बहुत दूर नहीं थी। भव्य विलाएँ तक जाने में आपको सिर्फ़ वादी पार करनी होती थी और उसके बाद ध्वारिंगर स्ट्रास की सड़क जो शोर मचाती कोलाहल उठाती आपको शहर तक ले जाती थी।

जार्ज को इन इमारतों में से एक इमारत बहुत पसन्द थी। अब तो वो ख़ुद अकेला ही इस ओर टहलता हुआ आ जाता था। ये जो एक विला उसे बेहद पसन्द थी वो इसलिए नहीं पसन्द थी कि कोई बहुत ज़्यादा ख़ूबसूरती से बनी थी या शानदार कदकाठी की थी या दोनों थी बल्कि उसे ये इमारत इसलिए बहुत भाती थी कि वो पहाड़ की चोटी पर बड़े सहज तरीक़े से खड़ी थी जैसे वो पैदा ही वहीं हुई हो ये विला वही थी जिसका ज़िक्र हम कर चुके हैं बिला होलब्रुक। एक बार फिर दोहरायें कि श्रीमती होलब्रुक प्रोफ़ेसरानी (उस समय प्रोफ़ेसर की पत्नियाँ यही कहलाती थीं) अपने पति प्रोफ़ेसर होलब्रुक को बहुत प्यार करती थी, लेकिन जिस देह पर उसे नाप था उसकी माँग कुछ और थी।

उसकी सराहना पाने वो निकल जाती थी अलग–अलग इलाक़ों में बैंकों में, बाज़ारों में, होटलों में, रेस्टोरेन्ट्स में वहीं से उसके चाहने वालों की जमात शुरू होती थी। बैठक का मैनेजर रेस्टोरेन्ट का मालिक ये जगहें आमतौर पर वियेनट्राऊबेनग्रास ज़िले में ही होती थी यानी धनाढ्य इलाक़े में। कभी–कभी वो नोवदागास में भी चली जाती थी, जहाँ वो बहैसियत एक ग्राहक के जाती पर साथ में हर बार कोई न कोई होता। अक्सर उन लोगों का साथ पकड़ लेती थी जो बिल्कुल ही अजनबी होते थे उसे ऐसा करने में मज़ा आता था ये लोग बिल्कुल मध्यमवर्ग के होते थे क्लर्क, बैंक कर्मचारी, दुकानदार चाहे वो सिर्फ़ बेचने वाला कर्मचारी ही क्यों न हो– श्रीमती होलब्रुक को देह के इस तमाशे में बड़ा मज़ा आता था। उनकी ज़िन्दगी में रंग भर जाता थ। उत्तेजना आ जाती थी।

जार्ज को इस सबके बारे में कुछ नहीं पता था। एक बार वो होलब्रुक विला के फाटक के सामने बने टर्कशान्ज़ पार्क के सुरक्षा

मीनार के पास जा रहा था तो उसकी मुलाक़ात क्लारा से हो गयी जो कसरत के लिए जिम जा रही थी। सुबह का समय था वो कसरत के लायक कपड़ों में ही थी और जल्दी में थी। वो अपने स्कूल के बैग के हुक और बेल्ट को बन्द करने में लगी थी। एक बार ऐसा लगा कि जार्ज शायद क्लारा की मदद को आगे आये। बस इसी पल से इसी क्षण से जार्ज को होलब्रुक विला से इश्क हो गया अब उसे वो सबसे अच्छी लगती।

थोनज़ेरथाऊ के लाउंज में घन्टियाँ बज चुकी थीं। ये ग्राहकों से जाने के लिए कहे जाने की चेतावनी थी। लाबी सारी खाली हो चुकी थी इक्का दुक्का पियक्कड़ थे जो कोट चैक काउंटर पर खड़े थे। जार्ज को लगा कि भीड़ घट जाने से अब इस जगह का संगेमरमरी फ़र्श और दीवार पर लगे शीशे, दीवार से लटके लैम्प, कुछ ज़्यादा ही जगमगाने लगे हैं।

वो आ रही है, वो नहीं आ रही है नहीं वो आ रही है इस संशय के झूले में जार्ज किसी तेज़ हवा में तिनके सा झूल रहा था। किसी मीनार पर ऊपर लगे दिशा पक्षी–सा घूम रहा था। उसे क्लारा का इन्तज़ार था। उसी ने उसे यहाँ बुलाया था वो दरवाज़े के ठीक सामने खड़ा हो गया था ताकि क्लारा की नज़र सीधे उस पर पड़े। पर अब उसे ये अहसास हुआ कि वो कितना बेवकूफ था जो यहाँ खड़ा था। अरे अन्दर जाकर आराम से पूरी लॉबी का जायज़ा लिया जा सकता है नज़र डाली जा सकती है, क्योंकि लॉबी तो अब तक़रीबन खाली ही हो चुकी थी।

अन्दर जाकर जार्ज दरवाज़े की ओर पीठ करके खड़ा हो गया। देर होने लगी तो वो चहलकदमी करने लगा। वो ऐसा दिखाने लगा जैसे वो किसी सोच में डूबा हो। और इससे उसे शान्त रहने में मदद मिली। जार्ज के लिए अब क्लारा का इस संगीत सभा में आना उसके अपने सम्मान का प्रश्न बन गया था उसने क्लारा को मनाने के लिए हज़ार कोशिशें की थीं क्या कुछ नहीं कहा था उसे अपने साथ ये संगीत सम्मेलन देखने के लिए मनाने को।

उसने चुपके से अपने ख़ुद के और क्लारा के लिए एक रेस्टोरेन्ट में खाने की टेबिल भी बुक करा ली थी। जहाँ वो क्लारा को **धानसेट** के बाद ले जाना चाहता था हालाँकि उसने क्लारा से ये बात नहीं बतायी थी। उसने तो ये भी सोच लिया था कि वो अल्फ्रेड से कहेगा कि तू कहीं घूमने चला जा ताकि उन दोनों वाला कमरा खाली हो जाये। वो कमरा जो थेरनिगासी छात्रावास में था। पर फिर सोचा– नहीं, ऐसा करना सही नहीं होगा। कमरे में जैसे ही वो क्लारा को लेकर जायेगा उसका कोट उतारने में मदद करेगा और बिना किसी ठहराव के वो सीधे उसके सामने नंगी खड़ी होगी। वो नग्नता जो उसे ताक़तवर बनाती है, वो नग्नता जो उसे अन्दर तक हिला देती है। फिर भी जब क्लारा ने सन्देह उसके काँधे पर पीछे से हाथ रखा उसका दिल बल्लियों उछल गया। एक मीठा–सा दर्द उसे छाती में महसूस हुआ, जब वो हॉल के लाल कालीन पर पैर रखते हुए चढ़ते गये तो जार्ज भीतर से बेहद ख़ुश था। वो अपनी भीगी ख़ामोशी पर भी ख़ुश था, वो कुछ बोलकर क्लारा को पता नहीं देना चाहता था वो उसे प्यार करता है।

पूरी कान्सर्ट में जार्ज शान्त ही रहा। अँधेरे में भी उसने क्लारा के हाथ पर अपना हाथ नहीं रखा। वो डरता रहा– हालाँकि क्लारा का सीधा हाथ उसकी बगल की कुर्सी पर उसके बाँह से छू रहा था। उसके बगल की कुर्सी के हत्थे पर खुला पड़ा था पर फिर भी जार्ज ने उसे नहीं छुआ क्योंकि उसे मालूम नहीं था ऐसा करना इस कान्सेट हॉल में ठीक होगा या नहीं। अब तक जार्ज सिर्फ़ सिनेमा हॉल में गया था वहाँ लोग अलग तरीक़े से व्यवहार करते थे। उसे इस हॉल का अकेलापन और औपचारिकता भायी थी। वो उसके भावों से मिलती–जुलती थी। ये भाव अलग से थे ये रोजाना वाले मनोभावों से जैसे नहीं थे। ये भाव उसकी ज़िन्दगी से भी बिल्कुल अलग से थे। कान्सेट हॉल की सीढ़ियों से उतरते समय जार्ज ने जल्दी से क्लारा को गर्दन के ऊपर कान की लबों से नीचे अचानक झुककर चूम लिया। पर क्लारा के भाव जार्ज जैसे नहीं थे वो सामने

खड़े उस कोट निकालने वाले आदमी को देखकर हँसे जा रही थी जिसकी बाँहों पर फर के काँटों का इतना बड़ा ढेर था कि उसका मुँह ही नहीं दिखाई दे रहा था। अन्धेरे अडी टोरियम में साथ बैठकर संगीत की मादक लहरियों को सुनने का अहसास वैसा नहीं था जैसा जार्ज का था। वो संगीत के बारे में रोमांस से नहीं वरन् तर्क वितर्क की तहरीर से जार्ज की आँखों में आँखें डालकर बात कर रही थी।

सहसा क्लारा ने कहा चलो कॉफ़ी पीते हैं– जार्ज ने क्लारा को देखा तो समझ गया कि ये ताज़ी ख़ुशनुमा आँखों वाली लड़की उसके साथ उस छोटे से रेस्टोरेन्ट में तो हरगिज़ नहीं जायेगी। वो इतनी ख़ुश लग रही थी कि जार्ज समझ गया कि ये छोटे से दमघोंटू कमरे में बैठकर उस पुराने से होटल में कॉफ़ी पीने कभी नहीं जायेगी और उस चीज़ को हरगिज़ नहीं देगी जो नितान्त उसकी अपनी है बेशक़ीमती है। जार्ज को समझ नहीं आया अब वो क्या करे? कैसे उसे अपने कमरे में ले जाये इसीलिए उसने उसे ये सुझाव दिये बगैर कहा–अच्छा फिर ठीक है होटल ही चलते हैं और उसने ऐसा दिखाया जैसे इस सुझाव से वो भी ख़ुश है और वहाँ उसे सच में अच्छा लगने लगा।

वो लोग श्वारजेनवर्गफ्लारज़ गये थे। रास्ते में राजकुमार श्वारजेनवर्ग की आदमकद मूर्ति और उसके घोड़े पर कसी प्रतिमा अपने सिर पर टोपे में लगे परों के कारण और भी हास्यास्पद लग रही थी। इस समय हर ओर हर सड़क पर लोग टहल रहे होंगे। जार्ज जानता था सड़क पर बहुत सारी कारें भी थीं। जार्ज ने क्लारा को रोका तो क्लारा ने कहा चलो हम इम्पीरियम होटल चलते हैं। इम्पीरियम होटल में किसी त्योहार की सी चमक और चहल–पहल थी। होटल के मुख्य कमरे में क्लारा ने जार्ज को बताया कैसे वो और पापा जब कान्सर्ट सुनने आते हैं तो हमेशा संगीत सभा के बाद यहीं आकर खाना खाते हैं। आज हम कोन्जेरथाऊस में थे। मुस्कीवेरियन जाने वाले लोग वहाँ जाना पाप समझते हैं। जार्ज ने ख़ुश होकर क्लारा की आँखों में देखा उसके लिए ये विलासिता का संसार बिल्कुल नया

था वो तो इन शब्दों की ध्वनि से भी अनजान था ये मुस्कीवेरिन, ये कोन्जेरथाऊस ये इम्पीरियल होटल की जगमगाती दुनिया ये बेहद प्यारी क्लारा सब कुछ उसके लिए अपरिचित सा था पर उसे अब ये भरोसा हो चला था कि इस बात की तो तयशुदा गारन्टी हो गयी है—उसके अच्छे दिन आने वाले हैं वो जीत लेगा ये जंग।

अचानक उसने ज़ोर से विश्वास से कहा "एक दिन मैं बहुत बड़ा आदमी बनूँगा। कह दिया सो कह दिया न उसके आगे कुछ न पीछे कुछ।"

क्लारा ने कहा— तुम्हें ये कैसे मालूम है?

जार्ज ने कहा— मेरी माँ हमेशा यही कहती थी।

उस दिन के कुछ समय बाद अल्फ्रेड अचानक क्लारा से मिला जिसे जार्ज ने अल्फ्रेड से मिलवाया था। स्ट्रीट कार के बस स्टैन्ड पर क्लारा खड़ी मिल गयी थी। अल्फ्रेड ने देखा क्लारा रो रही थी। अल्फ्रेड जब उसके पास ये पूछने गया कि बात क्या है तो क्लारा उसी से लिपटकर फफक पड़ी।

एक उदास सा राखी रंग के बादलों से घिरा टपकता सा दिन था वो। सड़क के साईड के छोर के गड्ढों में पानी भर चुका था। स्ट्रीट कार के नीचे वाले हिस्से की सड़क पर तेल वाले गड्ढे थे। चारों तरफ़ खुले छाते थे।

सड़क की नियम रेखाओं पर लगी लाल सफ़ेद रंग की जंजीरें जो स्ट्रीट कार की पटरी को सड़क से अलग करती थीं बारिश में भीगी थीं। पार्क के हरे पत्ते पानी में नहाये डोल रहे थे। कलारा एक नौजवान लड़की थी भूरे बालों वाली, मँझोले कद की ख़ुशनुमा शक्ल वाली, उसने हल्के रंग की बरसाती पहन रखी थी। उसके जूते भी कम हील वाले थे, काँधे पर पर्स टँगा था तभी उसने भरे गले से अल्फ्रेड से कहा— "मैं जार्ज की बात कर रही हूँ।"

खण्ड - दो

अध्याय-1

एकवाईन बोन ट्राऊन लैन्गोरीस, रोम के क़ानून विषय की प्रोफ़ेसर है–उसने अपने विषय के छात्रों को रोम के क़ानून की महत्ता को समझाते हुए कहा रोम का क़ानून वो शाश्वत नियम है जो कभी तोड़ा नहीं जा सकता सम्पत्ति, परिवार व राज्य जैसी स्थापित संस्थायें स्वयं ईश्वर द्वारा निर्मित हैं जिनका काम है समाज को स्वाभाविक रूप से अनुशासित रखना। इन स्थापित नियमों को जीवन का मूल्य मानकर उनकी अनुपालना करना और न करने पर दण्डित होने के लिए तैयार रहना ही इसकी मान्यता है। ये एक ऐतिहासिक दस्तावेज़ है। दुनिया की व्यवस्थायें इस आधार पर हुईं। ये सभी नियम क़ानून का आदर्श स्थपित करते हैं। और समाज में सद्‌भाव और सामंजस्य बनाये रखने के लिए हैं। इसलिए रोम के क़ानून और उन क़ानूनों पर आधारित और क़ानून जब से बनाये गये हैं उसी स्थिति में उन्हीं मूल्यों पर स्थित हैं, अटल हैं।

ये सच है कि प्राचीन रोमन ईसाई नहीं थे पर ये भी सच है कि इन सभी नये देवी–देवताओं के पीछे वही एक परमपिता परमेश्वर था जिसकी अवधारणा रोमन लोगों ने की थी। एक ओर तो इस सच्चे ईश्वर की ओर दिये गये ध्यान और मान्यताओं में एक कोमल कारण नर्म उत्साही धारणा छिपी है तो दूसरी ओर इस विश्वास के पीछे की असम्भव अविश्वसनीयता को उभारता है प्रोफ़ेसर टाऊन लैंगेरियस के पढ़ाये गये पाठ।

प्रोफ़ेसर लैंगरीस एक कट्टर कैथोलिक थी। उनके लिए उनका विषय क़ानून एक धार्मिक पाठ के बराबर था। ईश्वर से मिलने की राह जैसा था। जिन्होंने रोम के क़ानून की कई शताब्दियों का इतिहास रट रखा था। सैकड़ों सालों से सन्तों का आधार बना रखा था। उन लोगों का घेरा उसके चारों ओर था जो इश्वर की अनुकम्पा पा चुके थे। लोग कहते हैं शायद इसीलिए प्रोफ़ेसर लैंगरीस हर रविवार को लम्बा काला चोगा पहनकर उच्चस्तरीय प्रार्थना सभा के लिए सन्त स्टीफन गिरजाघर जाती थीं।

अल्फ्रेड को लैन्गरसीन के लम्बे–लम्बे क़ानूनी पाठ कुछ गहराई से पल्ले नहीं पड़ते थे पर जिस तरह से वो पढ़ाये जा रहे थे। जिन शब्दों का प्रयोग किया जा रहा था वो उसे कोई चमत्कारी परीकथा की तरह लगते थे। लैन्गररीस इस कला की उस्ताद थी उसे अच्छी तरह से मालूम था किन कथाओं 'उपकथाओं' धार्मिक सन्देशों से इन क़ानूनों को पढ़ाये जाने को बेहद दिलचस्प व असरदार बनाया जा सकता है। वो दुनिया की क्रूरतम कृत्यों के नियमों के बारे में आसानी से और प्यार से सहमाते हुए शब्दों की जादूगर थी। अल्फ्रेड को दुनियावी समझदारी नहीं के बराबर थी– वो ज़िन्दगी की असलियत से बहुत परे था। ये सच है कि बचपन में अपने कस्बे क्लेगनफर्ट के चर्च में वो प्रभू ईसा की वेदी का सेवक बनाया गया था पर तब भी उसने यही सोचकर हाँ की थी कि ऐसा करने से उसे फुटबाल खेलने को मिलेगा और गिरजाघर के पुस्तकालय से किताबें उधार लेकर पढ़ सकेगा– इससे ज़्यादा कुछ नहीं। जार्ज ने ये परम्परा शुरू की थी–अब दोनों दोस्त अपने हरे, बैंगनी, जामुनी कालरों को झुकाये बेदिका पर घुटने टिकाकर हाथ जोड़कर बैठ जाते थे।

एलविन वोन ट्राऊन लैंगरिस को अल्फ्रेड दूर से देखकर बहुत सराहता था। यूँ तो उसके लिए बिल्कुल किसी उपग्रह से आयी औरत जैसी थी "एलिमन" सी अजनबी अनजानी। पर लैंगरिस की अद्‌भुत जादूगरी उसके शब्द बिम्बों में वाक्यों के महीन जाल में छिपी थी

जिसके सहारे कठोर से कठोर विषय को, तथ्यों को, शब्द बादलों के टुकड़ों में ऐसे लपेट देती थी उनके झीने आवरण में लिपटे तथ्य ज्ञान के नैसर्गिक दृश्यों के सामने से तैरते चले जाते थे। बस इसी कला के कारण अल्फ्रेड को **लैगसिंग** एक विद्वान परी सी नज़र आती थी। जो यूँ मानो तो ज्ञान की पुजारिन ही थी जो अल्फ्रेड की पहुँच से बाहर ही थी। तेजस्वी चेहरा, बहुत अनुशासित व्यक्तित्व बँधे बाल जो पढ़ाते समय लहराने लगते थे। कक्षा में आने से पहले की गरिमा और गम्भीरता अलग होती थी। जैसे चेहरे पर कोई मुखौटा लगा हो। सपाट चिकना चेहरा। इस चेहरे पर कभी भी कोई निजी बात का सुख–दुख या किसी और का सुख–दुख भाव नज़र नहीं आता। चेहरा और उसकी सुन्दरता केवल एक माध्यम थे। उस विषय को समझाने के, जिस विषय पर कक्षा में ज्ञान दिया जा रहा था। उसके हाथों की शक्तिशाली मुद्रायें और चेहरे की सुन्दर भंगिमायें सभी कुछ उसके विषय से सम्बन्धित रहते। वो शायद इस बारे में सोचती भी नहीं थी। क़ानून के कायदे–क़ानून की बारीकियों का विषद गहन अध्ययन उसे क़ानून का धुरन्धर ज्ञाता बना चुका था। ट्राऊन लैन्गरीस अब अपने–आप में एक मिसाल कहलाती थी। उसके कपड़े सीधे सादे कट के महिला ईसाई साध्वियों जैसे थे इस बँधे बँधाये चौखटे में सिर्फ़ उसके छोटे–छोटे हाथ ऐसे थे जो इस कठोर व्यक्तित्व के चौखटे से बाहर निकल जाते। गुस्से में, ख़ुशी में, किसी को हटाने, बात को व मानने या अपनी बात को मनवाने के समय उसके मर्दों जैसे कठोर हाथ तेज़ी से मुद्रायें बदलते वो अपने बँधे बालों के जूड़े की कोई लट सँवारने लगती जैसे वो बेखयाली में ऐसा कर रही है या फिर दोनों हाथों से अपने कपड़ों की शिकनें दूर करने लगती। कई बार हाथों में घबराहट भी नज़र आ ही जाती थी।

ट्राऊन लैगरीज़ उस दुनिया को उपदेश नहीं देती थी जहाँ सड़कों पर मोटर कारें भागती हैं–रेस्टोरेन्ट में विशेष लजीज़ पकवान परोसे जाते हैं जहाँ शहर के चौक से हज़ारों कबूतर फड़फड़ाते हुए उड़ते हैं।

या वो लोग, जो ये समझते हैं कि उन्हें कोई नहीं देख रहा वो झट से नालियों में थूकने, मूतने लगते हैं। वो ईश्वर के दरबार को न्याय का दरबार मानकर पढ़ाती थी जिसमें न कोई समय है न कोई व्यीतिक्रम है न उसका कोई उद्देश्य बस न्याय एक ऐसी चीज़ है जिसका आदी और अन्त न्याय स्वयं ही है। एक अन्तहीन शाश्वत सत्य है न्याय। ट्राऊन लैन्गरीज़ के क़ानूनी पाठ आस–पास की दुनिया से कभी–कभार कोई सम्बन्ध रखते तब नज़र आते जब वो राजतन्त्र की तरह दादी वाली कोई बात समझा रही होती थी। जब वो शाश्वत नियमों को वर्तमान की धर्म–निरपेक्षता और सामयिकता के साथ जोड़ देती थी। वो समझाती कि इन दोनों मुद्दों के नियम शाश्वत नहीं हैं जो जब तब अपना रूप बदल देते हैं। अल्फ्रेड इन बातों से बेहद उत्तेजित हो जाता। वो बदहवास सा कक्षा के बाहर निकल आता उसे **ट्राऊन लैगरीस** की कक्षा में घबराहट से उबकाई आने लगती थी जैसे समन्दर के माँझी को समन्दर की यात्रा के दौरान हो जाती है।

ट्राऊन लैगरिज़ का एक सहयोगी प्रोफ़ेसर था। हेर क्टारस उसकी कक्षा में जार्ज और अल्फ्रेड दोनों ही पढ़ते थे। बड़ा ही सुदर्शन व्यक्तित्व या उनका। कद के लम्बे, चौड़े कन्धों वाले, बाल कुछ सफ़ेदी लिए थे पर व्यवहार में बड़े शालीन, कुलीन और मित्रवत् थे। एकदम चुस्त–दुरुस्त बदन। कपड़े भी वो अपनी पसन्द के पहनते जो किसी पढ़ाने वाले व्यक्ति के कायदे से बिल्कुल अलग थे कुछ–कुछ नौजवानों की पसन्द के कपड़े। तड़क–भड़क से परे। इससे उनकी गरिमा में कभी कमी नहीं आयी, क्योंकि दिमाग़ीतौर पर वो अपने विषय की जानकारी से भरपूर एक अच्छा पर्याय था जो अपने–आप को आधुनिकता और जोश से भरा हुआ रखना चाहता था। इसीलिए सभी प्रोफ़ेसर **प्रायामी** से कहीं ऊपर उनकी लोकप्रियता थी। उसकी ख़ास वज़ह थी। उनकी भाषा, विषय पर उनकी गहरी पकड़, अद्‌भुत विचार की योग्यता वो सादी भाषा का उपयोग करते थे पर कभी–कभी

उसमें रंग भरने के लिए कुछ उत्तेजक शब्दों का इस्तेमाल भी करते थे शब्द कई बार कामोत्तेजक तक भी हो जाते थे।

उनका विषय था– "राजनैतिक अर्थव्यवस्था।"

मिसाल के तौर पर प्रोफ़ेसर **बिटोर** कई बार अपने कक्षा सम्बोधन में आधुनिक युग से पूर्व हाने वाले कृषि उत्पादों की व्याख्या करते उसके साथ ही हाथ के उद्योगों और कुटीर उद्योगों की तुलना आज के समय आधुनिक फैक्ट्री उनकी आपसी होड़ से और कॉरपोरेटर सैक्टर की सीमित जिम्मेदारी और उसकी तुलना में विश्व के अलग–अलग हिस्सों से हुए धन निवेश वाली कम्पनी की जिम्मेदारी क्या अर्थ रखती है–वो फिर अपनी धारा प्रवाह भाषा में अविरल ज्ञान धारा बहाने लगते। विशद ज्ञान की किताब के पन्ने दर पन्ने खुलते चले जाते विषय का उपभाग उसका अर्थ फिर उस उपभाग का भी उपभाग–अर्थ में नीहित गूढ़ अर्थ नियम निहित के केन्द्र बिन्दु सिद्धांतों के अटल सत्य और इन सब व्याख्यानों में बीच–बीच में गहरे अर्थों से सजी उनकी एक पंक्ति की कहावतें, मुहावरे, हास्य व्यंग के पुट उनके विषय को बहुत रोचक बना देते थे–हाँ गम्भीर विषय भी कभी–कभार हँसने की स्थिति पैदा कर देते हैं।

प्रोफ़ेसर बिक्टोरस अच्छी तरह से जानते थे किस समय कौन–सा सन्दर्भ उठाकर सोचकर प्रस्तुतिकरण करके अपने विद्यार्थियों के रोंगटे खड़े कर देने हैं– कब उनके बदन में कँपकँपी पैदा करनी है कब गर्म दहलते विचारों से सोच में आग लगानी है।

जैसे कि जब प्रोफ़ेसर बिक्टोरस बाज़ार, शेयर, निवेश और पूँजी की व्याख्या करते तो राजनीति के इससे जुड़ाव की गहराई को अच्छी तरह से समझाते हुए कहते ज़िन्दगी का सबसे बड़ा और महत्त्वपूर्ण दृश्य है बाज़ार, सिर्फ़ बाज़ार और इसी के कारोबार और भाव पर टिकी है ज़िन्दगी। कुल मिलाकर कहा जा सकता है कि इस आदमी के व्याख्यानों यानी लैक्चर में इतनी जान, इतना ज्ञान, इतनी रोचकता होने का एक ही कारण था कि ये आदमी ऐसा मानकर चलता था कि

जो मिसालें, जो सन्दर्भ जो उपमान उसने दिये हैं उसके अलावा कोई और मिसाल कोई और बेहतर धारणा हो ही नहीं सकती। प्रोफ़ेसर बिक्टोरस के व्याख्यानों में लक्ष्य निर्धारित होते थे कि आज ये नियम ये धारणा छात्रों के दिल और दिमाग़ में उतार देनी है इसीलिए वो अपने मत को, अपने तथ्य को, अपनी धारणा को समझाने में कोई कसर बाक़ी नहीं रखते थे। अपने ज्ञान तरकश का हर तीर इस्तेमाल करके अपने विद्यार्थियों के मनमस्तिष्क को भेद डालते थे। वही शब्द शक्ति जो प्रोफ़ेसर विक्टोरस को दुनिया के आख़िरी छोर आख़िरी समय तक लिए विजयी बनने को उकसाती थी। वही शब्द शक्ति उनके सुनने वालों को चारों ओर से घेर लेती थी।

ट्राऊन **लैन्गरीज** की कक्षाओं के व्याख्यानों में रस था, मन को एक उठान मिलती थी उसमें कविता की कथा की–सरस शब्दावली थी। ये ट्राऊन की अपनी ज़िम्मेदारी थी कि वो लगातार खोज करें उन तथ्यों की, उस सच की जिसे वो आज की वास्तविकताओं की तुलना में प्रस्तुत करके उनके भेद समझाना चाहती हैं। अलौकिक व्याख्यानों की तुलना में प्रोफ़ेसर बिक्टोरस की पढ़ाई हुई बातें आधारहीन सी लगती थीं–खोखली लगती थीं। बिक्टोरस पढ़ाने के अलावा इमारती व्यापारियों का क़ानूनी वकील भी था। मकानों की क़ीमतों का मूल्यांकन कर्ता भी था। बिक्टोरस एक ऐसा व्यक्ति था जिसने अपनी दोनों टाँगें सफलतापूर्वक ज़िन्दगी और अर्थव्यवस्था में फँसा रखी थीं। और बहुत सारे कॉरपोरेट बोर्ड को अपनी बेहतरीन सेवा दे रहा था। इन सबसे चाहे जितना पैसा मिल रहा हो, चाहे समाज में उसे कितना ही मान–सम्मान मिलता हो पर ये सब ट्राऊन लैगरिस के लिए बेमानी था। एकदम अधार्मिक था, अनैतिक था।

एक बार अल्फ्रेड को ट्राऊन लैगरीस सड़क पर मिल गयीं मिल क्या गयीं वो अचानक उनसे टकरा गया। कारंटनेस स्ट्रास पर सड़क के एक तरफ़ चल रहे पैदल पार पथ पर वो पीछे से आ रहा था कि सामने से जा रहीं ट्राउन लैगरीस से टकरा गया। टक्कर लगते ही

वो बहुत ही सहम गया था डर ही गया। पर फिर भी वो अनजाने में ही उनके पीछे पीछे चलने लगा।

हालाँकि वो ठीक उसके सामने चल रही थी आसपास लोगों की भीड़ भी थी पर अल्फ्रेड को ऐसा लगा जैसे वो बादलों में उड़ रहा हो जैसे कि कोई ख़ुशी से दमकती अदृश्य आत्मा हो। आज उन्होंने एक सीधे सादे काट की ड्रैस पहन रखी थी जो उनके नितंबों से सटी हुई इधर–उधर लहरा रही थी। ड्रैस के सामने की ओर ट्राऊन लैंगरीस ने एक ऐप्रन भी बाँध रखा था। हाथ में किसी बच्चे की तरह एक लैस की बेल लगी थैली झूल रही थी। हाथ में पर्स नहीं ले रखा था। अल्फ्रेड ने पहली बार ट्राऊन लैगरिस को गौर से देखा– वो ग़लत सोचता था ट्राऊन का चेहरा पीला और पारदर्शी नहीं था– वो बड़ी भरे चेहरे वाली मज़बूत महिला थी–उसके गालों में गड्ढे पड़ते थे। दाँत सीधी पंक्ति में और बड़े स्वस्थ दिखाई देते थे। भूरे बालों में चोटियाँ बनाकर बाल बाँधे गये थे–उसकी लम्बी कोमल गर्दन में एक मोहक गन्ध–सी उठ रही थी।

आगे चलती ट्राऊन लैन्गरिस सहसा एक सड़क पर के होटल के बरामदे में रुकी और अल्फ्रेड दूसरी बार उससे टकराते हुए बचा। जैसे कोई शिकारी अपना क़ीमती शिकार अपनी ही आँखों के सामने जंगल की झाड़ियों में खोता देखता है ऐसे ही अल्फ्रेड ने ट्राऊन लैगरीस की पैर की पिंडलियों को सफ़ेद मोज़े सफ़ेद जूते को जिन पर रुपहली क्लिप लगी थी– होटल की लाबी में अन्दर गुम हो जाते देखा। उसने आख़िरकार लालच भरी निगाहों से उसे जी भरके देखा। पर क़िस्मत अल्फ्रेड के साथ थी– जैसे किसी भवन में लगी मूर्ति बरसात में ओझल तो हो जाती है पर सूरज निकलते ही अपनी पूरी ख़ूबसूरती के साथ फिर नज़र आने लगती है। ट्राउन लैगरिस होटल की लाबी में जो खो गयी थी अब होटल के बड़े शीशों के पीछे रेस्टोरेन्ट में नीचे के तल पर फिर से प्रकट हुई। वो अपनी गरिमापूर्ण मुस्कान लिए कुछ लोगों के समूह से मिल रही–समूह

ने उसका अभिवादन किया। सब आदरपूर्वक ट्राऊन के सामने झुक रहे थे। लोगों के समूह में बच्चे और दो औरतें भी शामिल थीं। उन औरतों का पहनावा बिल्कुल वैसा ही था जैसा ट्राऊन तैंगारीस पहनती थी। लगता था जैसे उसकी बहनें हों कम–से–कम अल्फ्रेड को तो ऐसा ही लगा था हो सकता है वो बहनें न भी हों। औरतों ने स्नेहपूर्वक ट्राऊन लैन्गरीस को अपने साथ बिठाया और चाय, कॉफ़ी केक पेश की जो पहले से ही टेबिल पर थे। अपने कुर्सियों पर वो आराम से बैठी नज़र आ रही थीं पर उनके हाव–भाव और मुद्राओं में थोड़ी कड़ी नज़र आती थीं। उनके हाथ जब वो बातें करते समय इस्तेमाल नहीं करती थीं तो जाँघों पर बड़े शालीन तरीक़े से रखे रहते थे।

दो टेबिलों के चारों और ये समूह बैठा था पर केन्द्रबिन्दु इनके वो दो मर्द थे जो टेबिल के एक ओर थे। औरतों में बातचीत चाहे जो हो रही हो पर ध्यान इन दोनों पुरुषों की ओर था। ख़ुद ट्राऊन लैगरीस भी दोनों की ओर नज़र गड़ाये थी। सड़क के लैम्प पोस्ट के पास खड़े अल्फ्रेड विक्टोरस को पहचान लिया। प्रोफ़ेसर ने एक हल्का सूट पहन रखा था पैरों में टेनिस शू थे सफ़ेद रंग के। वो पैर पर पैर चढ़ाये टेबिल पर बैठे दूसरे आदमी के साथ बात कर रहे थे। बीच में एक मोज़ा उतर जाने पर उन्होंने पैर पर पैर चढ़ाकर मोज़ा ठीक किया फिर उस दूसरे आदमी से बात करने में व्यस्त हो गये। बातचीत के दौरान वो कभी खामोश होकर अपने होंठों पर उँगलियाँ घुमाते फिर हाथों को नीचे घुटने पर ले आते। बीच–बीच में वो कुर्सी पर पीछे झुक जाते और विचारों में डूब जाते। उनकी बातों में बीच–बीच में ठहराव व रुकाव भी नज़र आ रहा था।

अल्फ्रेड को लग रहा था ऐसा वो मात्र दिखावे के लिए कर रहे हैं। सतही तौर पर कर रहे हैं ताकि सुनने वालों पर उनकी बात का असर पड़े। फिर ऐसे खामोश बैठ जाते जैसे एक आत्मविश्वास से भरा व्यक्ति जो अच्छी तरह से अपने विचारों के प्रभाव को जानते

हुए बात कहकर आराम से निश्चिन्त बैठ जाता है क्योंकि उसे अपनी बात का असर मालूम होता है।

ट्राऊन लैगरिस के आस–पास बच्चे बैठ गये थे वो उनमें मगन थी। एक छोटी लड़की उसकी गोद में घुसकर उसके घुटनों पर बैठना चाहती थी। बड़ी प्यारी बच्ची थी उसने दो छोटी–छोटी चोटियाँ बाँध रखी थीं। ट्राऊन ने आख़िर बच्ची को गोद में चढ़कर बैठने दिया।

ट्राऊन **लगेरीस** बातचीत के दौर में मशगूल थी वो बच्ची के गुदगुदे हाथों से भी खेलती जाती थी। अल्फ्रेड ने देखा कि इस सबके बीच ट्राऊन ने विक्टोरस की ओर भी नज़रें डालीं। बड़ी देर तक उसने ट्राऊन की तरफ़ नहीं देखा पर फिर जब देखा तो गहरायी से देख कर मुस्कुराया। एक घायल मुस्कुराहट जैसे कह रही हो अब देख रही हो मेरी तरफ़। ट्राऊन लैगरीस ने विक्टर की निगाहों के साये में अपना सिर उठाया और एक शान्त पर निर्णयात्मक भाव उसके चेहरे पर काफ़ी लाली के साथ उभर आया। उसका चेहरा नाजुक और ख़ूबसूरत लगने लगा।

दूसरा आदमी जो टेबिल पर बैठा था वो था प्रोफ़ेसर हूटर–हूटर जिसे अल्फ्रेड ने अब तक देखा ही नहीं था। ये संविधान के ज्ञानी थे। अपने विषय के पारखी और ज्ञाता। विश्वविद्यालय में उनसे सब भय खाते थे। कद में ठिगने, बदन से भारी मोटे ही कह लीजिए वो भी वहां अपने मुश्किल से बदन में ठंसे सूट को पहनकर बैठे थे। सारे माहौल में अचाम्भित हुए शून्य में ताक रहे थे। प्रोफ़ेसर हूटर एक और ऐसा व्यक्तित्व था जो अल्फ्रेड के खयालों में रहता था। वो एक बड़े निचले स्तर का व्यक्ति था। कद काठी में तो ठिगना भारी फैले हुए शरीर वाला था ही पर सोच भी उसी स्तर पर काम करती थी उसकी। छोटे कद की स्थूल काया होने के बाद भी हूटर सारा समय चलता फिरता रहता था कभी यहाँ दिखाई देता कभी वहाँ कुछ न कुछ करता ही रहता था। विश्वविद्यालय के गलियारे में वो गेंद की तरह उछलता फिरता था।

उसका सिर भी गेंद की तरह गोल–गोल था। चेहरा लाल और बड़े–बड़े गड्ढों वाला था। गाल और ठोड़ी हमेशा बिना हजामत बनाये हुए बालों से भरे रहते थे। वो बिल्कुल गाँव मोहल्ले का आम आदमी दिखाई देता था। आया भी वो अपर ऑस्ट्रिया से थे जहाँ का वो रहने वाला था। एक देहाती सा लगता था हूटर।

हूटर सारे समय अच्छे मूड में रहता था। बड़े ख़ुशमिजाज़ स्वभाव का था वो। उसका चेहरा मुस्कुराहट से चमकता रहता था। वो हँसता–हँसात। रहता था। उसकी हँसी किसी छूत की बीमारी सी थी जो हर किसी को हँसाती रहती थी। उसकी यही सारे समय ख़ुश रहने की आदत से अल्फ्रेड का माथा भन्नाता था। उसे वो किसी लिजलिज़े आदमी जैसा लगता था।

ये कहना मुश्किल था कि अल्फ्रेड को ऐसा क्यों लगता था ये भी एक बात थी कि अल्फ्रेड को उसके सामने डर नहीं लगता था। वो उसके साथ सहजता से व्यवहार करता था। कुल मिलाकर प्रोफ़ेसर एक सही किस्म का अध्यापक नज़र आता था।

कभी कोई ग़लती हो जाती अल्फ्रेड सबक याद करना भूल जाता तो प्रोफ़ेसर हूटर हँसकर उसे टाल देते फिर दुबारा वही ग़लती होने पर अल्फ्रेड की डैस्क तक आकर कहते तो अब तुम इसे ठीक से मेरे लिए याद करोगे। फिर एक व्यंगभरी मुस्कान अल्फ्रेड की ओर फेंक देते।

हूटर आस्ट्रिया के समतल इलाक़े की पैदाइश था वो किसान का बेटा था। उसने कई बार ये बात लोगों को बतायी थी कि मैं किसान परिवार से हूँ। गाँव–देहात के इन इलाक़ों में भारी खाना और अच्छे खाने का चलन है। हूटर कोई पियक्कड़ किस्म का नहीं था हाँ पर उसे छात्रों के साथ चौकड़ी मार बैठक जमाना अच्छा लगता था। रातों पर रात गुज़र जातीं और हूटर छात्रों की मण्डली में लतीफे पर लतीफे कहानी पर कहानी सुनाकर उनका मनोरंजन करता रहता। यही नहीं अक्सर वो छात्रों के उधार किये हुए बिल भी अपने पैसों

से चुका देता। इस बात की सख्ती से मनाही थी कि कोई हूटर के मज़ाक पर हँसे बिना नहीं रहेगा। उन्हें हँसना पड़ेगा। वैसे अपने मज़ाक पर हूटर ख़ुद सबसे ज़्यादा हँसता था। और सबसे ज़ोर से ठहाके लगाता था। हूटर को पात्रों और भावनाओं के बारे में बातें करना अच्छा लगता था। उसकी सोच में मानव जीवन में सर्वोपरि अगर कुछ है तो वो उसकी भावनायें। उसकी सूची में सबसे ऊपर कुछ था तो वो इन्सान की भावनायें। इस बारे में वो किसी गीतकार की तरह व्याख्या करता था। वो कहता चरित्र और तर्क दो जोड़ी जूतों की तरह होते हैं। कुछ चीज़ें आप कभी सीख सकते ही नहीं। वो या है या नहीं हैं उसकी बात से साफ़ ज़ाहिर हो जाता था। वो किसकी तरफ़ है औरतों के साथ हूटर की कभी अच्छी तरह से बनी नहीं। इस मामले में वो दुर्भाग्यशाली रहा। पर उसे इसकी कतई परवाह नहीं थी। उसकी ज़िन्दगी उसके विद्यार्थी थे और वो ख़ुद पुराना बावेरिया वाला था यानी खांटी बावेरिया निवासी।

उसकी सोच साफ़–सुथरी और चमकदार होने के बाद भी वो अपनी पढ़ाई की कुछ मिसालों पर महीना पर्दा डाले रहता जो चीज़ें बिल्कुल साफ़ थीं तीखी थीं उन्हीं चीज़ों पर वो हल्का–सा आवरण डालना पसन्द करता था जैसे शुद्ध विचार को एकदम नंगी आँखों से देख लेना भी ग़लत था उसके साथ अन्याय था इसीलिए वो व्याख्यान के अन्त में कोई फूहड़ भद्दा सा मज़ाक ज़रूर कर देता था।

हूटर की सारी ताक़त उसकी विषय की बारीकियों की गहरी जानकारी थी। वो विषय को हर करवट से पढ़कर तब कक्षा में आता था। ये उसका साम्राज्य था उसकी विद्या का अभेद्य किला। जिसमें शत्रु को वो दो अस्त्रों से हरा देता था। एक तो बारीकियाँ महीन से महीन तर्क सन्दर्भ, धारणायें उसकी चुटकियों का खेल थी दूसरा अस्त्र था उसकी आवाज़ का वो खट्टा–मीठा लहज़ा जो सबको अपने साथ बाँधकर रखता था। वो एकदम सटीक सधे सन्दर्भ और उनके अध्याय तर्क उसके भाषण की कला का लोहा मानने को मज़बूर कर देना था।

विषय की इतनी बारीकियाँ कभी–कभी विद्यार्थियों की परीक्षा के लिए घातक सिद्ध हो जातीं पर हूटर का कहना था कि दुनिया में ऐसा कुछ भी नहीं है वकील जिससे बेहतर हो। हूटर का अपने बारे में ख़याल था कि वो एक सही पढ़ाने वाला बेहतरीन प्रोफ़ेसर है जो शालीन है जिस पर विश्वास किया जा सकता है सच कहे तो वो अपने–आपको एक अनुशासनशील उच्च सरकारी अधिकारी का अवतार समझता था। उसने कसम खाकर ये बताया था कि वो चर्च जाना छोड़ चुका है। उसने अपने पूर्वजों के धार्मिक मत को भी मानना छोड़ दिया है। उसके पास अपनी माँ के संस्कार से दिया हास्य विनोद है उसकी किताब में सबसे ऊपर है विश्वसनीयता समर्पण, भरोसा। इसके बावजूद जब राजनीति की बात उठती तो हूटर अपने आपको लिवरल बताता यानी उदारवादी। उसके लिए आज़ादी ही सब कुछ थी। सबसे ऊपर थी व्यक्ति की स्वतन्त्रता। अल्फ्रेड बेचारे को ये स्वतन्त्रता की परिभाषा ही नहीं समझ में आती। आजादी का नारा उसके सिर के ऊपर से निकल जाता कि कैसे वो इसको समझे और समझाये कि ये स्वतंत्रता है क्या बला?

हूटर अपने कक्षा के व्याख्यानों में, ट्राऊन लैंगरीस का, विक्टोरस का और प्रोफ़ेसरों का मज़ाक उड़ाया करता कभी–कभी उनको बुद्धू भी बना देता पर इस सबके बाद भी अपने साथ के सभी प्राध्यापकों से बहुत ही तमीज़, उत्सुकता और स्नेह से मिलता। ये कहा जा सकता है आम तौर पर उसने अपने साथियों से अच्छे सम्बन्ध बना रखे थे।

एक बार ऐसा भी हुआ कि विद्यार्थियों को मदद देने वाले प्रोफ़ेसर हूटर ख़ुद ही एक विद्‌धार्थी से धोखा खा गये। उस एक छात्र ने ही ऐसा धोखा कैसे दे दिया और दूसरे ने क्यों नहीं दिया ये तो कोई नहीं बता सकता पर कोई छोटी–सी बात का धोखा भी हूटर को बर्दाश्त नहीं था। फिर तो उस छात्र को भगवान भी नहीं बचा सकता था। ये जानना कठिन था कि हूटर कौन था। क्या था।

प्रान्डोरर्फ की मारिया जाकूबलैक जो वियना में नयी–नयी आयी थी उसने उसी मुट्ठी बाल खिलाड़ी के साथ ख़ुशी से घर बसा लिया था। उसकी इस आदमी से डैन्यूब नदी की ढलानों पर हुई मुलाक़ात तो आपको याद ही होगी। अब वही खिलाड़ी उसका पति और 10 साल के लड़के का पिता था। मारिया अब अपने पति के नाम से जानी जाने लगी थी। उसे अब मारिया ओबर्थ कहा जाता था। उन दोनों का 10 साल का लड़का एक बड़ा ख़ुश हँसमुख बच्चा था। उसने माँ से गहरा रंग विरासत में पाया था और क्रोएशियायी पहचान थी उसके घने काले बाल। मारिया बहुत सारे बच्चों को जन्म देना चाहती थी ताकि उसके भरे पूरे मायके वाले परिवार की तरह उसका भी भरा पूरा परिवार हो पर नौकरी करने की मज़बूरी ने उसके इस सपने को पूरा नहीं होने दिया। घर का ख़र्च और नौकरी को दिये जाने वाले समय ने इस योजना पर फिलहाल रोक लगा दी।

छोटा बच्चा कैसर मुहलेन में बड़ा हो रहा था। इस जगह को अगर शहर के केन्द्र से देखो तो ये वही जगह है जहाँ मारिया अपने राजमिस्त्री पिता के साथ रहा करती थी। ये नदी के दूसरे पार पर थी।

डैन्यूब मेडो को सारे वियना वाले इसी नाम से जानते थे फ्लड फ्लेन खिर यानी नदी की बाढ़ का मैदान। इसकी घास भी सबसे अलग किस्म की थी। बिलो के बड़े–बड़े पेड़ पोखर पर किसी स्वप्न से छितराये थे। जंगली खरपतवार और सरकण्डों के झुण्ड में ये पोखर छिपे थे पोलार्ड बिलो की शाखायें पोखर को निहारती थीं। जिसमें मछली पकड़ने वाली नौकाएँ आती–जाती थीं। इन नौकाओं से उठती लहरों को ये पेड़ जी भर ताक़ते रहते। बच्चों के लिए ये जगह खेलने का स्वर्ग बन गयी थी। बदलते निवासी, बदलते पर्यटक, सबने मिलकर बच्चे को ज़िन्दगी के बहुत सारे पाठ सिखा दिये थे।

रविवार को घूमने वाले सैलानी यहाँ घूमने हवाखोरी करने या कसरत के तौर पर घूमने वाले–तैराकी करने वाले अपने पूरे तामझाम

के साथ यहाँ आते। साथ लाते रंग–बिरंगी गेंदें रंग–बिरंगी तैरने की पोशाकें समुद्र तट के तौलिए लेकर आते। मेला सा लग जाता पर सप्ताह के काम के दिनों में ये जगह खाली हो जाती। बड़ी वीरानी सी और बुझी–बुझी जगह। सप्ताहान्त का छोड़ा गया कचरा खाली बोतलें, खाली लिफाफे, झूठे टुकड़े हवा के ज़ोर से पूरे तट पर इधर–उधर नाचते रहते। लोग बहुत कम आते थे। धूप में दो बोतल शराब पीकर लुढ़कने वाले शराबी आते या वो औरतें आतीं जो मर्दों के साथ शारीरिक सम्बन्ध बनाना चाहती थीं। या कोई भूला–भटका पुलिस का सिपाही जो बतौर ड्यूटी की साइकिल पर सवार होकर इस रेतीले तट पर इधर से उधर गश्त लगाता फिरता था। बच्चों का पिता जोहान ओबर्थ जो सूरज की गर्मी से ताँबे सा तपा रहता था–जो मुट्ठी बाल खेला करता था बाद में जिसने कन्डक्टर की नौकरी भी कर ली थी। अब वो नौकरी न करके यातायात कम्पनी के प्रशासनिक ऑफ़िस में आ गया था। पहियों पर चलने वाले वाहनों की नौकरी छोड़े हुए अरसा हो गया था। अब वो प्रशासनिक अधिकारी बन गया था और ऑफ़िस के काग़ज सँभालता था। दूसरी तरफ़ वो मज़दूर संगठन के समाजवादी घटक का भी कर्ता–धर्ता बन गया था और पूरी लगन और मेहनत से संगठन का काम देखता था। मारिया के पिता को जोनहन बहुत पसन्द आया था इसीलिए उसने इन दोनों की शादी को अपना आशीर्वाद दिया था। वो ख़ुद भी पेशे से मज़दूर था। इसलिए जोनहन के मज़दूर नेता के रूप में दिये गये भाषण उसे बहुत समझ में आते थे। जब वो मज़दूर संगठन और दुकानदारों की समिति के बारे में खुलकर बात करता तो मारिया के पिता को अपने दामाद की कही बातों पर नाज़ होता था। वो हाँ में हाँ मिलाकर कहता तुम सही कह रहे हो जोनहन हमें इन लोगों को दिखा देना होगा हम क्या हैं। हमारी ताक़त क्या है। पर कभी साफ़–साफ़ नहीं बताता था कि किन लोगों को बता देना होगा। जोनाहन की राजनैतिक समझ के बारे में मारिया के पिता को कभी शक नहीं था। उसे तो जोनाहन

की राजनैतिक विचारशक्ति पर विश्वास था पर जोनहन को इस शब्दावली से चिढ़ थी। ये अति सिद्धान्तवादी लोग, कट्टर विचारधारा के लोग सिर्फ़ वामपन्थी कम्युनिस्ट ही हो सकते हैं वही इस तरह की बात कर सकते हैं कि उन्हें दिखा दो हम क्या हैं।

फिर भी जोनाहन ओबर्थ थोड़ा तो अतिवादी था ही। एक बार रविवार के दिन कैसरमुदलन के चर्च में जहाँ वो सिर्फ़ मारिया के खातिर जाता था एक पादरी को ज़ोर से लताड़ दिया। पादरी बेचारा गिरजाघर की वेदी से लोगों को आपस में प्रेम और भाईचारे का उपदेश दे रहा था कि अचानक जोनाहन ओबर्थ पादरी के उपदेश के बीच में से चिल्लाया "चुप रहो अपना मुँह बन्द रखो बकवास बन्द करो।" उसका चिल्लाना था कि चर्च में हड़कम्प मच गया। बेचारी मारिया ने ईशू मसीह को लाख धन्यवाद दिया कि उसके पापा ये दिन देखने के लिए ज़िन्दा नहीं बचे थे। वे तो बेचारे अब के केन्द्रीय कब्रिस्तान के समूह नम्बर 342 तीसरे फाटक के पास सोलहवीं क़तार की संकरी सी नकली पत्थर की क़ब्र में दबे सो रहे थे। उस क़ब्र पर लोहे का एक क्रास लगा हुआ था। क़ब्र के गहरे रंग के पत्थर पर कुछ नमूने भी बने थे।

गिरजाघर के बाहर कुछ लोग समूह बनाकर खड़े थे। दरवाज़े पर खड़े इन लोगों के अलावा ज़्यादातर लोग चर्च के भीतर जाकर सामने की कुर्सियाँ ले चुके थे। सब लोग सजेधजे और उत्साहित से नज़र आ रहे थे। आबर्थ परिवार सामने की कुर्सियों पर बैठ चुका था। मारिया, उसका पति और नन्हा जोहान जिसको अब जोनी कहकर बुलाया जाने लगा था सब बैठ चुके थे मारिया हाथ बाँधकर शान्त स्थिर प्रार्थना भाव में बैठी थी। मारिया निर्निमेष दृष्टि से अपने महा सन्त को ताक रही जिनकी भव्य मूर्ति सामने लगी थी। मूर्ति में महात्मा स्वर्ग की ओर जाती गुलाबी बादलों की सीढ़ियों पर चढ़ रहे थे और वहाँ से नज़र आते स्वर्ग द्वार पर उनका स्वागत करने पवित्र परियाँ, आदरपूर्वक इन्तज़ार करते अलौकिक आकार खड़े थे और खड़े थे परम पिता परमेश्वर स्वयं।

मारिया ने सफ़ेद ब्लाउज पहन रखा था जिसकी बाँहें लम्बी थीं और गर्दन तक बटन लगे थे। ब्लाउज़ के स्तन भाग और उसके नीचे के हिस्से में ख़ूब महीन कढ़ाई की हुई थी। सफ़ेद कपड़ों में मारिया की गहरी चमड़ी और निखर आती थी। सिर के बालों को अब वो आजकल के फैशन के अनुसार स्थायी रूप से घुँघराले करवा चुकी थी। अब गहरे रंग और काले घुँघराले बालों में वो पूरी तरह से एक इटालियन महिला नज़र आती थी। प्यार से अक्सर उसका पति उसे बेला कहकर पुकारता था। उसकी इस। सुन्दरता पर निछावर था। जोहानन सीधा तनकर बैठा था अपनी पत्नी से ठीक उल्टी भंगिमा होती थी। उसकी अपनी पत्नी की तरह आदर से विनम्रता से झुककर चर्च में नहीं बैठता था वो बल्कि अपने नये गर्म खीड़ के स्पोर्ट्स कोट में शान से आत्मविश्वास से ख़ुश होकर बैठता। उसके हज़ामत किये चिकने गाल और उनसे उठती महक सोने पर सुहागा थी। चर्च की मोमबत्तियों की रोशनी से उसकी आँखों के चश्मे झिलमिला रहे थे जैसे उस्तरे की धार। या यूँ कह लिजिए जैसे गुलदस्तों पर फूलों को दिये गये पानी के कारण किनारे पर जमीं बूँदें। ऐसे चमकते थे जोनाहनन के चश्मे। जोनी बच्चा हर रविवार में भी सिखायी सीख भूलकर अपने स्कूल के साकियों की ओर बार–बार सिर घुमाकर देख रहा था और मुस्कुरा रहा था। वो बच्चे भी अपने माँ–बाप के साथ आये थे भीड़ का हिस्सा बने थे। वो बच्चे भी मुस्कुरा रहे थे। चर्च में सैनिकों की कदकाठी वाले दिखने में चुस्त–दुरुस्त सफ़ेद बालों वाले नये पादरी ने अपनी साफ़ और भारी आवाज़ में लोगों को फिर से धर्म और भगवान में आस्था रखने के फ़ायदे बताये। उन लोगों को युद्ध में टूट फूट गये, बिखर गये आस्ट्रिया को फिर से एक राष्ट्र के रूप में इकट्ठा करने के काम में मदद देने के फ़ायदे बताये। युद्ध की ज्वाला की लपटों में जलकर राख हो गये वियना को फिर बसाने के फ़ायदे गिनाये। जोनाहनन के कान खड़े हो गये वो और तनकर बैठ गया। मारिया ने कसकर उसका हाथ पकड़ लिया धर्मोपदेश ख़त्म

होने के बाद चर्च में आरगन संगीत गूँज उठा। चर्च में बैठे लोग ख़ुशी से आरगन संगीत के साथ प्रभू ईशू के भजन गाने लगे। बाड़ी ऑफ क्राइस्ट नाम की संस्था ने आशीर्वाद की प्रक्रिया शुरू की जो लोग प्रभू ईसा द्वारा अभिसिक्त प्रसाद रोटी का टुकड़ा खाना चाहते थे वो लाइन में लग गये। मारिया भी वेदिका तक पहुँची और घुटने के बल बैठकर प्रसाद ग्रहण किया। हर बार की तरह इस बार भी मारिया प्रभू प्रसाद पाकर जैसे सुन्न रह जाती थी। जैसे आश्चर्य में भर गयी हो। घर लौटते समय वो कुछ नहीं कहती शान्त रहती थी। मारिया में दो इच्छायें एक साथ पल रहीं थी एक तो वो भक्ति रस में डूबी रहकर चर्च की प्रार्थनाओं मधुर समर्पण करके ख़ुश हो जाती थी। दूसरी इन प्रार्थनाओं और भक्ति उपदेश सारों से वो अपना आत्म उत्पान चाहती थी। अपना मोक्ष चाहती थी। पवित्र धर्म सभा के आशीर्वादों से अनुगृहीत होना चाहती थी। मारिया जोनाहन के अन्दर के व्रिदोही को अच्छी तरह पहचानती थी पर कुछ अपने शान्त स्वभाव के कारण और कुछ जोहानन के कारण भी जो अब अपने रेल रोड के ऑफ़िस में एक बड़ा अधिकारी बन गया था और जो उसे लगातार अपने भाषण सार सुनाता था। उसके अनुसार चर्च में कही गयी बातें और कुछ नहीं गरीबों को गरीब बनाये रखने के अमीरों के चोचले हैं। ये गरीबों को बहलाने के अमीरों के आविष्कार हैं। जिनके पास ज़मीन जायदाद है ये उनके द्‌वारा बनाये गये जुमले हैं।

आज मारिया बहुत ख़ुश नज़र आ रही थी और बहुत बोल रही थी। आज उसने कुछ जान पहचान वालों और कुछ दोस्तों को दोपहर में शराब की दावत दी थी। इसमें उसका बड़ा ऑफ़ीसर भी शामिल था। अब मारिया सफ़ाई करने वाली बाई नहीं थी। उसने सरकारी फार्म, एकाउन्ट बुक्स व स्ट्रीट कार टिकट छापने वाले एक छोटे व्यापारी के ऑफ़िस में काम करना शुरू कर दिया था। आज वो नहीं चाहती थी कि इन लोगों के सामने कोई बखेड़ा खड़ा हो, कहासुनी हो और वो सबके सामने शर्मसार हो। इसलिए वो जोहानन और अपने लड़के को

कैसरमुहकनर होफ नामक के होटल में बढ़िया नाश्ता करवा रही थी। जोहानन बियर पी रहा था। बच्चा सोडा। दोनों एक हॉलनुमा कमरे की बेन्च पर बैठे घूँट–घूँट पी रहे थे। हाल में धुआँ और खट्टी शराब की गन्ध भरी थी। खिड़कियों से बाहर एक ख़ुशनुमा दिन दिखाई दे रहा था। बाहर सड़क पर खड़े चेस्टनट के पेड़ों पर पतझड़ के रंग उतर आये थे पत्तियों मुड़ने लगी थीं। कुरकुराने लगी थीं, रंग भूरे हो चुके थे, चल पड़े पूरे सुनहरे होने की ओर।

मारिया की एक बड़ी ऑफ़िसर बिल्कुल राजसी लगती थी। लम्बी–चौड़ी भरे बदन की काठी। नाजुक हाथों और छोटे पाँवों वाली वो महिला दूर से ही ऐसी नज़र आती थी कि वो किसी चीज़ की स्वामिनी है अधिकारी है फूले गालों वाले उसके चेहरे पर आये भाव ये जता रहे थे उसके पास सत्ता है। वो धीरे–धीरे ऐसे चलती जैसे महारानी हो कहीं की एक दीप्त आभा सी थी उसके चारों ओर। उसके बाल राखीले भूरे थे। बँधे बालों से एक लट झूल रही थी। जोनाहनन इस राजसी सी लगती महिला अधिकारी के साथ नाचने लगा और नाच के दौरान उसके ब्लाउज़ के बटन के नीचे से उसके बदन का उभार जोनाहनन की उँगुलियों को छू गया तो महिला बजाय शर्मिन्दा होने के हँस दी। वो काफ़ी उत्तेजित हो गयी थी। कमरे में खिड़कियों के शीशे धुँधियाने लगे थे। कमरे में इतने सारे लोगों की साँसों की गर्मी हो गयी थी उस पर से नृत्य संगीत के ज़ोर पर तेज़ी से थिरकते पैरों की गर्मी अलग थी। शराब के दौर पर दौर चल रहे थे। मारिया खाने के लिए बार–बार नमकीन नाश्ते के विभिन्न पकवान लाती जो रही थी। रासानीसी, फेसकाविका, खुले डबल रोटी सेन्डविच जिन पर हरी मिर्च से सजावट की गयी थी। स्लीवोविटज़ की बोतल भी लोगों के पास पहुँचायी जा रही थी। मारिया का दूसरा बड़ा ऑफ़िसर कोने में बैठ गया था शायद उसको ज़्यादा शराब चढ़ गयी थी। वो 50 साल से ऊपर की उम्र का था उसके सारे बाल बर्फ़ की तरह सफ़ेद हो गये थे। वो शराब की खुमारी में अपने–आप में डूब गया था।

शाम के 7 बज गये थे। अब रात के पर्दे में जोनाहनन ने मेन्डोलियन बजाना शुरू कर दिया (एक तरह का यूरोपियन तारवाद्य) बीच–बीच में वो पदचाप नृत्य भी करता जाता था (कत्थक की पदचापों भी तरह का नृत्य) जिसे टैप डान्स कहा जाता है। 9 बजे के क़रीब जब मन्डोलिन का आख़िरी तार भी टूट गया तो जानोहनन आख़िरी गाना मन्डोलिन की लड़की पर ही बजा–बजाकर नाचा। सारी औरतें अब रसोईघर में इकट्‌ठा हो गयी थीं और खड़ी–खड़ी अंडे से बनी लिकर पी रही थीं। औरतों की कोलाहल और हँसी भरी बातों का केन्द्र थे मर्द। मारिया ने शर्म से लाल और गरम होकर औरतों को बताया कैसे उसका पति जोनाहनन एक गजब का प्रेमी है वो कामोत्तेजना का हर रंग जानता है ये बताते समय मारिया की ज़ुबान लड़खड़ा रही थी वो अटक–अटककर बोल रही थी। जब वो ये सब कह रही थी तो मेहमानों के टाँगे गये कोटों के भीड़ के पीछे जोनाहनन मारिया की बॉस के कपड़े उतार रहा था। उसके बड़े स्तनों की गुलाबी ब्रा के हुक खोल रहा था उसके नीचे के अंगों को ढँकने वाले कोरसेट को खोल चुका था। जब सारे मेहमान घर से चले गये तो किचन की टेबिल पर जोनहनन कमीज़ के बटन खोलकर हाथ पैर फैलाकर पसर गया। उसके चेहरे पर एक शून्यता का भाव था। मारिया बच्चे को सुलाने बिस्तर की तरफ़ गयी थी। जब लौटकर आयी तो उसने जोनाहनन को सहारा देकर पलँग तक पहुँचाया पर जोनहनन ने एक कुशल प्रेमी होने का एक दौर और मारिया के साथ खेला जिससे उसकी मारिया को चरम आनन्द मिला।

ओबर्थ बच्चा दिमाग़ से बेहद तेज़ था और उसकी परवरिश में उसके पिता की पूरी देखभाल थी तो जल्द ही उसे विश्वविद्यालय के प्रीपराटोरी स्कूल जिमनासिमय में प्रवेश मिल गया। वो एक मिलनसार और कहना मानने वाला बच्चा था। उसे अपनी माँ से संस्कार में विनम्रता मिली थी, पर फिर भी उसका ख़ून गर्म था। ओबर्थ साल में दो सप्ताह की छुट्‌टी ज़रूर जाते थे ये समय वो इटली में बिताते थे।

इटली में भी समुद्र तट के किसी छुट्टी वाले स्थान पर जाते जैसे ऊपरी एडियाट्रिक में जेसोलो या लिगनानो।

सुबह–सुबह एक रेतीले टुकड़े पर सागर किनारे खुल–बन्द हो जाने वाली कुर्सियाँ और धूप से बचने के लिए एक बड़ा छाता लगा कर सुन्दर ढंग से सागर तट पर मज़े करने का सामान लगा दिया जाता। लड़के को छिछले पानी में किलोलें करने का बहुत ही शौक था। वो रेत पर पड़ी सीपियाँ और घोंघे बटोरकर लाता तब तक उसके माँ–बाप तट पर कुर्सियों पर आराम फरमाते। कई बार वो पानी में उतरकर तैरकर भी आता। वो एक अच्छा तैराक था। कई बार वो रेतीली तटीय सीमाओं को पार कर लेता। अब वो किशोर था। शायद वो लड़कियों को प्रभावित करने के लिए ऐसा करता था। अच्छा–ख़ासा लम्बा था वो जवानी की उसकी भरके भी फूट रही थीं और चेहरे पर मुँहासे भी निकल आये थे। लड़के का रंग हल्का पीला था।

फिर एक दिन कहर बरपा हो गया। जोनी तैरने जो गया तो वापस ही नहीं लौटा–मारिया और जोनहनानन पूरे समुद्र तट पर पागलों की तरह दौड़कर जोनी को पुकारते रहे पर बहुत देर बाद ठण्डे गहरे सिलेटी पानी में जोनी का निस्पंदित शव मिला। शायद उसे दिल का दौड़ा पड़ा था। जोनी का दिल शायद कमज़ोर था।

ओबर्थ का अपार्टमेन्ट हवरटस बाँध के ठीक पीछे था। ये बाँध बाढ़ की रोकथाम के लिए बनाया गया था। इसी वजह से नदी का खुला मैदान एक मुक्त अहसास कराता था। खुली जगह नदी की ओर खुलती थी। फिर नदी के ऊपर से निकलकर शहर की ओर खुलती हुई वियना वुड की पहाड़ियों की ओर जाती थी। छोटे अपार्टमेन्ट के दमघोटू वातावरण की तुलना में ये मुक्त खुली जगह बदन को तो खोलती ही थी आँखों को भी खोल देती थी। हाथ–पैर फैलाने के लिए सैर करिये, कसरत करिये, खेलिये और आँखें सेंकने के लिए इधर–उधर देखिये। एक रमणीय स्थान था ये। कैसरनुटलेन में आप हमेशा गिरती दीवारें, उधड़े पलस्तर उस पर कुत्तों के पेशाब

के धब्बे, डाक डिब्बे निम्न आयववर्गीय माँ के लिए बनाये जो रहे सरकारी घर, शराब खानों के बाहर उल्टियों की गन्द, सफ़ेदे की सूखी पत्तियाँ इधर–उधर खड़ी–पड़ी बेतरतीब साइकिलें–इश्तहाररी पोस्टरस–जो या तेज़ी रंगों में थे या तेज धूप से बारिश से बदरंग हो चुके थे उनके नीचे कोने से उघड़ कर गोद की चिपचिपाहट कड़–कड़ कर रही थी। हवा के ज़ोर से पोस्टर के काग़ज़ फड़फड़ाते जैसे हड्डियाँ तड़क रही हों।

पतझड़ के मौसम में बिलो के पेड़ की तरु शाखायें कुहासे के सागर में तैरतीं और फिर गहन कुहासे के सागर में डूब जातीं। पेड़ की पत्तियों और कुहासे का रंग जाने क्यों ताबूत उठाने वालों के कपड़ों पर बने सजावटी नमूनों की याद दिलाते थे। नदी से आती मूक रुधी आवाज़ कान में किसी प्रेत के गले से निकलीं आवाज़ सी लगती थी। फोहन के दिन ऐसा लगता है आसमान उल्ट गया है। उसने अपना मुँह फेर लिया है। वियना वुड में हर रंग नज़र आता उसके ढलानों में हर कोमल रंग बिखर जाता पर गजब ये था कि ये कोमलता भी बड़ी शाहाना किस्म की थी जिसके तले सब दब जाये पर उधर दूसरी ओर शहर का काला चमकता फैलाव या जैसे किसी खाने के पकाये ढेर से बची हुई जूठन हो।

जब बर्फ़ के फाये गिरते उन दिनों सब कुछ धुला–धुला सा लगता। बर्फ़ के फार्य नाचते हुए आपकी ओर आते और उस गलन में सब कुछ धुँधलाता जाता। पहाड़ों के शिखर रिहाइशी घर–लोग जो मर गये–फिर रह क्या जाता खाली बिना खूँटे कन्धा युक्त बिंदास अहसास जो सभी सीमाओं से मुक्त था–अन्तहीन, अनन्त अगम।

ऐसा नहीं था कि प्रोफ़ेसर होलब्रुक गर्मियों के मौसम के चित्रों को ही इकट्ठा करते थे, उन्हें इस मौसम से सचमुच प्यार था। कोई उनके चित्रों के संग्रह को देखता तो पाता कि उसमें सबसे ज़्यादा पेन्टिग **बाईडरमीयर** काल की थीं जिनमें प्रकृति का नैसर्गिक चित्रण था। बड़े–बड़े चित्रकार उसमें शामिल थे। चित्रकार गाऊरमान के

बनाये प्रकृति के विहंगम दृश्य कुछ चित्र **वाल्डमुलर** के बनाये हुए थे। स्काविंड की नहाती जल परियाँ, हँगरी से लायी गयी पेन्टिंग मौसम और घुड़सवारी थी जो चित्रकार मुनकासी ने बनायी थी। ये सब भव्य चित्र उस काल की परम्परागत शैली के थे पर उसका अर्थ ये नहीं था कि प्रोफ़ेसर आधुनिक चित्रकला को प्यार नहीं करते थे या उसे नहीं सराहते थे। उनके संग्रह में बहुत सारी पेन्टिंग्स शाईले की थीं जो उस समय की मॉर्डन कहलायी जाने वाली कला का बड़ा चित्रकार था। प्रोफ़ेसर होलब्रुक अपने चित्र संग्रह को सबसे ज़्यादा आकर्षक मानते थे। कोकोश्का का बनाया एक चित्र जिसमें इसी गर्मी के मौसम का प्रतीक एक प्राकृतिक दृश्य है। जिसमें विपरीत सूर्य की रोशनी में मध्य यूरोपियन परी दृश्य है। चित्र में सूर्य पीछे परिदृश्य में आग सा तप रहा है और आगे काले–काले छाया से घिरे जैतून के पेड़ हैं उनकी छायाएँ हैं। प्रोफ़ेसर की यह राय थी और ये बात वो ज़ोर देकर कहते भी थे कि उनके संग्रह का आकर्षण बिन्दु यही चित्र है और उनके आगे रोमन देवियाँ जिनमें से एक के पास नापने वाला फुटा था, दूसरी के हाथ में कैंची, तीसरी के हाथ में धागा। नाम था क़िस्मत।

प्रोफ़ेसर कहते थे मेरी कार्य की सारी समस्याएँ इस पेन्टिंग में दर्शा दी गयी है ज़िन्दगी कहीं से भी नप सकती है भर सकती है। क़िस्मत का धागा ज़्यादा मज़बूत नहीं होता। प्रोफ़ेसर का मकान पहाड़ी पर ही था एक बिला जैसी बनी थी जिसमें उनकी पत्नी और वो अपनी नौजवान बेटी न्यारा के साथ रहते थे। काटेज ज़िले में पड़ता था। ये मकान घर के चारों ओर ऐतिहासिक पेड़ के छत्र से छाये थे। इनके ठीक बीच में सफ़ेद रंग की ये बिला खड़ी थी जिसकी खिड़कियाँ सफ़ेद फ्रेम में बनी थीं और उनके शटर भी सफ़ेद रंग में ही रंगे थे। जैसे कोई बड़ी हवेली हो। पछीती भी पारम्परिक गरिमा वाली थी। छत पर खपरैलों के बीच आँख की तरह बनी थीं। कुछ खिड़कियाँ जहाँ से देखने पर ऐसा लगता था कि नीचे बगीचे

को बड़े स्वप्निल भाव से देख रहे हैं। घर में घुसने वाले फाटक से शुरू होता था एक छोटा-सा साफ़-सुथरा टाइल लगा रास्ता जो घर तक पहुँचते-पहुँचते संकरे और संकरे होते जाते थे। और जैसे जैसे दूर पार्क में खोते जाते वो बहुत सारे छोटे-छोटे मोड़ों में बदलते जाते और एक-दूसरे में उलझते जाते और आख़िर घर की समर पैविलियन तक पहुँच जाते। और वहाँ जाकर सब रास्ते एक हो जाते। ये कारीगरी का अद्भुत नमूने जैसा रास्ता एक खेल की तरह नज़र आता- जो कभी अलग करता कभी जोड़ देता लगता था। ये रास्ता होलब्रुक घराने के मनोविज्ञान को बयाँ करता है। प्रोफ़ेसर के पास बहुत काम था विश्वविद्यालय का और जनरल हॉस्पिटल का भी-अगर वो घर में होता तो भी उसका घर उन मरीज़ों से भरा होता जो उसे व्यक्तिगत तौर पर अपना रोग दिखाने आते थे। ये सभी बड़े अकड़ू किस्म के मरीज़ थे जिन्हें आसानी से खुश नहीं किया जा सकता था।

प्रोफ़ेसर साहब पचास साल की ख़ुशनुमा उमर के मालिक थे, चेहरे पर एक छोटी-सी बकरे की सी दाढ़ी जो उन पर ख़ूब फबती थी। शान्त निगाहों वाले प्रोफ़ेसर की उँगुलियों में जादू था। मरीज़ों को उनके इन हाथों पर बड़ा भरोसा था- प्रोफ़ेसर बात-बात पर परिवार का वास्ता दिलाते कसमें खिलाते, पारिवारिक एकजुटता की बातें करते- परिवार के सभी सदस्यों की आपसी समझदारी पर बेहद ज़ोर देते। हर परिवार का अपना एक निजी घेरा होता है जो उसे संरक्षण देता है प्रोफ़ेसर ऐसा मानते थे। प्रोफ़ेसर की पत्नी उनसे उम्र में काफ़ी छोटी थी। बेटी क्लारा भी उन्हीं के पास थी। लेकिन **बकारू** और उसके पिता की सोच में अन्तर था। प्रोफ़ेसर गर्मियों में फलदार पेड़ों पर फूल आ जाने, सफ़ेद और गुलाबी रंगों के खिल जाने पर अपने घर के पैविलियन रविवार की कॉफ़ी पीने को, जीवन में प्रेम व स्नेह की सही और मधुर एकरूपता मानते थे। परस्पर प्रेम का संगीतमय होना, फिर इस मौसम में सूरज की रोशनी जो अब कम-कम नज़र

आती है पर जब आती है तो पूरी बहार पर छा जाती है जो सूर्य किरणों में नहाकर इस ख़ूबसूरती से चमकती है कि उसके अनिधय सौन्दर्य से आप आँखें नहीं हटा सकते। पर प्रोफ़ेसर की जवान बेटी क्लारा की सोच कुछ और ही थी। वो जिन्दगी की वास्तविकताओं को ठीक वैसे ही लेती थी जैसी वो थी– क्लारा एक गम्भीर लड़की थी यूँ तो हर काम वो भी सब अपने पापा की पसन्द का करती थी– पापा के साथ जो कुछ थोड़ा–बहुत समय वो गुज़ारती थी या गुज़ार पाती थी उसमें वो इस बात का ख़ास ख़याल रखती थी कि पापा को जो पसन्द हो वो पूरे मनोयोग और ढंग से किया जाये।

क्लारा की माँ के लिए प्रेम का अर्थ कुछ और ही था। पर पति के लिए वो एक शादीशुदा औरत का कर्तव्य पूरी तरह निभाती थी। कभी–कभार उसके पास आने वाले पति के लिए वो अपने दैहिक ज्वार को पूरी तरह से उमगा कर रखती थी। देह ताप और वो सौन्दर्य जिसे पति नाम की प्रजाति अपनी पत्नियों में सम्भोग के वक्त देखना चाहते हैं उनकी कामकला से अभिभूत होना चाहते हैं। प्रोफ़ेसर अपनी पत्नी के साथ सहवास में डूबे उसकी योनि के भीतर–बाहर आते–जाते हाँफ–हाँफ कर पत्नी के उत्तेजना से चेहरे को जो अब तक गहरा बैंगनी सा हो चुका अपने हाथ में लेकर पूछते कैसा लग रहा है, कैसा लग रहा है पत्नी की स्वीकारती सी मुस्कुराहट प्रोफ़ेसर को सारे जवाब दे देती।

रविवार को होलब्रुक परिवार हमेशा हर जगह एक साथ जाता था। ख़ासतौर पर फिल हारमोनिक संगीत सभा में। इस क्रम में तब तक कभी भी दख़ल नहीं पड़ती जब तक कोई मरीज़ ज़्यादा बीमार हो और देखने न जाना पड़े या फिर प्रोफ़ेसर की पत्नी के सिर में आधा सीसी या माइग्रेन का दर्द न हो। इन्हीं दो कारणों को छूट थी बाक़ी कोई बहाना नहीं चलता। म्यूजिकल सोसायटी में होलब्रुक परिवार को सालों साल के लिए सभी सभाओं के लिए सीजन टिकट मिले थे–ख़ास कुर्सियाँ रखी गयी थीं। उनके इस सौभाग्य से लोगों को बड़ी ईर्ष्या होती थी। लोग जलते थे इससे।

एक गर्मी के दिनों की शाम में बिला की बड़ी खिड़की के पास सोफा सेट की आख़िरी छोर की मेज़ को खींचकर प्रोफ़ेसर होलब्रुक इस बैठक के कमरे में अकेले बैठे थे– शाम का सूरज अस्त हो चुका था वो डूबकर पेड़ों के झुण्ड के भी नीचे जा चुका था। प्रोफ़ेसर ने एक फोलियो निकाला और निकालकर उलटने–पलटने लगे। ये एक चित्रों का एलबम था– इस एलबम पर लाल रंग की रसियन चमड़े की ज़िल्द चढ़ी थी। प्रोफ़ेसर पास के कमरे वाले अपने निज़ी पुस्तकालय से बड़ी सावधानी से बाँहों में भरकर लाये थे। बाँहों में भरे एलबम से आ रही सुगन्ध को उन्होंने एक लम्बी साँस भरकर खींचा। यादों की महक थी उसमें। क्लारा जब सलून में घुसी तो अपने पिता को देख नहीं पायी। प्रोफ़ेसर कुर्सी में नीचे की ओर धँस गये थे– एलबम छाती पर खुलारखा था। वो ख़ुद अँधेरे बगीचे की ओर शून्य में ताक रहे थे गहरी सोच में डूबे हुए थे।

क्लारा ने अपने पापा को देखा तो फौरन लैम्प जलाते हुए आवाज़ दी–"पापा" प्रोफ़ेसर ने अपना हाथ ऊँचा करके क्लारा को रोकते हुए कहा "नहीं बिजली मत जलाओ"। अगर क्लारा नहीं होती तो प्रोफ़ेसर किसी और पर निश्चित रूप से गुस्सा करते। पर क्लारा की बात और थी। होलब्रुक को गुस्सा आता था पर स्वास्थ्य कारणों से वो अपने गुस्से पर नियंत्रण रखते थे– और शान्त स्वभाव के बने रहते। उन्होंने क्लारा से कहा– "कहते समय उनके चेहरे पर एक दोस्ताना मुस्कुराहट की झलक दिखाई पड़ी– शाम की लालिमा लिए रौशनी में प्रोफ़ेसर का चेहरा एक बड़ी लाल स्ट्राबैरी जैसा दिखाई पड़ रहा था। लड़की ने जवाब में कहा– "जी पापा।" वो अपने पिता के पास आयी और उनके सफ़ेद होते गिरते बालों वाले माथे पर एक स्नेह भरा चुम्बन दे गयी। प्रोफ़ेसर ने कहा–क्या तुम भी ये एलबम मेरे साथ बैठकर देखना चाहोगी? जाओ अपने लिए एक कुर्सी खींच लाओ। अब बाप–बेटी दोनों मिलकर एलबम की तस्वीरें देखने लगे। प्रोफ़ेसर बड़ी मुलामियत से सावधानी से एलबम के पन्ने पलट रहे थे। लड़की बीच–बीच में पापा से एलबम की तस्वीरें धीरे–धीरे पलटने

की गुजारिश करती। तस्वीर पर अपना नन्हा हाथ रखती और पिता से तस्वीरों के बारे में कुछ और सवाल पूछती–"ये कौन हैं पापा?" प्रोफ़ेसर कहते थे तुम्हारे बाबा जी हैं–ये बाद के दिनों की फोटो हैं जब "हरी मार्च" ये सीरिया से यहाँ आये थे। हम लोग वहाँ पर ग्रामवासी लोग थे जरा सोचो गवर्नर के घर में काम करने भर से मैंने वियना की उच्च सरकारी संस्था में अपनी जगह बना ली। कोर्ट में काउन्सलर बना दिया गया। तब तक राजशाही का पतन शुरू हो गया था। तुम्हारे बाबा जी ने ही यह सुन्दर घर बनवाया था। जब बाबा ने ये घर बनवाया था तो ये एक बेहद फैशनेबल हाउस माना जाता था। होलब्रुक बोले हो सकता है कि हमें आधुनिकता की चाहना थी। प्रोफ़ेसर ने कहा– ये देखो ये बोहीमियन राज्य की चान्सलर है फिर बड़े गर्व से कहा यही है बोहीमियन राज्य की सैलर–उसकी आवाज़ में ये कहते हुए गर्व भरा था।

क्लारा ने कहा पर मैंने तो सुना था बाबा जी वियना में कोर्ट के काउन्सलर थे। प्रोफ़ेसर ने समझाया बोहीमियन स्टेट चान्सलरी पुराने आस्ट्रिया के लिए सरकार थी। ये इमारत अब भी खड़ी है जूडोफ्लाटज़ में।

एलबम के पन्ने पलटते हुए क्लारा ने अपने बाबा के लिए और सवाल पूछने शुरू किये– प्रोफ़ेसर ने बताया उन्होंने रेलवे विभाग से शुरुआत की और क्लारा के बाबा बहुत अच्छी बाँसुरी बजाते थे। उनके इस गुण के कारण वो मिनिस्ट्री ऑफ आर्मी में बुला लिए गये जहाँ वो देशभक्ति **वाद्यवृन्द** में भाग लेने लगे– यूँ कि उन्हें साज़ों की गहरी समझ थी इसीलिए वहाँ से फौरन जर्मन हेवर माउंट में ले लिए गये– पर प्रोफ़ेसर ने कहा मेरे पिता नाज़ी नहीं थे। लड़की ने पूछा और युद्ध में? प्रोफ़ेसर ने कहा वो राजकीय प्रशासनिक कर्मचारी थे पर उनका सच्चा प्यार संगीत था।

क्लारा ने पूछा और आप पापा आप क्या सोचते थे? प्रोफ़ेसर ने कहा मैं हिटलर की युवा पीढ़ी का समर्थक था। लड़की हँसी और अपनी तर्जनी उँगुली से उसने अपने पिता को धमकाया।

उसने अपने काँधे से पहना हुआ शाल उठाया जो वो बगीचे से पहनकर आयी थी क्योंकि अभी गर्मी की शुरुआती ठण्डी खुनक और धरती की महक माहौल में बाक़ी थी। प्रोफ़ेसर ने एलबम बन्द कर दिया और कहा– उन दिनों सब नौजवान हिटलर से प्रभावित थे–सब के सब। पर हम एक आस्ट्रियन परिवार हैं विशुद्ध आस्ट्रियन परिवार। जैसे ही प्रोफ़ेसर और उसकी बेटी अपने एलबम को सही जगह में रखने के लिए दरवाज़े से हॉल में लौटे सामने से प्रोफ़ेसर की पत्नी तेज़ी से आती दिखी। वो बाहर जाने के लिए तैयार होकर आयी थी और ज़रा जल्दी में थी।

उसने बड़ी–सी मुस्कान चेहरे पर लाते हुए कहा तो तुम दोनों यहाँ बैठे हो उसने पति को गाल और बेटी को माथे पर चूमा। हालाँकि चूमते समय उसके होंठ दूर से ही किस कर रहे थे। उसने प्रोफ़ेसर से कहा– मुझे कल रुपयों की ज़रूरत है काफ़ी सारे रुपयों की। प्रोफ़ेसर ने सूखी आवाज़ में कहा तुम्हारे लिए पैसा तैयार रहेगा।

प्रोफ़ेसर की पत्नी ने कहा–"तुम सच में कितनी तकलीफ उठाते हो।" प्रोफ़ेसर विनम्रता से हँसा फिर पूरी गम्भीरता से पीछे हट गया।

क्लारा ने पूछा माँ तुम कहाँ जा रही हो? क्लारा की माँ ने बच्ची को जवाब नहीं दिया। बच्ची अपने ख़ूबसूरत कमरे की बेहतरीन सुनहरे फ्रेम वाली पेन्टिंग्स को, अपनी ख़ूबसूरती से कागज सजी दीवारों और गहरे काले रंग के बेशक़ीमती सोफे कुर्सियों के स्फिन्कस पर नज़र डालती हुई अपने पति से हाथ हिलाकर विदा होती हुई बाहर निकल गयी।

उस शाम अल्फ्रेड ने जार्ज को एकेडमी ऑफ वर्ल्ड ट्रेड से अपने साथ लिया था। जार्ज पिछले कई सेमेस्टर से यहाँ पढ़ाई कर रहा था। वहीं इमारत की सीढ़ियों पर बैठकर उसने जार्ज के लिए इन्तज़ार किया उसके दिमाग़ में कुछ नहीं था। वो खाली दिमाग़ से बैठा इन्तज़ार कर रहा था। चूँकि दिमाग़ में कुछ नहीं था इसीलिए वो थोड़ा उदास सा था।

अब दोनों तीन लेन वाली सड़क पर साथ–साथ चल रहे थे। अल्फ्रेड ने कहा आज ऐसे ही जाने दो, जार्ज रुक गया उसके हाथ पैन्टो की जेब में फँसे थे पैर चौड़े करके खड़ा हो गया वो। वो मुस्कुराकर अपने दोस्त की तरफ़ देखने लगा। अल्फ्रेड असल में सोच रहा था कि उसका दोस्त उससे पूछेगा कि वो कौन–सी जगह है जहाँ ये मज़े मारने जा रहे हैं तो वो ग़लत सोच रहा था। जार्ज ने कहा–वो अभी अमेरिकी व्यापार के व्यवस्था का शानदार लेक्चर सुनकर आ रहा है जिसमें उन सम्भावनाओं पर खुलकर बात हुई जो इस व्यापार बाज़ार में पैदा हो सकती हैं। जार्ज पूरे महाद्वीप में एक साथ व्यापार की बढ़ती सम्भावनाओं को लेकर बेहद उत्साहित था। वो कहने लगा "तुम सोच नहीं सकते अल्फ्रेड कितना सारा व्यापार किन–किन साधनों से फैलाया जा सकता है ये एक महाबाज़ार है।" फिर अचानक वो बोलते–बोलते रुका फिर उसने कनखियों से देखने की कोशिश थी कि उसका दोस्त अल्फ्रेड उसकी बात पर कितना ध्यान दे रहा है। मगर अल्फ्रेड ने आराम से उसका हाथ अपने हाथों में लिया और उसके कन्धों को अपनी बाँहों से घेर कर अपने साथ ले चला।

वियना की रेपिड रेल उसके भूगोल के हिसाब से चलती है। कभी निचली सतह पर और कभी तल के ऊपर से। कैसी वो रेल लाइन बिछायी जा सकी थी रेल की स्टेशन वाली इमारत पुराने सामन्ती परिवेश का नमूना थी। लम्बे खम्बे निकली हुई कार्निस और गोल घूमे हुए खम्भे वाले लेम्प जंग लगे लोहे के शमादानों से सजे थे। ये सारी की सारी सजावट उस पूरे आरकेड की हर इमारती सजावट से अलग–थलग दिखाई पड़ती–बाक़ी सभी दुकानें, रेस्टोरेन्ट्स और इमारते सादगी का लिबास पहनतें खड़ी थीं। बीईसलेन जैसी खाने की जगह और कुछ अन्य दुकानें भी इसी आरकेड को सहारा देने वाले खम्भों के नीचे खोल दी गयी थीं।

नीले स्वेट सूट पहले आदमी ने भीतर आते तमाम छात्रों को बार–बार आवाज़ लगायी आओ लड़को अन्दर आ जाओ।

वो ख़ुद जुआ खेलने वाली मशीन के पास खड़ा मशीन का लीवर यानी हैन्डल बेख़याली में बार–बार ऊपर–नीचे कर रहा था। सीधे हाथ में उसके सिगरेट थी और था बियर का एक गिलास जो आधा भरा था। वो अभी ठीक से नीचे बैठा भी नहीं था कि गिलास उसने फिर से भरवा लिया। शराबखाने के मालिक ने नौजवानों से पूछा क्या पियोगे–बाऊशरलन? शराबखाने के मालिक ने हज़ामत भी नहीं बनवायी थी वो कमीज़ की बाँहें चढ़ाकर खड़ा था। उसकी आँखें गोल–गोल घूमी हुई थीं। वो बार काउन्टर की टेबिल के पीछे खड़ा था। बार काउन्टर की लोरी एक सारवत एक जार था। जिसमें सिक्के ही सिक्के भरे हुए थे। अल्फ्रेड ने जवाब में शराबखाने के मालिक से कहा–हाँ पर मेहरबानी करके दो बाऊशरिल बनाना उसने काउन्टर तक झुककर अपनी बात को दोहराया ताकि शराबखाने का मालिक ठीक से सुन ले और शराब के ऑर्डर में गड़बड़ी न करे।

जुए की मशीन के सामने खड़े मेहमान ने फिर दोहराया वो लगातार हार रहा था। मशीन की घण्टियों की आवाज़ से मालूम चल जाता था कि ये दाँव खाली गया–हारते ही उस आदमी ने ज़ोर से फ़र्श पर थूका–और बोला "सारी दुनिया बाऊशरलन है बाऊशरलन।" फिर बड़े जोर से हँसा और उस बोर्ड की तरफ़ अपने सिगरेट वाले हाथ से इशारा करने लगा, बोर्ड दीवार पर टँगा था। उस पर चाक से लिखा था–

एक बाऊशरलन– एक बड़ी बियर और दो पैग के बराबर शराब और। जार्ज और आल्फ्रेड अपने दिये गये ऑर्डर के साथ में खाने में पीछे की ओर लगी एक छोटी सी टेबिल पर बैठे गये। अभी कुछ घूँट शराब गले में उतरी ही थी कि जार्ज ने फिर अमेरिकी अर्थव्यवस्था की बात छेड़ दी।

अल्फ्रेड बोला, "यार पहले गला तो तर होने दे।'' और कहकर अपनी शैम्पेन पीने लगा।

वो शाम बेहद ख़ूबसूरत थी। जब पिता–पुत्री ने होलब्रुक खानदान के संघर्ष की कहानी एलबम देखकर दोहरायी थी। लीन्डन के वृक्ष,

बहारों के बाद सूखे फूलों की मादक महक लिए झूम रहे थे। डाल से गिरे फूल चारों और बिखरे पड़े हवा में उनकी गन्ध बिखर गयी थी। कमरे में वही महक पानी की तरह मध्यम गति से बह रही थी। आसमान काला सा पड़ गया था पर ये कलौंछ बड़ी ताज़ी सी त्योहारी सी लग रही थी जैसे किसी शुभ उत्सव की आहट हो जैसे आसमान ब्याह में पहने जाने वाला काला कोट हो। तारे अपनी–अपनी क़तारों में टिमटिमा रहे थे। जार्ज और अल्फ्रेड सीढ़ियों से नीचे उतर गये यहाँ सड़कें खाली थीं। दूर से भाप वाली रेल की सीटियाँ सुनायी दे रही थीं। उनके पीछे लकड़ी के फट्टों की बाड़ खड़ी थी जो अंधियारे में काली–काली दिखाई दे रही थी। धुँएँ के रुपहले बादल उठते जा रहे थे।

जहाँ हरियाली सी थी वहाँ एक अकेला पेड़ खड़ा था उसी तरु की एक शिखा पर बैठा एक पक्षी गा रहा था कोई शान्त गीत।

अल्फ्रेड और जार्ज पेड़ के नीचे रुक गये। एक–दूसरे के पास खड़े होकर–उस पक्षी की जादुई आवाज़ सुनने लगे। स्टेशन के निर्गमन हॉल में शीशे की छत पर से आती पीली रोशनी अब वहाँ से हट चुकी थी। हॉल में पीछे से रेल टाइम टेबिल बताने वाली की घोषणायें सुनायी दे रही थीं। प्राग को जाने वाली एक्सप्रेस तैयार है।

हिपरसडोर्फ, एब्सडोर्फ के लिए लोकल ट्रेन चलने ही वाली है। स्टेशन के झुले वाले दरवाज़ों के कटे हुए हिस्से से स्टेशन का चौक दिखाई पड़ता था। सफ़ेदे के पतले पेड़ थे और उनकी प्रतिछाया काली और स्थिर होकर खड़ी थी। वार रूम की खिड़की से झुककर जार्ज और अल्फ्रेड चौक की ओर निगाहें गड़ाये थे। थोड़ी देर बाद अल्फ्रेड ने जार्ज से कहा तुम्हें मालूम है आजकल मैं आराम फरमा रहा हूँ–जार्ज ने पूछा क्या तुम आमतौर पर यहाँ आते हो?

अल्फ्रेड कभी–कभी जीवन में बड़ा उचट जाता था मन ही नहीं लगता था किसी चीज़ में और ऐसा कई–कई दिन तक होता रहता।

उसने अपनी बीमारी का अनोखा इलाज़ ख़ुद ही ढूँढ़ लिया। एक छोटे बच्चे के रूप में वो अपने माँ–बाप से दूर कभी नहीं रहा था। अकेले तो कभी नहीं रहा। अब वो बिल्कुल अकेला पड़ गया क्योंकि जार्ज के पढ़ने की और जीवन की शैली बदल गयी थी। जार्ज सुबह–सुबह ही अकादमी चला जाता जहाँ वो अन्य छात्रों के साथ मिलकर पढ़ाई करता था। छात्रावास के कमरे में भी अल्फ्रेड और जार्ज की मुलाक़ात नहीं के बराबर हो पाती। एक सो रहा होता तो एक जा चुका होता।

अल्फ्रेड आसानी से रेपिड ट्रेन की सवारी कर और वहाँ से पैदल चलकर अपने रिहायशी होस्टल जो थेरे सेनेगासी में था वहाँ से हाईट ज़िग पहुँच जाता था। स्टेशन से वो चलता फिर चर्च से गुज़रता और अलासिया के पेड़ों से घिरी सोती सड़कों से निकलकर वो शोनबुन महल के दरवाज़े में घुसता। पहले–पहल उसे ये जगह कुछ ख़ास पसन्द नहीं आयी–हाँ पर उसे इस जगह से कोई अतिच्छा भरी तकलीफ नहीं थी।

बगीचे के सीधे सपाट चौकोर रास्तों को पार कर वो महल के विशाल बगीचे के दूसरी तरफ़ पहुँच जाता। उसने संकरे उलझे रास्तों से अपने को बचाया वो इस विशाल शाही बगीचे के सूने वीरान इलाक़ों से घबराता था–डरता था। इसीलिए उनसे बचकर चलता था।

पर बाद के सालों में उसने पाया कि यही चीजें उसे उचाट मनोवस्था से बचाती हैं। वो शाही बाग के विशाल द्वार से घुसकर उसके संकरे घुमावदार रास्तों से गुज़रता हुआ बिना सोचे–बिचारे चलता जाता निरुद्देश्य भटकता इन्हीं रास्तों के चक्करदार, मोड़ों, चौकोरों से, लच्छेदार पगडण्डियों से बस चलता ही रहता। अब उसे लगता यहाँ कितनी अगाध शान्ति है, स्थिरता है। हरी पत्तियाँ हाथ बढ़ाकर उसकी आँखें मूँद लेतीं उसे ठण्डक पहुँचातीं एक अजीब सी सिरहन दौड़ जाती शरीर में–दिल को सुकून मिल जाता। अचानक चेहरे पर पड़ी सूर्य किरणों ने अल्फ्रेड को सोचने पर मजबूर कर दिया–क्या

ये हरे पत्तों के बीच बची जगह को चीरकर आती किरणें ही सूरज का सौन्दर्य बढ़ा रही हैं चकाचौध कर रही हैं। मन को डाँवाडोल कर रही हैं? क्या ये ख़ुशी ख़ुद है जो अपने होने का अहसास दिला रही है। मुस्कुराकर उसी का अभिनन्दन कर रही है। सब कुछ हो रहा है विश्वास के परे...।

हरियाली के घने झुण्ड और बगीचे की घुमावदार पगडण्डियों से निकलकर जब वो बाहर एक बड़े चौकार ऐवेन्यू की ओर निकल आया तो उसने लोगों के समूह बिन्दुओं को देखा–दूर शाही बगीचा घूमने आये लोग खड़े थे जो इतने सिलेटी रंग के इस फैलाव में रंग–बिरंगें बिन्दुओं की तरह नज़र आ रहे थे। उसका मन अचानक बहुत हलका हो गया, दिल से उदासी का बोध उतर गया–अब मन स्फूर्ति से भरा था उदासी का बादल छँट गया था।

थेरेसिनगासे के छात्रावास में बैठकर वो ख़ूब मन लगाकर पढ़ता था। देर तक किताबों से जूझता रहता। पर उसे हमेशा यही लगता ये पढ़ाई वो ख़ुद के लिए नहीं कर रहा–इस सब लिखने–पढ़ने का उससे क्या लेना देना है। अल्फ्रेड डोरमेटरी के अपने कमरे में अकेला बैठा था उसने अपनी पैन्ट उतार रखी थी। उसके हाथ में उसका लिंग था। हस्तमैथुन अब उसकी रोज़ की ऐसी आदत बन गयी थी जिसमें वो पारंगत हो गया था। वो तो अब पूरे कपड़े भी नहीं खोलता था सिर्फ़ पैन्ट उतार देता कमीज़ ऊपर करके अपना गरम मांसल लिंग पकड़ लेता।

वो कमरे में अपनी डेस्क पर बैठा नीचे थेरेसिनगासी की ओर ताक रहा था जहाँ ठीक सामने के घर का सिलेटी सा आकार उसकी कल्पना को उड़ान देता वो उस घर में किसी औरत की कल्पना करता–अक्सर उसकी काल्पनिक नायिका उसकी अध्यापिका ट्राऊन लेन्गारिस ही होती–वो उसके छोटे से कोमल होंठों वाले मुँह से हँसती छवि के बारे में सोचता उन होठों के खुलने–बन्द होने के बारे में सोचता।

कभी ट्राऊन लैन्गारिस के अपने सरकारी दफ्तर के बारे में सोचता–कभी देखता कि वो और ट्राऊन टेबिल पर आर–पार बैठे किस विषय पर गम्भीर चर्चा कर रहे हैं। उसने ट्राऊन से कुछ पूछा है और वो अपनी पूरी क्षमता और ज्ञान की गहराई से उसे समझा रही है। उसके मन में अपना हाथ बढ़ाकर ट्राऊन को छूने की कोई इच्छा नहीं है वो सिर्फ़ इतना चाहता है वो बोलती रहे बोलती रहे। सृष्टि के अन्त तक बोलती रहे, सिर्फ़ उसके लिए केवल उसके लिए।

अल्फ्रेड मौसी से मिलने उसके घर गया हुआ था। मौसी अपने बैठक के कमरे की बड़ी खिड़की से नीचे राइकस्ट्रास स्ट्रास पर झाँक रही थी। लगता था किसी की राह देख रही है। पर अल्फ्रेड को मौसी की इस आदत का अच्छी तरह से पता था। अब वो वहाँ से चलकर आयेगी और मखमली आरामदायक बैन्च पर जिसमें हरे पर लाल नमूने बने हैं आकर अल्फ्रेड के पास बैठ जायेगी उस पर प्यार से झुक जायेगी। वही हुआ फिर, मौसी ने कहा, "बेटा पढ़ाई पर ज़रा सा ध्यान और देने की ज़रूरत है। अल्फ्रेड बोला हाँ। मौसी ने कहा–तुम्हें कुछ याद है हम कैसे क्लेगनफुर्ट शहर में सैर के लिए निकलते थे।"

अल्फ्रेड को लगता था कि मौसी को उस शहर में घूमना एक बेशक़ीमती याद सा लगता था उसकी स्मृतियों में वो सैर कहीं गहरे में दबी पड़ी थी जो अब क़ीमती याद बनकर लौट आती थी। उसका चेहरा और बड़ा–बड़ा सा लगने लगता। हरी–हरी आँखें धुँधला जातीं, नाक तीखी हो जाती। वो तूफ़ानी दिन वाली सैर याद है तुम्हें कहते–कहते मौसी ने अपनी उँगलियों में अपनी ठोड़ी को दबाया और फिर उन्हीं उँगलियों से गले की कण्ठ गाँठ को पकड़ा–लगता इस गाँठ में कोई अनोखा रस भरा हुआ है। वहीं से मौसी की आवाज़ निकलती है कभी उदास गम्भीर गहरी और कभी बेहद खुशनुमा, ऊर्जावान, उत्साह से भरी एक गनकती हुई आवाज़।

मौसी बोली–हम बहुत सारा समय कब्रिस्तान में गुज़ारते थे। दोनों ने मिलकर याद किया कैसे क़ब्र के पत्थर चमचमाया करते थे।

क़ब्रिस्तान में खड़े, बाक्स के पेड़, साईप्रस के गहरे हरे झुण्ड मिलकर वहाँ का माहौल ही कुछ और रहस्यमय बना देते थे। कब्रिस्तान में कब्रों के बीच से संगमरमर के छोटे टुकड़ों से भरी पगण्डियों से गुज़रकर सैर करना दोनों को बहुत अच्छा लगता था। जिस दिन सूरज निकलता अपना शामियाना पूरे गाँव पर तान देता।

उस दिन दोनों स्ट्रीट कार पर चढ़कर यहाँ पहुँचे थे। दोनों ने मिलकर कब्र के नीचे की तरफ़ के पत्थर से जंगल की घास चुन–चुनकर उखाड़ फेंकी। पत्थर को धो डाला। वो कब्र अब सूख रही थी। उन्होंने नये ताज़े पौधे ज़मीन के आस–पास लगाये, दोनों कब्र के पास ही पड़ी एक बैन्च पर नाश्ता करने बठे गये। अल्फ्रेड ने डबलरोटी पर ठण्डा मांस लपेटकर खाया।

मौसी उसे अपनी बहन के बारे में बताने लगीं। मौसी ने कहा "तेरी माँ ने जीवन में कभी ख़ुशी पायी ही नहीं। तुम ख़ुद देख सकते हो वो कितनी दुखी हैं। सारा दिन वो फैक्ट्री में काम करती है और उसके पास रह जाता है उसकी ज़िन्दगी में वो खूसट–खडूस आदमी जो तेरा बाप है। बेवकूफ कहीं का।"

अल्फ्रेड पूछता है–और तुम।

मौसी कहती है–हम ग़रीब लड़कियाँ थीं।

हमारा बाप एक किसान मज़दूर था–बहुत जल्द हमने अपने माँ–बाप खो दिये। फिर एक रिश्तेदार ने हमें पाला। हम घर से बाहर कढ़ाई–बुनाई, सिलाई का काम करने पड़ोसियों के यहाँ जाते थे। वही हमारी आमदनी थी। मुझे याद है कैसे हम दोनों ने एक मेले मे चाँदी के काग़ज़ से बना राजकुमारी का ताज़ पुरस्कार में जीता था। उस ताज़ में नकली हीरे–मोती जैसे रंग–बिरंगे शीशे के टुकड़े लगे थे। हम तो सपने में भी कभी ऐसा ताज़ पाने की सोच ही नहीं सकते थे। फिर एक भाग्यशाली घटना हुई। जिसके कारण मुझे अच्छे कमर्शियल स्कूल में डाला जा सका।" मौसी ने धीरे से अपने बालों में उँगलियाँ घुमायीं, माथे पर आये बालों की लटों को पीछे हटाया और कहा, "हर चीज़ बाद में बदल जाती है।"

अल्फ्रेड ने दोबारा अपने बाप लीटोमेरटज्की को कभी नहीं देखा। वो मौसी के जरिये–अल्फ्रेड को प्यार और उपहार भेजता रहता था। बीच–बीच में थोड़े–बहुत पैसे भी भेजता था पर समय नहीं दे पाता था–अल्फ्रेड की मौसी ने समझाया था कि वो बहुत व्यस्त आदमी है। उसका बड़ा कारोबार है–पैसा बहुत है पर समय का अभाव है। मौसी के घर दी गयी उस यादगार दावत के बाद भी जिसमें मौसी ने लीएटोमेरिटज़्की और उसके सम्बन्धों का खुलासा किया था अल्फ्रेड और उसकी माँ के बीच वैसे ही मधुर सम्बन्ध बने रहे जैसे पहले थे। मौसी भी इस खुशी में खुश थीं, बीच–बीच में उसकी माँ कोशिश करती थी कि अल्फ्रेड अब मौसी को माँ बुलाये पर अल्फ्रेड मौसी को मौसी ही कहता रहा–पर अब उन सबके बीच बहुत कुछ बदल गया था। वो बादलों सा घुमड़ता समय विहीन अन्तहीन प्यार जाने कहाँ चला गया। वो रिश्ता अगर–मगर के बगैर के बेबाक बेलौस सम्बन्ध अब नहीं रहे। वो बातें अतीत में कहीं खो गयी थीं।

विक्टोरिया अब हर समय उसे झिड़कती रहती थी–ये करो ये ठीक से तमीज़ से रखो, तुम्हें तहज़ीब नहीं है बाहर वालों से बात करने–करीना सीखो लहज़े में नरमी और भद्रता लाओ–अल्फ्रेड अब इस हर वक्त की टोका–टाकी से हैरान परेशान हो चला था। कभी–कभी अल्फ्रेड को लगता था कि मौसी अब माँ के इस नये रोल में ऊब गयी है।

अध्याय-2

रोशनी में नहायी पत्तियों की छतरियाँ, शाखाएँ पेड़ से ऊपर की ओर उठकर इशारा कर रही हैं और जहाँ से डाल के पीके फूटे वहाँ से फिर नीचे की ओर मुड़कर ज़मीन की ओर झुक रही हैं। हरे रंग की इस पिछवाई पर जहाँ–तहाँ मकानों की छतें, दीवारें बिन्दु बनकर उभर रही हैं सारा परिदृश्य एक रहस्यमय धुँधलके से घिरा है। पेड़ की पत्तियों की हरियाली, पेड़ों के ऊँचे छतनार टुकड़े सब आपस में गड्डमड्ड होकर सब कुछ धुँधला कर रहे थे।

बिस्तर पर क्लारा और अल्फ्रेड एक–दूसरे की बगल में लेटे थे। क्लारा ने सबकी निगाहें बचाकर अल्फ्रेड को अपने कमरे में चुपके से घुसा लिया था। अब इस बड़े कमरे में एक पलँग पर दोनों एक दूसरे की बगल में लेटे थे। क्लारा ने बड़ी खिड़की खोल रखी थी। अब वो पीठ के बल लेटी थी। उसने अपने दोनों हाथ अपने सिर के नीचे बाँध रखे थे। अल्फ्रेड करवट बदलकर लेटा था। उसका सिर उसकी हथेलियों पर टिका था।

अल्फ्रेड ने उत्साह में भरकर क्लारा से कहा तुम्हें मालूम है। ये लीएटोमेरिटज़्की मेरा बाप है। मुझे तो विश्वास ही नहीं होता।

क्लारा बोली–अरे वो कारों का कारोबारी? अल्फ्रेड इस सवाल का जवाब नहीं देते हुए अपने ही ख़यालों में उलझ जाता है और कहता चलता है जानती हो विक्टोरिया मौसी और मैं अब इस सच के साथ हो गये हैं कि वो मेरी असली माँ हैं।

"क्या तुम उसे माँ कहकर बुलाते हो?"

"नहीं।"

क्लारा धीरे से अल्फ्रेड की तरफ़ मुड़ती है और फिर ज़ोर से उसकी गर्दन में बाँहें डाल उसे अपने ऊपर खींच लेती है।

तुम्हें हमेशा मेरे साथ रहना होगा। मुझे हमेशा प्यार करना होगा। कमरे में ख़ामोशी है गहरी ख़ामोशी। बीच–बीच में कार की घर्र–घर्र या चिड़ियों की चहचाहट ज़रूर सुनायी देती है इस गहरी खामोशी में अगर कुछ आहटें कुछ गुनगुनाती आवाज़ें ज़रा ज़ोर से अपने होने का आभास कराती हैं तो वो हैं बिस्तर की चादरों की आपस में रगड़ती शिकनें। बिस्तर के **फ्रेम** की हलवटों की माड़ लगी खसखसाहट, ये वो मदहोश करने वाली आवाज़ें बाद के सालों में अल्फ्रेड की स्मृति में क्लारा से उसके प्यार की पहली मुलाक़ात देह का समागम वो पवित्र क्षण था जो उस अलौकिक निस्तब्धता का ही छोटा सा श्रृंगार थे–सच ये आहट उस स्वर्णिक मौन, खामोश फैलाव का अपूर्व अद्‍भुत अनोखा अनुभव थे जो उनके प्यार का सत्व था–प्राण तत्त्व था–उस रात उन्होंने जो किया एक–दूसरे से जो कहा वो उस महान् निस्तब्धता के महारूप का मात्र हल्का सा श्रृंगार भर थे अविश्वसनीय सुख था। मौन.....फैला हुआ मौन...अल्फ्रेड को लगा जैसे अब तक वो इस दुनिया में आया ही नहीं था। उसे आज से पहले अपने होने का भान ही नहीं था। सिर्फ़ क्लारा ही क्लारा थी उसके आसपास। वो सिर्फ़ क्लारा के अपने पास अपने साथ होने को जानता था। वो उसे देख रही थी, उससे बात कर रही थी ये उसे अचम्भित कर देने वाली अनुभूति थी। वो अगर इस अनुभूति को आकृति का रूप देना चाहे तो शायद यही कहे एक आवेग संवेग की नदी थी जिसके बहाव में हम दोनों बहे जा रहे थे।

अचानक क्लारा बोली–मुझे अपने पिता से नफ़रत है।

अल्फ्रेड के माथे पर शिकन उभरी पर उसने क्लारा के इस कुबूलनामे पर आगे कुछ नहीं कहा, बल्कि क्लारा से पूछा–जार्ज के साथ क्या झगड़ा हो गया तुम्हारा?

क्या कमी थी मेरे दोस्त में। वो बिल्कुल असभ्य गँवार–सा था। कुलीनता तो उसमें दूर–दूर तक नहीं थी। तुमसे सच कहूँ उसका गँवार होना मुझसे अब बर्दाश्त ही नहीं हो रहा था। मुझे उसकी बातों से चिढ़ होने लगी थी।

अल्फ्रेड ने कहा–ग़रीब और गँवार तो मैं भी हूँ अब वो बिस्तर पर पेट के बल लेटा था। उसने अपना एक कन्धा ऊपर की तरफ़ उठाया उसके बाद अल्फ्रेड को याद नहीं कि वो उसका हाथ था या कोई और हाथ जिसने उसके मांसल लिंग को वहाँ प्रवेश करवा दिया जहाँ उसे जाना था। अल्फ्रेड ने महसूस किया जवान ज़िस्म की नरमी और गरमी दोनों ही पकी उम्र की चमड़ी से कहीं बेहतर होती हैं। उसकी योनी के बाल भी ज़्यादा रेशमी होते हैं अन्दर बहकर आता कामरस भी निर्बाध झरने–सा भिगोता जाता है। नौजवान जोड़ा कामरति के इस संसार में बिना किसी संकोच के क्रीड़ा करता है क्योंकि उसका काम संसार अगर–मगर, किन्तु–परन्तु की दुनियावी सोच से दूर होता है। वो दोनों प्रेमी हैं नौज़वान उन्मुक्त प्रेमी जोड़े। जो एक–दूसरे में डूबे हैं एक–दूसरे को प्यार करते हैं दोनों देह के कंचन सागर में डूबे हैं पूरा दिन उन्होंने एक–दूसरे के साथ कई बार सम्भोग किया, काम सुख भोगा और रात आई तो वो भी इस प्रणय युगल की रतिक्रीड़ाओं कामलीलाओं से अछूती न रही। रात–भर इश्क की शबनम बरसती रही। दूसरे दिन सोमवार था–और अल्फ्रेंड को यूनिवर्सिटी जाना था, क्लारा को भी स्कूल जाना था।

शुरुआत में लीटोमेरीटज्की ने अपना कारोबार वियना और उसके आसपास ही फैला रखा था पर धीरे–धीरे उसके व्यापार की शाखाएँ फैलती चली गयीं और पूरे आस्ट्रिया में जगह–जगह उसने अपने व्यापार की शाखाएँ खोल लीं। उसके बारे में अब ये मशहूर हो चला था हवा का रुख जिस कस्बे के फुटपाथ पर धूल उड़ायेगा–लीएटोमेरिटज़्की का व्यापार वहीं चला जायेगा। यानी उसे अपने कारोबार के फलने–फूलने की आबोहवा की ख़ासी पहचान थी। सूने खड़े लैम्पपोस्ट या बिजली

के खम्भों के आसपास के खाली मैदान जहाँ मौसमी पेड़ों बर सोरल बरजीओन और चाकिलो, की मीठी गन्ध फैलनी शुरू होती वहीं बस वहीं लीएटोमेरिटज़्की की कारों का लकड़ी से बने बड़ा पहुँचने लगता और पहुँचने लगतीं उसकी बिक्री के लिए तैयार कारें।

उसके व्यापार दल के लोग अलग–अलग शहरों से उमड़ आते नया व्यापार सजाने वो ग्राहकों को घेरते। और देखते ही देखते लीएटोमेरिटज़्की का एक और नया ऑफ़िस कार गैराज़, कार शोरूम खुल जाता किसी छोटे शहर में जिन्हें अब मज़ाक में शयनकक्ष जितने शहरों का दर्ज़ा दिया जाने लगा था। ऑटोमोबिल अब इस नये युग का नया धर्म, नया सम्प्रदाय बन चुका था चाहे चार टायर की कार हो या दुपहिया मोटर साइकिल समकालीन आस्ट्रिया का यही नया धर्म था–जिसके धर्म चिह्न उसके जुलूस के आगे चलते थे। जैसे किसी अन्य पवित्र जुलूस के साथ उसके राजदण्ड चलते हैं। उसके पवित्र ग्रन्थों की पहचान थी वाहन की तीव्र गति, वाहनों की बहाव क्षमता।

सुबह–सुबह लीएटोमेरिटज़्की सबसे पहले अपने लारवर्ग, केन्द्रीय कार्यालय में जाता था, जो आस्ट्रिया में कार का मुख्य बिक्री केन्द्र बन चुका था। अब इतने सालों बाद वो ज़रा झुककर चलता था। उसका पेट भी बाहर की तरफ़ निकल आया था कपड़े भी अब अस्त–व्यस्त सिकुड़न भरे पहनने लगा था पर इसे किसी को उसके झुक जाने का धोखा नहीं खाना चाहिए– उसकी आवाज़ और खरखरी हो गयी थी। आँखों के आसपास सूजन के दायरे भी आ गये थे। जो उसकी छोटी आँखों के बाहर की तरफ़ निकली हुई होने का आकार देने लगे थे–अपने लम्बे पीले चेहरे और इस वेशभूषा के साथ ही लीएटोमेरिटज़्की अपने कर्मचारियों के सामने आने लगा था। दरवाज़े में घुसते ही दरबान के पास खड़े होकर सबको आदेश देना शुरू करने लगा था। उनका मन किसी भी काम से पूरा सन्तोष नहीं पाता था। उसे लगता था अभी उसमें कुछ और सुधार की गुंजाइश है, कुछ कमी रह गयी है।

वाहनों की सर्विस में, उनके रखरखाव में, ग्राहकों की पूरी सेवा में, वाहनों में हुई टूट–फूट मरम्मतों में वो अपने कर्मचारियों के पीछे अंकुश किये पड़ा रहता था। चलो अभी ठीक से नहीं किया अभी ये बाक़ी है वो बाक़ी है। उसके सभी कर्मचारी उससे परेशान हो जाते थे। पर काम वो उसी के साथ करना पसन्द करते थे क्योंकि माफ़ तो उनका मालिक अपने आप को भी नहीं करता था। उस पर से बढ़िया वेतन देता था और अब इन्हीं कारणों से उसकी कार कम्पनी बेमिसाल नामी कम्पनी बन गयी थी। वो अपने–आप एक महा संस्थान का रूप धारण कर चुकी थी जिसमें काम करने वाले की बाहर भी इज़्ज़त होती थी।

अब लीएटोमेरिटज़्की की आवाज़ हर कार शो में गूँजती क्योंकि वो कार विशेषज्ञ बन चुका था–रेडियो में रविवार दोपहर को उसके नाम से प्रोग्राम चलने लगा था। दान के लिए गये प्रोग्रामों में, उत्सवों में हर जगह इस वाहन क्षेत्रों से जुड़े हर विषय का वही विशेषज्ञ माना जाने लगा। जब टेलीविज़न शुरू हुआ तो उसे वाहन के बारे में होने वाले प्रोग्रामों में उसे बुलाया जाता और उसका नाम बुलाने से पहले बहुत से विशेषणों का प्रयोग कर बड़े आदर से बोलने को, अपनी राय देने को उससे कहा जाता। तब वो टेलीविजन के पर्दे पर आता। हैड कमर्शियल काउन्सलर लीएटोमेरिटज़्की काला सूट, हमेशा से पसन्द चमड़े के जूते, बढ़ी हुई तोन्द, झुकी हुई पीठ वाला लीएटोमेरिटज़्की कैमरे के सामने आते ही कहता लो मैं आया हूँ, और केमरे में अपनी तस्वीर को देखकर कहता, "हाँ थोड़ा बूढ़ा हो चला हूँ पर अपने काम में मैं बेजोड़ हूँ बहुत चतुर हूँ ठीक...

ख़ुद लीएटोमेरिटज़्की का निजी जीवन बदल गया था जबसे उसने नया मकान लिया उसके जीवन की गाड़ी ने सुई की नोक पर जाकर खतरनाक मोड़ ले लिया था। किसी ने ऐसा सोचा भी नहीं था न ही ख़ुद उसने सोचा था अब ज़िन्दगी किसी और ही ढर्रे पर चल निकलेगी। कारमिल्टन मार्केट के अपने पुराने घर में लीटो नौकर

चाकर रखता ही नहीं था। वो सारा माल ख़ुद ही करता था। पर अब जब वो पहले वाले अमीर इलाक़े प्रतिष्ठित अलसेरग्रुन्ड से निकल कर महाअभिजात्य बरगासी इलाक़े में आ गया तो सारा रहन–सहन ही बदल गया–अब वो डैन्यूब नहर के समतल जलप्रवाह वाले इलाक़े में ग्रुन्डरजीत महल में रहने लगा था। लीएटोमेरिटज़्की के कमरे की बड़ी–बड़ी खिड़कियों से झाँककर देखे तो सामने बड़े सफ़ेदे के लम्बे–लम्बे हरे सफ़ेद पेड़ आपको सलाम करते नज़र आयेंगे। आपका अभिनन्दन करेंगे। उसके झौंके उसे अपने अभावग्रस्त बचपन गरीब मोहल्ले की याद दिलाते थे। अब वो हर आने वाले मेहमान से गर्व से कहता था। इस आलीशान जगह में सिगमन्द फ्रायड रहता था।

इस मकान में आते ही उसने नौकरों की पूरी जमात खड़ी कर दी पहले आया रसोईया फिर उसकी सहायिका फिर घर की झाड़–पोंछ वाली फिर उसकी सहायिका कहावत है न नौकर के चाकर, चाकर के चूकर, बस घर में नौकरों की पूरी फौज हो गयी थी।

अब इस बड़े घर में जगह होने के बाद भी झाड़ने पोछने का, धूल हटाने का काम कम था। फ़र्श पर पॉलिश भी कभी–कभार ही करनी होती थी। तो लीटो का ये महिला दस्ता और कामों में लगा दिया जाता उनका पूर्ण उपयोग, उपभोग करने में लीटो माहिर था। औरतों के इस हुजूम को लीटो आमतौर पर, महिला दस्ता कहकर ही पुकारता था।

लीटो अब जब शाम को घर आता तो अक्सर उसके साथ मेहमान आते। फिर लेनी नाम की औरत हमेशा की तरह उन्हें शराब और स्नेक्स परोसती–हरमी मेहमानों के शराब में मशगूल हो जाने के बाद खाना परोसने आती और आती उसके साथ रसाई में काम करने वाली लोटे। जो अपनी ठीक–ठाक आवाज़ में वियना के गीत सुनाती। पर असली तमाशा मेहमानों के जाने के बाद शुरू होता। लीएटोमेरिटज़्की मेहमानों के जाते ही अधनंगा हो जाता–बाक़ी के कपड़े उसकी महिलादस्ता की सहायिकायें उतारतीं। फिर शुरू होता

शैम्पेन और ठण्डे कटे मांस का दौर–खुमारी बढ़ने के साथ–साथ लीटो का काम उन्माद बढ़ता जाता–वो वासना के गहरे सागर में डूबा काम किलोल में लग जाता। एक के बाद एक हर नारी देह का रस वो चूसता जाता–कभी–कभी तो दो औरतों के साथ अपने लिंग की तृप्ति के लिए योनियों से खेलता। कभी–कभी तीनों ही उस पर झपट पड़तीं। वो उनसे लिपटा काममद में इतना मदहोश हो जाता कि पसीने छूटने लगते। अंग–अंग गर्म उत्तेजना से भरा आग–सा तपने लगता। उसने इस कामकला को और आगे बढ़ाने के लिए एक बाज़ारू वेश्या को भी घर लाता था। जब एक दौर संभोग का ख़त्म होता तो अन्तराल में संभोग–सहवास की फिल्में देखी जातीं ताकि अगले दौर में भी उसके मांसल लिंग की आगम निगम की तेज़ी बनी रहे वो कामरस नदी सा उससे निसृत होकर उसे खाली कर दे। थककर चूर कर दे इतना चूर कि अंग–अंग शिथिल हो जाये उसे कुछ याद न रहे वो क्रोध में नारी अंगों में अपना अंग डाले अन्दर बाहर की उत्तेजना झेलता जाता–जैसे जुनून सिर पर सवार हो। आख़िरकार रात के ढलते–ढलते वो चुक जाता उसके हाथ की पकड़ ढीली पड़ जाती। वो थरथराने लगता–छाती–पीठ पसीने से भीग जाती उसका लिंग अन्दर जाता बाहर आता अपना तरल इन महिलाओं के भीतर उड़ेल देता तो उस मदान्ध थकावट के बीच उसकी आँखों की कोर से आँसू बहने लगते गरम जलते आँसू उसके गालों को भिगो जाते। उसे लगता अब बस नहीं किया तो उसका धक–धक करता दिल फट जायेगा? यहूदियों नसडोरफेरस्ट्रासी में यहूदियों के क़ब्रिस्तान में अब कोई नहीं दफनाया जाता था। कब्रिस्तान एक लम्बे समय से बन्द था। अब सभी नये शवों को नयी यहूदी सीमेट्री से सिमरिंग में दफनाया जाने लगा था।

बड़े पेड़ के झुण्डों के बीच जिसमें बीच, बड़े सारे एश व चेस्टनट के पेड़ शामिल थे इतने घने और छतनार थे कि कब्रिस्तान में पड़ने वाली रोशनी को रोक रहे थे। सूरज की सारी रोशनी ये पेड़ों के

झुण्ड ही चूस ले रहे थे। इन अँधियारे पेड़ों के तले लीएटोमेरिटज़्की क़ब्रिस्तान के रखवाले के साथ चला जा रहा था। कब्रिस्तान का रखवाला वहीं कब्रिस्तान के पास एक घर में रहता था। वहीं क़ब्रिस्तान की दीवार से सटा था उसका घर। अब ये रखवाला कोई और काम नहीं करता था। मिसाल के तौर पर कब्रिस्तान के नियमों के पालन को देखना या शान्ति बनाये रखना अब उसके काम में शामिल नहीं था। अब वो कब्रिस्तान का चौकीदार भर रहा गया था। कब्रिस्तान में किसी के भी बिना कारण घुसने की मनाही थी। कब्रिस्तान की एक ऊँची–सी ईंटों की चारदीवारी थी जिसमें दीवार फाँदने से रोकने के लिए शीशे के टुकड़े लगे थे। अक्सर यहाँ काली चिड़िया या रोबिन या कमज़ोर चूहे या कुदरती गिलहरियाँ ही आती थीं–इस श्मशान भूमि या कब्रिस्तान में यही लोग थे जो जीवित आत्मायें थीं।

कब्रिस्तान की कब्रों के बीच से चलने वाले पथ तक पहुँचने के रास्ते पर सूखे पत्तों के ढेर लगे थे उनमें से गुज़रकर आगे चलना मुश्किल हो गया था। लीएटोमेरिटज़्की व उसके साथ चलने वाला कब्रिस्तान का रखवाला बड़ी मुश्किल से आगे बढ़ पा रहे थे। लीएटोमेरिटज़्की तो वैसे ही डगमगाकर चलता था। कब्रिस्तान का रखवाला किसी तरह कूद फांद कर आगे बढ़ता चला और लीटो से आगे निकल गया। लीएटोमेरिटज़्की अपने ख़यालों में डूब गया सोचने लगा– इस कब्रिस्तान के रखवाले को यहूदी समाज ने दयावश नौकरी दे दी है। कैसा उजाड़ जंगल बन गया। सब कुछ टूटा–फूटा बरबाद हो गया है।

कब्रों पर बने सुन्दर–सुन्दर ढाँचे टूटकर बिखर गये थे या जर्जर होकर मिट्टी का ढेर होने को तैयार खड़े थे। कब्रों के पत्थरों के नीचे पेड़ों की जड़ें घुस गयी थीं जिन्होंने कब्र के पत्थर को उखाड़ना शुरू कर दिया था। कुछ कब्रों को भारी बरसातों ने सालोंसाल पानी भरकर नुकसान पहुँचाया था। पानी भरने से गड्ढों ने जमीन ही धसका दी थी। ज़मीन धसकने से कब्रें भी पत्थर सहित धँस गयी थीं।

पेड़ों की एक मुद्दत से कटाई–छंटाई नहीं हुई थी। काले पेड़ और टूटी कब्रें एक अजीब ख़तरा पैदा कर रहे थे। कब्रिस्तान का रखवाला बार–बार लीएटोमेरिटज़्की को सावधान रहने की चेतावनी दे रहा था। देखकर चलो साहब कब्र के पत्थर ढीले हैं कहीं आप पर गिर गये तो... ये भारी पत्थर हैं। लीएटोमेरिटज़्की किसी एक ख़ास कब्र की तलाश में आया था। वो दूर से ही ताँबे के पत्थर पर ख़ुदे हुए नाम को पढ़ पा रहा था कि वो ग़लत पते पर आ गया है। बाद की कब्रों पर लिखे नाम उसे झुक–झुककर पढ़ने पढ़ रहे थे। झुकते समय उसे हाथों का सहारा भी लेना पड़ रहा था। उसने अपनी उँगलियों को हर पत्थर पर ख़ुदे नाम के गहरे अक्षरों से गुज़रने दिया उसने उँगलियों को अक्षरों पर फिराकर उन नामों को पढ़ने की कोशिश की।

वो और आगे चलते गये। अब लेटोमेरीज्मो आगे–आगे चल रहा था। मिट्टी की वो राह अब गड्ढों से पट गयी थी उसी में कुछ और पत्थरों की कतार लगी थी। कब्रिस्तान के रखवाले ने कहा–अब इनमें से कोई भी जीवित नहीं है। जब–जब लीएटोमेरिटज़्की कब्र से गिरा कोई पत्थर उठाकर वापस किसी कब्र पर रख देता–जैसा कि यहूदी धार्मिक रिवाज़ है। कब्रिस्तान का रखवाला यही वाक्य दोहराता क्योंकि हर बार लीटो यही आशा करके गिरा हुआ मलबा हटाता कि वो जिसे ढूँढ़ रहा है उसकी कब्र उसे मिल गयी है। कब्रिस्तान के रखवाले की बात सुनकर वो फिर से पत्थर नीचे जमीन पर गिरा देता। वो और कब्रिस्तान का रखवाला एक–दूसरे की तरफ़ देखते फिर आगे चलते और आख़िर में कब्रिस्तान से बाहर निकल जाते।

जाने कितनी बार लीएटोमेरिटज़्की उस कब्रिस्तान के चक्कर काटने गया होगा। पर उसका मन नहीं मानता वो फिर आता और फिर अपनी खोज में लग जाता।

अल्फ्रेड के हिसाब से उसकी मौसी को अपनी ज़िन्दगी से अब कोई शिकायत नहीं होनी चाहिए थी क्योंकि अब वियना के आसपास छोटे–छोटे उपशहर बनते जा रहे थे और घर–परिवार छोटे और छोटे

होते जा रहे तो नये छोटे बैडरूम घरों की ज़रूरत पड़ने लगी थी। इमारतें भी आज भी तरह पहले से ही तैयार कर दी जाती थीं फिर फ्लेट बिकने शुरू हो जाते थे। मौसी का इस तरह का घर बेचने का व्यापार ख़ूब चल निकला था। ये सब इलाके जो मध्यमवर्गीय या निम्न मध्यमवर्गीय हुआ करते थे खाली पड़े रहते थे कोई आता ही नहीं था। यहाँ कम से कम उसकी वियना के रहने वाले तो पलट के कभी ये जगह देखते भी नहीं थे जैसे सूसेन ब्रून, अडेरक्का, स्ट्रीबेरसडोर्फ। अब विक्टोरिया मौसी टैक्सी में बैठ–बैठकर इन्हीं जगहों का दौरा करती रहतीं। एक टैक्सी ड्राइवर पकड़ रखा था उन्होंने जो इस बात से कुढ़ा हुआ रहता था कि इन जगहों के रास्ते मालूम ही नहीं थे। अब नयी कालोनियाँ या उपशहर हरे खेतों की तरफ़ भी फैलने लगे थे–पीली मक्का, गेहूँ –कद्दू के दूर तक फैले खेत–टैक्सी ड्राइवर को इन्हीं खेतों–खलिहानों से गुज़रना पड़ता। इन उजड़े गाँवों में विक्टोरिया–सूने मोहल्लों के गिरे पड़े घरों में–अलासिया के महकते फूलों के बचे–खुचे पेड़ों तले सड़क पर टहलती हुई अपने वास्तुकार का इन्तज़ार करती जो इन वीरान ज़मीनों पर बनने वाली भविष्य की इमारतों का कागज़ी नक्शा लेकर विक्टोरिया से मिलने आता। ये वो गाँव थे जिन पर रूस की सेना ने अधिकार कर लिया था। गाँवों की ऐसी की तैसी हो गयी थी। इसके मूल रहने वाले डर के मारे अपनी ज़मीन जायदाद यूँ ही छोड़कर भाग गये थे। आज सौदा पक्का होना है इसलिए सरकार के दो विभागों के नुमाइन्दे यानी कर्मचारी भी आये हैं। एक तो निर्माण विभाग के इमारती सैक्शन यानी अनुभाग से आया है और दूसरा क़ानून विभाग के ज़मीन रजिस्ट्री डिपार्टमेन्ट से है। एक छोटे से मकान की उधड़ी हुई दीवारों के बीच उसका सामने वाला भाग बड़ा सुन्दर बना दे पर खिड़कियाँ टूट–फूट गयी हैं। शीशे फ़र्श पर गिरे पड़े हैं। दरवाज़े खुले पड़े हैं और एकदम उदास अकेले उजाड़ नज़र आ रहे हैं। अब शहर में इमारतें बनाने का फ्लैट बेचने का काम ठहरकर बासी हो चला था यानी नया कुछ

बेचने का काम नहीं के बराबर हो चला था। मकानों की फ़्लैट्स की क़ीमतें अब गिरने लगी थीं। लोग किराये के मकान में रहना अब पसन्द नहीं करते थे। तक़रीबन सबके पास अपने–अपने मकान होने लगे थे। जिनके मकान किराये पर अब तक चढ़े थे वो सब मालिक रो रहे थे कि किरायेदार किराया नहीं चुकाते। सिर्फ़ एक यही बात नहीं थी किराये की सम्पत्ति के मामले में एक बड़ा काण्ड हो गया था एक बड़ा घोटाला–मालूम ये पड़ा था कि स्वयं स्ट्रेनाड ने नाज़ी समर्थकों की सम्पत्तियों की देखभाल कर उन्हें ख़रीदा बेचा और पैसा नाज़ियों को दिया। अख़बार इस ख़बर को ले उड़े–ख़ूब हंगामा हुआ बात की तहों की जाँच हुई तो उन कई नामों में विक्टोरिया का नाम भी उछला। अब इस आदमी को युद्ध अपराधों की जो सज़ा सुनायी गयी तो मामला और संगीन हो गया।

आजकल जब भी अल्फ्रेड विक्टोरिया मौसी से मिलने जाता। वो बेहद थकी–थकी और बुझी–बुझी नज़र आती थी। वो अब भी खिड़की की चौखट से लगी बैठती थी–अब भी उसकी निगाहें टाऊन हॉल की तरफ़ से आती सड़क पर टिकी रहती थी। अल्फ्रेड के पूछने पर कि क्या बात है तुम बुझी–सी क्यों हो गयी हो इतनी थकी–थकी भरी–भरी क्यों लग रही हो–विक्टोरिया सवाल टाल देती कहती कुछ नहीं ज़मीनें देखने जाना, उसकी पैमाइश कराना, सौदा करना बड़ी मगज़ पच्ची का काम है दिमाग़ थक जाता है। तो शरीर तो थकेगा ही बदन टूटता है। फिर वो कहती अब पहले की तरह पैसा सड़कों पर नहीं बहता। व्यापार के भी अपने क़ायदे–क़ानून हैं बड़ी जान लगानी पड़ती। फिर वो अचानक कहती है अगर बड़े लोगों से जान–पहचान न हो कोई ताल्लुका न हो तो व्यापार करना व्यर्थ है समय बरबाद करना है।

अल्फ्रेड प्यार से विक्टोरिया के कन्धों पर अपनी बाँहें रख भीगी आवाज़ में कहता ओ माँ। मेरी माँ। विक्टोरिया अपना सिर नहीं उठाती सड़क की ओर देखती रहती फिर एकदम अपना चेहरा उठाकर अल्फ्रेड की आँखों में आँखें डालकर कहती।

जल्द ही तुम ये सब बातें सीख समझ जाओगे।

अल्फ्रेड विक्टोरिया के चेहरे पर मुँह के पास पड़ी झुर्रियों को देखने लगा था चाहे विक्टोरिया हल्के संगीत पर एक दो क़दम नाच कर, अल्फ्रेड को रसोईघर से चिट फुट खाना खिलाकर ख़ुश रखने कि कितनी भी कोशिश करती। अल्फ्रेड समझ गया था। माँ के चेहरे से अब ये शिकनें ये सिलवटें नहीं जाने वालीं। वो इन झुर्रियों को उनके नहीं ख़त्म होने वाले अस्तित्व से नज़रें चुरा नहीं सकता। अब विक्टोरिया के होंठों के पास आयी दोनों तरफ़ की सलवटें उसकी आख़िरी साँसों तक यूँ ही बनी रहेंगी।

अब अल्फ्रेड की माँ ने एक नया शौक भी पाल लिया। वो लॉटरी खेलने लग गयी है और ये कोई छोटा–मोटा शौक नहीं था। विक्टोरिया ने पूरी लॉटरी फाइल खोली थी जिसमें बड़े ध्यान से और सुव्यवस्थित ढंग से एक चार्ट बनाया गया था–जो हर बार लॉटरी खुलने पर जीतने वाले टिकट का नम्बर दर्ज करता था। जिसमें ये साफ़–साफ़ लिखा होता था कि कौन–सा नम्बर कितने बार आया एक ही नम्बर कितने बार आया। पूरी शाम विक्टोरिया माँ रात के कपड़े पहने लॉटरी ही खेलती रहती सौ टिकट हर शाम ख़रीदती फिर उन सबको चैक करती। चारों तरफ़ कमरे में नम्बर ही नम्बर फैल जाते यहाँ तक कि वो स्टार और चक्र का जुआ भी खेलना नहीं छोड़ती। चक्र के नम्बर रटती लाल 5 और 7 है, हरा 3 नम्बर है, नीला 9 नम्बर है अगर कोई उसे समझाकर कहता ये सब अन्धविश्वास है विक्टोरिया उस पर हँसती, उसे बेवकूफ समझती, कहती तुम्हें इन रहस्यों के बारे में कुछ पता ही नहीं है। ये सब रंग और नम्बर प्रकृति से जुड़े हैं–इन सब रंगों को नम्बरों को एक निश्चित तालमेल के साथ बैठाना होता है, ताकि ये ब्रह्माण्ड की अपनी एक लयता के साथ एक लाइन में एक रूप हो जायें। आख़िरकार ये लॉटरी की सूचियाँ भी तो इस ब्रह्माण्ड का ही एक हिस्सा हैं तो फिर लॉटरी के नियम, ब्रह्माण्ड के नियमों से अलग कैसे हुए? वही रूल लॉटरी पर

भी लागू होते हैं जो समूचे विश्व पर लागू होते हैं। मारिया ओबर्थ ट्रेन में बैठकर किरकिंग जा रही हैं। वाईडलिंगवाख़ की वादी में ये एक बेहद ख़ूबसूरत जगह है। सच पूछिये तो वियनावुड्स का ये सबसे अच्छा हिस्सा है। यहाँ घूमने के लिए एकान्त वाले पैदल पथ हैं। ये पथ सौंधी मिट्टी में धँसे हैं और आपको घने वन प्रान्तर में लिए जाते हैं जहाँ ढलान पर झड़बेरी की बड़ी–बड़ी, घनी–घनी झाड़ियाँ हैं। चेरी के समूह या झुण्ड हैं।

सवाल ये उठता है कि मारिया यहाँ ऐसा क्या ढूँढ़ रही है जो उसके घर आगदान में नहीं है। ये उससे बिल्कुल अलग है। जो अलग है यहाँ रेलवे के कर्मचारियों के लिए बना टीबी सेनोटोरियम है, जहाँ तपेदिक के मरीज़ सबसे अलग रखकर इलाज़ के लिए भर्ती किये जाते हैं। एक बड़ी सी शहाना सफ़ेद रंग की हवेलीनुमा इमारत जो सड़क से छिपाकर बनी है ऐसी लगती है क्योंकि सड़क से नज़र नहीं आती ये इमारत। पर एक बार इस राजसी बिल्डिंग के बड़े से दरवाज़े पर पहुँच जाओ तो माहौल बड़ा दोस्ताना लगने लगता है। बड़े–बड़े मैदान हरियाली घास पेड़–पौधे बीच–बीच में फलों के पेड़। पैदल पथ और घास के मैदानों के बीच नमूने से बने हुए पत्थर की पगडण्डियों के रिबन बेहद लुभावने लग रहे थे। अगर ये बीमारों की दुनिया थी तो इसकी इमारत और प्राकृतिक महल बड़ा सुन्दर था। लगता था सब कुछ आपको अपनी ओर बुला रहा है। दोस्ती का खुला निमन्त्रण दे रहा है।

मुख्य इमारत में ही बनी थी वो जगह जिसे सन टैरेस कहते हैं। जहाँ बैठकर लोग धूप सेंकते हैं। मारिया को वहाँ खड़ा देखकर उसका पति जोनाहन और मरीज़ों के सामने ही मारिया की तरफ़ आया। बहुत सारे मरीज इस जगह बैठे ताश खेल रहे थे। गप्पें मार रहे थे या कुर्सियों पर आराम कर रहे थे। जोनाहन और मारिया ने एक–दूसरे को चूमा, हल्के से हाथ मिलाये और बस सिर से सिर छू भर लिया। पर जैसे दोनों एक एकान्त कोने में ब्रुक के पास पहुँचे

दोनों ने एक–दूसरे के हाथों की उँगलियाँ छू लीं एक दूसरे को बाँहों में भर लिया। मारिया ने अपने जोनाहन को चूम लिया और जोनाहन ने मारिया को कसकर भींच लिया और एक गहरा चुम्बन ले लिया वो मारिया को पाने की चाह में हाँफने लगा। मारिया ने कहा–अरे तुम तो थरथरा रहे हो। जोनाहन की तबियत के बारे में दोनों कभी बात नहीं करते थे। जो भी था वो सामने नज़र आता था। वो अब ज़ोर से बातें नहीं कर पाता था। उसके शब्द फुसफुसाहट में निकलते थे आवाज़ डूब सी गयी लगती थी। गले में भरभराहट थी। रेडियो थैरेपी के कारण वो हमेशा थका–थका सा रहता था। इतना थक जाता कि उससे खाना भी नहीं खाया जाता था। वो लोग आपस में कैंसर शब्द का इस्तेमाल नहीं करते थे। दोनों एक–दूसरे से सटकर बैठे थे। मारिया ने अपनी बाँह अपने पति की बाँह पर रख दी। मारिया ने जोनाहन की आँखों में आँखें डालकर प्रेम से देखा। वो ऐसे ही बैठे रहते थे अधिकतर सामने की ओर देखते हुए। जोनाहन कुछ शब्द फुसफुसाता रहता जैसे अपने मन के घुमड़ते खयालों को आवाज़ दे रहा हो। बात जो भी कहता वो किसी एक की नहीं होती, बल्कि दोनों की मिली–जुली होती।

सहसा जोनाहन बोला– तुम्हें वो समय याद है जब मैं और तुम यूनियन हॉल से मार्च करते हुए बालहाऊसफ्लाटज़ गये थे।

हाँ वो समय पुश्च्ज़ का था।

क्योंकि देश में साम्यवादी थे।

जोनाहन ने कहा और हमने अपने बेटे जानी के लिए सर्दियों का शानदार कोट ख़रीदा था, तुम्हें याद है वो कोट किस चीज़ का बना था।

हाँ, याद है मेल्टोप्रेन का बना हुआ था।

जोनाहन बोला–वो कोट हर मौसम में हर समय पहना जा सकता था।

जोनाहन थोड़ी देर चुप रहा एक मौन वक़फा पसर गया उनके बीच। फिर बोला ये सूट भी तो लगभग उसी समय मैंने यहीं से ख़रीदा था जोनाहन ने अपने पहने हुए सूट की तरफ़ हाथ से इशारा करते हुए कहा ये गर्मियों में पहने जाने वाला सूट दरअसल रेलवे मज़दूर संगठन की आम सभाओं और बैठकों के लिए ख़रीदा था मैंने। मारिया बोली तुम और कुछ नहीं बस एक पुराने वामपन्थी लाल रंग ही रहे। इधर श्रीमती होलब्रुक ने आजकल एक नयी आदत डाली थी– वो अपने हर नये प्रेमी को नये साथी को वो किस्से सुनाती जो उनके अपने नहीं वरन् अपने पति के रिश्तेदारों के संगी साथियों के जीवन से लिए गये थे। जैसे कि एक प्रेमी को उन्होंने बताया–एक दिन मेरे पिता जब घर लौटे तो मेरी माँ बगीचे की तरफ़ जाने वाली सीढ़ियों पर खड़ी थीं वो अपने हाथ झटक रही थीं और घर के नौकर–चाकर इधर–उधर दौड़ रहे थे जैसे गर्दन कटने के बाद मुर्गे छटपटाते हैं। सब पूछ रहे क्या हुआ, हुआ क्या। दरअसल हमारे पहरेदार कुत्ते ने जो बड़े आकार का जर्मन शेपर्ड कुत्ता था, मेरी छोटी बहन को नोंच डाला था। हम थे भी बहुत सारे बच्चे कुत्ता क्यों झुँझलाया, क्यों नाराज़ हो गया। किसी को नहीं मालूम पर उसने उस छोटी बच्ची को झंझोड़ डाला।

मेरे पिता सरकारी मन्त्रालय से लौटे ही थे अभी उसी काले सूट में थे पर अपने स्वभाव के हिसाब से जो उन्होंने किया वो केवल वही कर सकते थे। उन्होंने मेज़ की दराज से पिस्टल निकाली और भागते हुए आये और हम सबके सामने बिना कुछ जाने–समझे उस स्वामीभक्त, हम सबके साथी कुत्ते को गोली मार दी। क्योंकि कुत्ते, अपनी ड्यूटी नहीं निभायी थी। फ्राउ वानब्रुक पीछे की तरफ़ झुकती है और अपनी एक काली लट से खेलने लगती है।

हम होलब्रुक इस शहर के एक प्रतिष्ठित खानदान से हैं जाने–पहचाने नाम हैं। हमें इस बात का गर्व है कि सत्ता में चाहे कोई भी रहा हो हमने तो उसकी पूरी सेवा की है चाहे वो कैसा हो बादशाह

हो या फिर कोई राष्ट्रपति ही हो। हमने सबकी बड़ी मुस्तैदी से सेवा की। मैं तुमसे पूछती हूँ कि इससे क्या फ़र्क़ पड़ता है कि गद्दी पर कौन है मतलब तो काम से है।

जीवन का दूसरा नियम है आज़ादी, हर हाल में पूरी आज़ादी, जो चाहो वो करने की आज़ादी मैं इसमें पूरा विश्वास रखती हूँ।

उसका नया प्रेमी गुसलखाने में जाकर अपना लिंग धो रहा है तब तक फ्राऊ होलब्रुक बिस्तर पर उलट–पलट रही हैं। जोन बिस्तर पर फिर लौटता है और फ्राऊ होलब्रुक के बदन पर झुककर पूछता है–सच बोलो, तुम ख़ुद हो कहाँ की? बताओ?

फ्राऊ होलब्रुक कहती है "**फावोरीटेन**" से।

"फावोरीटैन" एक मध्यमवर्गीय मज़दूरों का, छोटे कर्मचारियों का मामूली सा दिखने वाला इलाक़ा था। ये बताने के बाद उसने अपने चेहरे को तकिये में छिपा लिया।

जान बोला तो क्या हुआ मैं भी वहाँ से ही हूँ। फ्राऊ होलब्रुक बोली मेरा पहला पति भी एक अफ़सर था। बड़ा सजीला हैन्डसम नौजवान पर भगवान जाने बिस्तर में उसे क्या हो जाता था। सब जोश–फुर्ती फुस्स–स...

अबकी बार फ्राऊ होलब्रुक ने अपने हमबिस्तरी के लिए जिस "पिलो कैन्डी" यानी तकिया टॉफी को चुना उसका नाम था पन्डोरा। उसे फ्राऊ होलब्रुक ने एक सिनेमा हॉल के सामने से पकड़ा था–लोगों के टिकट चैक कर रहा था। उसने लाल काली धारी की जैकेट पहनी थी उस पर बो टाई बाँधी थी बिल्कुल बन्दर सा नज़र आ रहा था। पन्डोरा कहता ये अमेरिका का नया फैशन है। मुझे यहाँ काम करते ज़्यादा समय नहीं हुआ है पर फ़र्क़ क्या पड़ता है सारा खेल धागों का है तुम ड्रैस कैसे बुनते पहनते हो। तुम हवाओं में कैसे निशाना साधते हो। ये सब कुछ एक और ही चीज़ है बस मायने अगर कुछ रखता है वो चीज़ का कुछ और ही चीज़ होना...

आजकल फ्राऊ होलब्रुक सिनेमा बहुत देखने लगी है। उसे "मारियाहिलफेरस्ट्रास" के लम्बे इलाक़े में घूमने में बहुत मज़ा आता था। बस जेब में पैसा होना चाहिए फिर तो हर कोई यहाँ घूमना चाहेगा। श्रीमती होलब्रुक ये ख़रीदारी करना ही बेहद पसन्द था उसे कुछ ख़रीद पाने से बेहद ख़ुशी होती है। शाम के सुनहरे ढलते सूरज तले बड़ी–बड़ी दुकानों की बड़ी खिड़कियों में सजे तरह–तरह के सामान उसे अपनी ओर खींचते। ज्यों–ज्यों शाम ढलती है सड़क पर ख़रीदारों की भीड़ बढ़ती है। सूरज का सुनहला रंग ख़रीदारों के सिर पर से रंग छिड़काता उन्हें सुनहला बनाता अपनी किरणों को समेटने लगता है पर फ्राऊ होलब्रुक दुकानों की खिड़कियों के शीशों में पूरी तरह डूबी है।

अध्याय-3

क्लारा बाज़ार में घूम तो रही थी पर समझ नहीं पा रही थी कि उसे चाहिए क्या। ये वही सड़क **"मारियाहिफफेरस्ट्रासी"** थी जहाँ उसकी माँ भी घूमने आती थी। दुकानों के शीशों में एक बहुत छोटी नौजवान लड़की की सूरत नज़र आती थी। पीला चेहरा बहुत ही छरहरा दुबला नाजुक शरीर छोटे कटे बाल, बहुत सुन्दर नैन नक्श पर अब मिलाकर वो एक छोटा नौजवान लड़का ज़्यादा लग रही थी। बनिस्पत एक छोटी कम उम्र की लड़की लगने में कदकाठी इतनी हल्की थी पलकें झपकाओ तो नज़र ही न आये। एक हवा का झोंका हो जैसे।

सच तो ये है कि इसे इन बड़े डिपार्टमैन्टल स्टोर्स में मिलने वाला सामान पसन्द ही नहीं आता था। उसे वो बहुत भड़कीली चीज़ें लगती थीं। उसके लायक वहाँ कुछ था ही नहीं। उसकी पसन्द एक ख़ास किस्म की उसकी पसन्द की चीज़ को किसी ख़ास स्टोर पर ही होना चाहिए था। उस चीज़ को और कौन पहने है वो देखने में कैसी है क्या वही चीज़ें उसकी सहेलियाँ भी पहनती हैं। इन चीज़ों की क़ीमत क्या है? होने को तो सस्ती क़ीमत की चीज़ें भी ख़ूबसूरत हो सकती हैं पर उनका मान बढ़ाने के लिए उनके साथ तमाम महँगा तामझाम पहनने का शऊर आना चाहिए।

अल्फ्रेड को इस दुनिया का ज़रा भी ज्ञान न था। उसे तो इस फैशन जगत में गोरखधन्धे की ज़रा भी ख़बर नहीं थी। क्लारा ने मन में सोचा तो क्या हुआ उसे इस बारे में जानकारी नहीं पर वो कितना अच्छा है भोला सा प्यारा सा मैं उसे प्यार करती हूँ बहुत प्यार करती हूँ

इसके कारण बाक़ी सब लोग मुझसे ईर्ष्या करते हैं मैं क़िस्मत वाली हूँ मुझे अल्फ्रेड मिला है मैं उसे प्यार करती हूँ बस...!

क्लारा अपने भावों की गहराई को जानती थी। ये गहरी भावनाएँ इतनी ताक़त वाली थीं कि ये आपके सारे व्यक्तित्व को अपने में समा सकती थीं। ठीक वैसे ही जैसे परी कथाओं में समुद्री अजगर यात्रियों के जलयानों को लील जाता था। पर अपनी इन ताक़त वाले आवेगों की तीव्रता से क्लारा डरती नहीं है वो उन्हें उभारती है आगे लाती अगर वो अपने आप स्वतः ऊपर नही उठती क्लारा उन्हे और जोश से आगे लाती है। अपने भावावेगों के संसार में क्लारा इतनी मगन हो गयी थी कि उससे परे उससे इतर उसके लिए अब और कुछ था ही नहीं। ओह प्रेम तुम से लगन लगना अद्‌भुत है, अनूठा है, अप्रतिम है।

क्लारा ने विश्वविद्यालय में दाखिले का इम्तिहान माटूरा पास कर लिया था। अब विश्वविद्यालय के विदेशी भाषा विभाग में पढ़ने जाने लगी थी। इसका एक कारण और भी था। क्लारा को आशा थी कि अगर कोई विदेशी भाषा वो पढ़ेगी तो उसे आस्ट्रिया से बाहर विदेश जाने को मिलेगा।

उसके पापा घोर परम्परावादी थे। आजकल कुछ ज़्यादा ही कट्‌टर विचारों वाले होते जा रहे थे। इतने ज़्यादा खानदानी परम्परा, खानदानी रिवाज़ों की दुहाई देने लगे थे कि लोगों के बीच बड़े संकोच शर्म वाली स्थिति पैदा हो जाती थी। पापा कभी भी कोई भी किताब नहीं पढ़ते थे उन्हें उसका शौक ही नहीं था। क्लारा को वो अब पाखण्डी लगने लगे थे। ढोंग करते थे पापा, जानते वानते कुछ नहीं थे और दवाओं के नाम पर तो महा छलकपट भरा था उनमें। बस नाम बड़ा था उनका। अच्छा चलो मान भी लिया जाये कि अपने क्षेत्र की उनको थोड़ी–बहुत जानकारी थी पर उससे क्या? ये जो संगीतप्रेमी बने फिरते हैं पापा वो भी कमियों को छिपाने का एक ढक्कन है। जो भरता है उस काले खालीपन के छेद को जो क्लारा और पापा के बीच है।

ये छेद सुन्दर संगीत ध्वनियों के साथ बढ़ता ही जाता था। धुनों में आकार बढ़ाता ये खालीपन फैल जाता। वाद्ययंत्रों की टंकारों पर

ज़ोर से फड़फड़ाने लगता जैसे कोई धुला रूमाल हवा में सूखते समय फड़फड़ाता है। हाँ क्लारा में अपनी भी मौलिकता है वो अलग ढंग से सोचती है इस बात को ख़ुद अल्फ्रेड ने उससे कहा था।

अल्फ्रेड इन्सान की मौलिकता में विश्वास रखता था। जैसे उसकी माँ की टोपियाँ सबसे अलग हटकर होती थीं, अलग रंग नमूनों की। वो मौलिकता को गम्भीर विषय मानता था। वो इस बारे में कोई मज़ाक नहीं सुन सकता था। क्लारा को अल्फ्रेड की अपनी भावनाओं को इतनी गहराई से महसूस करने की ये अदा बेहद पसन्द थी। जिस गम्भीरता से वो अपनी भावनाओं की इज़्ज़त करता था। उन्हें अपने जीवन का अहम हिस्सा बनाकर रखता था। क्लारा के लिए वो एक आदेश था पर जो उसको समझ में नहीं आता था वो था अल्फ्रेड का व्यवहार। उसकी राय, उसके विचार सबके सब मासूम क्लारा के लिए किसी और ग्रह से आये अजनबी से लगते थे। उसकी समझ से परे थे वो, पर बिस्तर पर अल्फ्रेड कमाल का प्रेमी था। क्लारा की देह का हर हिस्सा अल्फ्रेड के कामुक स्पर्शों से खिल उठता वो अन्दर तक मथ मथ जाती। कभी–कभी तो वो इतनी सुन्दरता से देहों का संगम करता कि सहवास स्वप्निल परमानन्द में बदल जाता। इस चरम योनि सुख से, क्लारा रोने लगती। ये उसके अपार–अगाध देहसुख की तृप्ति की रसीद थे। तब रोती क्लारा को अल्फ्रेड अपनी बाँहों में भर लेता, उसकी बेहद हल्की नामालूम सी देह को अपने शरीर के साथ ज़ोर से भींच लेता। उसके शरीर से उठती मादक गन्ध को सूँघता, वाह देह गन्ध, क्लारा की देह की सुगन्ध उसके होने का अहसास थी।

हैट के शोरूम में एक हैट था जिस पर मोर पंख लगा था। बस यही हैट उनके पास नहीं है। हाँ यही हैट उनको देना ठीक रहेगा। ये जो हैट के किनारे–किनारे बाज़ारू औरतों सी मखमली कोर लगी है। यही भड़कीली टोपी उनकी पसन्द का हिस्सा बन सकती है। माँ की इस ज़िन्दगी में पसन्द की दो किस्म की चीज़ें हैं–भड़कीले बाज़ारू फैशन और तरह–तरह के आदमी, पापा ने शायद इस सच पर ध्यान नहीं दिया है।

क्लारा ये सोचते–सोचते सहसा अपने बाप के प्रति सहानुभूति से भर गयी। उसे पिता के लिए मन में दुख हुआ। पर फिर सोचा तो इसमें ग़लती भी तो पापा की ही है। फिर जाने क्या हुआ क्लारा के अन्दर बाप–माँ के लिए जो विद्रूप, मज़ाक छिपा था वो हँसी बन छाती फाड़ के बाहर निकल पड़ा। क्लारा मारियाहेलिपर मार्ग पर भरी भीड़ के बीचोबीच ज़ोर–ज़ोर से हँसने लगी।

जैसा कि पहले बताया जा चुका है कि हालाँकि क्लारा माटूरा इम्तिहान पास करके विदेशी भाषा यूनिवर्सिटी में प्रवेश पा चुकी थी पर फिर भी अब भी वो अपने स्कूली साथियों के साथ मिलती–जुलती रहती थी। इन सभी नौजवान छात्रों ने एक खाली पड़े शराबखाने में अपना ख़ास क्लब खोल लिया था जहाँ सिर्फ़ वही जा सकते थे जो इस क्लब के मैम्बर होते थे। उन्होंने खिड़कियों के शीशों पर पैकिंग पेपर चिपका रखे थे। अन्दर वो सबसे नये निकले संगीत के रिकाड्‌र्स पर मारक संगीत सुनते थे। उसके साथ–साथ गाते थे। झूमकर नाचते थे और कभी–कभी आने वाले लड़कों के साथ आँखें लड़ाती थी। उन्हें मोहने की पूरी कोशिश करती थी।

लड़कियों के इस ख़ास काम में अल्फ्रेड एक अपवाद बन गया था। वो इस क्लब में कहीं से फिट नहीं होता था। वो ख़ुद भी यही सोचता था कि ये क्लब उसके लिए है ही नहीं वो इस क्लब के साथ जुड़ना भी नहीं चाहता था। उसे सिर्फ़ ये पता था कि वो इस क्लब में इसलिए है क्योंकि उसे क्लारा के पास रहना अच्छा लगता है। क्लारा भी यही चाहती थी कि अल्फ्रेड उसके साथ बना रहे हालाँकि वो इतने प्यार से इस क्लब में नहीं आता था। प्यार की कभी इन्तिहा हो जाती और क्लारा अल्फ्रेड के प्रेम ज्वार से टकरा–टकरा कर लहरों की तरह थक जाती। अल्फ्रेड को चाहिए था प्यार, प्यार, प्यार ही प्यार।

कभी कोई पूछ ही लेता अल्फ्रेड तुम कहाँ से हो। अल्फ्रेड सकपका कर उत्तर देता मैं बड़ी गरीब पृष्ठभूमि से हूँ पर मेरा बचपन बेहद ख़ुशनुमा था और अब तो बात ही और है। क्लारा शायद अपने बचपन

के बारे में ये नहीं कह पाती थी। अल्फ्रेड शब्द सम्भालकर बोलता और वही कहता जो वो पहले भी क्लारा को बता चुका था।

इस समूह में नौजवान लीएटोमेरिटज़्की का नाम भी जानते पहचानते थे। कहता कोई नहीं था पर मन ही मन सब जानते थे कि अगर अल्फ्रेड लीएटोमेरिटज़्की का लड़का है तो ज़ाहिर है कि सब चल अचल सम्पत्ति का वारिस भी वही होगा। तो आख़िरकार कुल मिलाकर वो एक बेहद धनी व्यक्ति है। क्लब में शामों को अल्फ्रेड क्लारा के साथ बहुत नाचता उसे बहुत सहलाता दुलारता। क्लब में ज़्यादातर वो क्लारा के साथ ही बैठा रहता। अगर बार से ड्रिन्क नहीं ला रहा होता तो बस वो और क्लारा खामोश साथ–साथ बैठे रहते। अल्फ्रेड ज़्यादातर आसपास हो रही बातचीत में भाग नहीं लेता था। उसकी वजह थी इस क्लब ग्रुप के लोग जिस तरह की बातचीत करते थे गप्प लगाते थे वो अल्फ्रेड के माहौल से परे की बातें थीं और तो और शायद उसके सोच के दायरे से भी परे थीं। उनकी बातों के विषय ही अलग क़िस्म के थे। अल्फ्रेड के सिर के ऊपर से वो शब्दावलियाँ निकल जातीं। अब देखिये न ग़रीब अल्फ्रेड को क्या पता कि गर्मी की छुट्टियों में ये अमीरजादियाँ जिन शहरों, जिन जगहों पर जाकर मज़े करने का नाम ले रही थीं वो जगहें आख़िर हैं कहाँ? अटेरसी कैसा लगता वेनिस में सैन्ट मार्क स्क्वायर में क्या होता है। इन बेहतरीन फैशनेबल कपड़ों की क़ीमतें क्या हैं। वो फलानी किताब कैसी है। ताज़ा नया संगीत रिकॉर्ड कौन सा आया है इनमें से किसी भी बात का अल्फ्रेड से सीधा सम्बन्ध नहीं था लिहाज़ा वो इस सारी बातचीत में हिस्सा नहीं लेता खामोश सुनता रहता पर मुँह नहीं खोलता।

अल्फ्रेड को लोग क्लारा की शान मानते थे और अल्फ्रेड को इस पर कोई एतराज़ भी नहीं था। कई बार उसे लगता वो ख़ुद ही क्लारा है और तब वो क्लारा को ज़ोर से अपनी ओर खींच लेता और भरपूर चुम्बनों की बौछार उस पर कर देता। उसे इस बात से कतई जलन–कुढ़न नहीं होती थी कि पूरी–पूरी शाम क्लारा उस पर ध्यान दिये बग़ैर सहेलियों से बातों में मशगूल रहती। वो वाईन नहीं पीता था

पर काली बियर ज़रूर पीता था और इसलिए नहीं पीता था कि उसे कुछ बुरा लग रहा है। उसे तो अहसास भी नहीं होता था कि क्लारा और उसके दोस्तों का झुण्ड अल्फ्रेड की तरफ़ कोई ध्यान ही नहीं दे रहे। वो तो बस इसी बात से ख़ुश था कि वो क्लारा के साथ है। क्लारा बीच–बीच में उसकी तरफ़ मुस्कुराकर देख रही है, अपना सिर अल्फ्रेड के काँधे पर रख रही है उसके बदन से लिपट रही है। अल्फ्रेड के लिए यही बहुत था। रात के नीचे उतरने पर अल्फ्रेड हमेशा ही क्लब से क्लारा को उसके घर हैलब्रुक विला तक छोड़ने जाता। कुछ शराब का खुमार, कुछ शबाब का नशा, कुछ प्यार का ज्वार, अल्फ्रेड की रातें मदहोशी के आलम में गुज़र रही थीं। दोनों तरफ़ की आग बराबर लगी हुई किसे प्रेम की मदिरा ज़्यादा चढ़ी थी। ये मुश्किल था कहना– बस ज़माना देख रहा था उनके प्रेम का छलकना। वो क्लारा को चलते समय अपनी ओर खींच लेता उसके नर्म बदन को अपने में छिपा लेता, दोनों बीच–बीच में बातें करते चलते जाते सब कुछ ऐसा ही चलता रहता तो अल्फ्रेड उस पर भी ख़ुश था चलती रहे चलती रहे बस ये अन्तहीन, समयविहीन प्रेम यात्रा...इस पर क्लारा भी ख़ुश थी और अल्फ्रेड भी ख़ुश था उनके बीच जो बराबर पूरी मधुरता मादकता, मोहकता से बहे जा रहा था।

अगर कभी ऐसा होता कि क्लारा अपने माँ–बाप के साथ कहीं छुट्टी बिताने शहर से बाहर ही चली जाती तो क्लारा अल्फ्रेड से वचन लेकर जाती कि वो उसे हर रोज़ ख़त लिखेगा। अल्फ्रेड तो उसके वचन लेने से पहले ही ये तय कर चुका होता कि वो क्लारा को पत्र लिखेगा पर क्लारा के लिए उन खतों का अर्थ कुछ और ही था। वो हर रोज़ एकान्त में उन खतों को बार–बार पढ़ती थी। उन खतों के हर अक्षर, हर वाक्य उसके सन्देशों को मन ही मन दोहराती। उनके निहितार्थ को समझने की कोशिश करती। उस पर भी जब मन नहीं भरता तो उनके गूढ़ अर्थों का सूक्ष्म–सा विश्लेषण करने की कोशिश करती। जैसे उसकी ज़िन्दगी का सार ये खत है। उसकी साँसों का आधार ये खत हैं। धीरे–धीरे उसके शक विश्वास में बदल जाते।

उसके दिल को चैन मन को सुकून मिलने लगता। भीतर से यही आवाज़ बार–बार आती अल्फ्रेड तुम्हें प्यार करता है, क्लारा वो तुमको ही समर्पित है वो तुमसे अपार मोहब्बत करता है।

श्रीमान प्रोफ़ेसर साहब और उनकी पत्नी को ये अहसास तो हो चुका था कि उनकी नन्हीं बेटी की ज़िन्दगी में कुछ नया शुरू हो गया है। कुछ है जो चल रहा है शायद नया प्रेम–प्रसंग। पर दोनों की ही इस मामले में प्रतिक्रियायें बिल्कुल अलग–अलग थीं। चूँकि क्लारा पापा की बड़ी लाड़ली थी। वो पापा के सामने अपनी प्यार भरी चुलबुली हरकतें करती रहती पापा का मन बहलाती रहती। पापा के पास समय था वो अपनी बच्ची की लाड़ भरी हरकतों पर निहाल होते रहते। उन्हें पता लग गया था कि कोई नौजवान इसकी ज़िन्दगी की किताब में उतर गया है पर वो इस बात को बेटी का निजी मामला मानकर जान–बूझकर अनदेखा कर देते। जैसे उन्हें इस बात से कोई फ़र्क़ नहीं पड़ता है वो किसी भी बात से परेशान नहीं होते थे।

पर माँ की बात और थी। उसे क्लारा के प्रेमी के घर आने के सुबूत मिल गये थे। पर वो खामोश रही। उसने बेटी से कुछ नहीं कहा। हल्का सा मुस्कुरायी और खामोश हो गयी। उसने अपने आप को दूसरे कामों में उलझा लिया वैसे भी उसके पास टाइम ही कहाँ होता था जो बेटी की जासूसी करती जो चल रहा था जैसा चल रहा था चलता गया।

कमर्शियल काउंसलर के आने की घोषणा कर दी गयी थी। काउंसलर भी देखने लायक आदमी था नाम था हूबर उसका सिर सफ़ेद बालों से भरा था बर्फ़ की टोपी जैसे बाल। कहा जाता था कि वो जबर्दस्त शिकारी था। ताश के खेल में उसे कोई मात नहीं दे सकता था। औरतें फँसाने में बड़ा तेज़ था। उसके चेहरे का रंग गहरा ताँबई था क्योंकि ज़मीनों के काम और शिकार की वजह से वो अक्सर तेज़ धूप में बाहर ही रहता था सो। सूरज के चूल्हे की गरम आँच से उसका रंग तप–तप कर ताँबई हो गया था।

व्यापारिक काउंसलर हूबर बहुत रौब दाब से चलता था। अपने काम में वो बहुत चुस्त–दुरुस्त और फुर्तीला था। वो बहुत एकाग्रचित्त होकर काम करता था और अगर ज़रूरत पड़ती तो वो अपने लहीम फहीम शरीर को साथ लेकर कुर्सी पर जमकर बैठ जाता और उन सबका रास्ता छेक लेता जिनके द्वारा उस ज़मीन पर क़ब्ज़ा जमाये जाने का शक होता।

वो अकेला ही नहीं जाता अक्सर उसकी पत्नी भी उसके साथ होती जो एक बहुत ख़ुशदिल और नर्म मिजाज़ की औरत थी। उसके गले में मोतियों की माला पड़ी रहती मध्यमा उँगलियों में अँगूठियाँ।

और आता था वो शख्स जो बराबरी की कमिटी बनायी जाने के सिद्धांत के अनुसार मज़दूर संगठन से बुलाया जाता ये एक संगठन का बड़ा अधिकारी होता। ये परम्परा से मूर नदी के औद्योगिक क्षेत्रों से निकला हुआ आदमी होता था।

ये परम्परा से ही समाजवादी औद्योगिक क्षेत्र था। जहाँ उद्योगों के अलावा कुछ खानें भी थीं। यही आदमी संगठनों के नीचे तल से ऊपर उठा हुआ आदमी था जो अब ऊँची कुर्सी पर बैठा हुआ आदमी हो गया था और दुकान की नौकरी से ऊँचे उठकर जिला कार्यकारिणी का अधिकारी बन गया था इसीलिए अब उसकी नियुक्ति वियना में हो गयी थी। उसकी पत्नी उसके साथ नहीं आती थी। लोगों का कहना था वो लोगों के सामने प्रस्तुत करने लायक थी ही नहीं। उसकी भाषा अब भी देहाती थी मुँह खोलते ही पता चल जाता था वो कहाँ की रहने वाली है इसी मामले में वो पति से पीछे छूट गयी थी।

उसका सहयोगी "मिटरेगर" भी साथ आया था और वो अच्छे मूड में था ख़ुश था। जो वो हमेशा रहता था– मीटिंग में लड़की द्वारा शैम्पेन परोसे जाने के साथ ही वो ज़ोर से चिल्लाया "चियर्स" मैं दूसरे काउंसलर के सम्मान में जाम टकराता हूँ वो ख़ुश रहे और ये दूसरा काऊन्सल लेटोमेरेटज्की होता था। ये भूमि सम्पदा रजिस्ट्रेशन की बैठकों का आम हाल था।

उस मीटिंग में थोड़ी देर बाद अनुभाग का मुखिया लामैर भी आ गया। वो हमेशा की तरह अपना खडूस स्वभाव भी साथ लाया लटकी हुई गम्भीर सूरत और हँसने मुस्कुराने से दूर–दूर तक का कोई वास्ता नहीं। उसने विकृत होंठों से लीएटोमेरिटज़्की से हाथ मिलाते हुए कहा–आप लामेर, कन्सट्रक्शन व टैक्नॉलोजी से हैं। वो मंत्रालय में सरकारी अधिकारी था। उसे सब जानते थे। जो भी उसे जानते थे उसकी शुरुआती ख़ामोशी को माफ़ कर देते थे क्योंकि जैसे–जैसे चढ़ेगी शाम इसके अन्दर जायेंगे जाम इसका चेहरा हो जायेगा जैसे तपता घाम (धूप) और इसके होंठों से निकलने लगेंगे वियना के गीतों के नाम।

फिर आयी एक और महिला जिसे कोई नहीं जानता था सिवाय लीएटोमेरिटज़्की के। देखने में साधारण सूरत। बाल बड़े कसकर पीछे बाँधे हुए। कद लम्बा उम्र पकी हुई–पर इस सबके बाद भी बेहद गरिमापूर्ण। जैसे किसी शाही खानदान से हो। नाम था फ्राऊ डोक्टोर बेरानेक।

ये कोई अचरज भरी बात नहीं थी कि अब सबकी निगाहें इस नयी आगन्तुक पर गड़ गयी थीं क्यों कमरे में बाक़ी सब सबको जानते थे। उन लोगों ने कई मीटिंग्स में एक–दूसरे के साथ कार्यवाहियों में भाग लिया है कुछ नरम बैठकें कुछ बहसबाज़ी वाली गरम बैठकें।

शुरुआत हूबर ने की लीएटोमेरिटज़्की ये मेरे लिए आश्चर्य की बात है कि तुम अपने ताज़ में इतने नगीने जड़ाकर रखते हो और फिर उसने फ्राऊ डोक्टोर बेरानेक की ओर इशारा किया। फिर कहा इन्हें कहाँ छिपाकर रखा अपनी कसम खाकर कहता हूँ इस नगीने को तो तुम पहले ही ले आते तो हम पर अहसान होता। मितेरेगर अभी सोच ही रहा था कि वो बोल ही दे या पहले ताश का जो स्थानीय खेल वो खेल रहे थे बायूरनशेनापसेन से एक ज़ोरदार पत्ता निकाले तब कहे कि लीएटोमेरिटज़्की की आस्तीनों अक्सर ऐसे इक्के छिपे रहते हैं। अभी वो ख़ुशी से मुँह खोलने ही वाला था। फ्राऊ डोक्टोर ने ख़ुद ही कह दिया हम एक–दूसरे को कसीनो जुआघर से ही जानते हैं।

हमारी पहचान पहले से ही एक–दूसरे से है तो बैठक में यह तय हो गया कि जब तक सूप दिया जाता है और नमकीन नाश्ते की चीज़ें खाने से पहले लायी जाती रहेंगी तब तक कसीनो और जुए के बारे में ये मेहमान गप्पें लगाने में व्यस्त रहेंगे।

मीटेरेगर बोला–ना बाबा ना मुझे आप अभी कसीनो क्लब में नहीं पायेंगे बड़ी खतरनाक जगह है वो। कहते हुए उसने बड़ा सा मुँह खोला और छुरी–काँटे की सहायता से एक सलाद की पत्ती और अण्डा मुँह में ठूँस लिया।

हूबर ने बीच में ही बात काटी– अरे यार साथ में कोई हसीन औरत भी हो तो तुम्हें कसीनो में ज़रूर देखा जा सकता। अरे भाई हुस्न साथ हो जुआ खेलने का मज़ा ही कुछ और है। अकेले खेलने में मज़ा थोड़े ही आता है ये कहते हुए उसने अपनी प्लेट के पास रखा नैपकिन उठा लिया।

फाऊ बेरानेक ने कहा हम दोनों को ही जुआ खेलना पसन्द है?

कमर्शियल काउंसलर हूबर खामोश हो गये बेरानेक ने भी एक बड़ी औपचारिक मुस्कान चेहरे पर ओढ़ ली–और अब पूरी शाम वो ऐसे ही रहेगी?

बीच–बीच में बेकनेर ने इधर–उधर की बातें कीं। अलग–अलग लोगों से अलग–अलग भावों से बात को आगे बढ़ाया और बड़ी शालीनता से खाना खाया। उसे खाना खाते देखना भी अच्छा लगता था क्योंकि वो शालीनता और कुलीनता की एक अलग बानगी पेश करती थी।

इधर विभाग का अध्यक्ष टेबल पर दोनों हाथों की कोहनियाँ टिकाकर बकर–बकर खाये जा रहा था। एक के बाद दूसरा हैम रोल (सूअर के मांस का रोल) मुँह में ठूँसे जा रहा था। वो बार–बार अपने दायें हाथ से खाना परोसने वाली को इशारा कर अपने पास बुलाता, उसके पास आने पर खाने के साथ–साथ उसके बदन की भी अपनी निगाहों से पूरी सैर कर डालता। इस बार जब उसे बुलाया तो विभागाध्यक्ष बोला एक बीयर और लाओगी? धन्यवाद!

लीएटोमेरिटज़्की ने सोचा शाम की शुरुआत अच्छी हो गयी है।

अब सब लोग सैलून में आ गये थे लेटोमेरीटज्को को ये जगह ज़्यादा पसन्द थी। उसे हॉल ज़्यादा बड़ा और औपचारिक लगता था पर ये जगह तो बहुत अनौपचारिक और बेहद ख़ूबसूरती से सजायी हुई थी।

हॉल को वो शोरूम कहता था उसे वहाँ बैठकर सब कुछ औपचारिक सा लगता था। सलून में करीने से बिछे ख़ूबसूरत मेजपोश पर बढ़िया चाँदी के छुरी–काँटे सजे थे। सभी बर्तन या बोन चाईना के थे या फिर गिलोस क्रिस्टल की थी। मेजपोशों में से हल्की सुगन्ध आ रही थी उनमें माड़ लगी थी और वो बढ़िया से इस्तिरी किये हुए थे उन पर एक शिकन भी नहीं थे उन पर अँगुलियाँ फिराकर अच्छा लगता था। लीएटोमेरिटज़्की को अपनी ये शानो–शौकत बेहद पसन्द थी। वो ख़ुद भी दिखावा पसन्द करता था पर स्वयं वो कभी भी इस सजावट में निजी दिलचस्पी नहीं लेता ये सारा काम क्या बिछेगा, क्या सजेगा, क्या बनेगा ये सब इस घर में काम करने वाली औरतें ही करती थीं। लीटो इस सब में नहीं उलझता था, ये दुनिया उसकी होते हुए भी उसकी नहीं थी क्योंकि उसका संसार व्यापार था। कभी–कभार उसकी निगाहें जब इस साज–सज्जा पर पड़ ही जातीं। जैसे एक अच्छी पेन्टिंग या ओपेरा का कोई बेहद अच्छा दृश्य अपने दिलो–दिमाग़ पर छाप छोड़ जाता वैसे ही सलून की सजावट उसका महंगा सामान एक नज़र में लीटो के मन घर गहरी छाप छोड़ जाता। कई बार कुछ दृश्य उसे अति–नाटकीय, बेहद भड़काऊ किस्म के भी लगते। ऐसी ही गृह–सज्जा भी–उसे उन्मत्ता देती पर वो दख़ल कभी नहीं देता। स्टाफ का काम स्टाफ ही करता। वो कभी भी कुछ भी संयोजन का काम घर में करता ही नहीं था। वो तो मेलानो के आगमन की सजावट देखते ही भाग छूटता था। अपनी मीटिंग्स में, योजनाओं में, और इधर–उधर के हज़ारों व्यापारी कामों में उलझ जाता।

कभी ज़िन्दगी की वास्तविकताओं से उसके असली रंगों से उसकी उलझनों से उसकी आन्तरिक बदसूरती से उसका खड़ा सामना हो जाता वो और मानव जीवन आपने सामने खड़े हो जाते और जब जीवन लीएटोमेरिटज़्की को हकीकती लिबास में अपनी सूरत दिखाता। लेटो चौंक जाता, सकपका जाता। उसे लगता वो अब तक शायद सोता ही रहा था नहीं सीमाविहीन अन्धकार में आराम कर रहा था। एक अन्तहीन भरा हुआ अँधेरा उसकी आरामगाह बना हुआ था पर समय की विलक्षणता देखिये अजब बात ये कि ठीक उसी समय लीएटोमेरिटज़्की का व्यापारी जीवन ज़िन्दगी की पूरी रंगीनी के साथ ज़िन्दा था।

लीएटोमेरिटज़्की ने श्रीमती बेरानेक की तरफ़ देखा हूबर उनके साथ बातों मे डूबा था। आख़िर वो इस व्यापार का एक महत्त्वपूर्ण हिस्सेदार भी था। हूपर बेरानेक अपनी पिछली हँगरी यात्रा के बारे में बता रहा था। जहाँ वो डैन्यूब के दलदली हिस्से में आयी परेशानी के बाद गया था ये हिस्सा कैमोरोन के पास था।

पर बाद में वो एक साधारण मामला निकला।

बेरानेक लीटो को पिछले कई महीनों से जानती थी। वो तो कभी–कभार ही मनोरंजन के ख़ातिर खेलती थी। वहाँ जाने से नये–नये लोगों से मुलाक़ात होती थी जान–पहचान बढ़ती थी। आख़िर लीएटोमेरिटज़्की भी तो उसे वाडेन के कसीनो में ऐसे ही किया था। लीटो भी कभी–कभी शाम को बेरानेक को खाना खिलाने ले जाता या थियेटर ले जाता कभी–कभी कैबरे डांस भी दिखाने ले जाता। पर वो लोग कभी भी हम बिस्तर नहीं हुए। उन दोनों ने देहों का मिलन नहीं किया। उससे फ़ायदा ही क्या था।

लीएटोमेरिटज़्की अपने विचारों में खोया बैठा ये जो इतनी कुलीन भद्र महिला सहयोगी बेरानेक है जो क़ानून के कार्यक्रमों में अपने काम के कारण मशहूरो य़ायफ है वो इस शानदार पीले फूलों की बहार वाली पोशाक जिसमें कारनेशन और गुलाब बिखरे हैं।

तेज़ हवा के झोके सी लहराती निकलती है तो एक अलग किस्म के भाव जगाती जाती है मगर यही औरत इस पोशाक के बगैर कैसी लगेगी?

लेमी, वही काले बालों वाली लड़की हाथ में शराब की नयी बोतल लेकर कमरे में आयी। ये बोतल लाईमर के लिए थी। लाईमर अपने दूसरे अधिकारी मिटरेगर की ओर मुड़ा और बोला बिल्कुल जी बिल्कुल हम तेज़ रफ्तार वाले राजमार्ग को बढ़ाने के लिए सरकार पर पूरा दबाव डालेंगे। तुम चिन्ता मत करो और फिर उसने शराब के गिलास से एक बड़ा सा घूँट भरा।

लीएटोमेरिटज़्की ने आज पहली बार नोटिस किया कि मिटरेगर पीछे से बिल्कुल गंजा हो गया था। सपाट मैदान सा हो गया था। उसके सिर का पिछला हिस्सा लगता था अब उसकी खोपड़ी के खल्वाट होने में ज़्यादा समय नहीं बचा था।

खाने के बाद हूबर ने श्रीमती बारनेक के साथ डान्स किया। लीएटोमेरिटज़्की ने हाल ही में चूड़ी बाजा मैगनैटो फ़ोन ख़रीदा था। संगीत जगत में ये नयी आधुनिक तकनीकी यन्त्र था। श्रीमती हूबर अपने में मगन मुस्कुराती हुई अपनी कॉफ़ी को चम्मच से घुमा रही थी। मिटरेगर अब भी उस राष्ट्रीय तीव्र गति राजमार्ग के बारे में बता रहा था जिसे आल्पस की पहाड़ियों की टाऊरेन शृंखला के ऊपर से होकर वियना से साल्ज़बर्ग और उसके भी आगे तक जाना था। पर लाईमर उसकी बात सुन ही नहीं रहा था।

लीएटोमेरिटज़्की इस सबके बीच वो सही मौका तलाश रहा था जब उससे जुड़ी उसके व्यापार को आगे बढ़ाने की बात की जा सके उसे विभागाध्यक्ष से एक बेहद ज़रूरी बात करनी थी। वो पल बस अब आने ही वाला था। श्रीमती बारनेक ने अपना रूमाल गिरा दिया था। इतनी देर से लगातार बोलने वाला अब मुँह से थूक निकाल रहा था वो पहले से ही शराब धकलाने लगा था। अब लाईमर अपनी कुर्सी से उठने की पूरी कोशिश करने में लगा था। पार्टी जारी थी।

एक दिन एक कॉफ़ी की दुकान पर जार्ज की मुलाक़ात लूकास स्टेपानिक से हो गयी। दोनों एक प्लेट ठण्डी नूडल खाते–खाते आपसी बातों में लग गये। उन्होंने अपने प्रोफ़ेसरों के बारे में बात की, फिर पढ़ाई के नोट्स के बेचे जाने के बारे में बात की। दोनों ने अपने चल रहे छात्र जीवन के बारे में भी बहुत सारी बातें कर डालीं। तभी जार्ज के इस नये–नये पहचान वाले लूकास ने सुझाव दिया क्यों न हम दूसरी जगह एक शराबखाने में चलें। शाम के गहराते अँधेरे में शराब के बहुत सारे दौर चले और हर दौर के साथ लूकास और जार्ज एक दूसरे के बारे में बहुत कुछ जान गये। लूकास बिना रुके बोले जा रहा था अपनी ज़िन्दगी के पन्ने खोले जा रहा था। जार्ज को ऐसा लगने लगा था जैसे उन दोनों की सालों पुरानी पहचान थी। लूकास ने जार्ज को एक नयी योजना के बारे में बताया जो बड़ी ज़ल्दी शुरू होने वाली थी। लूकास ने कहा जैसे ही उसने अपनी यूनिवर्सिटी की परीक्षा पास कर ली वैसे ही वो कुछ जुआघर खोलेगा जिसमें सब जा सकेंगे। जार्ज ने पूछा–जुआ पार्लरर्स खोलने की क्या ज़रूरत है?

लूकास बोला– तुमको शायद अभी मैं एक गधा नज़र आ रहा हूँ। ख्वाहमख्वाह के थोथे सपने देखने वाला नज़र आ रहा हूँ पर सुनो ध्यान से सुनो ताकि हम एक–दूसरे को अच्छी तरह समझ जायें। ये कहते हुए लूकास ने एक सिगरेट सुलगायी और बोला "आने वाले दिनों में जुआ ही एक आशा बनकर ज़िन्दा रहेगा वही लोगों को अपना भविष्य नज़र आयेगा। क्योंकि सिर्फ़ उसी में कुछ जीत पाने की उम्मीद बची होगी। सोचो ज़रा हम भी जुआ खेलने के लिए पूरा शहर बसायेंगे। जैसे अमेरिका ने लासवेगास बसा दिया जहाँ दुनिया से लोग सिर्फ़ जुआ खेलने आते हैं–तरह–तरह के रंग का जुआ, तरह–तरह के ढंग का जुआ, हर एक के संग खेला जा सकने वाला जुआ। सोचो ज़रा हम–जुआ खेलने के अड्डों का, क्लबों का हाल का पूरा जाल बिछा देंगे। ये जुआघर या द्यूत क्रीड़ा घर हर एक जिले में होंगे। ऐसा होने से जुआ खेलने वाले के जुआ जुनून को और बढ़ावा मिलेगा।

ये जीत पाने की बची हुई इच्छा एक नशा बनकर लोगों की नसों में फैल जायेगी।

जार्ज बोला–"और ये सब तुम सिर्फ़ इसलिए करोगे करवाओगे ताकि जुआ की लत आम और ख़ास सभी को लग जाये–वाह क्या ख़ास ख़याल है" और ये कहकर मुस्कुरा दिया।

लूकास ने जार्ज को घूरकर देखते हुए कहा तुम्हें नहीं समझ आयी न मेरी बात? आयेगी भी नहीं?

जार्ज को अब अचानक लगा कि ये जो मेज़ के सामने बैठा आदमी है ये और वो दोनों ही एक–दूसरे से कितने अलग ख़यालों के हैं बिल्कुल अजनबी हैं एक–दूसरे के लिए।

स्टेपानिक–अब कुछ नाराज़ सा सामने को ज़ोर से घूर रहा था। उसकी आँखें बेहद काली थीं।

उसकी आँखों में एक अजीब सी चमक थी जो आपको अपनी ओर देखने को मज़बूर करती थी। वो सिगरेट भी अपने ही तरीक़े से पीता था। दोनों लाल–लाल होंठों को गोल करके धुएँ के छल्ले बनाकर बाहर फेंकता था। उसके होंठों पर मूँछों की एक पतली सी रेखा थी। आँखों की तरह ही मूँछें भी गहरी काली थीं। लूकास ने पूछा "क्या हम शराब का एक और दौर ऑर्डर करें?"

शायद ये दौरे जाम ही थे जिनके कारण अब तक ये दोनों एक–दूसरे से इतना खुलकर बात कर पा रहे थे वरना तो दोनों अजनबी ही थे एक–दूसरे के लिए। एक बात अब तक शराब के सारे पैसे लूकास ने ही ख़र्च किये थे। जार्ज को उसने पैसे देने नहीं दिये। अब उसने दोनों के लिए खाना भी मँगवा लिया। चारों तरफ़ शिंजेल बिखरी थी। जब लूकास ने पैसे निकाले तो जार्ज को लगा लूकास कुछ ज़्यादा ही घमण्डी किस्म का लड़का है। उसकी हर बात में दम्भ भरा है।

जार्ज देख रहा था कि लूकास खाना भी बड़े सलीके से तमीज़ से खा रहा था। ख़ुद जार्ज में खाने–पीने उठने–बैठने की नफासत नहीं थी।

पहली मुलाक़ात के कुछ दिनों बाद लूकास स्टेपानिक ने सुझाव दिया– क्यों न हम दोनों सिंमरिग चलें। दोनों बीच–बीच में मिलते भी रहते थे। हर रोज़ कुछ न कुछ साथ–साथ मिल–बैठकर कर ही लेते थे। कभी कॉफ़ी पीना। कभी शराबखाने जाना। कभी साथ–साथ सिर्फ़ पैदल सैर को जाना। इस दौरान दोनों जने बातें करते अपनी–परायी लम्बी–लम्बी अन्तहीन बातें। इन बातों में ज़्यादा ध्यान पैसे पर दिया जाता। क्या करें कैसे और पैसा कमायें। कैसे जल्दी से जल्दी धनी लोगों में उनका नाम जुड़ जाये। धन कमायें धनी हो जायें।

अपनी लम्बे सपनों की लम्बी उड़ानों के दौरान चली हर बहस के बाद लूकास कहता, "मुझे पैसा नहीं पैसे से जुड़ी अपार सफलता चाहिए।" और फिर दोनों दोस्त पैसा–पैसा हाय पैसा करने लग जाते। सिमरिंग जाते समय स्ट्रीट कार यानी बस जैसा वाहन में बैठे–बैठे लूकास अपने दोस्त जार्ज को सिमरिंग की गिरी हालत के लिए मानसिक रूप से तैयार करने लगा।

वो फिर पैसा कमाने की बात करने लगते। लूकास बोला सिमरिंग बड़ी निचले स्तर की जगह है। इस जगह में तुम्हें सब मज़दूर वर्ग के लोग संगठनों से जुड़े लोग, कामगार यूनियन, रेलवे के लोगों की भीड़ नज़र आयेगी। समाज के निम्न वर्ग और मध्यम वर्ग के लोगों की रिहायशी जगह है। लूकास अपने दोस्त को सिमरिंग पहुँचने से पहले मानसिक रूप से तैयार कर रहा था। हम जिस सड़क पर हैं अब वो सीधे केन्द्रीय कब्रिस्तान की ओर जाती है। मैं वहाँ कई बार गया हूँ। जार्ज ने स्ट्रीट कार की खिड़की से बाहर झाँका। बाहर खड़े रोशनी के लैम्प पोस्ट नीची छतों के सिलेटी मकानों की कतारें सड़क पर से चार खिड़की वाले घरों के आगे रुमाल पहने खड़ी बूढ़ी औरतें हाथ में लिए थीं ख़रीदारी के थैले। बेसरल पार्क में एक छोटा–सा बगीचा बना दिया गया था कुछ वहाँ थीं। चलते–चलते अचानक सामने से एक छोटा सा चर्च और उसकी मीनारें झाँकी। चर्च के सामने लगे थे कुछ बेहद पुराने वर्च के पेड़। पुराने ज़माने के एक पिसोर पेवेलियन

जिसके अन्दर स्ट्रीट कार का अड्डा था, जहाँ से और जगहों के लिए स्ट्रीट कार घूमकर फिर रवाना होती थी। इसी अड्डे पर जार्ज और लूकास को नीचे उतरना था।

नीचे उतरने पर उन दोनों को अपनी दृष्टि के दायरे में वो घर नज़र आने लगे जिनकी छतें नीची थीं। पिछले दस मिनटों से वो दोनों खेतों और हरियाले मैदानों के बीच से गुज़रकर चलते जा रहे थे।

गेहूँ की लहलहाती बालियों के ऊपर से घरों और सामान्य से मोहल्लों की ओर लूकास ने बाँह फैलाकर इशारा करते हुए कहा—सबके सब समाजवादी हैं। पूरा इलाक़ा और कुछ नहीं कोरी समाजवाद की निशानी है। ये जगह सूर्य चमक रहा था पूरे ज़ोर से जैसे वो हार मानने को तैयार नहीं हो। माहौल तपने लगा था। जब काम ख़त्म हो गया तो लूकास ने अपने लिए और जार्ज के लिए उस औरत को पैसे दिये। औरत ने अपने नहाने के गाऊन की बेल्ट को कसकर बाँधते हुए अपनी गहरी मुस्कुराहट के साथ कहा तुम सिर्फ़ एक बिगड़ैल लौण्डे हो और कुछ नहीं।

इस घटना के बाद जार्ज बहुत बौखला गया था। अजीब भ्रामक स्थिति थी, वो क्या भूले क्या याद रखे दिमाग़ में सब कुछ अगड़म—बगड़म हो रहा था। उल्टा—पुल्टा वो सिमरिंग यात्रा को लेकर ज़्यादा परेशान नहीं था। न ही उस औरत की शक्ल या उसकी नज़रों से सकपका रहा था। वो औरत जिसकी देह से सिगरेट, कॉफ़ी की गन्ध आ रही थी। जार्ज की सोच में वो नहीं थी। कुछ था तो वो था लूकास के शरीर पर उस भारी नितम्ब वाली औरत का झुकना, कितना शानदार, सुखदायी था ये वासना का खेल वो याद कर रहा था वो चमकदार रौशनी, घर की खिड़की से दिखते अध सूखे दरख्त, लूकास के काले घने बाल औरत के गोरे—गोरे भारी चूतड़ सब याद आ रहा था। याद आ रहा था लूकास का उसकी ओर अर्थपूर्ण निगाहों से देखना और अपनी उँगलियों से जार्ज की तरफ़ चुम्बन भेजकर इशारा करना कि बड़ा मज़ा आ रहा है इस औरत में बड़ा दम है।

जैसा कि शुरू में ही बताया जा चुका है जार्ज और लूकास सारे समय एक ही बात सोचते थे–एक ही चीज़ के पीछे पड़े थे पैसा कैसे जमा किया जाये ताकि उसे निवेश कर बहुत सारा पैसा कमाया जाये। व्यापार शुरू करने के जाने कितने प्रोजैक्ट पर दोनों जने सारे समय चर्चा करते। वो पढ़ाई करते करते व्यापार करना चाहते थे, मज़ाक ये था कि दोनों में से कोई भी एक–दूसरे के घर, परिस्थिति, वास्तविक स्थिति के बारे में कुछ नहीं जानता था। पर व्यापार की योजना को बनाने के मामले में अब तक दोनों जने एक–दूसरे को अच्छी तरह समझ गये थे। निजी तौर पर दोनों आपस में अपने माँ–बाप की व्यापार योजनाओं को बिजनेस टर्मस कहकर बुलाते थे। इस मामले में वो सच में एक–दूसरे को अच्छी तरह समझते थे। जार्ज को लगता था लूकास किसी धनी परिवार से है। ऐसा उसने सतही तौर पर अन्दाज़ा लगा लिया था। उसके पास हमेशा पैसा रहता था जिसे वो खुलकर ख़र्च करता था। पर बदले में वो कुछ चाहता भी था। उसे बदले की अपेक्षा थी जार्ज को ये अदला–बदली का अहसान ख़ूब अच्छी तरह समझ में आता था।

हाँ, हम व्यापार शुरू करेंगे। दुनिया को दिखा देंगे कि हम दोनों क्या चीज़ हैं। मैं और लूकास। हालाँकि आज रविवार है फिर भी प्रेटर में कम लोग ही नज़र आ रहे हैं क्योंकि अभी वसन्त की शुरुआत ही हुई है। पेड़ों पर नन्हे पत्ते ही निकलकर आये हैं हवा में सर्दी की खुनक बाक़ी है। थोड़ी ठण्ड अभी है।

लोग सूर्य की असली गर्म किरण की तपन से अपना चेहरा अपनी देह सेंकना चाहते हैं। वो इस नरम–गरम धूप में बैन्चों पर बैठकर पैर पसारना चाहते हैं। कुछ लोग अपने प्रिय कुत्तों को पार्क घुमाने लाये हैं पेड़ों के नीचे कुत्ता और उनके मालिकों को घूमते देखा जा सकता है। ये प्रेटर के बड़े वाले चौक पर हैं, उधर ढलुआ ज़मीन पर बागों के विभागों ने इस मौसम के लिए पीले मखमली रंग और गहरे बैंगनी रंग वाले प्रिम रोज़ के हज़ारों पौधे लगवाये हैं। इन नन्हे पौधों से फूलों ने सिर उठाना शुरू कर दिया है। बच्चे जहाँ–तहाँ

गेंद खेल रहे हैं। सबसे ज़्यादा प्यारी भीड़ उस जगह है जहाँ कार ट्रेक बनाया गया है। जार्ज और लूकास भी वहीं हैं प्रेटर के दरवाज़े पर बने बम्पर कार ट्रेक के पास दोनों आज रविवार की छुट्टी मनाने यहाँ आये हैं। अरे! पिछले शुक्रवार को दोनों ने ही एक बड़ा इम्तिहान पास कर लिया था।

जार्ज ने कहा– तुम्हें यहाँ के रास्ते मालूम हैं?

लूकास ने कहा–और तुम क्या यहाँ ही पैदा हुए थे फिर दोनों ज़ोर से हँस पड़े। दोनों ने बम्पर कारों की सवारियों का भी मज़ा लिया। दोनों बड़े झूलों में बैठकर झूले। गति के रोमांच से रोमांचित हुए और तो और छोटे बच्चों की तरह टोबोगन से फिसले भी (एक तरह की फिसलन पट्टी)।

चाहे लूकास को इस जगह का पूरा पता नहीं था हर रास्ता कहाँ से निकलकर कहाँ जाता है ये भी नहीं पता था पर फिर भी वो जार्ज को इस पार्क की हर चीज़ के बारे में समझाता जाता था। वो बराबर जार्ज से आधा क़दम आगे चलता और फिर पलटकर उस जगह उस चीज़ के बारे में जार्ज को बताता।

उसकी ये रनिंग कमेन्ट्री बदस्तूर ज़ारी थी। पहले चीज़ और जगह की ओर इशारा करके जार्ज का ध्यान अपनी ओर खींचता फिर विस्तार से उसका इतिहास भूगोल बताता। जार्ज तो ख़ुद धरती धरन था। उसे ये सब भूचाली आदतें बचपन से ही थीं तो उसे लूकास का रनिंग कमेंट्री देना हर चीज़ को छूना परखना बेहद अच्छा लगता था। वो ख़ुद अपने पर अचरज कर रहा था कि उसे क्या हो गया वो कैसे लूकास की हर बात में मज़ा ले रहा है। लूकास जार्ज को सोचते हुए देखता तो कहता ये तुम हमेशा सोचते क्या रहते हो? सहसा जार्ज को बड़े झूले के पास एक औरत दिखाई देती है। औरत ने ऊँची एड़ी के जूते पहन रखे हैं। हाथ में एक सस्ता भड़काऊ रंगों वाला बैग है। वो महिला अनिश्चय की हालत में इधर से उधर चक्कर लगा रही थी। दोनों लड़कों को अपना शिकार नज़र आ गया और वो ग्रे हाऊन्ड शिकारी कुत्तों की तरह उसी तरफ़ दौड़ पड़े। दूसरे ही पल

में लूकास औरत पटाने में लग गया। ये जगह उनकी बेहद पसन्दीदा जगह थी पर वो दिन ज़्यादा कुछ ख़ास बड़ा दिन था जिसके बारे में वो अक्सर अपनी यादें दोहराते थे।

सच्ची दोस्ती पर मोहर लगायी जानी ज़रूरी होती है कि दोस्ती सच्ची है। ज़िन्दगी में कोई वो बात जो आपके लिए अति महत्त्वपूर्ण हो, आवश्यक हो, अमूल्य हो, अनोखी हो उस बात के बारे में ख़ुद आपका रक्त ही साक्षी बने, उस बात की पुष्टि करें। उपन्यास वो दोनों भी पढ़ते थे। उन्होंने भी इंडियंस और यारों की जैसी बहुत कहानियाँ पढ़ी थीं और सच कहें कि जो कुछ उस दिन हुआ उसकी मूल प्रेरणा भी ऐसे ही उपन्यासों में लिखे गये दृश्यों से उन्हें मिली थी।

भला बताइये कोई ऐसा करता है क्या कि साथ–साथ बैठकर एक साथ अपने ही मांस को चाकू से काट लें और ख़ून की धाराओं को एक साथ बूँद–बूँद टपकने दें और कहे हमारी दोस्ती चिरकाल बनी रहेगी–ये दोस्ती हम नहीं तोड़ेंगे।

बूँदों के बीच झलकते–थलकते चेस्टनेट के गुलाबी फूल सब कुछ धुँधलाया–सा पर फिर एक दम से चमक कर निखरता–सा।

अल्फ्रेड ने कहा, "तुम्हें कुछ याद आया?"

आजकल वो जार्ज से ज़्यादा मिल नहीं पाता था। इससे उनकी इतनी पुरानी दोस्ती में वो पहले सी बेतकल्लुफ़ी नहीं रह गयी थी। अल्फ्रेड के लिए ये बड़ा मुश्किल–सा काम हो गया था कि वो जार्ज को कुरेद–कुरेद कर सवाल पूछ पाये। उसने अपने दोस्त की मेज़ पर रखी हुई बाँह के पास हाथ रखा जार्ज टेबिल की दूसरी ओर बैठा अल्फ्रेड की आँखों में देखने की जगह और ही देख रहा था शायद इस बड़े एवेन्यू की ओर जहाँ बारिश की बौछारों के बाद अब कोई भी बाहर बगीचे में नहीं था... सब कहीं न कहीं किसी न किसी बन्द जगह में घुसकर बैठ गये थे। दोनों लड़कों ने बचपन की तरह ही उस लोहे के कबाड़ के गोदाम तक अपनी–अपनी साइकिलें चलायीं। दूर वहाँ गहरे अँधेरे में दिमाग़ में एक याद बसी है पहले तो जार्ज उन भूली यादों को याद ही नहीं करना चाहता

सच पूछो तो मन में सब धुँधला–धुँधला–सा ही है पर फिर अल्फ्रेड के बार–बार कहने पर उत्साह दिलाने पर–"याद करो जार्ज ठीक से याद करो दिमाग़ पर ज़ोर डालो सब याद आयेगा।" जार्ज याद करना शुरू करता है।

जार्ज और उसका दोस्त अल्फ्रेड प्रेटर में बैठे हैं। दो सप्ताह पहले ही वो लूकास के साथ इसी जगह आया था। ये प्रेटर की सबसे ख़ूबसूरत जगह है जहाँ बड़ी सी बियर पीने की जगह है जो बियर गार्डन कहलाती है। इसके आस–पास चेस्टनट के बड़े सारे पेड़ हैं जिन पर बहार आयी है फूल ही फूल खिले हैं। कुछ देर पहले बादलों की एक बौछार ने पूरी प्रकृति को चमका दिया। बियर गार्डन के मेज, कुर्सी, घास सब पर नन्हीं–नन्हीं बूँदें चमक रही थीं। इन्हीं से नज़र आ रही थी ख़ूबसूरत कुदरती परछाइयाँ, गहरा नीला आसमान, सफ़ेद बादलों को देख उनको लगा अपनी अटूट मित्रता का ऐसा सुबूत देने वाले वो दोनों ही हैं। दुनिया के पहले ऐसे मित्र जिन्होंने एक–साथ ख़ून बहाकर दिखा दिया कि ये मित्रता कितनी प्रगाढ़ है।

उस दिन भी वो लोग साथ–साथ चल रहे थे। उस बड़े कबाड़ गोदाम के छोटे–छोटे खाली संकरे रास्तों पर चलने वाले वो दोनों अकेले ही थे। एक जगह जाकर दोनों बैठ गये। ठीक एक–दूसरे के सामने जार्ज ने अपनी जेब से चाकू निकाला जो होने वाले काम के लिए ही लाया गया था। अल्फ्रेड भावुक हो गया उसकी आँखें भर आयीं वो चाहता क्या है। पर तब तक जार्ज ने उसके हाथ में चाकू थमाते हुए कहा "दोस्त पहले तुम।"

"मैं?" अल्फ्रेड ने सकपकाते हुए कहा। पर अब वो इस फन्दे से बाहर नहीं निकल सकता था–क्योंकि तय तो दोनों दोस्तों ने आपसी राज़ीनामे से किया था कि आज अपना ख़ून साथ बहाकर दोस्ती का सुबूत देंगे। सो अपने चाकू को अपनी बाँह में घुसा दिया और बाँह के उस हिस्से में चीरा लग गया। उसे अच्छी तरह से याद आया कि उसकी जवान चमड़ी बड़ी कसी और कड़ी थी और चाकू था बोधरा तो दो–चार बार उसे आगे–पीछे रगड़ना पड़ा तब कहीं जाकर उसकी

चमड़ी पर मैत्री चीरा लग पाया। चीरा यानी कट लगते ही उसमें से ख़ून की धार बह निकली। जार्ज ने अपनी बाँह में चाकू से एक ही बार में कट लगा दिया–उसके दोनों होंठ कसकर आपस में मिल गये थे। ऐसा करते समय उसका चेहरा भी गम्भीर हो गया था। अब ख़ून की एक ज़ोरदार धार बह निकली कि दोनों लड़के काँप रहे थे जैसे किसी स्वप्नलोक में थे फिर दोनों ने वो किया जिसकी उन्हें चाह थी जिसके प्रति उनकी आस्था थी जो उनके हिसाब से एक अलग सच को जन्म देने जा रही थी पूरी कायनात में ऐसा किसी ने न देखा था। न इससे पहले कभी हुआ था–अखण्ड मैत्री साक्ष्य दोनों ने अपनी बाँहें एक दूसरे से सटा दीं और अब दो ख़ून की धारायें एक धारा में तब्दील हो गयी थीं। घाव दो रक्त प्रवाह एक।

अल्फ्रेड जब भी अपना बचपन याद करता, उसके मन में एक ख़ुशनुमा मीठा अहसास भर जाता। उसे लगता उसका माथा घूम रहा है। बचपन के झूले से खाये हिचकोले की तरह। पर ये अहसास ये भाव, उस भाव से कहीं ज़्यादा बेहतर था जो भाव याद दिलाता था कि पहली बार जब कोई औरत उसे अपनी तरफ़ आकर्षित करती लगी तो उसे कैसा अजीब–अजीब सा लगा था। आदमी को जब लगे कि इस औरत के साथ वो शायद देह सम्बन्ध बना ले। फिर जब उसकी उँगलियाँ औरत की देह टटोलती हैं, कपड़े हटाती हैं तो पहला भाव वही होता है जो अँधेरे में खिड़की से परदा हटाने का होता है जब दूर तक फैली होती है अँधेरे की काली गहरी सुरंग, अनापी, अजानी, अँधेरी गुफा जिसमें रोमांच रोमांस से परे का रहस्य और जिज्ञासा को उघाड़कर रख दिया।

यादों के इस झंझावात में से अल्फ्रेड बड़ी मुश्किल से बाहर निकलता। तब उसके सामने आता यादों का रंगीन खुला आसमान। एक आग भरा ज़िन्दादिल स्मृति सागर अपनी लहरों में, ज्वार भाटे लाये जाता किनारे तक न जाने क्या–क्या पुराना सामान। अल्फ्रेड इस मनोदशा में मन ही मन ख़ुद को अपनी पुरानी यादों को एकटक, एकाग्र होकर देखता। उसे लगता उसकी साँसें बन्द हैं पर वो ज़िन्दा है।

कभी एक आदमी दिखाई देता जो सड़क के एक कोने में खड़ा उसे घूँसा दिखाकर धमका रहा है। कभी एक औरत दिखाई देती जो टेबिल पर बैठी चवले की फली की सब्ज़ी साफ़ कर रही है। कभी एक झाड़ी की डाली हवा के झोंकों से हिलती दिखाई देती। अल्फ्रेड इन आकारों को ठीक से समझ नहीं पाता था वो कौन है और जहाँ हैं वहाँ से क्यों दिखाई देती हैं पर उसका विश्वास था वो क्या है क्यों है ये रहस्य भी आकारों पर ही निर्भर करता है। चाहे उसका जीवन कितना ही कुरूप हो। अगर ग़लती से कोई उसके पीछे पड़ ही जाये कि बताओ न क्या सोच रहे हो? तो वो एक ही जवाब देता मुझे परवाह नहीं कि मैं क्या सोच रहा हूँ।

उसे अपने लक्ष्य का अपनी मंज़िल का पता ही नहीं था। तब भी नहीं जब कि उसके पास कोई मकसद होता था वो लक्ष्य की प्राप्ति की इच्छा लिए मंज़िल की ओर चलता था पर रास्ते में ही भटक जाता, उसकी सोच चारों तरफ़ बिखर जाती, टूट जाती मोतियों की लड़ी की तरह–वही बात जो एक निश्चित तयशुदा मंज़िल की तरफ़ ठोस क़दम बढ़ा के चली थी। आधे रास्ते में ढीली कमज़ोर और धुँधली होती जाती थी। भ्रम की भारी स्थिति।

इसका मतलब ये नहीं कि अल्फ्रेड की मनःस्थिति हर बार हर बात के लिए ऐसी ही होती थी। वो निर्धारित लक्ष्य का राही नहीं था। कौन–सी बात ऐसी है जिसके बारे में वो नहीं सोचता? पर ये भी तो सच है कि इतना सोचने का नतीजा तो कुछ नहीं निकलता। सब कुछ बेमतलब की बकवास में बदल जाता जिसका कोई परिणाम नहीं निकलता।

कई बार जब वो सैर को निकलता तो शहर के रास्तों से गुज़रता, शानबूर्न शाही पार्क के बीच से गुजरता या डैन्यूब नदी के किनारे–किनारे टहलता तो उसे ये आत्मज्ञान होता रहता। दुनिया की बहुत सी बातों के बारे में उसे कुछ नहीं पता है वो अज्ञानी ही रहा उसके आस–पास क्या हो रहा है क्या चल रहा है वो इन सबसे अनभिज्ञ था, अनजान था और यही बातें यही सवाल उसके दिमाग़

को परेशान करे रहते थे पर फिर वो एक झटके से उन्हें अपने मन से निकाल भी देता था... दिमाग़ के पिछले खाने में धकेल देता था।

फिक्र होने लगती–उसे साफ़ नज़र आ रहा था। जार्ज में त्वरित बहि और क्रमों का सिलसिला रहा ही नहीं है वो एकबारगी एकदम से किसी भी चीज़ का निर्णय ले नहीं पा रहा है और इसलिए वो अकेला पड़ता जा रहा है।

वो उसका दूसरा दोस्त लूकास स्टेपानिक कुछ ख़ास बुरा नहीं था अल्फ्रेड समझ पा रहा था। क्यों जार्ज को लूकास सही लगता है क्यों वो उससे हमेशा चिपका रहता है पिछलग्गू की तरह से। वो दोनों हमेशा ही किसी न किसी चीज़ की घात में रहते हैं।

अल्फ्रेड को लगा जार्ज के साथ मामला कुछ और ही है। उसे लगा ऊपर वाले की कितनी मेहरबानी है कि वो कम से कम सोच तो सकता है, उसमें विचार शक्ति बनी हुई है, उसे लगता दुनिया का अकेला ऐसा व्यक्ति है जो चीज़ों के बारे में सोचता है दिमाग़ खपाता है।

जार्ज से अल्फ्रेड दूर होता जा रहा था। शुरू–शुरू में तो उसे इस बात का कोई ख़ास अफ़सोस, दुख भी नहीं होता था कि जार्ज अपनी ही दुनिया में, अजीब से रास्तों में खोता चला जा रहा था। अकेले में वो उसका मज़ाक भी बनाता था कि वो हर चीज़ को इतनी गहराई से क्यों लेता वो जो सोचता है उसमें अपनी पूरी ताक़त झोंक देना चाहता है अपने–आप को ज़रा भी ठीक नहीं देता वो किसी भी काम से निराश नहीं होता जार्ज का अन्तरमन अन्तर्द्वन्द्वों से घिरा हुआ है। उसके सारे स्रोत भी पागलपन से भरे हुए हैं।

पर जब अपने गरूर को अहम को पीछे हटाकर पहले की तरह अपने दोस्त जार्ज को देखता जैसे वो हमेशा देखा करता था उसी प्यार से उसी समर्पण से तो फिर उसे अपने दोस्त के बारे में बड़ी कभी–कभी वो पूरा ज़ोर लगाकर लक्ष्य की प्राप्ति कर ही लेता था। जैसा कि उसने यूनिवर्सिटी के इम्तिहानों में कर दिखाया। उसने बड़ी तेज़ी से पढ़ाई के सारे नोट्स और किताबें पढ़ डाले रट डाले।

वो पास हो गया। जार्ज और दूसरे छात्रों की तरह अल्फ्रेड भी परीक्षा में उत्तीर्ण हो गया।

पर अब उसने आदत ही डाल ली अब वो पढ़ाई के अलावा कुछ नहीं करता कोई काम नहीं करता। उसमें बड़ा अहंकार आ गया था वो परीक्षाओं को सवालों को, फ़ज़ूल की चीज़ें मानने लगा था। इन सब को वो एक कभी कभार होने वाली घटना मानता था जिसका जीवन में कोई गहरा महत्त्व नहीं होता और क्लारा? वो एक अच्छी साथी थी। उसके घर जाना फिर उसके साथ–साथ घूमना गले लगाना जो वो कहे उसकी हाँ में हाँ मिलाना और अपनी तरफ़ से कुछ नहीं कहना अल्फ्रेड की अब आदत बन गयी थी वो कहानियाँ कहती अल्फ्रेड उन्हें घंटे तक सुनता रह सकता था। वो उसको निष्पलक घण्टों तक निहार सकता था। जब वो वाक्सगार्डन में अपनी आइसक्रीम में चम्मच डाल–डालकर खाती रहती अल्फ्रेड तब उसे मन्त्रमुग्ध होकर देखता रहता। जब वो अल्फ्रेड से आगे–आगे दौड़कर चलती और होली होक्स के फूलों पर झुक जाती। उनकी नामालूम सी सुगन्ध अपनी साँसों में भरने की कोशिश करती। अल्फ्रेड बस उसे देखता ही रह जाता। एक जादू था क्लारा में अल्फ्रेड उससे बँधा था मोहपाश शब्दों से परे था मोह बन्धन उस अलौकिक क्लारा के अलौकिक तत्त्व के लिए अल्फ्रेड अपने–आप को पूर्ण रूप से खोने को तैयार था क्लारामय होने को तैयार था।

पर अजब–गजब ये था कि सम्बन्धों के बीच की सारी मधुरता उस समय गायब हो जाती जिस समय किसी बात पर दोनों के बीच असहमति हो जाती। घण्टों किया गया प्यार मिनटों में ज़हर बन जाता। मधुरता कड़वाहट हो जाती। क्लारा का अल्फ्रेड को यही रूप बिल्कुल अजनबी सा लगता। उसे लगता ये किसी और ग्रह से आयी एलियन ही है। वो जो अब तक मादक–रंगीन कामुक अन्दाज़ था क्लारा का सहसा वो कड़वा काला खतरनाक हो जाता है। वो दबंग और नज़र आने लगती। बड़ी दयनीय व बेवकूफी से भरी छवि हो जाती क्लारा की। गम्भीर मोड़ लेती वो उसके हावभाव अब और ही हो जाते।

पर फिर दोनों में तब समझौते होते जब क्लारा ज़ार–ज़ार रोने लगती। फिर एक बार मीठा–मीठा रस बह निकलता दोनों के बीच। अल्फ्रेड रोती क्लारा के गालों पर होंठों पर अपनी ऊँगलियाँ फिराता। उसे लगता दुनिया में कुछ भी अलग नहीं किया जा सकता फिर वो अपने पर ही मन ही मन गुस्सा करता। कैसा नालायक हूँ मैं बेवकूफी करके उसका मज़ाक उड़ाया और उसे नाराज़ कर दिया।

ये वो दिन थे जब समाज तेज़ी से बदल रहा था। इस हिसाब से जार्ज और अल्फ्रेड की कहानी अब अकेली नहीं रही थी। अब बहुत सारे ग़रीब घरों के बच्चे पढ़ाई–लिखाई में आगे बढ़कर स्कूल, कॉलेज और विश्वविद्यालयों में शिक्षा पाने लगे थे। पुराने समय आप को ख़ुद ही अपनी शिक्षा की फ़ीस, किताबों के पैसे, पढ़ने–लिखने के सारे सामान का ख़र्च अपने–आप उठाना पड़ता था। ग़रीब लोग या निम्न वर्गीय लोग इस ख़र्च के बोझ को उठा ही नहीं पाते थे।

अल्फ्रेड एक सपनों में जीने वाला लड़का था पर परिस्थितियों को अच्छी तरह समझता था उसे पता था चाहने पर समाज को बदला जा सकता है वो इस बात के लिए कतई किसी का अहसान नहीं मानता था कि उसे आगे बढ़ने का लिखने–पढ़ने का एक से बढ़कर एक अवसर मिला। वो किसी के भी प्रति अपने–आप को अपने विलास को उत्तरदायी नहीं समझता था। वो था ही ऐसा। समाजवादी लोकतन्त्र के बारे में लोगों की सोच बदल रही थी उसमें गिरावट आ रही थी। 1930 के दशक में इस व्यवस्था को जो गहरी मात डोयफस लोगों ने दी थी उससे वो अब तक उबर नहीं पायी थी, रही सही कमी नाजियों ने पूरी कर दी, जिन्होंने इस विचारधारा को कफन उढ़ाकर दफन कर दिया था। युद्ध के बाद इसका बेहद कमज़ोर स्वरूप तब सामने आया जब इसने एक राजनैतिक दल के रूप में कट्टर सत्ताधारी दल के सहयोगी दल की भूमिका निभायी। और तभी एक नया नेता सामने आया नाम था उसका "ब्रूनो क्राईस्की" उसने तख़्ता ही पलट दिया। कैसा था ये नया नेता।

क्राईस्की एक सामन्ती विचारधारा का आदमी था जो अब तक इन आदेशों को नहीं भूल पाया था जो उसकी नौजवान विचारधाराओं का शिखर हुआ करते थे। उसका आधार थे वो आदर्श। न्याय और आपसी समझौतों में उसकी गहरी आस्था थी। उसी विश्वास से प्रेरणा लेकर उसने मौलिक सुधारों में कुछ सामाजिक सुधार किये। सुधारों में गति लायी और वो भी इस शानदार तरीक़े से की सबको लगे जो कुछ बदलाव किया जा रहा है वो बेहद ज़रूरी और तर्क सम्मत थे। यानी ज़रूरी न होता तो हरगिज़ न होता वाली विचारधारा इसीलिए जब–जब उसने जो–जो सुधार किये उनका विरोध नहीं के बराबर हुआ। कोई धरना, कोई प्रदर्शन उसके सुधारों के ख़िलाफ़ नहीं हुए। एक तरह से ये कहा जा सकता है कि वो सही समय पर आया और उसने वो हर सही काम किया जो उस समय की ज़रूरत थी समाज की माँग थी।

पर जैसे ही उसने सत्ता छोड़ी – सब कुछ नीचे गड्ढे में चला गया। बिल्कुल वैसा हो गया जैसा पहले था। सब पुराने ढर्रे पर लौट गये। लोग फिर से ये मानने लगे जो सुधार इतनी तेज़ी से किये गये थे वो कोई अलग किस्म के सुधार नहीं थे बल्कि बिल्कुल वैसे ही थे जैसे पहले वाले बिना सुधारों के नियम थे। इसलिए सुधार बनाम समाज फिर से आपस में मड्डमड्ड हो गये। लोग वही घिसी–पिटी ज़िन्दगी जीने के फिर से आदी होने लगे। सिर्फ़ कुछ हठी प्रतिक्रियावादी लोग ही बचे थे जो सुधारों में अब भी विश्वास रखते थे। बाक़ी लोग तो ये मानने लगे कि कुछ भी नहीं बदला सब कुछ पहले जैसा ही रहा।

क्लेजनफर्ट से अल्फ्रेड के नाम कभी–कभार कोई पोस्टकार्ड आ ही जाता जिसमें उस माँ का आशीर्वाद लिखा होता था जिसे उसने आँख खोलने से लेकर अब तक माँ ही कहा था। माँ ही माना था।

ये उस औरत का ख़त था– अपने छात्रावास के कमरे में बैठे, अल्फ्रेड को समझ नहीं आ रहा था कि माँ के ख़त का कैसे जवाब दे। जार्ज ने मदद करने के हिसाब से कहा "लिख दे यार कि तू उन्हें बहुत प्यार करता है।" अल्फ्रेड बोला– "इसका क्या मतलब?"

जार्ज ने कहा– यही मतलब जो मैंने कहा और जार्ज मुस्कुरा दिया।

एक दिन क्लेजनफर्ट से पोस्टकार्ड नहीं, एक टेलीफ़ोन कॉल आया। छात्रावास के निदेशक ने अल्फ्रेड को टेलीफ़ोन के पास बुलवाया ऐसा इसके पहले कभी नहीं हुआ था।

अल्फ्रेड चौंका कि मामला क्या है? सुना तो माँ बोल रही थी। पहले पहल तो वो उनकी आवाज़ पहचाना भी नहीं। फिर बोला "क्या बात है माँ"।

बेचारे अल्फ्रेड ने इससे पहले कभी अपनी माँ की आवाज़ टेलीफ़ोन पर नहीं सुनी थी।

माँ ने कहा तुम्हारे पिता को पुलिस पकड़कर ले गयी है।

अल्फ्रेड ने रुँधे गले से कहा– "पापा को?"

अगली ट्रेन से वो क्लेजनफर्ट चला गया। वहाँ पहुँचने पर उसे पता चला कि उसके पिता को पुलिस ने अपार्टमेन्ट में रहने वाली उस वेश्या स्टार्क की हत्या के सन्देह में गिरफ़्तार किया है। अब तक की हुई जाँच के आधार पर ऐसा समझा जा रहा है कि सम्भवतया अल्फ्रेड के पिता ही मुज़रिम हैं।

अब गवाही के तौर पर मकान मालिक का बेटा हैमो सामने आया, जिसकी आदत थी मिस स्टार्क के घर पर आते–जाते मेहमानों पर नज़र रखना। जो काम वो बड़ी सफ़ाई से अपने शयनकक्ष में बैठा–बैठा करता था। एक बात यहाँ और बता दें कि हैमो ने एक क्लर्क लड़की से शादी कर ली थी और ख़ुद एक बीमा कम्पनी का क्षेत्रीय एजेंट बन गया था। उसने अपनी पिछली ज़िन्दगी के यार दोस्तों का ही बीमा कर डाला। नौकरी अच्छी चलने लगी। आवारा हैमो की अब समाज में प्रतिष्ठा बढ़ गयी थी।

जब अख़बार वालों ने हैमो से पूछा आप अपने किरायेदार तथा कथित हत्यारे के बारे में क्या राय रखते हैं। तो हैमो ने कहा "मुझे वो आदमी कभी पसन्द नहीं आया।"

अख़बार के रिपोर्टर ने फिर पूछा– "क्यों नहीं पसन्द था?"

हैमो ने कहा–"बस नहीं पसन्द था तो मतलब नहीं ही पसन्द था।"

आख़िरकार आरोपी को कटघरे में खड़ा किया गया। गवाही हुई, आरोपी के बयान हुए, उसने कहा– "वो मुझ पर हँसती थी। मेरा मज़ाक उड़ाती थी।"

फैसला हो गया वो अपराधी कहलाया।

अल्फ्रेड जब क्लेजनफर्ट से वापस लौटने लगा तो माँ अल्फ्रेड के गले से लिपट गयी बार–बार उसे बाँहों में भरकर चूमने लगी। अल्फ्रेड का मन माँ के प्रति गहरी संवेदना से भर गया। माँ के आँसुओं से उसका मन बेहद विचलित हो गया पर अन्तःस्थल की उमड़–घुमड़ में एक ही भाव सबसे ऊपर आया विरक्ति का भाव, कोई लगाव इस जगह से न होने का भाव, एक खालीपन का भाव, अल्फ्रेड इस आशा के साथ कि वो अब कभी क्लेगनफर्ट वापस नहीं आयेगा। वियना वापस चला गया।

अध्याय-4

लीएटोमेरिटज़्की जुआघर से जुए में—सारा पैसा हार कर बाईडन से वापस लौट रहा था। हार आपको बहुत कुछ सोचने पर विवश कर देती है। लीटो भी अपनी कार धीरे—धीरे चलाता हुआ विचारों में डूबा जा रहा था। उसने मन ही मन अपने—आप से कहा—वो जो मुझसे नफ़रत करते हैं मुझे उन लोगों से बेहतर तरीक़े से जानते हैं जो मुझ से प्यार करते हैं।

अब विक्टोरिया को ही देखो। एक समय था वो मेरे प्यार को ही अपना सब कुछ समझती थी। कम से कम मैं तो यही समझता था कि मेरा प्रेम ही उसके लिए सब कुछ है। चाहता तो आज भी मैं यही हूँ कि मैं विक्टोरिया पर विश्वास करूँ पर ये कहना आसान है करना नहीं। वो मुझे पसन्द ज़रूर करती थी, इतना तो निश्चिततौर पर कहा जा सकता है। आख़िरकार मैं एक ख़ूबसूरत इन्सान था जिसके पास पैसा ही पैसा था और जिसके कोट की ज़ेबें बहुत गहरी थीं। उस पर से मैंने विक्टोरिया को अपनी कम्पनी में नियुक्त कर लिया, नौकरी दे दी। कम्पनी—दी।

लीएटोमेरिटज़्की ने कार की स्पीड बढ़ाई। सड़क बिल्कुल खाली थी। गाँवों में कस्बों के खुले मैदानों बड़े शहर की चमक प्रतिछाया बनकर दमकती हैं जैसे पालिश की परत चमकती है जैसे हल्की सी ओस चमकती है, जैसे महीन कीड़े चमकते हैं वियना ओह वियना। अचानक लीएटोमेरिटज़्की ने कार का स्टेरिंग व्हील कस के मुट्ठियों में भींच लिया। उसे लगा वो पिंजरे में बन्द कोई जानवर है।

हाँ जानवर ही तो है वो। पिछली ज़िन्दगी चाहे जितनी ख़ूबसूरत–धनी–पैसे और नाम वाली रही हो। पर सच तो ये है कि वो एक जानवर ही है। लीएटोमेरिटज़्की को अपने ऊपर घोर आश्चर्य हुआ कि उसे आज तक ये बात क्यों नहीं मालूम थी। और वो गुस्से में कार चलाता चला गया, चलाता चला गया। क्या कम्पनी थी वो शुरुआती दौर की। लीएटोमेरिटज़्की सोचने लगा– वो बिल्डिंग मैनेजमेंट कम्पनी जिसका वो मालिक था ग्रास नीईगास में थी जो वियना का चौथा हिस्सा पिटा ज़िला था। ऑफ़िस में सिर्फ़ तीन मेज थीं। एक टेलीफ़ोन था। दो टाइप राइटर थे जिनके छपाई पेपर के दो रोल थे। तीन ही ठप्पा लगाने वाली मोहरें थीं। सड़े हुए ग्राहक के जो किराये को लेकर लगातार लड़ते रहते थे। एक बार तो एक किरायेदार ने उसके डेस्क के सामने ही फ़र्श पर गुस्से से थूक दिया। जितना ही वो इन छोटी–छोटी बातों को हादसों को याद करने से बचना चाहता था, उतना ही वो धुँधली पड़ती यादें इस उस दिमाग़ी रास्ते से उसके भेजे में घुसती जा रही थीं। वो अपनी स्मृति के गहरे पानी में जाने से हमेशा से बचता रहा था। वो कभी सीधे तौर पर अपनी यादों को दोहराता नहीं था उनसे बचकर चलता था। पर अब उसकी यादों का ताल अपनी तरछट के साथ सतह पर तैरने लगा था। आख़िर वो आया भी तो इतनी ऊँची जगहों से होकर–अब जब उठान है तो नीचे की सतह भी थल–जल–दलदल हो जायेंगे। उसका चाव था उसका ओटोमीबल का यानी वाहनों का व्यापार जिसकी सबसे ऊँची सीढ़ी उसने चढ़ डाली थी। अब उसे कुछ भी सोचते हुए याद करते हुए ऐसा लगने लगता कि वो उन बादलों में डूब रहा है जो ऊपर से तो सूरज की धूप से सूखे हैं पर भीतर बहुत गीले हैं। बहुत गीले जहाँ अँधेरे की अतल परछाइयाँ हैं। वो गिरता जाता है उन आकारों के आगोश में जो गिरते समय बनते जाते हैं जिनकी रेखायें बराबर बदलती हैं। जो बदल कर धब्बों में बेहद काले धब्बों में बदल जाती हैं और फिर रूप धारण कर लेती हैं ये आकृति फूलों का उन फूलों का जो रोशनी में नहीं केवल अँधेरों में खिलते हैं। फिर ख़यालों में

आता है वो नौजवान छोकरा लीएटोमेरिटज़्की जो गर्दन झुकाये, कन्धे उचकाता नंगे पाँव चलता जा रहा है।

अब दिमाग़ में गाँव के टूटे–फूटे मकान नुमा रिहाइशी घर हैं। जब तक मिट्टी की सड़क जाती है और सड़क के दोनों ओर टीन की बाड़ लगी है। लीटो सोच नहीं पा रहा ये उसकी पिता की सुनाई कहानियों की यादों के बचे टुकड़े हैं या ख़ुद उसकी जीवन की गुज़री घटनाओं की यादें हैं। उस मन में यादों की उठी लहरें आपस में टकराकर मिल–जुल गयी हैं। हो सकता है ये बातें पिता की यादें हों–उनका स्मृति भाषा पर ये भी तो हो सकता है कि जो मन में उमड़ घुमड़ रहा है कभी वो उसी के साथ रहा हो।

केटोमिशल, एक बेहद ग़रीब परिवार।

उनके पास खाने के लिए भी पूरा सामान न होता था–वो अक्सर भूखे ही सो जाते थे। वो लोग फिर भी धर्म को मानने वाले थे सड़क बिल्कुल खाली थी। लीएटोमेरिटज़्की गाड़ी चला रहा था। आँखों के सामने तैर रहे थे सिनोगाग, चनूकाह, शल। उसे लगा अब जो उसे याद आ रहा है वो तो उसके बचपन की ही तस्वीर है। वो एक छोटा–सा 7 या 8 साल का लड़का धूल भरी गन्दली सड़क जिसके दोनों तरफ़ टीन की पट्टियों की बाड़ लगी है। लोहे के कबाड़ के गोदाम की ओर चला जा रहा है–फिर उसे ध्यान आता है वो इस गोदाम की चारदीवारी के साथ रोड़ी के पत्थरों से खेलता रहता था।

उसके जन्म के समय माँ 40 साल की उम्र वाली औरत थी। उसके घर के पास जो कुआँ था वहाँ ख़ासी हरियाली थी। कुएँ के आस–पास गिरते पानी से इन पौधों को भी बड़ा फ़ायदा था। साँझ के झुरमुटे में लीक को अक्सर लगता ये पौधे बड़े शैतान हैं, ये पत्तियाँ नहीं इनके हरे–हरे कान हैं जो चुपके–चुपके सब कुछ सुनते हैं। उसकी सारी बातें जानते हैं। लीएटोमेरिटज़्की का बाप एक यहूदी कबाड़ी था। जो लोहा और दूसरा टूट–फूट का सामान बेचता था। अब जब लीटो यादों के दरिया में तैर रहा था तो उसे याद आया

कि उसके पहले इमारती सम्पत्ति देख रेख के ऑफ़िस ये कबाड़ गोदाम पास में ही था। उसके पापा की कबाड़ी की दुकान भी वहीं कहीं थी। उस कबाड़ गोदाम में दीवार के सहारे जाने कितनी लोहे की नयी–पुरानी प्लेटों का ढेर लगा था। अन्दरूनी गोदाम में कबाड़ का एक पहाड़ सा ढेर लगा था। जिसके चारों तरफ़ से पतले संकरे रास्ते एक–दूसरे को काटते हुए जाते थे।

ख़ुद लेटो के घर में रद्दी अख़बारों के ढेर लगे थे। सब पुराने अख़बार अच्छे तरीक़े से बंडल बनाकर करीने से लगाये गये थे। घर में अलग–अलग किस्म की गन्ध फैली रहती थी अख़बारी पेपर की गन्ध, गत्ते के डिब्बों की गन्ध, कितनी सारी अलग–अलग गन्धों से घर महकता रहता था। उसका बाप ख़ुद दुकान के काउन्टर के पीछे बैठता उसे सब पसन्द करते थे। वो बड़े दोस्ताना मिजाज़ के थे। उसे याद है पिता सिर पर पुलमैन टोपी पहने रहते थे। वो बड़े ही सन्तोषी जीव थे। उन्हें किसी बात से कोई परेशानी नहीं होती थी एक सच्चे वियनावासी की तरह वो जो मिले सो भला सोच के मालिक थे। लेटो सोचता क्या पिता जब शंघाई चले गये तब भी वियना की शिन्जेल खाते थे।

घर के अहाते से पोखर से निकलकर एक रास्ता बाहर की तरफ़ जा रहा था। पानी उछल रहा था बाबा उसी पानी के बीच से निकलते हुए अपने क़दम सम्भाल–सम्भालकर चल रहे थे। हाथ में उनका नमूनों के सामान से भरा सूटकेस था। उनके ठीक सामने उछलता–कूदता चल रहा था एक छोटा–सा लड़का जो बाबा के साथ फेरी का सामान लगाते–लगाते सीख गया था, सामान बेचा कैसे जाता है। जगह थी **बोहीनिया** गर्मी के दिनों में ही बाबा बाहर निकलकर फेरी का सामान गाँव के घर–घर में बेचते घूमते थे। लेटोमिशल छोटी सी जगह थी। कहाँ थी ये जगह ठीक से याद नहीं आ रहा था। लेटो के पिता नाज़ियों से बचकर शंघाई भाग गये थे, लेकिन वो भागना किसी काम नहीं आया। वहाँ पिता को टाइफाईड हो गया और सुदूर देश में वो इसी बीमारी से मर गये।

लेटो फिर याद करना चाहता है विक्टोरिया का चेहरा। विक्टोरिया के साथ बिताया गया गर्मी का समय बड़ा छोटा था। लेटो ने विक्टोरिया का चेहरा याद करने की कोशिश की। सबसे पहले उसे याद आयीं दो आँखें बड़ी सहमी सी शर्मीली आँखें। लगता था जैसे आँखों ने ही दो हरे कपड़े पहन लिए हों। पर कुछ दिनों बाद विक्टोरिया की आँखों का हरा रंग छोड़कर लीएटोमेरिटज़्की का पूरा ध्यान एक बेहद गुलाबी रंग पर अटक गया। विक्टोरिया की योनि का ताज़ा गुलाबी रंग। इस गुलाबी रंग ने दूसरे हर रंग को पीछे छोड़ दिया। उस गुलाबी रंग ने वो छाप छोड़ी कि लेटो सिर्फ़ और सिर्फ़ विक्टोरिया के गुप्तांगों में खोया रहता। भूल गया वो विक्टोरिया की अधखुली आँखों की सफ़ेदी। उसकी आँखों के वो सिलेटी हरे रंग के ख़ूबसूरत बिन्दु, जो उसकी आँख के ऊपरी पटल पर चमकते रहते थे। ऐसा लगता था जैसे उसके नयनों की अतल गहराइयों से झाँक रहे हैं। पहाड़ी झरने और झरनों में से चमक रहे हैं दो जवाहर। दो बेशक़ीमती पत्थर। बिक्टोरिया बड़ी शालीनता और भद्र तरीक़े से रेस्टोरेंट में आकर बैठी। बैठते समय उसने अपनी ड्रैस की शिकनें ठीक कीं और फिर एक अनोखी अदा से उसने अपनी सिगरेट सुलगायी। फिर अपना सिर खाने के मैन्यू कार्ड पर झुका दिया।

लीएटोमेरिटज़्की ने विक्टोरिया की हर अदा को ग़ौर से देखा। लीटो औरतों को लुभाने की हर तरक़ीब जानता था। अपने अपार्टमेन्ट में उसने सब कुछ नया लगवाया। उसे पूरे नये फैशन से बनवाया, सजवाया। इसी ख़ातिर उसके शयनकक्ष में नया पलँग, नया बिस्तर, नया तकिया लगवाया। पागलपन था एक अजीब कसमसाहट थी। पर फिर भी वो ख़ूबसूरत पल थे क्योंकि लीएटोमेरिटज़्की औरतों को बहुत अच्छी तरह पहचानता था ये बात तो अब भगवान भी समझ गये थे।

पर बावजूद इस सब रिझाने के तरीक़ों और लुभाने के तामझाम के बाद भी बिक्टोरिया एक अलग किस्म की लड़की निकली। एक वो लड़की जो लीएटोमेरिटज़्की के औरतों के हर नियम से परे थी। वो कोई भी नियम नहीं मानती थी, अपवाद थी वो। या वो लीएटोमेरिटज़्की

की एक बड़ी भूल थी। नहीं, सोचते–सोचते लीटो ने अपना ही होंठ ज़ोर से चबा लिया। जो कुछ उन दोनों के बीच घटा वो भी तो एक सुखद अनुभव रहा था। वो क्या नकारा जा सकता है उसका परिणाम चाहे जो रहा हो। युद्ध के बाद शुरू–शुरू में लीएटोमेरिटज़्की अपने–आप को एक सिपाही बताकर, युद्ध में भाग लेने वाला एक नागरिक बताकर सहानुभूति और दया के घेरों से निकलता था। वो सहानुभूति और करुणा के दिखावे के पहाड़ तले दबना नहीं चाहता था– उसे चाहिए थी वो उमंग वो उत्साह जो सफलता से मिलते हैं। सफलता पैसे से सत्ता से नापी जाती है। उसे अपने साथियों के भाग्य अभाग्य का ख़ूब पता था। कैम्प में दया, करुणा, घृणा और हिंसा की परछाईं बनीं साथ–साथ दिखाई दे रही थीं। इनमें से कौन सी भावना कब दूसरी भावना में बदलकर बिल्कुल उल्टा रूप ले लेती थी कुछ भी नहीं कहा जा सकता था। लीटो जीना चाहता था। वो सफलता ही सफलता चाहता था। वो जीवन के मज़े लेना चाहता था। जीवन का हर रस पीना चाहता था।

कुछ ही समय बाद लेटोमेरीटज्को को ये बात माननी ही पड़ी कि उसके भीतर कुछ इतना भयानक काला दानव है कि उसे जीता ही नहीं जा सकता। भीतर का काला अन्धेरा अजेय है अभेद है। जैसे किसी घड़ी में किसी कलपुर्जे की वजह से अवरोध आ जाये और घड़ी की सुईयाँ अपनी जगह पर अड़कर खड़ी हो जायें। आप उन्हें हिलाकर सही समय दिखाने की लाख कोशिशें कर लें पर घड़ी की सुईयाँ अपनी जगह अटकी रहें। टस से मस न होकर दें।

ये जो उसके भीतर की काली छाया उसका कुछ अनिष्ट करने के इन्तज़ार में थी, वो इस छाया से इस काले तथ्य से डरता नहीं था। पर मुश्किल ये थी कि अब जब वो ये जान गया था कि अन्दर उसके विनाशकारी भुतहा अन्धेरा है तो वो बाहर अब किसी भी चीज़ से ख़ुश नहीं हो पा रहा था। उसे किसी बात से सन्तोष नहीं मिल रहा था। एक अजीब मनोदशा थी ये एक विषम परिस्थिति। वो चाहने पर भी हँस नहीं पाता ये सच है कि लीएटोमेरिटज़्की को अभी किसी

ने खुल कर दिल से हँसते हुए नहीं देखा था। हँसी जैसे उसके गले में फँस जाती थी।

बहुत देर तक लीटो दूसरों की मदद करने के लिए पानी से सिर ऊपर उठाकर रखता रहा। किसी डूबते को बचाने का ये सही तरीक़ा था। पर थोड़ी ही देर में उसे इस दया से औरों के प्रति सहानुभूति से ही नफ़रत हो गयी। अब वो नफ़रतों में डूब उतर रहा–उनसे घृणा कर रहा था। जिन्होंने लोगों को और उसे इतना सताया था उन लोगों के सहायकों से उसे गहरी वितृष्णा हो गयी थी। वो नफ़रत कर रहा था सहायकों के सहायकों से। अब उसे अपने से नफ़रत हो रही थी। वो जानता था कि इतनी नफ़रत करना शर्म की बात है। पर इस नफ़रत से ही उसे जीवन की साँसें मिल पाती थीं। वो जानता था ये जीवन देने वाली हवा भी प्रदूषित है। इस हवा में साँस तो आयेगी पर ताज़गी उत्साह, स्फूर्ति नहीं आयेगी। ये सच है कि आप जिसे प्यार करते हैं उस औरत के साथ–साथ साँसें लेना बहुत सुखद और मीठा होता है।

लीएटोमेरिटज़्की सोचने लगा– कैसे वो विक्टोरिया के साथ इस प्रेमनुमा फन्दे में फँसकर खिंचता चला आया इतनी दूर। सच तो ये है कि वो विक्टोरिया के प्रति एक अजीब अनुरिक्त भरी विरक्ति से भरा रहता था। वो औरत उसे वितृष्णा से भी भर देती थी और देहाकर्षण से भी ये दोनों चीज़ें लीटो के मनमस्तिष्क को मथती रहती। I love her I love her not. मैं प्रेम करता हूँ नहीं मैं प्रेम नहीं करता हूँ। वो हमेशा विक्टोरिया से बात करते समय अधमना, अनमना सा रहता था कभी लगता उसने विक्टोरिया का कहा एक–एक शब्द ध्यान से सुना है और कभी वो कुछ भी नहीं सुनता इस कान का सुना उस कान से निकाल देता। ध्यान ही नहीं देता ये उसका स्वभाव बन गया था ध्यान देना या ध्यान नहीं देना। उसकी इसी आदत ने उसे बहुत बुरी बलाओं से बचा रखा था। कभी वो साथ बैठी विक्टोरिया से बात करते–करते सो जाता और अचानक इस तन्द्रा से जगता तो उसका जी करता वो विक्टोरिया का गला घोंट दे।

पर फिर वो अपनी इस भयावह कल्पना को दूर झटक देता और सोचता बिक्टोरिया के अलावा मेरा और है कौन। हाँ बस वही एक है जो मेरी है। वही एक है जो अपवाद है इन सबके बीच। वही एक है जो सबके लिए ख़ुद ही तपस्या करती है, वही है जो औरों के पापों की क्षमा है।

लीएटोमेरिटज़्की शान्त हो जाता। किसी जादू की तरह उसकी समस्त काली इच्छायें एकदम से बदल जातीं और विक्टोरिया को बेहद प्यार से सराहने लगता। अब फिर से एक बार उसकी भावनाओं के चित्र धुँधका जाते काँच की तस्वीरों से टूटने लगते। उसे अपने भीतर इन शीशे के चित्रों के गिरने और खड़खड़ाने की आवाज़ दूर तक सुनायी देती। वो जो चित्र उसके भीतर टूट रहे थे वो सभी बहुत सारे रंगों के टुकड़ों में होते तो कभी टूट टूटकर सिलेटी रंग में बदल जाते। लीएटोमेरिटज़्की को याद आया बचपन में एक बार उसने अपने बाप की रद्दी की दुकान में बहुत सारे काग़ज़ों को काग़ज़ कतरने वाली मशीन के भीतर जाते देखा था। देखा था उसने पूरे पूरे काग़ज़ों को मशीन की तेज़ धार में कट–कटकर कतरनों में बिखरना। बोरी की बोरी काग़ज़ कुछ ही पलों में बस कतरनों मे बँटकर समूचा अस्तित्व ही खो देते। गोदाम के इस दृश्य ने लीएटोमेरिटज़्की पर गहरा असर डाला था। उसने अब अपने–आप से पूछा– "क्यों रुका मैं यहाँ वियना में। रुका ही क्यों?"

तुम लीएटोमेरिटज़्की के बेटे नहीं हो विक्टोरिया ने कहा। वो तुम्हारा पिता नहीं है। अल्फ्रेड ने अपने मन में इस वाक्य की कल्पना कई बार की थी। उसे अन्दर से ही लगता था कि किसी न किसी दिन विक्टोरिया उससे ऐसा ही कुछ कहेगी। उसे लगा ये वाक्य तो उसने अपने मन में कई बार सुना है तो अब इसमें आश्चर्य की बात क्या है। पर फिर भी उसने दिखाने के तौर पर अपनी आँखें अचरज से चौड़ी कीं। उसने अपनी उस माँ की ख़ातिर ऐसा किया जो अपनी गुस्से भरी जिद्दी आँखों से शून्य में ताक रही थी। वो हमेशा ही ऐसे खिड़की से सटकर बैठ जाती थी उसकी गोद में रूमाल होता वो

अपना आधा चेहरा अल्फ्रेड से छिपाकर रखती इसीलिए हमेशा ही तिरछी बैठती। वो सिर उठाती फिर नीचे सड़क को घूरती उसकी निगाहें टाऊन हॉल चौक पर टिक जातीं।

एक बार गर्मियों के शुरुआती दिनों में मैंने गाँव के पोखर पर जाकर देखा गहरे काले पानी में कितने जीवजन्तु तैर रहे कुछ इधर से उधर जाते, कुछ उधर से इधर आते, वो काले अँधेरे पानी में तैर रहे थे। मैं देखकर अवाक् रह गयी थी। अब इन सड़क के लोगों को देखो इस शाम में टाऊन हाल के चौक से इधर से उधर जाते, उधर से इधर आते... बिल्कुल गाँव के पोखर के काले पानी में रेंगते तैरते जीव जन्तुओं की तरह।

अल्फ्रेड इतने दिनों के बाद अब इस बात की आदत डाल चुका था कि वो अपनी मौसी को माँ कहे जोकि उसकी माँ है। अल्फ्रेड ने अब इस बात को नोटिस करना शुरू कर दिया कि आजकल उसकी माँ का मन व्यापार से बिल्कुल हट गया था। वो अब धीरे–धीरे ऐसी होती जा रही थी कि जैसा उसे ऐसे किसी दुनियावी लेन–देन से कोई लेना–देना नहीं है वो **वतिरागी** होती जा रही थी। बीच–बीच में कभी–कभार वो कोई वाक्य अगर सामाजिक सरोकार वाला बोल भी देती जैसे इस समाज में सिर्फ़ दिमाग़ वाले और कर्मठ व्यक्तियों को जीने का अधिकार है, उन्हें ही इस दुनिया में जीवित रहना चाहिए, तो भी इन वाक्यों का अर्थ ये हरगिज़ नहीं था कि विक्टोरिया फिर से समाज, जीवन दर्शन की ओर मुड़ रही है, बल्कि अब तो हालत बद से बदतर होती जा रही थी। विक्टोरिया का नहाना–धोना, सजना, बातें करना बहुत बोझिल और थकान भरे काम लगने लगे थे। उसका मन ज़िन्दगी से उचट गया था और तन थकान से चूर हो चला था। अवसाद से घिर गयी थी विक्टोरिया। अब वो एक ही ड्रैस पहनकर सप्ताहों तक वैसी बनी रहती–बाल बिना धुले, तेल से अटे, मुरझाये, भरे–भरे। ये वो विक्टोरिया नहीं थी जो अपने ड्रैस सैन्स के लिए जानी जाती थी। चेहरे का सारा नमकीनपना सूख गया था। वो किसी को भी अपने चेहरे के लावण्य से अपनी ओर खींच लेने का उसका

अद्‌भुत आकर्षण अब छीज गया था। रह गया था एक लटका पीला पिलपिली सी खाल मढ़ा चेहरा। गड्ढे वाली आँखों की वो जवाहराती चमक खो गयी थी उसकी जगह ले ली थी गुस्से ने, अनकहे आक्रोश ने। गुर्राते गुस्से से भरी आँखों के नीचे अब गहरे काले गड्ढे हो गये थे और नाक, चेहरे की मांसल मांसपेषियों के घुल जाने के बाद सिर्फ़ वही चेहरे पर नज़र आती थी सूखे गालों के साथ महा सुन्दरी विक्टोरिया। वीभत्स चुड़ैल–सी नज़र आती थी।

अल्फ्रेड बोला– बताओ कौन है मेरा बाप? विक्टोरिया ने अल्फ्रेड के सवाल का जवाब नहीं दिया। उसने अपने हाथ उठाये और उनसे एक अर्धवृत्त सा चित्र हवा में बनाया फिर हाथों को शिथिल कर दिया। दोनों हाथ झट से विक्टोरिया की अपनी ही गोद में जा गिरे।

अल्फ्रेड विक्टोरिया के सामने जाकर बैठ गया। उसने विक्टोरिया की पढ़ाई–लिखाई की मेज़ की कुर्सी नीचे से खींच ली। विक्टोरिया अब भी इस मेज़ पर से अपना लिखने–पढ़ने का काम करती थी। कम से कम लॉटरी के टिकट तो भरती ही थी। डेस्क पर एक टेलीफ़ोन अब भी था जिससे वो दिन में कई बार अपने ऑफ़िस बात किया करती थी। इस तरह वो अपने व्यापार में घर–बैठे दख़ल रख लेती थी।

विक्टोरिया ने कई बार अल्फ्रेड से भरे गले से दर्द की हँसी ओढ़ कर दर्द छुपाते हुए कहा शुरू–शुरू में लीएटोमेरिटज़्की से प्यार करती थी। विश्वास करो मेरा अल्फ्रेड मैं सच में उससे प्यार करती थी।

अल्फ्रेड बोला कुछ ज़्यादा अब भी नहीं बदला है माँ मेरा मतलब है वियना में, आस्ट्रिया में कुछ ख़ास नहीं बदला है। यहाँ के लोग पैदाइशी हत्यारे हैं। ये यहूदियों से नफ़रत करते हैं। घोर नफ़रत। ख़ुश हो जाओ तुम कि तुम यहूदी नहीं हो। ख़ुश हो जाओ माँ कि तुम यहूदी नहीं हो इस बात पर उसकी भी माँ धीरे से मुस्काई। विक्टोरिया बोली 1930 के मध्य में मेरी मुलाक़ात पेटर में एक शराबखाने में **लीएटोमेरिटज़्की** से मेरी पहली मुलाक़ात हुई। मैं सच में उसके प्रेम में पड़ गयी थी। उसे बेहद पसन्द करके लग गयी थी। ये कहते हुए विक्टोरिया ने अपनी पतली सी **चिबुक** पर हाथ फेरा। गाँव की

लड़की थी उसे लीटो में बहुत कुछ नज़र आया। हाँ लेटो से उसे प्यार था। गाँव की लड़की थी गँवार दब्बू किस्म की। भोली अल्हड़। मुझे लीटो ने तराशा ली तेज़ तर्रार बना डाला। अल्फ्रेड की याददाश्त में इस तरह के और कई और तरह के जुमले नश्तर की तरह खुब गये थे। उसकी माँ अचानक ही वाक्यों को प्रयोग में ले आती। उसके इन वाक्यों के सन्दर्भ भी खो गये थे। जब वो उन्हें बोलती तो उसे अहसास ही नहीं रहता कि ये जो वो कह रही है वो सब अलग–अलग बातें हैं। उनके सिलसिले अब बिखर गये हैं। अल्फ्रेड का सिर घूम सा गया। फिर वो उस अपार्टमेन्ट की बेहद ख़ूबसूरत सीढ़ियों से उतरता चला गया। उसे पता था उसकी माँ ऊपर अपने कमरे की बड़ी खिड़की से नीचे झाँकती हुई उसे एकटक देख रही होगी जैसे वो हमेशा टाऊन स्क्वायर पर चलते लोगों को।

खण्ड - तीन

अध्याय-1

सुबह से लेकर रात तक मौत और मौत ही ख़यालों में घूमे तो आप क्या कहेंगे। नहीं अल्फ्रेड मौत के बारे में नहीं, मरने के बारे में सोचता रहा है। अब तो ये मृत्यु विचार उसे अपने में पूरी तरह से समा रहे थे। वो उस ओर खिंच रहा था जहाँ से उसे अब मृत्यु ही एकान्त शान्त नज़र आने वाली जगह लग रही थी। तो क्या वो मरने के तरीक़े खोज रहा था–जैसे नींद की गोलियाँ, जैसे गले में फन्दा डालकर मरने वाली रस्सी, एक अच्छी मज़बूत किस्म की रस्सी, नहीं ऐसा कुछ भी नहीं सोच रहा था वो। तरीक़े से ज़्यादा उसे मरने के ख्याल का ख्याल आ रहा था। अपना अस्तित्व ही मिटा देने की चाहत, कुछ भी शेष न रखने की ललक–न मैं रहूँ न मेरा कोई मुद्दा रहे– ऐसे ख़याल आ रहे थे उसे।

क्या कोई इस तरह के सोचने को विचार या ख़याल का दर्ज़ा दे सकता है क्या उसे चिन्तन माना जाये मृत्यु चिन्तन। कैसा चिन्तन जब अल्फ्रेड अपने मस्तिष्क को शून्य की स्थिति में पा रहा था– उसका भेजा खाली हो चुका था। वो अपने–आप से अलग होकर जी रहा था। वो अपनी दैनिक ज़िम्मेदारियों से परे, समय से परे होकर जी रहा था। ऐसी मनोदशा में जी रहा था जहाँ काले गहरे अथाह तल से एक मीठा सा स्पन्दन उठता था जैसे कुहासे से कुछ रोशन टुकड़े तब उठते हैं जब सूरज उन पर चमकता है वो अहास उठने से पहले विपविपाता है। बेहद रंगीन हो जाता है। वो अँधेरे की उठान कितनी रंगीन और गुलाबी होती है शून्य से बाहर निकलने का अपना ही आत्मानन्द है।

अल्फ्रेड को बार–बार अपने पर गुस्सा आ रहा था क्यों नहीं उसने अपनी माँ पर दबाव डाला। क्यों नहीं पूरी ताक़त से उसे झिंझाड़कर उगलवाता– माँ बता, आख़िर मेरा बाप कौन है? उसे अपने से ग्लानि हो रही थी, उसके माँ से ये कैसे सम्बन्ध हो गये थे कि वो अपने वजूद, अपने अस्तित्व के बारे में सवाल नहीं कर पाया था। उसे माँ को इतनी आसानी से नहीं छोड़ देना चाहिए था। उसे माँ के साथ नरमी नहीं बरतनी चाहिए थी।

कैसी माँ थी वो यानी विक्टोरिया। आत्मकेन्द्रित वो सिर्फ़ अपने बारे में बात करती, सिर्फ़ अपनी ही चिन्ता करती। पर उसी क्षण अल्फ्रेड की चेतना जागती और उसे लगता वो जो कुछ सोच रहा है वो ग़लत है सही नहीं है। माँ ने उसके लिए पूरी दुनिया क़दमों तले बिछा दी, उसकी हर इच्छा पूरी की। यहाँ तक कि उसे पहले से ही मालूम हो जाता था कि अल्फ्रेड क्या चाह सकता है उसकी अगली ख़्वाहिश क्या हो सकती है?

सच तो ये है कि अब तो माँ की सारी दुनिया उसी के चारों तरफ़ घूमती थी, पहले से भी कहीं ज़्यादा वो अल्फ्रेड का ख़याल रखती थी। उसे सारे समय इस बात का ध्यान रहता कि अल्फ्रेड के पास वो सब कुछ हो जिसकी उसे आवश्यकता है।

और अब अल्फ्रेड डूबने लगा था अकेला पड़ रहा था। उसे अपने आस–पास का अहसास ही नहीं था, वो उन तमाम चीज़ों से सम्बन्ध ही तोड़ता जा रहा था जो कभी उसके जीवन का अहम हिस्सा थीं। सब चीज़ें गुम होती जा रही थीं। सबसे ज़्यादा रिश्ते उसमें भी उसका ख़ास रिश्ता ही दूर जा रहा था– दोस्त जार्ज के साथ सम्बन्धों का, जुड़ाव का, बचपन से चला आ रहा रिश्ता। अब हवा में विलीन होता जा रहा था। उसने जार्ज से कहा भी– क्लारा और मेरे बीच अब एक–दूसरे से कहने के लिए कुछ भी बाक़ी नहीं बचा। तो फिर तुम अब भी उससे मिलने क्यों जाते हो? जार्ज बोला। और फिर मेज पर पड़े गहरे लाल रंग के काग़ज़ बाँधने वाले मोटे पट्टे की तरफ़ मुड़ गया जो फाइल के साथ गहरे रंग में चमककर अपनी ओर हर एक का

ध्यान खींच रहा था। इसी जगह स्टेपानिक और जार्ज ने मिलकर पर्चे बाँटने के व्यापार की ईजाद की थी। महाबेवकूफी भरा व्यापार। इसे जार्ज और स्टेपानिक ने पर्चे बाँटने वाली एजेंसी का नाम दिया था। ये लोग बड़े चमकदार रंगों के पर्चे लोगों के घरों के डाक डिब्बों में ठूँस देते थे। ये भी विज्ञापन का एक ज़रिया था। इन पर आस–पास के दुकानदारों के अलग–अलग व्यापारों की तस्वीरें, दाम, ख़रीद की सूचनायें छपी होती थीं। छपी होती थी सूचनायें दर्जियों की, नाइयों की, धर्मशालाओं की, ताले–चाबी वाले की, धोबी की दुकान की। नल–नाली ठीक करने वाले की, दीवार–पुताई, काग़ज़ लगवाई भरने वालों की। अभी के लिए स्टेपानिक ने जुए का अड्डा खोलने का निर्णय छोड़ दिया था। कई बार ऐसा हुआ कि बेचारा जार्ज उस छोटी सी दुकान में ही सोया जिसे उन्होंने अपने पर्चे बाँटने के व्यापार के भण्डार के लिए किराये पर लिया था। देर रात गये स्टेपानिक और जार्ज स्टोर में सिलन्डर से छेड़ करके फ्लेमरस बना लेते। स्टेपानिक पुराने सोफे पर बैठकर सिगार पीता रहता और जार्ज को कुछ न कुछ समझाता रहता। अल्फ्रेड जब कभी उधर से गुज़रता वो इन दोनों को अच्छे ख़ुश स्वभाव में पाता।

कभी अगर वो रेपिड ट्रान्जिट स्टेशन पर खड़ा होता, तो क्लारा उसे दूर से पहचान लेती। वो चाहे अन्धेरे में दरवाज़े के पास खड़ा होता तो भी उसे उसके स्पोर्ट कोट और बड़ी साइज़ के जूते उसे दूर से नज़र आ जाते। उसके खड़े होने की अदा, उसका सिर, उसकी ठोड़ी जो वो थोड़ा आगे निकालकर खड़ा रहता था। कन्धे उसके उचके हुए रहते थे। दोनों हाथ कोट की जेबों में डालकर वो आकाश की ओर ताक़ता रहता था। निशब्द, निस्तब्ध, कुछ सोचता सा हुआ। उसे ऐसे खड़ा देखकर क्लारा का मन पसीज उठता उसमें एक दया भाव, करुणा भाव निकलता। स्त्री स्वरूप में उसमें एक माँ की ममता जैसा कुछ जी के भीतर बह उठता था। कुछ क्षणों के भीतर ही दोनों एक भावसागर में तैरकर बाहर निकलते थे अगले ही क्षण दोनों बाँहों में बाँहें डालकर चल पड़ते।

गुरटल ऐवेन्यू की ओर जो बाहरी रिंगरोड की ओर–चलते दोनों साथ पर मन ये कोई आपसी तालमेल नहीं था–दोनों एक–दूसरे असम्यपृक्त–भीतर ही भीतर दो शाखों से कटे हुए आपस में बँटे हुए चलते रहते–आप–पास सड़क पर कार और दूसरे वाहन सर्र से निकल जाते। अल्फ्रेड खामोश ही रहता। क्लारा थोड़े ही दिनों में अल्फ्रेड की इस ख़ामोशी से डर गयी–अल्फ्रेड के इस एकाकी मौन ने क्लारा को आतंकित कर दिया। क्लारा बहुत बोलती थी–बड़ी चटर–पटर ज़ुबान चलती थी उसकी–पर अल्फ्रेड किसी बात का पूरा जवाब नहीं देता बस हाँ हूँ करता चलता। ऐसी संवादहीनता के क्लारा घबरा गयी। अब वो अल्फ्रेड से मिलने में हिचकिचाने लगी। उसे भय लगने लगा अल्फ्रेड के इस शब्दविहीन श्रवण से–वो बोलती जाती अल्फ्रेड सिर्फ़ सुनता जाता। इकतरफ़ा बोलना संवाद नहीं प्रलाप होता जा रहा हैं। ये बात क्लारा अब अच्छी तरह से समझ गयी थी और अब वो इसके लिए तैयार नहीं थी। कई बार जब अल्फ्रेड बोलना शुरू होता तो उसके वक्तव्यों की ठोस विचारधारा की तेज़ धार से, कट्टरपन से भी क्लारा घबरा जाती–उसके लिए अल्फ्रेड की विचारधारा में किसी भी राय के लिए कोई भी जगह नहीं होना क्लारा को सोचने पर विवश कर रहा था। जिस पागलपन की हद तक क्रोध से भरा वो अपने लक्ष्य की ओर बढ़ रहा था। वो क्लारा को बेहद डरा रहा था।

ये भी सच था कि उसके विचार बहुत दूर तक नहीं जा पाते। फिर वो अचानक ही अपने विचारों के विरुद्ध हो जाता।

विचार विरुद्ध होना, वो भी अपने ही विचार विरुद्ध होना एक बड़ी कठिन और दारुण स्थिति होती है। अल्फ्रेड की आत्मचेतना ख़ुद ही ये सब समझ जाती तभी तो वो अक्सर अपनी बात को ख़ुद ही बीच में काट देता–अपनी अवधारणाओं को जिन्हें इतने ठोस तर्कों के साथ सामने रख रहा था अनायास ही बीच में ही बन्द कर चुप हो जाता यहाँ तक कि वो वाक्य भी अधूरा ही छूट जाता जो वो बोल रहा था।

ऐसा नहीं था कि अब वो हमबिस्तर नहीं होते थे—या साथ नहीं सोते थे। बेचारी क्लारा ने एक बार कहा भी था "अल्फ्रेड हमें शादी कर लेनी चाहिए" उस बात को अल्फ्रेड अब याद करता है तो हँसता है। ज़ोर से हँसता है। एक विद्रूप भरा हास्य।

अल्फ्रेड जितना ज़्यादा माँ के पास जाता उसे वो उतनी अपनी ओर बेखबर पाता जैसे किसी शराबी को आप अधनशे की हालत में पायें। नहीं। जी नहीं ये हाल शराब के मारे नहीं थे—उसके वे चित्त हुए मन के कारण थे। वही गन्दी धब्बेदार बाथ रोब। यानी नहाने के बाद पहने जाने वाल लम्बा चोगा। जगह—जगह से जिसकी सिलाई उधड़ चुकी थी। वही पहने वो चलते समय इधर—उधर टकराती रहती थी कभी सोफे से, कभी टेबिल से, कभी कुर्सी से और टकराने के बाद वो बुदबुदाते हुए बड़ी—बड़ी गालियाँ देती थी—तेरी तो...। ये सब अल्फ्रेड अपने सामने ही होता देखता था। अल्फ्रेड ने ये भी नोटिस किया कि जब उसकी माँ अपना व्यापार देखने के लिए उसके काग़जात अपने ऑफ़िस वाले कमरे की डेस्क पर रख देती और हिसाब—किताब देखने की कोशिश करती तो कुछ ही मिनटों में उसका चेहरा सुर्ख लाल हो जाता वो पसीने से भीग जाती। बार—बार अपने चेहरे और माथे पर आये पसीने को अपने रूमाल से पोंछती रहती।

अल्फ्रेड सबसे पहले पेरिस गया। माँ ने बड़ा ज़ोर देकर भेजा उसे—बड़ी चिरौरी विनती थी।

उसने भी माँ का मन रखने के लिए पेरिस जाना मंजूर किया। पर पेरिस जाने के बाद उसे समझ नहीं आया कि उसे यहाँ करना क्या है? वो यहाँ क्यों आया है? ये तो एक विदेशी भूमि थी न ज़मीन उसकी, न भाषा उसकी, न देश उसका। उसे यहाँ कुछ डर सा लग रहा था। उसका मन मथ रहा था—डर फैला था अनजाने होने का राहें, डगर, घर सब कुछ तो अनजाना था। उसकी कल्पना में ये अनजानी राहें अनदेखी, अनचाही नदियों में बदल जाती थीं। उसके तेज़ बहाव में वो बह जाता था। एक अनदेखा अनजाना घर बना हुआ था जहाँ

उसके जीवन जीने का तरीक़ा तय किया जा रहा था। जीवन का ढंग निश्चित किया जा रहा था।

अल्फ्रेड को एक बात तो अच्छी तरह से मालूम थी कि ये सब ज़्यादा देर तक नहीं चल सकता। क्लारा से उसके बिखरे सम्बन्ध उसका अपने प्रति अपने जीवन के प्रति उलझा-उलझा रवैया जीवन के प्रति अस्पष्ट रुख और तो और ये भी तय नहीं कर पाना कि वो कौन-सी नौकरी करेगा, क्या काम करेगा? कैसे कमायेगा? खायेगा? कुल मिलाकर वो एक अस्पष्टता के चक्रव्यूह में घुस गया था, जहाँ से बाहर निकलने की राह उसे सुझाई ही नहीं दे रही थी।

हर साल गर्मियों में, हिरोशिमा दिवस पर एक शान्ति मार्च निकलती थी। अल्फ्रेड हर साल उसमें भाग लेता था। जुलूस में शामिल होता था। उसकी ख़ुशी के लिए अब क्लारा भी इसमें शामिल होने लगी थी पर उसकी इस विषय में कोई रुचि नहीं थी। न ही वो इन जुलूसों के प्रति कोई ख़ास उत्साहित होती थी। ये मार्च कैथोलिक ईसाई और वामपन्थी मिलकर आयोजित करते थे। वो दोनों समूह अणु व परमाणु हथियारों के ज़खीरों के ख़िलाफ़ थे। वो परमाणु युद्ध के भी विरुद्ध थे। वे किसी भी किस्म के युद्ध के विरुद्ध थे।

आज क्लारा घबरायी हुई थी। उदास थी इतनी उदास कि लग रहा था अब वो किसी भी क्षण रो पड़ेगी। कभी वो अल्फ्रेड की बाँह में अपने दोनों हाथों से झूल जाती उसे पकड़े रहती फिर एकबारगी उसे छोड़ देती। ऐसा करने का कोई कारण उसके पास नहीं होता फिर वो आकाश की ओर ताकने लगती। अल्फ्रेड जब उसे प्यार करने के लिए नीचे झुकता तो पाता वो काँप रही है। अल्फ्रेड पूछता-"अरे तुम काँप क्यों रही हो?" क्लारा कहती, "मैं डर रही हूँ।"

अल्फ्रेड अपने साथियों के साथ अगले महीने होने वाली एक और शान्ति मार्च के बारे में बात करता रहा, योजनाएँ बनाता रहा कैसे क्या कहाँ से शुरू होगा क्योंकि इस बार प्रदर्शन जर्मनी में होना था तो कहाँ से होगा म्यूनिख़ से या बर्लिन से? क्या वो भी जा रहा है? रविवार का ख़ूबसूरत ताज़ी धूप भरा दिन था वो।

प्रदर्शनकारी जुलूस के साथ शहर के केन्द्र सिटी सैन्टर से निकल रहे थे। हैरेनगास के इलाक़े से गुज़र रहे थे। वो अब मिशलेरप्लाज़ जा रहे थे। यहाँ बस यहाँ ही अल्फ्रेड ने पाया, क्लारा उसके पीछे–पीछे नहीं चल रही। क्लारा उसके साथ नहीं है। वो भीड़ को धकिया रहा था। दोनों हाथों से लोगों की कतारों को हटाते हुए धक्का देते हुए। क्लारा को खोज रहा था अब वो तेज़ी से क्लारा का नाम लेते हुए लगभग दौड़ रहा था। वह फिर चिल्लाया क्लारा...

मिशेलरप्लाटज़ ये धूप सेंकते हुए बहुत सारे लोग जुलूस को देखने अगल–बगल की पटरियों पर खड़े थे। शायद उन्हें भी इस प्रदर्शन से सहानुभूति थी। लोग इमारतों की दीवारों से भी सटे खड़े थे। जुलूस महल के नीचे से निकलता हुआ हेल्डनप्लाटज की राह पर चल पड़ा कुछ और लोग और अल्फ्रेड अब क्लारा को ढूँढ़ रहे थे।

अब वो इस हादसे को याद भी नहीं करना चाहता। शायद तभी याद करता था। वो यादों के साये उसका पीछा नहीं छोड़ते जब उसने जब वो मोन्टपारनास में कुछ ज़्यादा ही शराब चढ़ा लेता। या उन सुबहों में उसे वो भूली दास्तां फिर से याद आ जाती जब वो लक्ज़मबर्ग बगीचे में अकेला बिल्कुल अकेला घूम रहा होता था। यूँ तो उसने सोरबोन विश्वविद्यालय में क़ानून की पढ़ाई करने के लिए दाखिला ले लिया था पर वो एडमिशन होने के बाद भी कोई क्लास हाज़िरी देने लायक ही नहीं समझता था। वो कक्षा में पढ़ने जाता ही नहीं था।

कुछ महीनों बाद वो लन्दन चला गया। जगह बदल गयी पर पढ़ने–लिखने की कहानी नहीं बदली। अल्फ्रेड यहाँ भी क्लास में नहीं जाता।

अल्फ्रेड दिन भर पब में बैठा रहता और बियर पीते हुए अपनी माँ के ख़त पढ़ते रहता। उसे कहीं चैन नहीं था। माँ के ये पत्र, एकमात्र ऐसे पत्र थे जो उसकी माँ ने कभी उसके नाम लिखे थे। उसे माँ की ख़त लिखती छवि बार–बार उसकी आँखों के सामने आ जाती।

उसे दिखाई दे जाता, कैसे माँ अपनी डेस्क पर बैठी पसीने की बूँदें टपकाती उसे खत लिख रही हो पसीने भरे हाथों के ख़त।

उन गीली उँगलियों को वो अपने बालों में फेर रही होगी। बार–बार फाउन्टेन पैन एक तरफ़ उठाकर रख दे रही होगी। पसीना सहेज रही होगी।

वो लन्दन के हाईड पार्क के विशाल बगीचे में भीड़ भरे रास्तों से मिकल रहा था। दिमाग़ खाली था। वो बिल्कुल आराम में था। उसने अपने–आप को उस धूप में अनाथ सा छोड़ दिया था वो दोपहर का आनन्द ले हो रहा था कि फिर ख़याल लौट आये, यादें लौट आयीं। अब की बार माँ की वो बात याद आयी जब वो उसे लेकर सिटी सेन्टर की बेहतरीन फैशनेबल आधुनिकतम दुकानों पर ख़रीदारी करने गयी क्योंकि वो चाहती थी अल्फ्रेड ढंग से पहन–ओढ़ कर टिप–टाप रहे वो अपनी पसन्द के कपड़े अल्फ्रेड को पहनाना चाहती थीं। अल्फ्रेड को याद आया कि कैसे वो सलून ले गयी जहाँ दर्जी ने घुटनों के बल बैठकर उसके अन्दरूनी नाप भी लिए थे।

कैसे माँ वहीं एक ओर खड़ी थी अलग–थलग। लगता था जैसे सिर्फ़ उसका तन वहाँ है मन नहीं। वो लगातार उँगलियों से गले की मोती की माला से खेल रही थी। दर्जी पैन्ट के लिए टाँगों के अन्दरूनी नाप जब लेने लगा तो माँ दुकान में आगे–पीछे टहलने लगी। पर कमाल तो ये था माँ की जब भी अन्तिम निर्णय की स्थिति आती कि क्या कट होगा, क्या रंग होगा, क्या नाप होगा तो माँ खट से उस मौके पर अपनी राय की मोहर लगाने को मौजूद हो जाती। फिर वही ज़िद करके ज़ोर देकर ये तय करती कि अल्फ्रेड क्या कपड़े पहनेगा। कैसे कपड़े पहनेगा। कपड़े माँ की ही पसन्द के बनते। अल्फ्रेड तो उन्हें पहनता भर था।

हाईट पार्क में टहलने वाला ये दिन एक यादगार दिन था। अब तक अल्फ्रेड एक तरह से ख़ुश और शान्त था– वो अपने साथ अपनी डाक भी ले आया था ये देखने के लिए कि उसका हर महीने आने वाला चैक आ गया है या नहीं। उसी में उसे माँ की चिट्ठी मिली। माँ ने लिखा था मैंने तुम्हारा एक अलग निजी खाता तुम्हारे नाम से ही

खोल दिया है ये ट्रस्ट फंड है जिससे तुम ख़ुद पैसा निकाल सकते हो तुम्हें मेरे द्वारा पैसा तुम्हारे खाते में डाले जाने की अब प्रतीक्षा नहीं करनी होगी। अब तुम ख़ुद मुख़्तार हो। अब तुम आज़ाद हो।

हालाँकि ये उपहार सोच–समझकर दिया गया था। अल्फ्रेड की ज़रूरतों और आदतों को ध्यान में रखकर दिया गया धन था। पर उसमें भी बहुत सी वर्जनाएँ लगायी गयी थीं। ये कर सकते हो ये नहीं। बहुत से उपाय बताये गये थे बहुत सी मनाही थी। यानी पैसा ख़र्च तो किया जा सकता था पर सीमाएँ लगी थीं। जब वो नाईटसब्रिज इलाक़े से घर लौट रहा था तो जैसे स्पंदनहीन हो गया था। उसमें जान ही नहीं रही थी। वो सिर झुकाये खामोश अपने पैरों की तरफ़ देखते हुए चल रहा था। उसके सड़क पर सिर्फ़ जैसे पैर ही थे जो चल रहे थे वो तो कहीं था ही नहीं। वो वहाँ था भी और नहीं भी था। एक अजीब–सी भावना उमड़ रही थी जो हर पल अपना आकार विस्तार बढ़ाकर विकराल रूप ले रही थी। क्या थी वो भावना उसको कोई नाम नहीं दिया जा सकता। अल्फ्रेड रोना चाहता था वो सरेआम फूटकर रोना चाहता था। ये भावना उसका दम घोंट रही थी।

बस उसी दिन से अल्फ्रेड ने माँ के पत्रों का जवाब देना ही बन्द कर दिया। पहले वो स्वभाववश आदतन अपनी माँ के हर ख़त का जवाब अपना फर्ज़ मानकर हर बार देता था। उसके पूछे गये हर सवाल का जवाब देता था। पर दिन गुज़रने के साथ–साथ अल्फ्रेड विक्टोरिया के खतों का जवाब देता पर पूछे गये सवालों का जवाब नहीं देने लगा। अब उसने माँ को विक्टोरिया कहना शुरू कर दिया। विक्टोरिया ने भी अब अपने बारे में कुछ भी लिखना बन्द कर दिया। अल्फ्रेड बस इतना ही जानने लगा कि विक्टोरिया दूर वियना के किसी कोने में रह रही है। समय के साथ–साथ अल्फ्रेड के लिए ये कल्पना करना भी बेहद मुश्किल होता जा रहा था कि अपने अपार्टमेन्ट यानी घर में विक्टोरिया कैसे रह रही होगी। वही घर जिसकी बड़ी खिड़की की चौखट से सटी वो राईशरस्ट्रास के नज़ारे ताउम्र देखती रही वही टाऊनहॉल चौक, वही टाऊनहॉल पार्क सब पर वो नज़रें गड़ाये

रहती और दुनिया का तमाशा देखती। वो कभी भी अपने बारे में कुछ नहीं कहती– जैसे कि उसकी अपनी कोई ज़िन्दगी थी ही नहीं। या यूँ कह लीजिए अपनी परायी कोई भी ज़िन्दगी उसके पास नहीं थी।

वो जो कुछ ख़त अल्फ्रेड ने विक्टोरिया को कभी लिखे भी थे तो उस पर हमेशा पहला शब्द "माँ" ही लिखता था। वो भी इसलिए कि माँ ना सम्बोधित करने से विक्टोरिया को कहीं तक़लीफ न हो। उसे बेवज़ह तक़लीफ देना या मानसिक प्रताड़ना देने से क्या फ़ायदा ये सोचकर ही वो विक्टोरिया को माँ सम्बोधित कर देता। असल में उसकी नाराज़गी का कारण विक्टोरिया नहीं थी। वो उससे नहीं चिढ़ता था।

पता नहीं क्यों उसे भीतर से ऐसा लगता था कि वो माँ को अब और न ही लिखे तो ज़्यादा अच्छा है उसके पास माँ से कहने बताने के लिए कुछ भी नहीं था। कम–से–कम अभी तो बताने के लिए कुछ भी नहीं था और जहाँ तक सवाल विक्टोरिया का था–हे भगवान! मैं माँ के बारे में जानता ही कितना हूँ। ये सोचकर अल्फ्रेड ने माँ से खतो किताबत पूरी तरह से बन्द कर दी।

लन्दन से अल्फ्रेड बर्लिन चला गया। बस यहीं ज़िन्दगी ने एक जबर्दस्त करवट ली। उसे अब जीने में रस आने लगा, उसे ज़िन्दगी में सार नज़र आने लगा। उसने चारलोटनबर्ग में एक अपार्टमेन्ट लिया। ये घर उसके मन का था। उसकी ज़रूरतों को पूरी करता था। ये एक गरीब इलाक़ा था। अस्त–व्यस्त गन्दी सी सड़कों के दोनों तरफ़ कुछ बड़े और हरे पेड़ खड़े थे। कुछ टूटे–फूटे रंगहीन घर थे जिन्होंने कभी अच्छा वक़्त भी देखा था।

अल्फ्रेड का अपार्टमेन्ट अच्छा–ख़ासा बड़ा था। हवादार था उसमें कई कमरे थे जिनकी छतें ऊँची–ऊँची थीं पर कमरों में फर्नीचर नहीं के बराबर था। अपार्टमेन्ट का रखवाला महा शराबी था। वो हमेशा नशे में धुत रहता था। अल्फ्रेड उसके सामने से गुज़रकर अपार्टमेन्ट की खड़ी सीढ़ियाँ चढ़ता था। अल्फ्रेड को अपनी खिड़कियों से बाहर झाँकना बेहद अच्छा लगता था, क्योंकि इस ऊँचाई से उसे आधा शहर

नज़र आता था। वो खिड़की से सैकड़ों छतों को देख सकता था। देख सकता था शहर के पूर्वी इलाक़े में खड़ी टेलीविज़न टावर को जो दूर से ही अपने रुपहले रंग के साथ चमकती दिखाई देती थी।

बर्लिन आने के बाद उसने आते ही विश्वविद्यालय में एडमिशन नहीं लिया। उसने थोड़ा समय शहर से पहचान बढ़ाने में बिताया। उसने शहर घूमा। शहर को समझा और ऐसा करने से उसमें एक नयी विद्या ने जन्म लिया जिसने ख़ुद अल्फ्रेड को चौंका दिया। अब वो बर्लिन शहर का कोना–कोना छानने लगा। उसे हर सड़क, हर मोड़, हर इमारत की शक्ल, आकार रंग याद रहने लगा। वो दिन–भर घूमता। घूमता ही रहता।

तो क्या वो सच में इस शहर के इतिहास में, भूगोल में, समाज में रुचि रखता था। वो हर संग्रहालय में जाता रेपिड ट्रेन के हर जंक्शन स्टेशन पटरियों की उसने ख़ाक छान रखी थी। या वो इसलिए घूम रहा था कि उसके पास करने को कुछ और नहीं था। अब तो वो कला विधियों में, कला दीर्घाओं में घूम रहा था इससे उसे इस गम्भीर विषय में कतई कोई दिलचस्पी नहीं थी। इसीलिए वो आर्ट गैलरी जाने की हिम्मत ही नहीं जुटा पाता था पर अब वो बड़ी–बड़ी आदमकद पेन्टिंग्स के सामने लम्बे समय तक खड़ा रहता था जैसे उन्हें परख रहा हो, उनका विश्लेषण कर रहा हो। रोगीअर वान डर वायडन जैसे प्रख्यात चित्रकार द्वारा बनाये गये चित्र को घण्टों निहारता फ्लोरनटाईन चित्रकारों के चित्र उसके पसन्द के दायरे में आ गये थे। वो क्या खोज रहा था इन चित्रों में ये उसे ख़ुद भी पता नहीं था। कई बार तो वो पाता कि वो सामने वाले चित्र में कि वो चित्र में बने हुए आकारों, आकृतियों की गिनती भर कर रहा है या चित्रों में बादलों के टुकड़ों को देखकर सोचता था सच में जीवन में कभी भी उसने ऐसे बादलों को देखा है जैसे बादल चित्रकार ने बनाये हैं।

उसने शहर के रेलवे स्टशनों और लाइनों को घूम–घूमकर इतना रट लिया था कि अब रेल की पटरी को देखकर ही बता देता था ये वाली लाइन किस स्टेशन की तरफ़ जा रही है। ये किस जंकशन को

किस से जोड़ती है। वो हर स्टेशन पर लगी हुई दुकानों के नाम जानता था। वो ये भी जान गया था कि जिस ज़िले से ये रेपिड ट्रेन गुज़रती वो ज़िला कैसा लगता है। वानसी झील से गुज़रने वाले रेलमोड़ और ग्रूनेवाल्ड के वन प्रान्तर अल्फ्रेड को अपने में डुबाये रखते थे। वे इन दोनों जगहों से बेहद प्रभावित था खिंचा चला जाता था उनकी ओर।

वो ट्रेन के डिब्बे के दरवाज़े पर खड़ा–खड़ा झुक जाता और सिर निकालकर झाँकता तो उसे लाल चीड़ के नुकीले सिरों का झुँड दिखायी देता। चीड़ के तने और पाइन के दरख़्त चलती ट्रेन के साथ सर्र–सर्र निकलते जाते पीछे छूटते जाते। हवा में उड़ने का सा भान होता था। कभी–कभी इन्हीं वनों में वो दूर तक घूमने निकल जाता।

एक सवाल ये भी उठता है कि पूरे बर्लिन शहर में अल्फ्रेड को आख़िरकार शारलोटनबर्ग इलाक़े में अपना अपार्टमेन्ट इलाक़े की सड़क ही क्यों पसन्द आयी। और वो भी इतनी ज़्यादा पसन्द जैसे कि उसे उनसे इश्क ही हो गया हो। जितना पैसा उसके पास था उसमें तो उसे सच में कुछ इससे ज़्यादा अच्छा मकान मिल सकता था। पर उसे यही तो बात पसन्द आयी थी मकान की इलाक़े की निर्णय नहीं ले पाने की सी हालत अपार्टमेन्ट बड़ा था– हवादार था पर उसके लिए बहुत बड़ा था।

दूसरी ओर यही बड़ा अपार्टमेन्ट बहुत खस्ता हालत में था। फर्नीचर को मरम्मत की ज़रूरत थी और इमारत को रंग–रोगन की ज़रूरत थी। जब वो पेरिस में रह रहा था उन दिनों उसने दो चीज़ों की आदत डाल ली थी। एक बार तो वो छात्रों के विरोध प्रर्दशन में फँस गया था तो जुलूस का हिस्सा बन गया था। उसे उम्मीद नहीं थी कि उसके साथ ऐसा होगा। वो उन नारों में विश्वास नहीं रखता था जो नारे छात्र लगा रहे थे– जैसे "बुर्जुआवार हाय हाय"। "बुर्जुआवादी मुर्दाबाद", "कल्पना को ताक़त दो" पर उसे मज़ा आ रहा था, प्रदर्शनकारियों का जोश देखकर, उनका उत्साह देखकर। ये जुनून अल्फ्रेड को छूता की तरह लग गया। बस तभी से उसने विश्वविद्यालय में चप्पे–चप्पे पर लगे सभी बैनर सभी पर्चे पढ़ डालने शुरू किये।

उसने अख़बार पढ़ने शुरू किये। उनमें वो ख़ासतौर पर रैली और राजनैतिक जुलूसों की ख़बर पढ़ता। दूसरी आदत थी शराब पीने की। पेरिस ने उसे पीना सिखा दिया। हाँ वो दूसरे छात्रों की तरह पार्टी करने के लिए ऐशोआराम, भोगविलास करने के लिहाज़ से नहीं पीता था। वो हमेशा एकान्त में अकेले बैठकर पीता था। बाद में भी वो अकेले ही बैठता था और तब तक पीता रहता था जब तक बाद में शराब परोसने वाला शराब देना बन्द ही न कर दे। कभी–कभार अगर ऐसा हो भी जाता कि पीते समय कुछ और लोग भी साथ आ बैठते तो अल्फ्रेड को लगता वो बड़ा नकली व्यवहार कर रहा है। जहाँ एक ओर दूसरे साथी मज़े कर रहे थे आनन्द में आराम से बैठे होते थे, बातचीत कर रहे होते तब अल्फ्रेड बातचीत में भाग लेने को मुँह खोलता तो उसे लगता ये आवाज़ उसकी नहीं है वो किसी और से उधार की आवाज़ में बात कर रहा है। वो नकली हँसी हँसकर पीछा छुड़ा रहा है ताकि लोगों का ध्यान उसकी तरफ़ न जाये।

पर यहाँ बर्लिन में जहाँ वो अपने अस्त–व्यस्त टूटे–फूटे इलाक़े में अपने को सुरक्षित समझने लगा था वहाँ वो अब जुड़ाव महसूस करने लगा था। अब तक उसने अपने अपार्टमेन्ट के मुख्य द्वार पर अपने नाम की तख्ती तक नहीं लगायी थी फिर भी उसे इस जगह से लगाव महसूस होने लगा था। पहले वो इस बारे में साफ़–साफ़ सोच नहीं पाता था पर अब धीरे–धीरे उसकी भावनाओं पर चढ़ी धुँध साफ़ हो रही थी। और अब ये लगाव तेज़ी से और गहराई से बढ़ रहा था। उसे वो समूह, वो विचारधारा मिल गयी थी जिससे उसे एक नयी सोच नयी दिशा मिली थी। इस ग्रुप का नाम था– "बादर मेनहाफ ग्रुप" वो इस समूह के बारे में ज़्यादा जानने की कोशिश करने लगा।

"बादर मेनहाफ ग्रुप" वो समूह था जो चरम वामपन्थी था। ये समूह हथियारों में हिंसा में विश्वास रखता था। ये शोषित वर्ग और सर्वहारा वर्ग का वो सशस्त्र संघर्ष था जो गुरिल्ला युद्ध में विश्वास रखता जो छिप–छिपकर, घात लगाकर वार करता था। अब ये संघर्ष

कई देशों में फैल चुका था। ये वो देश थे जो बेहद ग़रीब थे। अमीरी और ग़रीबी के बीच अब एक नयी राजनैतिक जंग जारी हो गयी थी।

इस लुका–छिप्पी के युद्ध में निम्न मध्यवर्ग और मध्यमवर्ग के लोग शामिल थे। ये लोग राज्य, शासन, संस्थानों के ख़िलाफ़ थे– उन्हें लगता था कि ये सब मिलकर उनका ख़ून निचोड़ रहे हैं। उग्र आतंकवादी वामपन्थी धारा के लोग इसीलिए अमीर शहरों के केन्द्र में जाकर हमला करने के पक्षधर थे। अमीर देशों की उन नसों को क्षतविक्षत करने के पक्ष में थे जिनसे उनको फ़ायदा मिलता था। दी–बादर मेन हॉफ ग्रुप का नाम दो व्यक्तियों के नामों को जोड़कर बनाया गया था। ये लाल सेना का एक अंग था। ये समूह अपने–आप को एक बड़ी ताक़तवर अन्तर्राष्ट्रीय सेना का समूह मानता था वो सेना जो अब आज़ादी की सेना कहलाती थी जो अन्तर्राष्ट्रीय स्तर पर सक्रिय हो गयी थी और वो अब जब चाहे, जहाँ चाहे हमला कर सकती थी, नुकसान पहुँचा सकती थी। ये हमले देश की सीमाओं को पार कर किये जा सकते थे। पर अल्फ्रेड इस आर.ए.एफ. सेना में इसलिए रुचि नहीं ले रहा था कि वो इस चरमपन्थी दल के उसूलों के अनुसार "न्याय के उसूलों" की उनकी विचारधारा में विश्वास रखता था। ये भी सच नहीं था कि इस दल के द्वारा की जा रही भूमिगत कार्यवाहियों, छापों, गुप्त बैठकों, हमलों के पीछे भय और रोमांच से आकर्षित था। उसे अपनी ओर खींचा इसमें छिपी मौत की सम्भावना ने। और अब दिन–ब–दिन ये साफ़ होता जा रहा था कि अल्फ्रेड इस आग से जान–बूझकर खेलना चाहता था क्योंकि उसमें जलकर राख हो जाने की आशंका छिपी थी मौत का सौन्दर्य जान पाना अनोखा अनुभव था। वो मृत्यु के आकर्षण से बँध गया था। जब कभी भी लाल सेना का ये दल, हमले शुरू करता संस्थानों पर, बड़ी दुकानों पर, सैनिक छावनी पर, सेना के ठिकानों पर, नेताओं पर, सत्ताधारियों पर तो मृत्यु की मोहर उन पर पहले ही लग चुकी होती थी। नष्ट करने निकले हो नष्ट करके आयो चाहे ख़ुद नष्ट हो जाओ।

इसे कहते हैं अन्त ही से अन्त का प्रेम। मृत्यु को उसके सापेक्ष रूप में सही परिप्रेक्ष में देख पाना और बराबर की तोल में तराजू पर तौल पाना, मृत्यु को भी अपना कार्यक्षेत्र मानकर, उसे ही लक्ष्य बना डालना अल्फ्रेड को एक अद्भुत उत्तेजना से भर देता था। इस भयाक्रान्त पर रोमांचकारी उत्तेजना एक ज़हरीले नशे–सी मदहोश कर देती थी उसको। भयंकर मनोदशा थी अल्फ्रेड की।

वो एक बात अच्छी तरह से समझ गया था कि नीचे दबा आदमी, नीचे और कमज़ोर स्थिति में होने के बाद भी मनो स्थिति और सोच में बड़ी ताक़त रखता है। वो मरते दम तक अपने लिए लड़ मरने की जिजीविषा रखते हैं। मिसाल के तौर पर किसी कमज़ोर जानवर को ही लीजिए वो लाख पीटा जा रहा हो, लतियाया जा रहा हो पर हर ठोकर के बाद वो अपनी रक्षा के लिए पलटवार करता है, नोंचता है, खसोटता है। लड़ते–लड़ते मरता है। बस यही भाव आत्मरक्षा के लिए कमज़ोर द्वारा भी की गयी पहल उसके लिए आदर्श बन गयी। उसे मालूम हो गया कि कमज़ोर परिस्थितियाँ भी आदमी की मनोदशा कमज़ोर नहीं करतीं। कमज़ोर अपना भाग्य नहीं स्वीकारता, बल्कि उसकी रक्षा के लिए लड़ता है उसे लड़ना चाहिए।

अल्फ्रेड को अब अपने दल आर.ए.एफ. के उद्देश्य और लक्ष्य समझ में आने लगे थे। कई बार जब वो बैठा हुआ पी रहा होता था तो सामाजिक असमानता शोषण व वर्ग भेद जैसे विषय के बारे में सोचकर उसकी आँखों में आँसू आ जाते। वो सोचता क्यों है इस दुनिया में इतना अन्याय– क्यों है इतनी ऊँच–नीच, क्यों है इतनी आपसी असमानता। कोई गहरे पानी की तलछट में पहुँच गया है कोई ऊपर उठकर तट पर बैठा मज़े से लहरें गिन रहा है। उसकी आँखें इस स्थिति की विषमता से, अपने असहाय होने से, क्रोध में धधक उठतीं और फिर उस अन्तर की आग से जलती आँखों से बह निकलती अविरल अश्रु धारा। अपने–आप से अल्फ्रेड कभी ये नहीं कबूलता कि उसने मौत से आकर्षित होकर "बादर मेन होफ ग्रुप"

की सदस्यता ग्रहण की है। और वो विशेषतया इसी मौत के मृत्यु रोमांच के कारण पूरे जोश से अपने समूह के उसूलों का पालन करता चलता है क्योंकि वास्तव में आज तक उसने कभी किसी पर ऊँगली भी उठाकर नहीं देखी थी। उल्टे ठीक इसी समय व बढ़िया क़ीमती कपड़ों से अपने–आप को सजाने लगा था। अब वो कुरफुरस्टेनडाम जैसे इलाके की क़ीमती दुकानों से सामान ख़रीद–ख़रीदकर ले जाने के कारण उनका नियमित आने वाला शानदर अमीर ग्राहक कहलाया जाने लगा था। अब वो महँगे से महँगे रेस्टोरेन्ट्स व शराबखानों में भी जाने लगा था। ये सब ख़र्चा विक्टोरिया जिसे कभी–कभी वो अपनी माँ कहने की ज़हमत उठा लेता था–पैसा भेजती थी। एक सुबह जब अल्फ्रेड सो के उठा तो उसने देखा कि उसके वीनर के पलँग, जिसके दोनों तरफ़ मेचिंग साइड टेबल थी, जिन पर संगमरमर लगा था, उस पलँग पर वो अकेला था। ये पलँग सामन्ती परिवेश का पलँग था पर अल्फ्रेड की बेहद पसन्द का पलँग था। उसके खाली अपार्टमेन्ट के एक छोटे से कमरे में ये पलँग बेहद बड़ा लगता था। पर फिर भी अपने बड़े आकार से खाली कमरा भर देता था।

अल्फ्रेड के अपनी आँखें खोलीं और अपनी नज़रों को ऊपर लटके झाड़फानूस के लैम्प शेड की रेशमी बेल पर गड़ाया–उसने याद करने की कोशिश की आख़िर कल रात वो था कहाँ? वो तो मिशल बार (शराबखाने) में था देर रात तो छोड़ो भोर के 3 बजे तक बैठा दारू के जाम पे जाम चढ़ा रहा था। लौटते समय शायद, उसने दरवाज़े की चौखट से टकराकर जो नीचे गिर गया था उस एक मोटे से आरमीनियायी आदमी को उठाया था। जिसका कालर फर का बना हुआ था। वो आरमीनियन एक गदबरा सा कोट पहने था। आरमिनियायी को ज़मीन से उठाते समय अल्फ्रेड ने ये देख लिया था कि उस आदमी की कलाई में सोने का कलाई पट्टा है, जिसे लड़कियों की चोटी की शक्ल में गूँथा गया था।

अब कुछ–कुछ याद आ रहा था। चीज़ें स्पष्ट हो रही थीं। अल्फ्रेड ने बिस्तर के चारों तरफ़ नज़र दौड़ायी तो अपने पलँग के चारों तरफ़

अख़बारों, किताबों और पत्रिकाओं का ढेर पाया। पार्टी के प्रचार पर्चे भी बिखरे पड़े थे। ये तो स्पष्ट हो ही रहा था कि अल्फ्रेड भी अब ये मान रहा है कि वर्ग भेद को मिटाने के लिए ख़ूनी संघर्ष ही सही रास्ता है। अगर एक बार वर्ग संघर्ष के भीतर झाँक लेंगे तो पायेंगे कि समाज के विभिन्न वर्गों के ढाँचे में बुनियादी खामी है। समाज को बहुत ही ग़लत तरीक़े से बुर्जआ लोगों ने ऐसा बाँटा है कि अमीर को ऊँचे जाने से रोकना मुश्किल और गरीब को और नीचे गिरने से। घोर आर्थिक असमानता अब स्वीकार्य नहीं है। कम से कम अल्फ्रेड को तो नहीं। वर्ग संघर्ष को जान लेने से हम समाज को बेहतर तरीक़े से जान पाते हैं। अब आपको समाज का आर्थिक बँटवारा और असन्तुलित आर्थिक बन्दर बाँट भी समझ में आने लगती है। सबसे बड़ी बात कि समझ में आ जाता है आत्मरक्षा का वो नियम जिसके तहत वर्ग भेद के विरुद्ध खड़े हो गये थे वो लोग, जिनका आर्थिक शोषण, आर्थिक दोहन किया जा रहा था। वो लोग जिन्हें ग़रीब ही रहने दिया गया था। वो अब हथियार उठाकर खड़े हो गये थे, अपने दमन का, शोषण का बदला लेने। अल्फ्रेड को ये सब बहुत ही अच्छे तरीक़े से समझ में आ रहा था क्योंकि उसने क़ानून की पढ़ाई की थी। आत्मरक्षा क़ानून घोटकर पिया था। उसे पता था आत्मरक्षा क़ानून में ही समाधान छिपा है उन लोगों के लिए जिनको इस वर्गभेद ने घाव दिये हैं, जिन्होंने अपमान, ग़रीबी, भूख, पीड़ा प्रताड़नायें झेली हैं। हँसिया और हथौड़ा सिर्फ़ काम के प्रतीक नहीं थे। वो अन्तर्मन में दबे क्रोध का प्रतीक हैं। हथौड़े से आघात करो, हँसिये से काट डालो। अतिभावुक क्षणों में ऐसा हो भी सकता था कि हथौड़े और हँसिया से आघात करो।

अल्फ्रेड बिस्तर से उठा और पास के रखे प्रचार पत्रों को उठाया–उसे उनके सादगी से भरा नमूना बहुत पसन्द आता था। कोई सजावट नहीं थी उन पर। अल्फ्रेड ने इन प्रचार पत्रों के गत्ते के टूटे–फूटे डब्बे की कोर को अपने होंठों में भरकर उसे एक सिरे से दूसरे सिरे तक चाट डाला। उसने डिब्बे पर अटी धूल की भी

परवाह नहीं की। फिर वो उठा और रसोईघर की ओर चल दिया जहाँ उसने अपना ब्रेक फास्ट यानी सुबह का नाश्ता बनाया। उसके बाद उसने अपने सुबह बाहर जाने वाले कपड़े निकाले। अब वो हर सुबह एक कॉफ़ी चाय की दुकान पर अड्डा जमाता था। इस रेस्टोरेन्ट के अन्दर आने–जाने वालों को देखता था। (Zoo) जू स्टेशन के पास बने इस कैफ़े में बैठकर आने–जाने वालों को निरखना–परखना अब उसकी आदत बन गयी थी और उसे ऐसा कभी नहीं लगा कि उसकी ये आदत सबसे अलग है, अजीब है, अखरने वाली है।

एक दिन अल्फ्रेड फिर वानसी विला की ओर गया–उसे ये जगह बेहद पसन्द थी। सफ़ेद झक विला का बरान्डा खिड़कियाँ बहुत बड़े–बड़े थे। विला झील के किनारे बनी थी। इस विला को देखकर उसे ध्वारिंग की विला याद आती थी। एक और विला भी थी उसके अतीत की जो उसके अतीत को इस विला के साथ अनायास ही जोड़ देती थी। यही एक रिश्ता था उसकी पिछली ज़िन्दगी को उसकी अब की, आज की, ज़िन्दगी से जोड़ने वाला। पर किसको पता इसके पीछे छिपा क्या था–क्या ये विला कुछ किनारे हटा दिये गये ख़यालों का अहम हिस्सा है क्या कुछ ऐसा है जो अल्फ्रेड अपनी यादों से सायास पीछे धकेल रहा है। अपनी चेतना से परे कर रहा है कुछ गहरी बात।

ये बर्लिन विला–बालक परिवार की सम्पत्ति थी। वानसी झील के एक बड़े ज़मीनी टुकड़े पर बसी थी। इस तक जंगल, हरियाली और रास्ते फैले हुए। एक नैसर्गिक सौन्दर्य बिखरा पड़ा था। ये विला और उसका हरियाला पक्ष उसके बड़े जंगल का ही हिस्सा थे जिसका नाम ग्रूनेवाल्ड था। उसके चारों तरफ़ बड़ा ऐवेन्यू बना है जिसमें दूसरी और विलायें भी बनी हैं। इन विलाओं के बहुत पास से गुज़रती है रेपिड रेल। पर हाँ थोड़ी दूर पर वो शोर–शराबा नहीं के बराबर ही था।

अगर हम ये कहें कि ये "बालक परिवार है" या ये कहें कि ये विला बालक है तो हम अल्फ्रेड की जुबान बोलेंगे। और तो और विला का मालिक आर्थर बालक भी विला को इसी नाम से पुकारता था। हम जिसे "बालक परिवार" के रूप में जानते हैं वो दरअसल बालक

परिवार नहीं है क्योंकि उसमें एक ही सदस्य है "आयर बालक"। अब उसे ही बालक परिवार समझा जाता है। ये सब बातें आने वाले दिनों में अल्फ्रेड की गहरी जाँच का हिस्सा बनने वाली थीं।

विला में मेहमान के तौर पर बहुत–सी महिलायें आती जाती थीं। रंगमंच की दुनिया से, अख़बारों से, पत्रिकाओं के संसार से, फिल्मी जगत से। इस विला की शामें बड़ी सुहावनी और रंगीन होती थीं–क्योंकि शाम की संगीत और शराब, सुरा और सुन्दरियों की भरमार वाली ये पर्टियाँ उत्सव में बदल जाती थीं। जो ऐसी शानदार विला की जान हुआ करती थीं। इनमें गार्डन पार्टियाँ भी शामिल थीं। एक स्वप्निल माहौल बिखर जाता शाम से देर रात तक एक स्वप्न लोक इस बर्लिन बिला के चारों तरफ़ सपने बरसाता रहता, लेकिन ये बात तब बिल्कुल उलट जाती जब कोई पार्टी व्यापारिक समझौते, या प्रशासनिक ज़रूरतों के लिए बुलायी जाती। इसमें ज़्यादातर छोटे समूहों में सिर्फ़ मर्द भाग लिया करते। वो सब विला के ऊपरी हिस्से पर स्थित भव्य डाइनिंग हॉल में जाते। उसके बाद गहरी चर्चाओं के लिए उस छोटे कमरे में जाते जिसे स्मोक रूम कहा जाता है यानी जहाँ बैठकर आप सिगरेट, सिगार, चुरुट, पाईप पी सकते हैं। "धूम्रपान कक्ष"। कभी–कभी ये बैठक इस विला के पुस्तकालय में भी जमती थी। घर में घरनी नहीं थी यानी आर्थर बालक ने कभी शादी ही नहीं की। ज़ाहिर है कि उनके कोई बच्चा भी नहीं था।

आर्थर बालक किसी नामी आला खानदान का वंशज नहीं था। वो ख़ुद ही अपना सामंत था–वो 'आर्थर बालक' दी मैन इसीलिए था क्योंकि उसने अपने–आप को ऐसे स्थापित कर दिया कि समाज उसे आला खानदान का वारिस या वंशज मानने ही लगा। 'बालक परिवार' का बालक भी वही था और परिवार भी वही था। उसे इस आलीशान मकान, ऊँचे दर्ज़े के रहन–सहन के लिए ख़ुद अपने को ही धन्यवाद देता था। वो स्वनिर्मित व्यक्ति था–ये बेहद ख़ूबसूरत जगमगाती विला, जो ग्रूनेवाल्ड के खामोश गहन जंगलों में पूरी शानोशौक़त से खड़ी है। चारलोटन वर्ग में उसका बड़ा–सा ऑफ़िस जिसके पड़ोस में

वियना के मशहूर इलाक़े हैं, जैसे–फसानेनस्ट्रास और कुरफुरस्टेनडेम। वहीं इसी इमारत में बड़ी सी काँसे की बनी नेम प्लेट यानी नामपट्ट टँगा था–शानदार तरीक़े से, बेहतरीन तरीक़े से लिखाया गया सुन्दर नमूने का नामपट्ट–बड़ा भारी नामपट्ट जो दरवाज़े पर ही टँगा था–उस पर लिखा था "डॉ. आर्थर बालक–एटोर्नी एट ला।" यहाँ ये बात जानना ज़रूरी नहीं है कि आख़िर ये दौलत, ये पैसा, ये शोहरत 'आर्थर बालक' के पास कहाँ से आयी। इसने कैसे जुटाई इतनी संपत्ति? गर्व करने की बात अगर कोई है तो वो ये कि वो एक नामी वक़ील है वकालत ही उसका पेशा है।

वो जर्मनी की बड़ी–बड़ी कम्पनियों की क़ानूनी ज़रूरतें पूरी करता है। वो पूरी जर्मनी की सिन्डक फैडरेशन आफ जर्मन इन्डस्ट्री के मुकद्दमे लड़ता है। एक बड़ा महत्त्वपूर्ण काम यही नहीं वो बड़े–बड़े राजनेताओं को भी क़ानूनी सलाहें देता है। आर्थर बालक जर्मन उद्योगों के हितों की रक्षा के लिए व्यापारिक समझौतों में उनका प्रतिनिधित्व भी करता है। मज़दूरों के संगठनों उद्योगपति के झगड़ों का बिचौलिया भी वही बनता है। ये बड़े महत्त्वपूर्ण समझौते थे क्योंकि इन समझौतों का असर उद्योगों, औद्योगिक उत्पादनों पर पड़ता। अब ये कोई बताने की बात नहीं कि इस तरह आर्थर बालाक राजनैतिक समझौतों की भी गहरी सूझ–बूझ रखता था। क़ानूनी वक़ील तो वो था ही। अब वो दोधारी तलवार बन चुका था। एक तरफ़ उसके क़ानूनी दांवपेच और दूसरी ओर राजनैतिक समझ, राजनीतिज्ञों पर उसकी पकड़।

आर्थर बालाक कैसा लगता दिखने में? अल्फ्रेड को मालूम होना चाहिए था क्योंकि हज़ारों चेहरों को पढ़–पढ़कर अब उसे आदमी की शक्ल कैसी हो सकती है ये बात वो उस आदमी को देखे बगैर अनुमान लगा सकता था उसे सिर्फ़ उस व्यक्ति के क्रियाकलापों की पूरी जानकारी होनी चाहिए थी। फिर वो अपने मस्तिष्क की सूक्ष्म संवेदनाओं के ज़रिये मन ही मन उस व्यक्ति का आकार आकृति बना लेता था जो सच में उस व्यक्ति के वास्तविक चेहरे कद–काठी से मिलती–जुलती ही निकलती अल्फ्रेड मनोविज्ञान की इस अनोखी विद्या

में लगभग पारंगत हो ही गया था। आर्थर बालाक भी अल्फ्रेड की इसी अन्तर्चेतना का अंश था। वो चाहने पर आर्थर वालक का शारीरिक ढाँचा, चेहरे के हावभाव इस चतुराई से बयान करता जैसे वो एक गहरे सपने में डूबा आर्थर वालक को ही देख रहा हो। जानता था अल्फ्रेड अपनी इस अद्‌भुत अन्तर्चेतना को– वो ख़ुद भी चौंक गया था। जैसे कोई गीतकार अपने साज को बिना देखे भी बजा लेता है क्योंकि उसे पता होता है कि कहाँ हाथ लगाने से कौन–सा सुर छिड़ेगा। वो गज कहाँ से और कितना दबा के घुमाये कि उसके वायलियन से सुर निकले। पियानो के की–बोर्ड को कौन–सी की बनाये जो सिम्फनी पूरी हो जाये। सारी श्रुतियाँ मिल जायें तो एक सुर बन जाये और अलग–अलग राग स्वरूप के लिए एक निश्चित नमूने से राग का ढांचा बनाया तो सुर भी अलग–अलग सरगम बनकर अलग–अलग रागों को जन्म देते हैं। ठीक इसी तरह अल्फ्रेड ने अपने विचारों की लय–ताल तय कर रखी थी। उसने अपनी अन्तर्भूत अनुभूतियों को एक तरतीब से मन में सज़ा लिया था।

क्या था ये... उसकी लोगों पर नज़र रख पाने की अद्‌भुत क्षमता या साधारण तौर पर आँखें खोलकर घटनास्थल को देखना और उस स्थान पर बने रहना चाहे कुछ भी हो जाये। इनके अलावा कमाल की एक क्षमता ये भी थी कि जो कुछ देखा है अनुभव किया हैं उसमें देखी अनुभव की गयी हर बात को वापस नहीं दोहराना। यहाँ तक मन में भी याद नहीं करना। अपने स्मृति संसार में भी वो अपनी पुरानी बातों को फिर से दोहराने के क्रम का भी चयन करता था। उन्हीं के आधार पर कुछ ऐसा नया गढ़ता जो एकदम ताज़ी नयी बातें बनकर ऊपर आतीं। यहाँ गौर कीजिये, कि अब कई यादों पर उसने अपनी नयी सोच की आधारशिला रख दी है। अब जब वो लोगों से वार्तालाप करता वो इस नये विचार दर्शन का अग्रणी बनकर लोगों को नेतृत्व देता। नयी लीडरशिप दिखाता।

आर्थर बालाक के शारीरिक सौन्दर्य, उसके चेहरे के भाव, उसकी चाल–ढाल से कहीं ज़्यादा महत्त्वपूर्ण थीं वो परिस्थितियाँ जिनमें अल्फ्रेड

आर्थर बल्लाक को देख–देखकर उसके प्रति गहरे सम्मान से भर जाता था, लेकिन यही गहरी चाहना गहरी वितृष्णा में बदल जाती।

अल्फ्रेड बल्लानियन विचारधारा और उसकी चिन्तन प्रक्रियाओं की बेहद सराहना करता रहा पर फिर उसे यही सोच और उसे सोचने वाले व्यक्ति से नफ़रत होने लगी। इतनी कि वो सौतिया डाह लगने लगता।

सवाल ये उठता है कि अल्फ्रेड बालाक से उसके घर से कैसे पहचान कर पाया? कहानी उस दिन से शुरू हुई जब गर्मियों के एक ख़ुशनुमा दिन में वानसी इलाक़े में छुट्टी मनाने जाने वालों की भीड़ से यात्री ट्रेन ठसाठस भरी हुई थी। परिवार के परिवार तटों पर लहरों से खेलने और धूप सेंकने के लिए, मज़े करने निकले थे। बच्चों ने अपने हवा से फुलाने वाले खिलौनों को अभी ही आधा फुलाकर पकड़ रखा था। उनके पिता आधी निक्कर व उस पर खुले कॉलर की बुशर्ट पहने गर्म हवा के स्वागत को आतुर बैठे थे। इस सब के बीच अल्फ्रेड को बड़ा अच्छा लग रहा था। पर उसके मन में कुछ और ही चल रहा था सो वो स्टेशन की भीड़ से हटकर अनिच्छा से ही सही पर ज़िले की पहली सड़क पर उतर गया जहाँ के लिए वो आया था।

झील पर नावें तैरने के इन्तजार में थीं। ये सभी पाल वाली नावें थीं जिनके सामने वाला समुद्री हिस्सा कुछ ऊपर उठा सा दिखाई दे रहा था। सपाट जल निगाहों को ऊपर उठे होने का छलावा दे रहा था। जैसे जल अपने तटों से भी ऊँचा हो गया हो। कोई चित्र बना गया था वो अदृश्य शक्ति सामने हरे–हरे पेड़ों की धारियाँ थीं। पानी में एक द्वीप बना था उसके चारों तरफ़ जल झिलमिला रहा था। आसमान में एकझक सफ़ेद बड़ा–सा बादल का टुकड़ा तैर रहा था। गर्मी की थमी–सी हवा में अंजानी चमक की अनुगुँज थी, बेहद ख़ुशनुमा दिन था वो।

अल्फ्रेड जितना स्टेशन की भीड़ से दूर–हटकर चलता जा रहा था भीड़ का शोर कम हो रहा था। सड़क अकेली होती खामोश हुई जा रही थी। वो जिस सड़क पर था कुछ मोड़ लिए हुए थी हर मोड़

पर उसे पाईन के पेड़ दिखाई देते, गहरे हरे रंग के लम्बे ऊँचे–ऊँचे पेड़। सुदूर आसमान छूते हुए। नील गगन में ख़ुश होकर लहराते हुए। नीले आसमान में हवा भी नीली ही नज़र आ रही थी। सब कुछ निशब्द–निस्तब्ध सा था। इस सबकी पृष्ठभूमि में दूर बनी विलायें खड़ी थीं। इन बड़े घरों की परछाइयाँ बड़ी छोटी–छोटी होकर ज़मीन पर बिखरी थीं।

बल्लाक विला दो स्तरों पर बनी थी इसीलिए सड़क पर से उसका आकार कुछ और नज़र आता था और जल पर उसका आकार कुछ और। इस तरह के दो धरातल बनाये जाने से विला बिल्कुल निजी इलाक़े में तब्दील हो गयी। इसीलिए सड़क से विला का पिछला हिस्सा किसी को नज़र ही नहीं आता था।

शायद विला का यही लुका–छिपा सा रहस्यमय आकार था जिसने पहले पहल विला कि ओर अल्फ्रेड का ध्यान खींचा। वो बल्लाक विला के मोह से बँध गया। उत्सुकता जाग उठी उसमें इस "बल्लाक विला" इसमें रहने वाले को पास से जानने की–असल सच जानने की। अल्फ्रेड अब ऐसा ही हो चला था। अल्फ्रेड को परेशानी इस बात की थी देखने में तो बल्लाक विला भी ग्रूनेवाल्ड की और विलाओं की तरह ही बनायी गयी थी। उस इलाक़े का नक्शा ही ऐसा था–पर फिर भी ये अलग और रहस्यमय क्यों नज़र आती है? शायद यही रहस्य अल्फ्रेड को विला की ओर ले गया। इस इलाक़े की बाक़ी विलायें एक सी नहीं थीं स्थापत्य के हिसाब से कारीगरी के हिसाब से, बनावट के हिसाब से, सब अलग अलग तरीक़े से बनी थीं पर एक बात में वो सब इमारतें एक जैसी कही जा सकती हैं और ये एक बात जो उन सबमें एक जैसी है वो है इन सबकी प्रतिष्ठ वियनीज़ समाज की बेहद प्रतिष्ठित विला थी। ये इनकी शानोशौकत अमीरी भव्य से भव्यतम की ओर थी और हर विला की अपनी एक अलग ही गरिमा थी। हर एक विला बहुत महत्त्वपूर्ण मानी जाती थी।

"बल्लाक विला" का मुख्य द्वार सड़क की ओर खुलता था। बल्लाक विला एक तीन मंज़िला घर था जिसकी सभी दीवारें सफ़ेद ही थीं जो सूर्य

की किरणें पड़ने पर चमचमाती थीं। अल्फ्रेड खाली सड़क पर अकेला ही टहल रहा था। उसके जूतों के नीचे से रेत की खसखसाहट की आवाज़ आ रही थी। आर.ए.एफ. ने हाल के दिनों में अपने अगले लक्ष्यों की घोषणा कर दी थी। उनमें सबसे बड़ा लक्ष्य था, व्यापारी संस्थानों से, सरकारी प्रतिष्ठानों से, राजनीति से यानी व्यवस्था के हर क्षेत्र से लोगों को रास्ते से हटाना। यानी मौत के घाट उतारना। इन लोगों की हत्या कर दिये जाने से समाज का ये तबका तथाकथित उच्च वर्ग कमज़ोर पड़ता जायेगा और जगह बनती जायेगी निम्न वर्ग और अति निम्न वर्ग के ऊँचे उठने की, दलदल से बाहर निकलने की। इन असामान्य स्थितियों से बाहर उभरने की। सत्ताधारी लोगों को अब पछाड़ पाने का एक यही रास्ता बचा था।

अल्फ्रेड की निगाह इसी विला पर पड़ी और उसे ख़याल आया क्यों न मैं अपनी क्रान्ति का आगाज़ इसी विला से इसके रहने वालों से करूँ? अगर मुझे यही मिसाल देनी है तो विला क्यों नहीं? वियाय आते ही वो पूरी योजना को ही जन्म दे गया फिर अल्फ्रेड की निगाह विला के फाटक पर लगी नाम की तख्ती पर गयी। नाम लैटर बॉक्स के डिब्बे के ऊपर चिपका था। अक्षरों की लिखाई बड़ी महीन थी तो वो दूर से पढ़ाई में नहीं आ पा रही थी। बस उसी क्षण से उसी पल से "बल्लाक विला" आर्थर बल्लाक ख़ुद, उनका **फासानेनस्ट्रास** स्थित ऑफ़िस सब कुछ अल्फ्रेड की दैनिक निगरानी में आ गया। उसकी गहन जाँच–पड़ताल शुरू हो गयी। अब उसके हर काम में दिन या रात में कहीं भी इसी योजना को कैसे करने की योजना दोहरायी जाती। वो ख़याल अब बहुत बढ़ गया था इतना फैल गया था कि अल्फ्रेड की ज़िन्दगी उसमें लिपट गयी थी। आख़िरकार किसी से उसकी ज़िन्दगी छीनने का सवाल आसान थोड़े ही होता है। पहले पहल अल्फ्रेड ने सोचा था कि उसे जो कुछ जानकारी मिली है उसे ही वो उन लोगों के ज़रिये आर.ए.एफ. के आला कमान तक पहुँचा देगा।

पर वो कौन लोग होंगे जो लाल सेना की हाई कमान तक जानकारी पहुँचायेंगे? अल्फ्रेड को ये भी नहीं मालूम था—उसने सिर्फ़ कल्पना की थी कि एक चेन ऐसी ज़रूर होगी पर जब वो अपना मन इस काम में लगा बैठा तो ये काम कब उसने ख़ुद अपने पर ले लिया उसे पता ही नहीं चला। अब वो इस युद्ध का खोजी अपने को ही मानने लगा। उसे ये वर्ग संग्राम अपना छेड़ा हुआ लगने लगा, तो उसने उसका नेतृत्व भी अपने हाथ में ही लिया। वो पूरी मुस्तैदी के साथ सख्ती के साथ "बल्लाक विला" और आर्थर बल्लाक पर निगाहें रखने लगा। जैसे कोई अग्रिम खोजी दुश्मन के खेमे से सारी जानकारी उठा लाये ताकि हमले के समय सब दुश्मन मारे जायें।

अल्फ्रेड ख़ुद हैरान था कि पहले ही क्षण से उसने "आर्थरब्लेक" को निन्दनीय मानकर, उससे उसकी हर बात से उसके द्वारा इस्तेमाल की जाने वाली हर चीज़ से नफ़रत शुरू कर दी थी बड़ी गहरी नफ़रत।

जैसा कि बताया जा चुका है "विला बल्लाक" का सामने का हिस्सा सड़क की ओर है और पीछे का छोर जंगल ओर झील की और। अल्फ्रेड को शुरू से ही ये पता लग गया था कि विला में आने के लिए लोग यार्ड की तरफ़ से यानी पिछले छोर से ही प्रवेश करते हैं। ऐसा उसने विला देखे बिना ही अनुमान लगा लिया था। उसका खोजी अनुभव काम आया और उस पर से "विला बल्लाक" में हुई एक पार्टी की धुँधली सी तस्वीर उसने एक अख़बार में छपी देखी थी। पार्टी की फोटो के नीचे लिखा था "बल्लाकियेन ग्रीष्म पार्टी"।

अल्फ्रेड सोचता क्या करेगा ये आर्थर बल्लाक जब उस पर हमला होगा? क्या वो पलट के वार कर पायेगा? क्या वो भागने की कोशिश करेगा? क्या डर के मारे उसके बाल खड़े हो जायेंगे? और चेहरा उसका धब्बेदार चेहरा जो बीमारी की वजह से कुछ ज़्यादा ही पीला दिखाई देता है डर के मारे तो मुर्दे के समान पीला हो जायेगा। जैसा अस्वस्थ जीवन आर्थर बल्लाक जीता है उसके शरीर का अंग प्रत्यंग अब उसकी गवाही देता यहाँ तक कि उसके शरीर की खाल भी मुरझा गयी थी। कल्पना दौड़ रही है अल्फ्रेड की,

आर्थर बल्लाक लाल सेना के हमला करते ही भयभीत होकर भागने लगा। उन लोगों से डरता–छिपता घूम रहा है इस कमरे से उस कमरे, और फिर अन्दर के कमरे उसके हाथों में काग़ज़ों का पुलिन्दा है वो काग़ज़ फेंकता जा रहा है। घबराकर वो एक कमरे में घुस जाता है और अपने पीछे दरवाज़ा बन्द करने की पूरी कोशिश करता है, लेकिन नहीं वो दरवाज़ा पूरा बन्द नहीं कर पाता। वो और आगे दौड़ जाता है, लाल सेना के द्वारा किये इस औचक हमले ने आर्थर बल्लाक को हिलाकर रख दिया है। नहीं वो नहीं चिल्लाया उसने मदद के लिए किसी को नहीं पुकारा। उसके चेहरे का ख़ून सर्द हो गया था पर उसका डर इतना ज़्यादा नहीं था कि चेहरे के नैननक्श तक खो जाते। वो आदमी आत्म नियन्त्रण जानता था। शायद वो इस परिस्थिति की पूर्ण परिणति यानी अन्तिम चरण को समझ नहीं पाया था। ये भी हो सकता है कि वो गुप्त रूप से भरोसा कर रहा हो उस फौज का जो उसकी मदद को चल चुकी हो। उस जैसे धनिकों को सब पता रहता है कि उनके साथ क्या कुछ हो सकता है इसलिए उन्हें ऐसे हालातों से निपटने के लिए विशेष तरीक़ों का बेहतरीन ज्ञान होता है।

ये सब सोचकर अल्फ्रेड ने इस बार वारदात को अन्जाम देने के लिए एक विशेष योजना बना ही डाली। उसने नक्शा बनाया इस नक्शे में "बल्लाक विला" का अन्दरूनी हिस्सा शामिल था। कितने कमरे, कितनी खिड़कियाँ, कितने नौकर–चाकर सब कुछ इस खुफिया नक्शे का हिस्सा थे। सीढ़ियों के कुछ पायदान चढ़कर बायें हाथ को थी रसोई। इस रसोई के पहले था काम करने वालों के उठने बैठने का कमरा जो रसोई से जुड़ा हुआ था। रसोई ख़ुद खाने के कमरे से जुड़ी थी। खाने के कमरे की खिड़कियाँ और दरवाज़े झील की ओर खुलते थे। इन से या सटी हुई छत से लोग इस इलाक़े का विहंगम दृश्य देख सकते थे। मेहमान जब नाचते–नाचते गर्मी जाते तो यही टैरेस पर ठण्डाने के लिए निकल आते। या वो थोड़ा शान्त एकान्त चाहते थे या फिर किसी का साथ चाहते थे रात का जोड़ा बनाने के लिए। बालूस्ट्राड पर शाम की रौनक रात बदलने तक बनी रहती।

निचले तल में ज़मीन के साथ सटे हिस्से में खाने के कमरे के साथ एक धूम्रपान कक्ष था और एक सम्मेलन कक्ष। एक पुस्तकालय था और एक कमरा खेल खेलने का कक्ष था। यहाँ एक बिलियर्ड टेबिल भी पड़ी थी।

"बाल रूम" या नृत्य का असली कक्ष था दूसरी मंज़िल पर। इस कक्ष में जाने के लिए घर के भीतरी लाउंज से दो सीढ़ियाँ आती थीं जो ऊपर आकर जुड़ जाती थीं। बाहर जाने के लिए दो और सीढ़ियाँ थीं एक बायीं ओर से नीचे जाती थी दूसरी दाहिनी ओर से घर के बाहरी हिस्सों से जुड़ी थी। टैरेस से, गार्डन से, झील से, खिड़कियों से छनकर आती रोशनी से झील तक जाने वाला रास्ता रोशन रहता।

अल्फ्रेड जितना समझता उतना ही और अजनबी होता जाता जैसे गर्म समूह में प्रवाल द्वीप पर जब चाँद छिटकाता है अपनी चाँदनी तो माहौल में एक बड़ी अजनबी–सी मधुरता बिखरती है। कोई किसी से कोई सम्बन्ध न रखे बगैर भी एक साथ सब सुहाने से लगते हैं कम से कम ऊपरी तौर पर ये एक अजीब गोरखधन्धा है पर समझा कैसे जाये? जितना जानो और जानने–समझने को बच ही जाता है। अल्फ्रेड ये समझ गया था।

आर्थर बालाक इन दिनों एक प्रसिद्ध गायिका वान्डा ग्रोनगक के साथ सम्बन्ध बनाये हुए था वो उसकी सबसे प्रिय सखी थी। कुमारी ग्रोनक एक ज़माने की प्रसिद्ध आपेरा गायिका थीं। उसके अच्छे दिन बीत गये थे। वो एक गुज़रा हुआ अतीत थी। अब वो छोटी महफिलों और मंचीय कार्यक्रमों में कभी–कभी गाती थी। अक्सर तो बीमारी का बहाना बनाकर मना ही कर देती थी। काईडर के कार्यक्रमों में भी नहीं जाती थी।

बाहर की सीढ़ियों से आर्थर ने आवाज़ दी, "वान्डा"।

उस पैदल पार पथ पर दो पत्थर के बने लैम्प भी लगे थे कुछ भीनी सी रोशनी वो भी फैला रहे थे। झील तक जाता ये पथ प्रेमी जोड़ों का स्वर्ग था। बड़ा ही मनोहारी दृश्य होता वहाँ। आर्थर बालाक की महफिलें पूरे वियना में प्रसिद्ध थीं। अख़बारों के कॉलम्स में इन

महफिलों की भारी चर्चा रहती कि इस पार्टी में कौन–कौन क्या–क्या पहनकर आया था। ये पर चर्चा के गप्पे भरे कॉलम अल्फ्रेड भी पढ़ता था। जितना वो ऐसे कॉलम्स को पढ़ने पर ध्यान देता उतना ही समाज के ढाँचे की बारीकियाँ उसके सामने एक–एक करके खुलती ही चली जातीं। समाज की आर्थिक गुत्थियाँ बेहद उलझी थीं और अल्फ्रेड उन्हें सुलझा पाने के उपायों के चक्कर में उनमें और उलझता जा रहा था। इस उलझे ढाँचे में किसका सम्बन्ध किस बात पर किस आधार पर है ये जानना बड़ा पेचीदा था।

ज्यामिती शास्त्र के आधार पर बनी ये सुन्दर सीढ़ियाँ बगीचे तक जाती थीं। वहाँ से ये सीढ़ियाँ फ्रेंच नमूने से बने हिस्से के दायें–बायें से गुज़रती झील के तट तक जातीं। सब कुछ प्राकृतिक घटनाओं से घिरा–विशुद्ध नैसर्गिक सौन्दर्य। यही इसी राह पर वान्डा अपने घने बाल लहराती, नंगे पाँव चलती आती और आपेरा के अपने गाये गीतों के हिस्सों से पूरा माहौल मदहोश कर देती। ग्रोनटक के लहराते बालों के साथ लहराते उसके कपड़े उसकी गूँजती आवाज़ के साथ सब कुछ रसमय कर देते–जैसे–जैसे उसकी आपेरा की तालीम की सधी आवाज़ कभी नीचे से आते तार सप्तक में जाकर तीखी हो जाती आपेरा से प्यार करने वाले मदमस्त हो जाते– न जाने कितने जामों का नशा चढ़ जाता सब पर।

बालाक सच में अब इस औरत से प्यार करने लगा था। वान्डा आर्थर से काफ़ी बड़ी थी पर आर्थर को इस बात से कोई फ़र्क़ नहीं पड़ता। ख़ुद अल्फ्रेड ने एक बार अपनी आँखों से उन दोनों को एक थियेटर में गहरा चुम्बन लेते देखा था।

दरअसल अल्फ्रेड रात–दिन आर्थर का पीछा करते–करते अब हर उस जगह जाने लगा था, जहाँ आर्थर जाता था। थियेटर भी वो आर्थर के चक्कर में ही पहुँचा था जहाँ उसने आर्थर को झुककर वान्डा को चूमते देखा और फिर वान्डा को आर्थर को बाँहों में भरकर चूमते देखा। दोनों दिल से एक–दूसरे को प्यार कर रहे थे।

बालाक अपने व्यापार और काम की दुनिया में पूरी तरह डूबा था। अक्सर उसकी महिला सचिव श्रीमती फ्रेसीनियस आर्थर के उस सोने वाले कमरे में हर सुबह जाती तो पाती कमरे से वान्डा जा चुकी है और बालाक अपने भाषण को लिखवाने के लिए तैयार बैठा है यानी उसके काम के मामले में कोई दख़ल नहीं दे सकता। वो अपने दैनिक कार्यक्रम के अनुसार लिखवाता जाता टिप्पणियाँ, नोट्स, सम्मेलन के उद्घाटन भाषण।

अल्फ्रेड अपनी निगरानी की चौकी से जो झील में तैरती नाव पर होती सब देखता रहता।

वो देखता आथ्रर अपने धारीदार पाजामें में कमरे में बत्ती जलाकर इधर से उधर घूम रहा है। उसके हाथ में कागज़ होने बहुत सारे कागज़। कभी कभार वो टहलते–टहलते अन्य जाता। और कुछ सोचने लगता। कभी कभी वो अपनी सचिव फाऊ फ्रेसीनियस को अचानक कोई चुटकुला सुनाकर हँसा देता।

नौकर के रिहाईशी मकान मुख्य 'विलाबलाब' से कुछ दूर बने हुए थे। सबसे पहले अन्य सुबह चहल पहल यही से शुरू होती। सबसे पहले रसोईये की बत्ती जलती जिसकी रोशनी अब भी सुबह के उजाले दू–हल्के अँधेरे वाले बगीचे में चमकती।

अल्फ्रेड आर्थर बल्लाल को सारी बारीकियों से जानने के चक्कर में आजकल डायरी में नोट्स लिखने लगा था। वो लिखना था किस किस से कैसा–कैसा स्थिति से गुज़र रहा है। वो किस हद तक जा सकता है–क्या है जो उसको रोक सकता है। कौन लोग हैं जो आर्थर के आस–पास रहते हैं। इसके चाहने वाले कौन हैं? इसके विरोधी कौन हैं? ख़ुद अल्फ्रेड अपनी भावनाओं को उनके कारणों को समझना चाहता था कि कब उसे आर्थर से सहानुभूति होती है और कब वो आर्थर के प्रति नफ़रत से भर जाता है। ये जटिल समस्या सुलझाने के लिए उसने अपने देखे गये तथ्यों को, नज़ारों को क्रम से एक डायरी में लिखना शुरू कर दिया। इस डायरी में वो छोटी से छोड़ी बात भी दर्ज़ करता। इससे एक फ़ायदा ये हुआ कि वो इन

बारीकियों का मन्थन करके उनके पीछे छिपे तर्कों को ढूँढ़ निकालता। उन तर्कों के पीछे छिपे आपसी सम्बन्धों को भी ढूँढ़ लेता। उसी से अर्थ समझ आ जाता कि आर्थर ने जो किया वो क्यों किया।

तो अल्फ्रेड ने अब जान लिया कि निगाहबानी करते–करते आर्थर पर नज़र रखते रखते वो कार्यवाही की दूसरी धरातल पर पहुँच गया।

इस दूसरे क़दम में अब तक की सारी सूचनाओं को एक तार में पिरोकर उसका सत्व निकालना है। छान–छानकर सिर्फ़ वही सूचनायें रखना है जो आख़िरी उद्देश्य में लक्ष्य की प्राप्ति के लिए ज़रूरी हैं। इस चक्कर में अब वो निगरानी करने जाता ही नहीं बल्कि उसकी जगह इकट्ठा की गयी सारी सूचनाओं सुबूतों को छाँटना शुरू करता जो अपने–आप में एक बेहद बड़ा काम था। वो घण्टों किसी छोटी–सी सूचना के बारे में सोचता रहता।

जैसे मिसाल के तौर पर वो आदमी जो जर्मन ट्रेड सम्मेलन का अध्यक्ष था। वो लम्बा गँजा, बहुत ज़ोर–ज़ोर से बोलने वाला, काला कसा सूट पहने था जिसे अपनी बातों के जरिये लोगों को बाँधे रखना ख़ूब आता था। वही आदमी था वो सच में आर्थर बल्लाक का जिगरी दोस्त था। या दोनों ने व्यापार को बढ़ाने के लिए एक व्यापारिक समझौता किया था। दोनों के बीच नियति और भावना का क्या घाल मेल था? ऐसे ऐसे सवालों के जवाब खँगालते–खँगालते अल्फ्रेड को एक बात अच्छी तरह समझ में आ गयी चाहे कुछ भी कर लो हर सवाल का साफ़–साफ़ जवाब पाना असम्भव है। तभी उसने पाया उसमें एक चीज़ की क्षमता और बढ़ गयी है वो है ख़ुद को समझाने की, अपनी ख़ुद की छवि बनाने की, अनजाने में, अर्ध स्वप्न की अवस्था में अल्फ्रेड ख़ुद के भीतर ख़ुद ही को गढ़ता था वो अपने आप को पा गया था। नतीज़ा ये हुआ कि अब रातों अल्फ्रेड अपनी रसोई की मेज़ पर बैठा लिखता रहता–लिखता रहता। उसकी इस तरह की कार्य प्रगति से एक नयी बात पैदा हुई वो थी उसके प्रयासों में आयी नयी स्फूर्ति, नयी ऊर्जा से लबरेज था अल्फ्रेड। अब वो जानना चाहता था आख़िर आर्थर बल्लाक था कौन? यहाँ ये देखने की बात है कि अब

तक अल्फ्रेड ने ये ढूँढ़ निकाला था कि आर्थर बल्लाक है कौन और अब ढूँढ़ने निकला था–"आर्थर बल्लाक था कौन?"

ख़याल उलझते गये जितना ही अल्फ्रेड आर्थर बल्लाक के अतीत के बारे में सोचता उतना ही उलझता जाता, विचार खौलने लगे। उसने खामोश साँप की तरह आर्थर पर नज़र रखी थी चुस्त–दुरुस्त तरीक़े से। उसके ख़याल किसी चिड़िया से उन्मुक्त थे बिन्दास थे। अब वो बिल्कुल आज़ाद थे अपनी राह चल पड़े थे।

उस दिन क्रान्जलेर कैफ़े में गायक ग्रोनक ने दरवाज़े के हैन्डल को आधा ही दबाया तो दरवाज़ा अधखुला रहा। पता नहीं क्यों दरवाज़े के हैन्डल पर बनी काँसे की आकृति खोले जाते समय अधखुली रह गयी बीच में ही अटक गयी। बाहर से आर्थर ने अपनी कार से गुज़रते हुए एक बार फिर ग्रोनक को अलविदा कहने के लिए हाथ उठाया।

पेड़ कुछ बड़े हो गये थे **कू डाल** बहुत घना और अँधियारा सा लग रहा था जैसे कोई घना जंगल हो। सूरज की एक किरण कैफ़े के शीशे के शोकेस में से गुज़र रही थी जहाँ–जहाँ वो अपनी किरण से उस जगह को आलोकित करती लगता कोई बाँसुरी तार सप्तक में बज रही है। पैदल पथ पर आते–जाते लोगों के जूते चरमरा रहे थे। दी ग्रोनक के कपड़े एक बार फिर भीड़ में लहराये अल्फ्रेड को लगा जैसे वो किसी धीमी गति से जाती नाव के पाल हों। अल्फ्रेड चल रहा था। चलते–चलते भी वो ये सोच रहा था अब उसे कैसे हर चीज़ को अपने नियंत्रण में लेना है कैसे सब कुछ नियंत्रित करना है।

अध्याय-2

इस बीच जार्ज बिल्कुल बदल गया था। अगर आप उस लड़के को ढूँढ़ रहे थे जो सीधा–सादा सामान्य लड़कों की तरह तेल लगे बालों को माथे से चिपकाकर पीछे की तरफ़ काढ़ता था तो आप बिल्कुल ग़लत हैं। इस कम्पनी का भागीदार जार्ज में अब ख़ासा परिवर्तन आ चुका था। उसने अपने आपको नये ज़माने के नये मिजाज़ में ढ़ालना शुरू कर दिया था।

चलिए पहले वो बात करते हैं जिसका ज़िक्र हमें पहले ही करना चाहिए था यानी ये बताना ज़रूरी है कि जार्ज के पास अब एक बड़ी विज्ञापन कम्पनी है। अरे उसने तो विश्वविद्यालय की पढ़ाई पूरी करने से पहले ही अपने दोस्त लूकास स्टेपानिक के साथ मिलकर विज्ञापन के पर्चे घर–घर बाँटने की एक छोटी–सी एजेन्सी खोल ली थी। और यहीं से शुरुआत हो गयी थी एक बड़ी विज्ञापन कम्पनी की जिसका ऑफ़िस भी एक शानदार इलाक़े में था।

कहाँ वो सस्ते विज्ञापनों के घरेलू प्रचार के पर्चे घर–घर बँटवाने की एजेन्सी चलाते थे और कहाँ जार्ज और स्टेपानिक का ये विशाल विज्ञापन कार्यालय उन्होंने अपनी प्रगति की रेखायें समानान्तर चलायीं और वो विज्ञापनों के अलग–अलग तरीक़ों की नयी दुनिया में प्रवेश कर गये।

जार्ज का नया हेयरस्टाइल ख़ुद उसकी अपनी सोच की देन नहीं था। ये बाल काटने का नया तरीक़ा उसने एक मॉडल के बालों से सीखा जिसे सारे नौजवान पागलों की तरह अपना रहे थे।

था ये एक राक एण्ड रोल बैन्ड के गवैये का अपना स्टाइल पर जैसे–जैसे वो गायक नयी पीढ़ी का जुनून बनता गया उसके केश श्रृंगार का आधुनिक तरीक़ा भी किसी उन्माद की तरह वियना के नये जवानों पर छा गया। जार्ज भी उससे अछूता न बचा।

जार्ज अब बहुत सुलूनो चैन वाला लड़का बन गया था। उसमें अब अनोखा आत्मविश्वास भर गया था। जो उसके कामकाज़, उसकी चालढाल में साफ़ नज़र आता था। जिस सहज तरीक़े से उसने बाहरी स्रोत से सीखकर अपने बालों का, कपड़ों का तरीक़ा ही बदल लिया था उसी सहजता से वो ज़िन्दगी को भी लेता था। उसे अच्छी तरह समझ में आ गया था ये आत्मनिर्भरता, ये स्वाबलम्बन, ये ख़ुद ही अपना सब तय करने का प्रयास– सब बकवास है, बीते अतीत की बातें हैं–अब आपके उपयोग का कुछ सामने है तो उसे काम में लाओ फिर चाहे वो किसी के भी दिमाग़ की उपज क्यों न हो। अगर इस समय कोई उससे पूछता कि वो इस अपने आप आगे बढ़ने के सिद्धान्त के बारे में क्या सोचता है तो अव्वल तो जवाब ही नहीं देता क्योंकि उसके पास समय की कमी होने लगी थी। ज्यों–ज्यों व्यापार बढ़ रहा था जार्ज का समय घट रहा था, कस रहा था, मान लो कि वो जवाब दे ही देता तो उसका वो जवाब बड़ा छोटा–सा होता–"तो इसमें मुसीबत क्या है? क्या समस्या है इसमें?" ये कहकर मुस्कुराकर सिर झटक देता। अपने विचारों में खोया चल देता हाल के दूसरे छोर पर जहाँ उसका अपना ऑफ़िस था।

जार्ज की माता जी ने एक लम्बे अरसे से अपनी रेस्टोरेन्ट की वैट्रस वाली नौकरी छोड़ दी थी। अब वो पूरा साल वियना में ही रहती थी। जार्ज के पास आती–जाती रहती थी। एक बार ऐसे ही वो कुछ दिनों के लिए जार्ज के पास आयी थी तो जार्ज ने कहा– "माँ, तुम मेरे पास ही क्यों नहीं रहतीं, रह जाओ न माँ।" माँ ने कहा, "मेरा ख़र्चा उठा लेगा तू?"

अब जार्ज के इसी मकान की टैरस पर माँ सुबह के ग्यारह साढ़े ग्यारह बजे से पहले दिखाई नहीं देती थी। वैसे वो इस घर

के निचले तल में रहती थी। जार्ज ने बड़े चाव से ये मकान बैंक से कर्ज़ा लेकर ख़रीदा था। वैसे ये भी सच था कि इतनी शानोशौकत के बाद भी जार्ज और उसके भागीदार पर बैंक का ख़ासा कर्ज़ था। जहाँ तक इस मकान के ढाँचे और ख़ूबसूरती का सवाल है इस मकान के सामने की ज़मीन सड़क से ख़ासी नीचे थी। कमाल ये था इस घर का कि इस घर में चाहे अगले द्वार से घुसो चाहे पिछले हिस्से से दोनों ही दरवाज़े मुख्य द्वार से नज़र आते थे एक तरह से कहा जाये तो जार्ज की माँ इस आलीशान विला की ठकुरानी माँ थीं और जार्ज ठाकुर साहब।

सड़क पर से अगर जार्ज की माँ का रिहाइशी हिस्सा देखो तो वो इतना नीचे नज़र आता है कि लगता है माँ बेसमेन्ट में यानी ज़मीन के अन्दर धँसे तल्ले में रहती है।

जार्ज का विज्ञापन व्यापार फैलता जा रहा था अब वो दूसरे देशों के साथ भी व्यापार करने लगा था। धीरे–धीरे आस्ट्रिया के आस–पास के हर देश में उसकी विज्ञापन एजेन्सी फैल रही थी। जार्ज की माँ ने अपने आपको कला और संस्कृति के सागर में डुबो दिया था। कोई शाम ऐसी नहीं जाती जब जार्ज की माँ किसी संगीत सभा, आपेरा, रंगमंच या बड़ी म्यूजिकल कान्सर्ट में शामिल नहीं होती। कोई दोपहर ऐसी नहीं होती जब वो किसी चित्र विथिका में खड़ी चित्र नहीं निहार रही होती।

वो बर्ग थियेटर भी जाया करतीं। ये बात और है कि वो सबसे देर में कार्यक्रम में पहुँचती और सबसे जल्दी कार्यक्रम से उठ जातीं। कई बार तो ऐसा भी हुआ कि संगीत सभा में कलाकारों ने आकर साज़ सँभाले ही थे कि जार्ज की माँ उठकर बाहर चली गयीं। वो अकेले ही जाना पसन्द करतीं। वो किसी को अपने साथ नहीं ले जातीं। कभी–कभार पेन्टिंग गैलरी में वहाँ के ही किसी कर्मचारी की मदद ले लेती थीं। वो जो कुछ भी देखती अनुभव करती वो सारी दास्तान अपने लाडले बेटे जार्ज को ज्यूँ की त्यूँ सुना देती। जब कभी वो दोनों साथ बैठकर खाना खाते ख़ासकर रविवार को तब दोनों के पास

ढेर सारा समय होता। यही वो क्षण होता जब जार्ज की माँ कहानी सुनाती और जार्ज गौर से सब कुछ माँ के मुँह से सुनता। जार्ज की माँ का ये दूसरा लक्ष्य था जार्ज को कला और संस्कृति से परिचित कराये रखना वो कहतीं जार्ज के पास ये सब देखने का समय नहीं है इसीलिए वो ये सब मेरी आँखों से देख लेता है।

इधर जार्ज एक खांटी विशुद्ध व्यापारी बन बैठा उधर उसकी माँ एक अभिजात्यवर्गीय सुसंस्कृत महिला के रूप में जानी जाने लगीं। ये देखकर सच में आश्चर्य होता था कैसे ये दोनों लोग एक दूसरे के अगल–बगल रहकर भी दो अलग मंज़िलों के राही बन गये। पर फिर दोनों के बीच गहरा आत्मीय सम्बन्ध बना रहा। दोनों ने चमत्कारी बच्चों की तरह अपने लक्ष्य को प्राप्त करने की ज़िद ठानी थी। लगता था दोनों ने अपने स्नेहिल सम्बन्धों के अनुबन्ध पत्र में कुछ प्रेम के नियम और जोड़ दिये हैं। ये वही पुराना अनुबन्ध पत्र है जो **क्लागेनफुर्ट** से चला आ रहा है जो जार्ज के बचपन से जुड़ा है। उनके सम्बन्धों के नियम खानों में कुछ भी नहीं बदला था सिर्फ़ सूक्ष्म महीन अक्षरों में कुछ नये स्नेह वाक्य और जुड़ गये थे। एक दोपहर रविवार के दिन माँ ने जार्ज से कहा अच्छे बच्चे की तरह मेरे प्यारे तुम नीचे मेरे घर आओ। जार्ज माँ की बात मानकर माँ के रहने वाले हिस्से में नीचे की ओर अपने पाँव हल्के–हल्के धरते उतरने लगा।

वो अपने पैर हल्के से घसीटकर माँ के कमरे की सीढ़ियाँ उतर रहा था। सीढ़ियों पर उतरते समय साथ में सहारे के लिए लगी हैन्डरैल या हाथ पट्टी पर यूँ ही कुछ बजाता सा चल रहा था। लगता था बेहद ख़ुश है। यूँ भी वो अपनी माँ के पास तभी जाता था जब वो बेहद ख़ुश होता था। अगर कभी मन उदास होता था तो सिर्फ़ इस बात से उसका मन ख़ुश हो जाता था कि वो अपनी माँ के पास जा रहा है।

माँ नीचे की बैठक वाले कमरे में अपनी प्रिय पढ़ने की टेबिल पर बैठी कुछ न कुछ पढ़ती रहती। कोई लीफलेट, कोई किताब कोई फैशन मैगज़ीन। उसके कमरे की बड़ी–बड़ी फ्रेंच विन्डो यानी खिड़कियाँ और दरवाज़े बाहर बगीचे की तरफ़ खुलते थे।

माँ जार्ज के आते ही उसे अपने पढ़ने वाले पन्नों से अपनी उँगली घुमाती हुई कुछ दिखाया करती–"देख रे ये देख क्या लिखा है।" जार्ज माँ के कन्धे पर झूलने से पहले अपने लम्बे बाल सीधे करता, माथे पर आयी अपनी लटें पीछे हटाता फिर माँ की ममतामयी उँगलियों के सहारे अपनी आँखें उन पंक्तियों पर उन चित्रों पर घुमाता चलता।

माँ बीच–बीच में अपनी नज़र उठाकर कन्धे पर प्यार से झुका अपने बेटे का चेहरा देखकर निहाल हो जाती ये सोचकर बेटा उसे कितना प्यार करता है और जार्ज वो माँ की आँखों में उमड़े तरल भाव। उसके लिए उमड़ी सराहना में भीग जाता। माँ बेटे के बीच एक प्रेम की निर्मल जलधारा बहती थी। दोनों अपने तटों पर खड़े इस धारा को सराहते थे।

जार्ज की माँ की आँखें सिलेटी रंग की थीं। एकबारगी देखो तो वो कुछ ख़ास नहीं लगती सुन्दर तो हरगिज़ भी नहीं थी। पर जब वो एक अनोखी चमक भरकर ममता से अपने बच्चे को देखती तो जार्ज को लगता माँ से बढ़कर दुनिया में किसी और की आँखें ख़ूबसूरत हो ही नहीं सकतीं। शायद ये भाव कि "तेरी आँखों के सिवा दुनिया में रखा क्या है?" वो माँ के पास टेबिल पर ही बैठ गया। रसोईघर में माँ की नौकरानी खाना लगाने की तैयारी कर रही थी अब से कुछ ही देर में वो बैठक के साथ सटे खाने के कमरे में टेबिल पर दोपहर का खाना लगा देगी। माँ अपने–आप को इस बात की शाबाशी देती थी कि उसने घर ख़र्च में नियमितता बरती थी। ये कला उसने लेका वर्थ पर रहने वाले अमीरों से सीखी थी। कैसे पैसा बचायें और अमीर हो जायें। कहते हैं ना "कम ख़र्च बालानशी"। जार्ज सार संक्षेप में अपनी माँ को अपने व्यापारिक सौदों के बारे में बताता चलता। वो माँ को ख़ास–ख़ास सौदों और उनके मुद्दों के बारे में जो ज़रूरी होता वही बताता।

माँ सब ध्यान से सुनती। बीच–बीच में कुछ सवाल भी पूछती चलती। वो सिर्फ़ इस एक ही बात पर ध्यान केन्द्रित करती सौदा

सफल साबित हुआ या नहीं। आप माँ को टाल नहीं सकते थे। जार्ज की माँ इस मामले में कोई समझौता नहीं करती थी।

एक दिन माँ के दिमाग़ में ये घुस गया कि मकान के बगीचे को और ख़ूबसूरत बनाने के लिए इसमें कोई आकर्षक सजावटी सामान लगाना ज़रूरी है। शायद एक बड़ी मूर्ति। हाँ, बगीचे में एक महँगी सुन्दर, किसी बड़े नामी कलाकार द्वारा बनायी गयी मूर्ति लगाना जरूरी है।

माँ ने निश्चय कर लिया था वहाँ बगीचे के किनारे पर लगी गुलाबों की बाड़ के पास किनारे पर उसकी छत्त की तरफ़ मुँह करके उस मूर्ति को लगाने से सारा बगीचा खिल उठेगा। कल। ही इस जगह का सौन्दर्य बढ़ा सकेगी।

माँ ने कहा तुम देखना बेटा उस मूर्ति के लगते ये सारी जगह ही नहीं पूरी इमारत की ख़ूबसूरती दोगुनी हो जायेगी। बाग की हरी घास इस सजावट को और खिला देगी।

जार्ज स्टेपानिक से बैंकों से लिए गये कर्ज के बढ़ते जाने का रोना अक्सर रोता था। उसे चिन्ता थी एक बार कोई सौदा ग़लत पड़ गया तो वो अभावग्रस्त भी हो सकते हैं। उसके व्यापार पर ख़तरा मंडरा रहा था।

अगर एक भी बड़ा ग्राहक उनकी विज्ञापन एजेन्सी को विज्ञापन देना बन्द कर देता तो बेचारे जार्ज की तो "गई भैंस पानी में" वाला हाल हो जाता। अगर कोई भी बड़ी बैंक उनका बड़ा लोन वापस माँग लेती तो कम्पनी दिवालिया घोषित हो जाती।

जार्ज लूकास के सामने अपना रोना रोता ज़रूर था पर माँ की इच्छा कि बगीचे में एक क़ीमती मूर्ति लगे, जार्ज के लिए हर चीज़ से ऊपर थी माँ की माँग सर्वोपरि थी।

अक्सर जब जार्ज और स्टेपानिक देर रात किसी पार्टी के बाद या शराबखाने से लौट रहे होते तभी जार्ज अपने कम होते जा रहे पैसे की चर्चा स्टेपानिक से करता। वो बताता कैसे व्यापार में धन असुरक्षा बढ़ती जा रही है। कैसे सारी परिस्थिति एक अँधेरे की गर्त

में धकेली जा रही है। ऐसा करते समय जार्ज अपना पतला–सा पीला हाथ स्टेपानिक के कन्धों पर रख देता। फिर अपना चेहरा स्टेपानिक की ओर मोड़कर कहता–"कोई बात नहीं ये भी देख लेंगे जल्दी ही ये भी सामने आ ही जायेगा।"

खाने के बाद जार्ज माँ के पास बगीचे में पैर फैलाकर बैठ गया। जार्ज जब भी अपनी माँ से ख़ुद के व्यापार के सम्बन्ध में चर्चा करता तो ये देखकर हैरान हो जाता कि माँ को उसके व्यापार की कितनी गहरी समझ है। वो कभी–कभार अपना मुँह जार्ज की व्यापारिक रिपोर्ट के बारे में खोलती थी। तो जार्ज को मालूम ही नहीं हो पाता था कि वो मन ही मन क्या सोच रही है पर उसका मन तब उत्साह से भर जाता था जब रिपोर्ट बताने के बाद माँ कोई सवाल पूछ बैठती थी बड़ी सूझ–बूझ का सवाल। कई बार जार्ज मज़ाक में माँ से कहता– "अब कम्पनी तुम ही चलाओगी?" माँ मुस्कुरा के मनाकर देती– "तुम्हारी कम्पनी तुमको ही मुबारक अच्छी तरह से चला तो रहे हो।" कभी कुछ भी न कहती बस निगाहें नीची करके मुस्कुरा देती और अपनी उँगलियों से स्कर्ट की शिकनें ठीक करने लगती। सोने की उँगूठियों से सजी उँगलियाँ हल्की सी घबराहट से काँपने सी लगतीं। अचानक माँ ने कहा यहाँ लगनी चाहिए वो मूर्ति, है ना जार्ज। माँ ऊँची एड़ी के जूते और गरमी की पोशाक पहने बड़ी अच्छी लग रही थी।

जार्ज ने पूछा– "मन में क्या चल रहा है माँ?"

"कैसी मूर्ति लाना चाहती हो?"

माँ बोली–"अभी सोच ही रही हूँ शायद Prodigal Son एक शाह ख़र्च बेटा।"

जार्ज हैरत में आ गया क्या "एक फिजूलख़र्च बेटा" ये कौन सी मूर्ति है।

जार्ज ने माँ की तरफ़ देखा–वो अब भी कितनी सुन्दर लगती थी। उसे ये सोचकर भी बहुत डर लगने लगता था कि माँ एक दिन मर जायेगी। पर उसने ये भी देखा माँ हाल फिलहाल मरने वाली तो नहीं है पर वो शरीर से ढीली पड़ने लगी है।

उसकी बाँहों का मांस लटकने लगा है। पिण्डलियाँ थुलथुलाने लगी हैं। मिसाल के तौर पर माँ जब किसी चीज़ की ओर इंगित करने के लिए बाँह उठातीं या अचानक अपनी एड़ियों पर मुड़ जातीं तो उनके बदन की मांसपेशियाँ हिलने लगतीं, लगता सारा मांसल गुदाज़ शरीर अब एक ढीला लोथ बनता जा रहा है। वो ज़्यादा ज़ोर लगाने पर कँपकँपाने लगता, थुलथुलाने लगता।

माँ जैसा कि बताया जा चुका है किसी सामाजिक गतिविधि से दूर रहती थी। ये देखकर भी कि वो कला जगत में इतना संलग्न थी। इस बात से हैरानी होती थी कि ऐसे में वो अपने–आप को लोगों से कैसे असम्पृक्त रख पाती हैं। कैसे अकेले ही जीना चाहती है सिर्फ़ एक उनका बेटा जार्ज ही उनकी दुनिया की धुरी था। कला जगत में घुल–मिलकर भी एकाकी रह पाना अपने–आप में बड़ी कला थी। उनके बाल अब सफ़ेदी छोड़कर फिर से भूरे लाल होने लगे थे। घने–घने बाल दूर से बहुत छतनार आर्कषक लगते थे। सुनहले तार से लगते थे उनके बालों की छुअन में धातु के तारों जैसा हल्का कड़ापन भी था। वो अपने नाख़ूनों पर गहरी लाल रंग की पॉलिश लगाती थी कई–कई बार माँ के हाथ किसी पंजे जैसे लगने लगते। जार्ज को ये बात भी स्वीकारनी पड़ती कि माँ कई बार चलते समय बड़ी बदसूरत सी नज़र आती थी वो थोड़ा सा लंगड़ा कर चलती थी। इसका कारण उसकी रेस्टोरेन्ट की वेट्रेस वाली नौकरी ही थी जिसमें उसे सस्ते जूते पहनकर घण्टों चलना पड़ता था। जब कोई नहीं देख रहा होता तो वो अपने पैरों को घसीटती चलती।

जार्ज की माँ की न कोई सहेली थी ना कोई सखा। प्रेमी होना तो बहुत दूर की बात थी। न वो चर्च जाती थी ना ही वो प्रार्थना करती थीं। जैसा बताया जा चुका है वो म्यूजिक के गैलरी में संगीत सभाओं में अकेली घूमती–फिरती। कभी कभी इन जगहों के कर्मचारियों से चित्रों, वस्तुओं की जानकारी लेने के लिए उनकी मदद ले लेतीं ताकि लोग उसे बेवकूफ न समझें।

अगर कोई उन्हें किसी पार्टी में बुलाता तो वो टालती और कहती, "मैं अकेले रहना पसन्द करती हूँ। मेरे एक जवान बेटा भी है।"

खाने के बाद मीठा खाने के रिवाज़ को पूरा करते हुए जार्ज की आरामकुर्सी पर पीछे की तरफ़ पसर गयी। वो कुछ थकी सी लग रही थी। वो सहसा जार्ज की तरफ़ देखकर मुस्कुरायी। ये एक मैत्री पूर्ण मुस्कान थी। माँ बड़े तृप्त भाव से मुस्कुरायी थी। पर माँ का यूँ अचानक मुस्कुराना कुछ विचित्र सा था। वो साफ़ नीले आकाश में अचानक आती और अचानक कहीं लुप्त हो जाती। जार्ज अपने में डूबा रहता। ममता की धूप का ताप सेंक रहा होता तब जार्ज की माँ जार्ज का सुख भाव देखकर धन्य हो जातीं। जार्ज को कुछ नहीं पता चलता कि माँ की मुस्कान के पीछे क्या भाव हैं। वो मुस्कान जार्ज के लिए है भी या नहीं।

अध्याय-3

जहाँ तक ग्राहकों को पटाने का मनाने का प्रश्न था। जार्ज को कोई भी मात नहीं दे सकता। वो कान्फ्रेंस हॉल हो या अकेला ग्राहक जार्ज की सधी हुई मुस्कुराहट हर एक दिल जीत लेती थी। जार्ज के विनम्र ख़ुशनुमा व्यवहार का लोहा वो लोग भी मानते थे जिन्होंने ग्राहकों से कैसे व्यवहार किया जाये, सौदा कैसे पूरा किया जाये जैसे विषय पर डिग्रियाँ हासिल की थीं। या पेपरबैक पर छपी सस्ती किताबें पढ़ी थीं। ये परम ज्ञानी लोग भी जार्ज की व्यापारिक व्यवहारकुशलता को नकार नहीं सकते थे। उसका लोहा वो लोग भी मानते थे।

कभी–कभी जब छोटी महफिलों में जार्ज दोस्तों के साथ बैठता या तो बड़े गर्व के साथ अपने इस हुनर की तरकीबें बयान करते हुए कहता व्यापार का जादू दुकानदार की मुस्कुराहट में छिपा है। लुभावनी मुस्कुराहट पूरे ज़ोर से अपनी तरफ़ उसका ध्यान खींचने वाली मुस्कुराहट। मगर याद रहे कभी भी ग्राहक की आँख में सीधे देखकर मत मुस्कुराना हमेशा उन आँखों से ऊपर की अपनी निगाह टिकाना फिर देखना जलवा।

लूकास को दुकानदारी की ये कला नहीं आती थी। वो किसी भी ग्राहक को किसी भी चीज़ के लिए पटा ही नहीं पाता था। जार्ज के शब्दों में लूकास ग्राहक को अपनी ओर आकर्षित कर ही नहीं सकता। क्योंकि उसे ख़रीदार की सेवा की कोई चिन्ता ही नहीं थी। दूसरी बात ये कि उसमें ग्राहक की ज़रूरत, उसकी मानसिकता समझने की जार्ज

जैसी अद्‌भुत कुशलता भी ही नहीं। जार्ज ख़रीदार के साथ चतुराई से घुलमिल जाता था। ग्राहक के रवैये के साथ अपने–आप को पूरी तरह मिला देता था वो भी इस शानदार तरीक़े से कि ख़रीदने वाला जार्ज की सुझाई हुई वस्तु को अपना ही सुझाव मानने लगता था। लूकास का व्यापार का तरीक़ा जार्ज से बिल्कुल अलग था। थोड़ा अनुत्साहित करने वाला सा। जैसे ग्राहक से कह रहा हो "लेना है तो लो नहीं तो चलते बनो"। जार्ज ख़ुद परेशान हो जाता था लूकास के इस अक्खड़ रवैये से।

महिलाओं के साथ जार्ज की अच्छी बनती थी। पर वो ये मानकर चलता था कि व्यापार में महिलाओं के कारण कुछ ज़्यादा सफलता मिलती है। ये मानना बिल्कुल ग़लत है। बल्कि महिलाओं के कारण कभी–कभी बड़ी विषम परिस्थितियाँ पैदा हो जाती हैं जिनकी वज़ह से दोस्तों में आपसी जलन और झगड़े पैदा हो जाते हैं जिसका सीधा असर मन और व्यवहार पर पड़ता है। कुछ ऐसी उलझनें सामने आ जाती हैं जिनको सुलझाने में बरसों लग जाते हैं और समय ही व्यापार में सबसे क़ीमती होता है। जार्ज और लूकास के साझे विज्ञापन व्यापार में लूकास का सबसे महत्त्वपूर्ण योगदान फँसी हुई सौदेबाज़ी में लम्बे समय तक टिका रहना–लूकास व्यापार में लम्बी रेस का घोड़ा था। चाहे वो एक दो सौदे ही पटाता पर अच्छे लाभ के सौदे ले ही आता था। जब भी जार्ज लूकास से कार्यालय में व्यापार की ताज़ा हालत पर चर्चा करने बैठता, चिन्ता जताता तभी लूकास मुस्कुराता और जार्ज समझ जाता इसके हाथ में व्यापार विजय का पत्ता आ गया है। वो फौरन ही समझ जाता कि अड़ा हुआ ग्राहक पिघल गया है। लूकास सौदे की फँसी गाड़ी दलदल से निकाल लाया है। सौदा तय हो गया है, मोहर लग चुकी है सौदे के अनुबन्ध पर। लूकास जार्ज को उत्साह दिलाता था।

कुछ शामें ऐसी भी होती थीं जब जार्ज शाम से ही सीधे अपने में बन्द हो जाता और बिस्तर पर लेट जाता। बिस्तर पर लेटकर वो सो नहीं

पाता था। ये वो द्वीप था जहाँ बैठकर वो व्यापार के सारे कार्यकलापों के बारे में चिन्तन और मन्थन करता था– योजनायें बनाता था।

उसके दिमाग़ में बिना अन्तराल के विचारों का तूफ़ान उठता रहता। ये करना चाहिए– वो छोड़ना चाहिए, इसे आगे बढ़ाना चाहिए और हर बार छोड़ी हुई योजनायें और आने–वाले दिनों के सपने जार्ज की ज़िन्दगी में बड़ा और बड़ा लक्ष्य बनती जातीं। लूकास इसके ठीक विपरीत था। वो कहता, "जार्ज भगवान के लिए कभी तो सन्तोष करो।" पागलों की तरह और अभी और के पीछे भागते रहते हो।" ये बात जार्ज सिर्फ़ लूकास से ही सुन सकता था। कोई और बोलता तो जार्ज उसे मज़ा करवा देता, मुँह तोड़ जवाब देता। जब लूकास ऐसी भरी–भरी बातें चखा तो जार्ज भी एक अनजानी थकान से भर जाता। फिर अपना मन बदलने के लिए वही कोई मज़ाक ढूँढ़कर लाता। फिर दोनों दोस्त हँस पड़ते।

फिर लूकास भी अपने नये रोमांस के किस्से सुनाता, कैसे पिछले रविवार को एक घोड़ा रेस में उसे एक सुन्दरी बाला मिली जो उसकी नयी प्रेमिका बन गयी है।

एक बात उनके व्यापार में शुरुआत से ही बड़ी ख़ास थी कि उसकी योजना ही इस तरह बनी थी कि आगे चलकर व्यापार की बढ़त के लिए उसमें फैलाव लाया जाये। व्यापार का विस्तार किया जाये उसमें बढ़ावा लाने की बड़ी गुँजाइशें रखी गयीं।

उस समय विज्ञापन की दुनिया जन्मी ही थी– बच्चा था विज्ञापन जगत। उसे तो उद्योग माना ही नहीं जाता था। इसीलिए किसी का ध्यान भी इस तरफ़ नहीं गया कि जार्ज और स्टेपानिक अभी सिर्फ़ नौजवान ही हैं। सच पूछो तो उनका इतना जवान होना ही उनको और उनके व्यापार को फ़ायदा पहुँचा गया।

ज़्यादातर जो शामें जार्ज और स्टेपानिक साथ गुज़ारते थे उनमें स्टेपानिक के हाथ में कोई न कोई नयी योजना ज़रूर होती। ये उसकी अद्‌भुत कार्यक्षमता थी।

महँगी शराबें और सामने ग्राहक के रूप में बैठी सम्भावना उसको बेहद ख़ुश कर देती। वो कल्पना की ताज़गी से ख़ुद को नयी स्फूर्ति देता था। उसे लगता कि वो अपने नये–नये आईडियाज से योजनाओं से कुछ एकदम नया कर डालने की उत्तेजना से सारी दुनिया का गतिचक्र घुमा देगा। हर काम का नया अन्दाज़ विज्ञापन जगत के चक्के को ज़ोर से घुमा देगा और फिर फैल जायेगी चारों ओर एक नयी गति, नया उत्साह, नया काम। इस कल्पना को, इस भावना को आगे बढ़ाने में लूकास पूरी मदद करता। वो पूरे ध्यान से मन लगाकर जार्ज की बात सुनता। उसकी विचारधारा के बिखरे ख़यालों को मोती की तरह चुनता।

जार्ज का दिमाग़ एक सर्कस का टेन्ट बन जाता उसके लगे झूलों पर उसके विचार इधर से उधर खतरनाक तरीक़े से झूलने लगते वो बिना सहारे के छलाँग लगाते बहुत ऊँचे से झूला छोड़कर नीचे गहराई में जब गिरने लगते तभी उसका दोस्त अक्सर ऐसी शामों को ये लोग किसी ख़ास जलपान गृह में किसी बेहद महत्त्वपूर्ण ग्राहक को साथ लेकर बैठते, उसे सूप और बढ़िया खाना खिलाते। जार्ज जब तक इधर–उधर की गप्पें लगाता तब तक स्टेपानिक शराब आर्डर कर देता और इस बात का विशेष ध्यान रखता कि हर चीज़ शानदार हो और शानदार तरीक़े से परोसी जाये।

शायद ये तरकीब की नयी कल्पनाओं और योजनाओं के सपनों को पंख लगाकर ग्राहक के सामने ही उड़ाना बड़ा कारगर साबित हुआ। इन सपनों की ताज़गी से ग्राहक चमत्कृत हो जाता। इन नवयुवकों की नयी उड़ान और हौसलों पर भरोसा कर लेता और जार्ज और स्टेपानिक का व्यापार और बढ़ जाता।

सारे दिन की जी–तोड़ मेहनत के बाद जब ऑफ़िस के काम से जार्ज थक जाता तो इस तरह के रेस्टोरेन्ट डिनर उसमें **परसी गयी**। उसका व्यापारी भागीदार लूकास बिना किसी सुरक्षा जाल के जार्ज को सम्भाल लेता। लूकास के मज़बूत समझदारी भरे हाथ जार्ज की

बड़ी काल्पनिक सपने भरी उड़ान को ज़मीन पर गिरकर चकनाचूर होने से एक बार फिर बचा लेते।

व्यापारिक चर्चाओं के दौरान ग्राहकों के सामने दोनों दोस्तों में से जार्ज ही सारी बातचीत करता रहता। लूकास कभी–कभार बीच में बोलता वो भी जार्ज की बात का महत्त्व और गहराई से समझाने के लिए, उसके आईडिया को रेखांकित करने के लिए। अगर उसे कोई बात नागवार गुज़रती या आपत्तिजनक लगती तो वो फिर तपाक से अपनी असहमति ज़ाहिर कर देता। लूकास के आपत्ति जताने या बात से सहमत नहीं होने पर जार्ज को आसानी हो जाती, वो समझ जाता कि सौदे का कौन–सा रुख सही है। फिर वो अपनी बात को और मज़बूती से स्पष्ट तरीक़े से और उसमें रंग भरकर आकर्षक तरीक़े से पेश करता और ग्राहक राज़ी हो जाता।

पर जार्ज ये भी अच्छी तरह से जानता था अगर उसे सर्कस के झूले से नीचे ही गिरना है तो सिर्फ़ किसी और के सुरक्षित हाथों गिरने पर भरोसा नहीं करना चाहिए अपने ऊपर भी विश्वास रखना चाहिए कि गिरूँगा तो जाली में ही गिरूँगा।

ये खेल ऐसा है जिसमें किसी छलकपट की गुंजाइश नहीं है। अगर जीवन में कुछ पाना है तो सिर्फ़ और सिर्फ़ अपने पर ही विश्वास रखना चाहिए। लक्ष्य की प्राप्ति में कुछ भी हो सकता है। मृत्यु भी हो सकती है।

ये चेतावनी लूकास ने जार्ज को कई बार दी थी कि बावजूद मेरे तुम्हारे पास और साथ होने के अन्त में ये खेल ख़ुद ही खेलना होता है। जार्ज को भी कभी–कभी लग ही जाता था कि वो कुछ ज़्यादा ही लूकास के कन्धों का सहारा ले रहा है।

शाम का दूसरा हिस्सा दोनों दोस्त एक शराबखाने में बिताते थे। जहाँ दिन भर में क्या–क्या गुज़रा इस घटना क्रम को दोहराते। पर लूकास को आराम के समय व्यापार की ज़्यादा चर्चा अच्छी नहीं लगती थी। पर फिर व्यापारी और किस विषय पर बात करें अगर

व्यापार और पैसे पर बात न करें तो लूकास जार्ज से पूछता रहता तो फिर कितने का सौदा पड़ा हमें कितना पैसा आयेगा? इस मामले में वो जार्ज की माँ जैसा था हिसाब–किताब तो बाप–बेटे में भी साफ़ होना चाहिए। ये सही है कि इस विज्ञापन कम्पनी में शुरुआती तौर पर ज़्यादा पैसा लूकास ने लगाया था। उसका पूँजी निवेश का हिस्सा बड़ा था पर पैसा भी वही खींच रहा था।

दोनों दोस्त आवारा खिलन्दड़ों की तरह रात के 12 बजे एक बार से दूसरी बार तक घूमते–फिरते। वो शराबखाने जो नामचीन थे, जहाँ मुफ्त में शराबखोरी करने वाले आते थे। रात के ग्राहक पटाने औरतें आती थीं। शराबखाना जाने को आधुनिकता मानने वाली नौजवान भीड़ आती थी। शराबखाने आदतन जाने वाले लोग आते थे। इन तमाम शराबखानों में घूमघामकर आधी रात को वापस उसी बार पर लौट आते जहाँ से शाम की शुरुआत की थी। 12 बजे के बाद दोनों दोस्त जार्ज और लूकास अपने–अपने घर लौटने के लिए निकलते तो जार्ज नशे में धुत होता और लूकास जार्ज को काँधे से पकड़कर सहारा देता निकलता। जार्ज का शराबीपन अक्सर निराशा के कारण बढ़ जाया करता। वो टैक्सी बुलाये जाने से पहले लूकास से कुछ कहना चाहता, कुछ बताना चाहता पर मारे नशे के ठीक से बात शुरू नहीं कर पाता बार–बार वही चीज़ दोहराता रहता।

लूकास चिढ़ जाता कहता बोलो, मुँह तो पूरा खोलो तब तक टैक्सी ही आ जाती और दरबान की मदद से लूकास जार्ज को टैक्सी में बैठा देता। या फिर शराबखाने का ही और कर्मचारी जार्ज को टैक्सी में बैठाने में मदद कर देता।

उनके इसी तरह पब दर पब यानी शराबखानों की सैर के दौरान इनकी मुलाक़ात महाशय लीएटोमेरिटज़्की जी से हो गयी। अब वो एक बहुत बड़े आदमी बन चुके थे और व्यापार जगत का एक अहम हिस्सा थे। उसके बारे में उन्हें और व्यापारियों से, अख़बारों से बहुत कुछ पता चलता रहता था। लीएटोमेरिटज़्की के बारे में बहुत सारी

कहानियाँ फैली हुई थीं, ज़ाहिर है कि वो सब इन दोनों के कानों में भी सुनाई पड़ती थीं। आख़िरकार लेटो अब एक बड़ा नाम था। उसकी ज़िन्दगी के कुछ भद्दे और बदरंग पन्ने भी छिपे हुए नहीं थे सबके सामने आ ही गये थे। आते क्यों नहीं अपने–आप को बदनाम करवाने में ख़ुद लेटो भी शामिल था जो आगे बढ़कर अपने औरतबाज़ होने का दावा करता था। अपनी रंगीन रातों के किस्से चटखारे ले–लेकर सुनाता रहता। वो ख़ुद चाहता था लोग उसे एक अय्याश रंगीन–मिजाज़ आदमी के रूप में जाने।

अब ये बताने की ज़रूरत नहीं है कि शुरू–शुरू में जार्ज और लूकास ने भी पूरी कोशिश की थी किसी तरह लेटो के चारों ओर फैले विभिन्न व्यापारों की किसी एक शाखा से वो भी जुड़ जायें। चाहे वो पर्यटन हो, वाहन व्यापार ही कोई भी, किसी भी प्रकार की ख़रीद–फरोख्त हो, लेन–देन हो। एक दिन शराबखाने में तीनों जब बैठे थे तो लीएटोमेरिटज़्की ने ये ज़रूर कहा था कि "तुम दोनों एक अच्छा जोड़ा हो।" बार के दिनों में लेटो लूकास के ज़्यादा नज़दीक हो गया था क्योंकि दोनों जने जुआ खेलने के बेहद शौकीन थे।

जैसे–जैसे लीएटोमेरिटज़्की बूढ़ा होता जा रहा था वो अपना ध्यान औरतों से हटाकर अब जुऐ पर लगा रहा था। हालाँकि अब वो पहले से ज़्यादा अच्छा दिखाई देता था। उसका वज़न ख़ासा बढ़ गया था। उसकी तोंद निकल आयी थी। कन्धों पर उभार निकले थे क्योंकि वो जो महँगे–महँगे सूट पहनता था उनके लेटो के काँधों पर उभार के लिए रूई भरी रहती थी, उससे होता क्या था कि झुके हुए कन्धे भी थोड़े सीधे से लगने लग जाते थे। चेहरा सुर्ख लाल रंग का हो गया था जैसे किसी ने अन्दर कोई चोट पहुँचायी हो। पर बाहरी तौर पर लेटो का चेहरा इतना चिकना और तना हुआ था, लगता था किसी ने उस पर मोम मढ़ दिया हो। या फिर चमकदार पारदर्शी रंग से उसकी लिपाई की हो। इस तने हुए चेहरे पर किसी भी बात का प्रभाव न पड़े इसीलिए उसे हर तरफ़ से सील बन्द

मोहर से सुरक्षित कर लिया था। ये उसकी अनदेखी ढाल थी। इतने सालों में लीएटोमेरिटज़्की ने इतनी शराब पी कि अब उसकी आँखों के चारों तरफ़ की मांसपेशियों में अजीब सूजन भर गयी थी जिनके बोझ से उनका बैग सा लटकने लगा था। ये सूजी मांस लटकती आँखें अब उसकी मोटी हो गयी नाक के साथ बड़ी सजती थीं। लेटो की नाक उसके व्यापार के फैलाव की तरफ़ ख़ासी फैल गयी थी। और अब दूर से ही नज़र आती थी। सूजे, चिकने गाल तने चेहरे पर बड़ी–बड़ी सूजी मांसल आँखों पर और भी बड़ी दूर से नज़र आने वाली नाक वाह क्या कहने लीएटोमेरिटज़्की जी। और सिर के बाल उनकी तो छटा ही निराली थी। गन्जे होते सिर पर बचे हुए बालों की घुँघराली लटें जिन पर सारा समय सिगरेट का धुआँ छाया रहता था जिसे लीएटोमेरिटज़्की बार बार हाथ से हटाता रहता था। वो अब भी बेहतरीन तरीक़े से नाच सकता था। अगर साथ में नाचने वाली जोड़ीदार भी उसी की तरह नृत्य निपुण हो तो लीएटोमेरिटज़्की को नाचते देखना एक बड़ा सुखद अनुभव था पर ये नाच उसका संभोग–सहयोग था। यानी पहले नाच में जोड़ा बनाओ फिर बिस्तर पर एक–दूसरे के बदन से गुन्थ जाओ। हमबिस्तरी करो। देह सुख लूटो। अब तो ये लेटो की आदत ही बन गयी थी पहले नाचो फिर उसी औरत के साथ रति विलास करो, नाचो और साथ सो जाओ, नाचो और साथ सोजाओ इसके अलावा उसे अब और कोई तरीक़ा आता भी नहीं था। वो इससे बेहतर कुछ सोच भी नहीं पाता था।

एक दिन लेटो ने लूकास से पूछ ही लिया, "तुम इस अम्मा के चमचे बेटे के साथ कैसे चिपक गये? इसके साथ तुम्हारी इतनी क्यों बनती है?" लीएटोमेरिटज़्की का मतलब जार्ज से था। ये बात पूछने के लिए लेटो लूकास की ओर झुक गया क्योंकि बार में बहुत शोर था लोग नाच रहे थे, बैंड बज रहा था। लीएटोमेरिटज़्की ज़रा ज़ोर से बोला–"एक बात कहूँ! तुम मेरे, बेटे भी हो सकते हो।"

लूकास इस अचानक दिखाई गयी इतनी निकटता से अति आत्मीयता से घबरा ही गया। उसने वहाँ से जाने के लिए शराब का बिल चुकाने के लिए पैसा निकाला और एक नोट लहराते हुए शराबखाने की परचारिका को अपने पास बुलाया लेकिन लेटो ने लूकास की बाँह थपथपाते हुए इशारा किया कि आज का बिल वो ख़ुद चुकायेगा, लूकास नहीं।"

रहने दो ये मेरे खाते में जायेगा।" फिर उसने मुँह में जीभ ज़ोर से घुमाते हुए कहा, "मेरे भी एक बेटा है। पर वो मुझ से कोई नाता नहीं रखना चाहता।" ये बात लेटो ने इतने धीरे से कोमल स्वरों में कही कि लूकास ने बाद में सोचा कि ये बात लेटो ने सच में कही थी या मैं कोई सपना देख रहा था।

लेटोमेरीटज्की बार काउन्टर से उठ गया। उसने खड़े होकर कहा "वो देखो उसकी तरफ़।" लेटो का इशारा जार्ज की ओर था जो एक भूरे बालों वाली लड़की के साथ, चमकते हुए लकड़ी के फ़र्श पर नाच रहा था। फ़र्श पर नीचे रोशनी छन–छनकर आ रही थी। लेटो फिर बोला, "देखा साले में कोई जान ही नहीं है। देखो तुम दूर से ही देख सकते हो कैसा मरा–मरा सा नाच रहा है। मुझे तो ऐसे लोगों से चिढ़ मचती है।"

जार्ज जब भी लूकास और लेटो के साथ शामें गुज़ारता तो रात हो जाती तब वो अपनी शाम शुरू करता। बहुत देर में आता था। ज़्यादातर वो लोग साकर में या ब्रिस्टल में या फिर ब्लू बार में मिलते थे। इन बैठकों में व्यापार, धन्धे की बातें बहुत कम होती थीं। ज़्यादातर इधर–उधर की बातें, राजनैतिक माहौल की बातें, औरतों के बारे में गप्पें लगायी जाती थीं। उसके बाद वो लोग किसी और मजे के लिए कहीं और अपना साहस आज़माने निकल जाते। अगर लीएटोमेरिटज़्की का रवैया जार्ज के प्रति बेहद ठण्डा और दूरी का था तो जार्ज भी कुछ कम नहीं था। एक बार जब ये साफ़ हो गया कि लेटो की कम्पनियों के साथ कोई व्यापार हो जाने की सम्भावना

ही नहीं है तो जार्ज ने लेटो को अपने से बहुत दूर कर दिया। लेटो से वो बहुत सीमित बात करता था। उसका व्यवहार लेटो के प्रति इतना रूखा–सूखा हो गया था कि कभी–कभी तो वो असभ्यता की हद तक उतर आता। वो लूकास से कहता, "क्यों चिपके रहते हो उसके आदमी से। तुम कुछ नहीं सीख पाओगे अब उससे। अब वो बासी अख़बार हो चुका है।"

हाँ इतना तो कहा जा सकता है कि उन्होंने लेटो से ये ज़रूर पुख्ता तौर पर सीख लिया कि व्यापार में राजनीति सिर्फ़ मंच पर नज़र नहीं अपने वाला पीछे वाला वे पर्दा है जो ज़रूरी तो है पर दिखाई नहीं देता। ख़ुद जार्ज और लूकास भी राजनीति को दिमाग़ी आँकड़ा ही मानते थे। पर अब लेटो की संगत ने उनकी इस विचारधारा को और मज़बूत कर दिया। वो अब राजनीति को सिर्फ़ मौसम मानते थे जिसमें नेताओं का दलों का आना–जाना भी मौसमी था। आज बसन्त है जिनका, कल पतझड़ भी उनका ही होगा। इसलिए राजनीति को भी देव लीला समझकर उससे शुरू से ही बचे रहो–उलझो ही नहीं। जो होता है सो उनका हो हमारा नहीं अपना धन्धा बचाये रहो। ये थी लीएटोमेरिटज़्की की राजनैतिक विचारधारा।

बाडन के जुआघर के बाहर लूकास और लीएटोमेरिटज़्की बाँहों में बाँहें डालकर शराब के खुमार में झूमते हुए जा रहे थे। आज उन्होंने अच्छे से जुआ खेला था और जम के जाम चढ़ाये थे जुआघर ने उन्हें बहुत देर पहले ही बाहर निकाल दिया था। अब वो दोनों आदतन शराबियों की तरह खांटी पियक्कड़ नज़र आ रहे थे। कमीज़ के कॉलर खुले हुए–टाईयाँ आधे झुके झण्डों की तरह गले में लटकी हुई थीं। दोनों ने आज ख़ासा पैसा हारा था। लीएटोमेरिटज़्की नशे में बार–बार लूकास को बाँहों में भर लेता, और बुदबुदाता, "मैं तुम्हें बेहद पसन्द करता हूँ। तुम मुझे बहुत अच्छे लगते हो। अपना ख्याल रखो बेटा।" सहसा बगीचे के लैम्प पोस्ट की रोशनी में लूकास ने देखा लीएटोमेरिटज़्की रो रहा था। उसकी आँखों से आँसुओं की अविरल धारायें बह रही थीं।

अध्याय-4

एक शाम ऐसे ही नाच की पार्टी में डान्स फ्लोर पर जार्ज की मुलाक़ात क्लारा से हो गयी। ये पार्टी एक निजी तौर पर बुलायी गयी पार्टी थी और फोक्स गार्डन में दी गयी थी।

एक बेहद ख़ूबसूरत बेशक़ीमती बैन्च पर सजी–धजी गुड़िया–सी लगती कई छोटी लड़कियों के बीच में क्लारा भी बैठी थी। इन लड़कियों के साथ ही वो नौजवान लड़के भी झुण्ड बनाये खड़े थे जिन्होंने अभी–अभी अपने अमीर बापों से व्यवसाय सीखकर व्यापार जगत में क़दम रखे थे। क्लारा अपने हाथ में एक छोटा–सा शीशा लिए अपना श्रृंगार ठीक कर रही थी।

जार्ज ने क्लारा को देखते ही पहचान लिया। पहले तो क्लारा जार्ज को अपने को घूरते देखकर चिढ़ गयी फिर उसने न जाने क्या सोचकर एक बड़ी स्वागत भरी मुस्कुराहट जार्ज की ओर फेकी और बोली, "कहो कैसे हो?

सच तो ये हैं कि जार्ज ने जब पहले क्लारा को देखा तो तेज़–तेज़ क़दम बढ़ाकर क्लारा से आगे निकल गया। पर फिर वापस लौटा और इस बार धीमे–धीमे कदमों से चलकर क्लारा के ठीक सामने आ खड़ा हुआ। वो क्लारा से बात करना चाहता था।

पर लगता है कि क्लारा ने उसे पहले ही देख लिया था और शायद अपना चेहरा छिपाने के लिए ही अपने हाथ में पकड़े बैग से शीशा निकाल उसमें अपना मुँह निहारने लगी थी। शाम के गहराते अँधेरे में दोनों ने दो–चार शराब के जाम चढ़ाने के बाद बाथरूम के

कमरे से बाहर निकलना तय किया। अब वो फोक्स गार्डन की तरफ़ से शहर की इमारतों वाले छोर की ओर चहल क़दमी करने लगे। क्लारा बेहद ख़ुश थी बार–बार खिलखिला रही थी। बहुत उमंग से भरी थी बोल भी कुछ ज़्यादा ही रही थी किसी बातूनी लड़की की तरह अचानक क्लारा एकदम से रुकी उसने आसमान की ओर इशारा किया वहाँ तारे टिमटिमा रहे थे क्लारा बोली–देखो ना ऊपर वहाँ वो तारे कितने सुन्दर लग रहे हैं न? तब लगने लगा इन दोनों एकबारगी एक–दूसरे को पा लिया है?

पतझड़ की सुहानी गरम सी शाम थी। थोड़ी धुँधलायी सी। आकाश में तारे छिटके थे। दूर–दूर तो थे पर बेहद ख़ूबसूरत दूरी थी ये। क्लारा बोली, "हम सिर्फ़ सबसे ज़्यादा चमकदार तारे को ही देख पाते हैं। सिर्फ़ उसको जिसमें रोशनी की भरमार होती है।"

जार्ज ने क्लारा को अपनी कम्पनी के बारे में बताया। अपने व्यवसाय के बारे में बताया। बहुत कुछ बताना चाहता था वो अपनी बिछड़ी क्लारा को। बीता समय एक पल में सिमटकर ऐसे हो गया जैसे कभी बिछुड़े ही ना थे। उसके अन्दर जो कुछ भरा था वो सब क्लारा से साझा करना चाहता था। जार्ज के भीतर जम गया मौन अब क्लारा के ताप से पिघलकर बह रहा था। उसे लग रहा था क्लारा को उसकी बातों में रुचि है– तभी क्लारा बोली, "बाप रे तुम कितना कुछ जान गये हो। कितना आगे बढ़ गये हो। मुझ से कुछ नहीं पूछना मैं तो अभी भी पढ़ ही रही हूँ। जार्ज बोला, "कभी मेरे ऑफ़िस आकर मिलो क्लारा।" कितने साल पहले की बात थी। शायद 4 या 5 साल पहले कि जब जार्ज क्लारा को सराहा करता था। जार्ज ने अपने–आप से कहा, शायद मैं लौट रहा हूँ फिर से एक जानी–पहचानी राह पर। जिसे मैं पहचानता हूँ। पर बहुत–सा कुछ अनदेखा भी इसी राह से जुड़ गया है जो तब नहीं दिखाई दिया था। जब वो पहली बार इस राह पर अपने उतावलेपन से छोटी उमर में चला था। क्लारा तो और भी छोटी थी। तब ये क्लारा एक भरी पूरी युवती है– उसकी क्लारा। जार्ज को लगा वो अपने बिछड़े प्यार की

बाँहों में लौट रहा है। ज़िन्दगी अब फिर किसी निश्चयात्मक मोड़ पर खींच लायी है। क्या सोचकर? वो उसी प्यार की ओर फिर से खिंच रहा है जिस प्यार से कभी वो ऊब गया था। पक गया था। लेकिन प्यार भी एक आदत बन जाता है। अपने प्रेमी के सामने आते ही एक अजब सुकून से भर उठना रिवायत बन जाता है। फिर कहीं दिल में एक दीया एक शमा जल उठती है। एक मद्धिम सी रोशनी, टिमटिमाती सी लौ, मन के मकां का हर कमरा रोशन कर गयी। एक दिप दिप करती चमक से आप भर जाते हैं और ये जानते भी नहीं कि ये माज़रा क्या है। जार्ज उसी मनःस्थिति से गुज़र रहा है। क्या है ये मोह है ये नहीं है ये भूली दास्ताँ है जो फिर याद आ गयी थी? जो मधुर है पर छलावा भी है कुछ–कुछ है भी कुछ नहीं भी है तो फिर क्या समझे जार्ज का उलझा मन .....ये क्या है जो उसके और क्लारा के बीच फिर से पनप गया?

उस दिन फोक्स गार्डन में टहलते समय जार्ज ने पहली बार ये महसूस किया कि क्लारा कद में उससे लम्बी है। शायद कोई 1 इंच लम्बी। पर उसे अचरज ये हुआ कि ये बात उसे पहले क्यों नहीं दिखाई दी। क्लारा के चमकदार सूट से बाहर निकली कलाई बहुत ही पतली–पतली सी थी। जैसे किसी बीमार लड़की की कलाई हो या किसी छोटे जानवर का मुलायम पंजा हो। पर दिखने में वो कहीं से भी बीमार नज़र नहीं आती थी। अगर कुछ दिखती थी तो थोड़ी खुरदरी सी, थोड़ी भड़कीली सी, थोड़ी शोख सी। वो बहुत हँसती थी। अब आज भी बहुत जोर–जोर हँस रही थी पर तब की हँसी और आज की हँसी में बड़ा फ़र्क़ आ गया है। जार्ज ये तो नहीं बता सकता कि इस हँसी और उस हँसी में फ़र्क़ क्या नज़र आ रहा है बस इतना बता सकता है कुछ है जो पहले से बदल गया है।

आश्चर्य तो तब भी हुआ जब उसने क्लारा के होंठों के पास गहरा गयी दो शिकनों को गौर से देखा। वो शिकनें होंठों के दायें और बायें की ओर गहराती शिकनें। अब वो इन हांठों को कितनी तरह से जानता था। वो कैसे देर तक, अपलक इन्हीं

होंठों को निहारता रहता था। किसी पुजारी की तरह, किसी रूप रस पिपासू की तरह। उसे ये होंठ सिर्फ़ होंठ नहीं पूरा एक बदन लगते थे। किसी अकेले द्वीप की तरह लगते थे उसे ये अधर जिनका समूची देह से परे भी अपना एक अलग अस्तित्व था। जैसे द्वीप का अपना अस्तित्व होता है। क्लारा के ये अधर द्वीप जार्ज को अपने में समेटने को काफ़ी थे। ये एक शाखा से लटकी चेरियाँ या सेब रस गागर थे। ये भी नहीं शायद ये आकाश से उतरे इन्द्रधनुष की सतरंगी फाँक थे।

"क्या देख रहे हो ऐसे।" क्लारा बोली। जार्ज ने सिर हिलाया "नहीं मालूम।" जार्ज उस समय वहाँ से भाग जाना चाहता था।

क्लारा किसी बात को मन में ठान लेती तो फिर पूरी एकाग्रता से मन से उसी बात के पीछे लग जाती थी। इधर जार्ज इसके ठीक विपरीत था। उसका मन हज़ार चीज़ों में भटकता रहता था। उसके जीवन में बहुत झमेले थे। उसने कई बार सोचा वो इसे महज़ इत्तेफाक समझकर या अपनी बेवक़ूफी समझकर भूल जाये। जाने दे रात गयी सो बात गयी। पर नहीं दोनों अब तो जल्दी–जल्दी एक–दूसरे से मिलने लगे लगातार मिलने लगे हर बार मिलने लगे–सोमवार श्वारज़न बर्ग, मंगलवार रात का खाना मिशलेरब्राऊ, बुधवार एकेडमी थियेटर में, बृहस्पतिवार ह्यूरीज़न में। एक रविवार को वो या तो म्यूजियम जाते या संगीत सभा में। क्लारा कहाँ जाना है क्या देखना है क्या खाना है हर चीज़ को बड़ी बारीकी से पहले से ही तय करके रखती ताकि कुछ भी गड़बड़ ना हो। अगर कभी ग़लती से ये इन्तज़ाम गड़बड़ा जाता–वो झट से दूसरा कोई कार्यक्रम सुझाता ताकि वो इस असमंजस, ऊहापोह से घिरे संकोच और शर्म की झेंप से बच जाये।

उनके मिलने वाले समय पर क्लारा अकसर देर से पहुँचती कहती वो भूल गयी थी कि कहाँ मिलना है। हालाँकि सब कुछ वही तय करती थी कहाँ मिलना है, कब मिलना है पर फिर भी वही चूक करती पर कमाल ये था क्लारा का कि वो बड़ी मोहक, मादक अदाओं से माफ़ी मांगती हर बार उसके देर से आने के कारण भी इतने दमदार

होते थे कि बेचारे जार्ज के पास सिवाय मानने के और कोई चारा नहीं रहता। और तब तो गुस्साने और झुंझलाने की जार्ज में हिम्मत ही नहीं बचती थी। जब क्लारा अपनी नाज़ुक उँगुलियाँ उसके कोट की बाँह पर फिराते हुए उसके कान में होले से गुनगुनाती हुई कहती, "सच में तुम कितने अच्छे हो" अगर जार्ज ने ठीक से देखा होता तो पाता कि क्लारा के मिलने वाले दिन वो हमेशा समय से पहले उस जगह पहुँचा हुआ होता जो उनका मिलनस्थल होता। इतने पहले पहुँच जाता कि अभी वो समय भी शुरू नहीं हुआ होता जिन्हें आप इन्तज़ार की सही घड़ियाँ कह सकें, क्योंकि जार्ज तो इन्तज़ार से भी पहले ही अपनी प्रिय का इन्तज़ार शुरू कर देता और इतना लम्बा इन्तज़ार करते समय वो बिल्कुल बोर नहीं होता ऊबता नहीं। जब इन्तज़ार की घड़ियाँ ख़त्म हो जातीं यानी बिसाल यानी मिलन का समय आ जाता और क्लारा नहीं आती जार्ज भी परेशानी तब बढ़ जाती–गुस्सा सातवें आसमान पर पहुँच जाता। मिसाल के तौर पर कैफ़े श्वारज़नबर्ग की घड़ी जैसे ही 8 बजे हैं ये दिखाने के लिए सिगरेट के धुएँ सा धुआँ छोड़ती। जो घड़ी की कारीगरी में शामिल था। जार्ज फिर निराशा में अपने आप से कहता, ''ये मैं कर क्या रहा हूँ–मेरे पास इससे बेहतर बहुत से काम हैं करने के लिए। मैं ये इन्तज़ार और अभी और अभी के जाल में क्यों फँसा हूँ।" पर जैसे ही क्लारा आती हुई दिख जाती जार्ज का सारा गुस्सा कर्पूर की तरह उड़ जाता। जैसे क्लारा कोई हवा का झोंका थी। जो उसके क्रोध के पात उड़ा ले जाती थी। वो सोचता ये तो उसका गुण है कि वो महिलाओं के प्रीत ख़ासतौर पर क्लारा के लिए इतना धीरज दिखाता है। विनम्रता से पेश आता है। कभी–कभी वो पिछली तल्खियों की बुझी राख तले दबी क्रोध और नफ़रत की चिंगारी की झलक देख लेता तो अपने मन को ये कहकर समझा लेता। मेरा तो स्वभाव ही अधीरता से भरा है। भला में माँ के लिए भी कब इन्तज़ार करता हूँ। नाराज़ तो मन ही मन उनसे भी होता हूँ। ये तो क्लारा है सुन्दर मुख वाली चंचल चपल खिलखिलाती क्लारा। जिसके ख़ूबसूरत बालों से सज़ा हुआ सर उसे ख़ुशी से भर देता था।

बस नहीं पसन्द अगर कुछ था तो अँगूठी वाली एक उँगली और उसके दाँत तब भी इस प्यारी क्लारा का इन्तज़ार तो किया ही जा सकता है। कितने दिनों बाद आयी ये घड़ी।

प्यारी क्लारा है सामने खड़ी और जार्ज सब भूल जाता।

जार्ज की माँ जार्ज के जीवन में आ रहे इस नये बदलाव से ख़ुश थी। वो हमेशा से कहती थी कि जार्ज के जीवन और घर में एक सही खानदानी औरत की सख़्त ज़रूरत है। क्लारा के बारे में जार्ज की माँ को सब ख़बर मिल गयी थी वो भी जार्ज के ही मुँह से। वो ख़ुश थी कि ये जवान लड़की क्लारा एक नामी खानदान से है। उन्हें ख़ूब पता था जार्ज आजकल उसे घुमा फिरा रहा है। कभी दोनों साथ–साथ संगीत सभाओं में जाते तो कभी डासिंग पार्टी में। माँ सोचती वो स्पेटानिक के साथ जार्ज शराबखानों और जुओं के अड्डों के आलतू–फालतू लोगों से घुलता–मिलता रहता था। उससे तो ये लाख गुना अच्छा है कि इस खानदानी सुशील लड़की के साथ समय गुज़ार रहा है। क्या पता बात बन जाये तो घर में बहू आ जाये। कहने की बात नहीं है। पर कहते हुए हँसी आती है कि पिछले कुछ दिनों से जार्ज की माँ को स्टेपानिक और लीएटोमेरिटज़्की फूटी आँखों नहीं सुहाते थे। स्टेपानिक जो जार्ज के व्यापार का आधा हिस्सेदार था वो जार्ज की माँ को काँटे–सा चुभने लगा था। वो जार्ज से कहने लगी अब ये अच्छा ही हुआ कि तुम ऐसे वैसे लोगों की सोहबत से दूर हट रहे हो बुरे की संगत में बुरा ही होता है।

जार्ज की माँ इस मोड़ पर आकर ज़्यादा और कुछ नहीं कहकर ख़ामोश हो जाती। अब वो देखती कि उसकी बात पर जार्ज का जवाब क्या होगा। उसकी प्रतिक्रिया मायने रखती थी। जार्ज सब कुछ सुनकर भी चुप ही रहता, सोचता चलो भला हुआ मेरी माँ को क्लारा के साथ मेरी दोस्ती पसन्द है और भगवान भला करे माँ का कि उन्होंने स्टेपानिक की बात आगे नहीं बढ़ायी मेरी जान और उसकी दोनों की जान बख़्श दी।

एक शाम क्लारा और जार्ज क्रिसमस बाज़ार में घूमने निकले। क्रिसमस का त्योहार आने वाला था। सभी बाज़ार ख़ासतौर पर सिटी सेन्टर क्रिसमस की सजावटों से जगमगा रहे थे। चारों तरफ़ क्रिसमस के सितारे लटके थे। फर्रायाँ फहरा रही थीं। क्रिसमस की रंग–बिरंगी झालरें रैन्डियर सान्ता सभी कुछ बाज़ारों में मुस्कुरा रहे थे। उत्सव का माहौल था चारों तरफ़। जार्ज और क्लारा भी क्रिसमस के उपहार ख़रीदने निकले थे। एक कॉफ़ी हाऊस को सामने देख वो दोनों भी कॉफ़ी के लिए बैठ गये। कॉफ़ी हाऊस भीड़ से भरा था। सभी क्रिसमस बाज़ार आये थे। क्लारा और जार्ज एक बड़ी खिड़की सजे मेहराब के तले बैठे कॉफ़ी की चुस्की लगा रहे थे। अभी–अभी वेटर ने ताज़ी ताज़ी डम्पलिंग (एक भैरा का बना पकवान) उनके सामने रखी थी। आलूबुखारा से भरी इस डम्पलिंग पर गरमा गरम वनीला सौस जब डाला गया तो पूरी टेबिल गज़ब की महक से गमगमा उठी। क्लारा सर झुकाये अपनी कॉफ़ी के कप में चम्मच घुमाती हुई बीच–बीच में शहर की पतली सिलेटी अन्दरूनी उदास गलियों की ओर नज़र डाल रही थी। फिर एकदम अचानक ही क्लारा ज़ोर से रो पड़ी। बड़े–बड़े आँसू उसकी आँखों से जो टपके तो जार्ज हत्प्रभ रह गया। क्लारा के आँसू थम ही नहीं रहे थे। उसका कोमल–सा रूमाल उसके मेकअप लगे चेहरे पर गिर रहे आँसुओं के झरने को सोख ही नहीं पा रहा था। जार्ज समझ ही नहीं पा रहा था कि क्लारा को हुआ क्या है। हमेशा चंचल चपल रहने वाली क्लारा के हँसते हुए चेहरे पर ये आँसू शोभा नहीं देते थे। क्लारा की रुलाई रुक नहीं रही थी और अब तो पिछली टेबिलों पर बैठे लोग भी उन दोनों की ओर देखने लगे थे। क्रिसमस जो हँसी–ख़ुशी का त्योहार है उस त्योहार पर दुख भरा दृश्य देखकर कौन नहीं चौंकेगा। हालाँकि ये भी बात सही है कि इन्हीं दिनों पूरे यूरोपीय समाज के परिवारों के ख़ामोश दुख सहते मनों के घाव ज़रा–सा प्यार, सहानुभूति, हमदर्दी मिलते ही फूटकर बह निकलते हैं। ये सच है कि क्रिसमस के दौरान लोग अपने अन्तरमनों में झाँक पाते हैं। अपनी व्यथा–कथा कह पाते हैं

दूसरों की सुन पाते हैं। इस त्योहार के दौरान इन्सानियत ऊपर आ जाती है। छल–कपट नीचे बैठ जाता है। प्यार बाँटने प्यार पाने की ललक ज़ोर पकड़ लेती है। ख़ुद जार्ज भी अपने ऑफ़िस में बैठकर बराबर सैंकड़ों क्रिसमस की शुभकामनाओं के कार्ड जाने किस–किस को भेजकर ख़ुश हो रहा था। ये भी एक नेह संवाद का ज़रिया था। ये भी एक आवेग संवेग ही तो था।

क्लारा के आँसू जार्ज को ही बहा ले गये। वो सोच नहीं पा रहा था वो अब क्या करे? तभी क्लारा भड़क उठी, फूट पड़ा उसका वो घाव जो वो अब तक अपनी हँसी के पीछे छिपाये थी। उसने रो–रोकर बताया वो आजकल बेहद अकेली है। उसका अपने माँ–बाप से कोई सम्पर्क ही नहीं रहा। वो दोनों तलाक लिए बगैर अलग–अलग हो गये हैं और अब अपने अलग रास्तों पर चलकर जीवन की मंज़िलें तय कर रहे हैं। माँ अब जो चाहती है जैसा चाहती है वही करती है और मैं अकेली हूँ, कितनी अकेली मेरा कोई सच्चा साथी नहीं है जो मुझे जाने। मेरे भीतर छिपी क्लारा का दोस्त बने। उस क्लारा को चाहे सराहे जो मैं हूँ असली मैं मेरा सही वजूद ही उसकी चाहतों की मंज़िल हो क्यों नहीं है ऐसा क्यों और क्लारा फिर फक से रो पड़ी। इस बार जार्ज ने अपना हाथ बढ़ाकर उसके गाल सहलाये और बोला– "क्या मैं तुम्हारे लिए कोई भी मायने नहीं रखता?" जार्ज की बात पर क्लारा के उदास गंभीर चेहरे पर मुस्कुराहट वापस लौट आयी। जार्ज ने अब महसूस किया क्लारा को लेकर उसके मन में अब तक सोया भाव फिर जागा है। उसे लगता जरूर था कि उसका क्लारा के प्रति वैसा मोह अब नहीं रहा जैसा पहले था पर वो ग़लत साबित हुआ। जब जार्ज ने क्लारा की आँखों में गहराई से झाँका तो पाया जैसा वो क्लारा को चाहता है वैसा किसी और को नहीं। क्लारा ही उसकी ज़िन्दगी का हासिल– क्लारा जैसा कोई नहीं तो क्या–तो क्या यही प्यार है। क्या उसे अपने बिछड़े प्यार से फिर से प्यार हो गया है। शायद हाँ।

थोड़े ही दिनों बाद नये साल की नयी सुबह जार्ज अपने फिर से पाये नये प्यार को उसके घर लेकर आया। इससे पहले जार्ज क्लारा के इस घर में कभी नहीं आया था। उसे तो ये भी नहीं मालुम था कि क्लारा अपने माँ–बाप के आलीशान मकान में अब नहीं रहती। क्लारा ने खासी पी रख्खी थी वो घर के हाल में पहुँचते ही कपड़े उताने लगी–जार्ज को अपनी तरफ मुग्ध निगाहों से एकटक देखते पाकर क्लारा बोली क्या देख रहे हो। इससे पहले कभी सुन्दर औरत नहीं देखी क्या?

बाद में रसोईघर में जाकर क्लारा ने उसी हाथ में पकड़े जाने वाले आईने पर नशे भी दवा का पाऊडर डाला कर उसे आधा–आधा करके एक बैंक नोट में लपेटकर सूँघना शुरू किया। उसने वही सूँघने वाला नशे का पाऊडर जार्ज को भी दिया। ये शीशा वही था जिसमें जार्ज से दोबारा जीवन में पहली बार मिलते समय क्लारा बार–बार अपना मुँह निहार रही थी। इस नशे की दवा को कोक कहते हैं।

सब कुछ ठीक चल रहा था। ठीक घड़ी की सुई की तरह–उन्होंने एक–दूसरे को धकियाने के लड़ियाने के कोई भी खेल नहीं खेले। पर दोनों ही सहवास के इस मादक दौर में एक–दूसरे की देह के सही जोड़ीदार थे। क्लारा उन्माद में देह आवेग से लहराती हुई कामातुर होकर जार्ज की देह पर चढ़ गयी अब वो कामशास्त्र की उस मुद्रा में आ गयी जहाँ नारी पुरुष का उपभोग करती है यानी वो ही अब सब उत्तेजनाजनित अंग संचालन में मदहोश थी और जार्ज एक स्वर्गिक सुख से ओत–प्रोत होकर न जाने कब का स्खलित हो चुका था। अब वो शिथिल और शान्त था सहसा क्लारा के कामरस भी चूने लगे देह का उत्ताप शान्त हुआ तो क्लारा ने कहा– "संभोग के सुख को चरम सीमा पर पहुँचाने में तुम भी कम नहीं हो। महा चतुर खिलाड़ी हो।" क्लारा ये कहकर ज़ोर से हँसी तो जार्ज भी हँस पड़ा फिर दोनों प्रेमी प्रेममद में डूबे बड़ी देर तक हँसते रहे। बाद में दोनों एक–दूसरे को भींचे बिस्तर पर बड़ी देर तक करवटें बदलते रहे। जार्ज सोचता रहा क्लारा सही कहती है–"मैं सच्चा मर्द हूँ।"

उस दिन हुई इस प्रेम लिप्त घटना के बाद ऐसा बहुत बार हुआ और हर बार की सफलता, जार्ज के सिर पर चढ़कर बोलती। प्यार का जादू जार्ज के सिर पर चढ़कर बोल रहा था। उसे अपने ये प्रेम पल अनमोल लगने लगे थे। हाँ, अब ये कहा जा सकता था जार्ज को क्लारा से प्यार हो गया था। वो जब भी क्लारा को आते देखता उसका दिल ज़ोर–ज़ोर से धड़कने लगता। उसके लिए ज़िन्दगी में क्लारा का वजूद होना ही ज़िन्दा रहने की वजह बनता जा रहा था। वो दिन–भर उसके बारे में सोचता वो उसके दिन में देखे जाने वाले उन सपनों का हिस्सा बन गयी थी जिनमें वो उसे सँवारता था उसे आलिंगन बद्ध करता था, उसे चूमता था, उसे बिस्तर पर भोगता था। जो वो सपने में देखता था क्लारा के सामने होने पर भी वो वही सपने सच में बदलने को आतुर रहता। वो प्यार से उसका सारा बदन सहलाता रहता, उसके बालों में उँगलियाँ फिराता, बाँहों में भर लेता, छाती से लगा लेता। अब जार्ज तन से मन से क्लारा का हो चुका था।

पर क्लारा भी जार्ज द्वारा लगातार भेजे जा रहे प्रेमोपहरों की बौछारों में भीग रही थी। उसे ये हालात जो अब जीवन में चल रहे थे जो उसके पल छिन बदल गये थे बड़े पसन्द आ रहे थे पर उसके मन के असली हालात से वो अनजान थी या जान–बूझकर उसने आँखों पर पट्‌टी बाँध ली थी। जब वो बरसों बाद जार्ज से वोक्सगार्डन में मिली तो मन में उसके एक अजीब सी नफ़रत फैल गयी थी। उसे वो एक रूखा–सूखा संकीर्ण विचारों वाला लसड़ू आदमी लगा था। आज वो इन असली भावनाओं पर पर्दा डालकर इस झूठ को सच मानने को भले ही तैयार हो कि वो जार्ज से प्यार करती है पर दिल की अतल गहराइयों में कहीं सालों पहले की वो भावना अब भी कहीं दबी थी कि जार्ज एक महत्त्वहीन मामूली सा आदमी है जिसमें कहीं भी चमचमाहट नहीं है जो सबकी आँखें चौंधिया दे। वो एक ऐसा आदमी है जिसे जीवन का असली अर्थ पता ही नहीं है जिसे ये भी नहीं पता कि ज़िन्दगी ज़िदादिली का नाम है मुर्दा दिल क्या खाक जिया करते हैं।

क्लारा अकसर अपने से पूछ बैठती, "तो मैं उसकी जिन्दगी में क्या और क्यों मायने रखती हूँ।" फिर उसे अपने पर गुमान हो जाता। अहंकार से भरकर वो सोच बैठती कोई बात नहीं मेरी संगत, मेरा असर जार्ज को बदल डालेगा। कभी–कभी अवसाद के क्षणों में अचानक ऐसा भी लगता कि वो जार्ज की कुछ भी नहीं है।

मैं उसके लिए टाईम पास हूँ वो मेरे लिए टाईम पास है। भला बताओ ऐसे रूखे, गंभीर, सिर्फ़ व्यापार और व्यवसाय के अलावा किसी चीज़ में दिली दिलचस्पी नहीं रखने वाला ये जार्ज मुझ जैसी जीवन की कलकल बहती नदी में क्या डूबेगा बस आजीवन किनारे पर खड़ा ताकेगा। इस सब आत्मविश्लेषण के बाद भी सच यही है कि जार्ज की बाँहों में झूलकर वो दुनिया भूल जाती थी–उसकी गर्म–गर्म साँसों तले पिघल जाती थी। उसकी रूई सी नर्म कोमल प्यार भरी छुअन से वो सिहर जाती थी। बहुत अच्छा लगता था जब वो जार्ज के साथ गुनगुनी धूप में बाँहों में बाँहे डालकर कभी इस सड़क कभी उस सड़क पर घूमने निकलती थी। अच्छा लगता था जब वो दोनों बच्चों की तरह बात–बात पर खिलखिलाते बीते दिनों को याद करते–अच्छा लगता था क्लारा को जब जार्ज उसकी हर बात ध्यान से सुनता। हर बात का जवाब बढ़–चढ़कर देता। उसे, उसकी बातों को ख़ूब महत्त्व देता। ख़ूब सराहता। लगने लगता था जैसे उसे क्लारा का नशा चढ़ता है।

क्लारा को जार्ज एक भले स्वभाव का महा विनम्र आदमी लगता था। ये सब मन मन्थन और सम्बन्धों पर व्याख्या चिन्तन तब ही होता था जब क्लारा अकेली होती थी।

कई बार इस विश्लेषण के दौरान क्लारा को ये लगता कि दोनों एक–दूसरे को पुराने ज़माने की लेन–देन की प्रथा के तराजू में तौल रहे। जार्ज को जो चाहिए वो मैं यानी क्लारा उसकी आपूर्ति कर रही हूँ मुझे जो चाहिए वो जार्ज दे रहा है। लेने–देन पर टिका है ये प्रेम सम्बन्ध। इस हाथ ले उस हाथ दे। ये सोचते–सोचते क्लारा थक जाती। अपने–आप से दुखी हो जाती। इस सच का दर्द वो झेल

नहीं पाती फिर सोचना ही बन्द कर देती और वहीं आकर ठहर जाती उसकी सोच–"चलने दो जैसा चल रहा है।"

जार्ज को क्लारा का साथ एक सुरक्षा से भर देता था। ऐसी सुरक्षा जो उसे तब मिलती थी उन चीज़ों से मिलती थी जो पूरी तरह से उसके नियन्त्रण में होती थीं। वरना वो हर आने वाली नयी परिस्थिति से घबराता रहता था। वही "अल्लाह जाने अब क्या होगा आगे" वाली मनोदशा। ऐसे में क्लारा की वफ़ादारी या उसका जार्ज के साथ बिताया जा रहा वक्त ख़ुद जार्ज को एक नया आत्मविश्वास दे रहा था। जार्ज को अब लगता था कि उसे वो ताक़त मिल गयी है जो उसे तूफ़ान से भी टकरा जाने की हिम्मत दे रही है। उसमें कुछ मन के भीतर दबा था, जो अब तक ऊपर नहीं आ पाया था, जिसके ऊपर न आ पाने ने जार्ज को कई बार कमज़ोर बनाया था। आज क्लारा ने दोबारा उसकी जिन्दगी में आकर जार्ज के उस दबे हुए "स्व" को ऊपर उठा दिया था।

अब इस क्लारा के सहयोग में स्वयं को पाने की इस नयी उपलब्धि ने जार्ज को स्वाभिमानी ही नहीं स्वयं सिद्ध होने की भावना से भर दिया ख़ुद क्लारा ही इस चमत्कार की गवाह बनी, वही इसका निमित्त बनी, वही इसका माध्यम बनी–इसीलिए क्लारा ही जार्ज का प्रेम बन गयी। दोनों को एक–दूसरे का साथ अब नाव–पतवार सा ज़रूरी लगने लगा। क्लारा के आगे बढ़कर फैसले लेने से अब वो लोग बराबर कहीं न कहीं जाया करते। किसी न किसी चीज़ में भाग लेते रहते। लोगों से मिलते–जुलते रहते उन्हें पार्टी देने या उनकी दी पार्टी में जाते रहते। प्रदर्शनियाँ देखते, आर्ट गैलरी में जाते। अब तो वो दोनों जार्ज की माँ को भी आने साथ ले जाते। जार्ज की माँ को क्लारा मन भाने लगी वो उसे अपने समाज का हिस्सा बनाने लगी। उन्हें क्लारा पर विश्वास हो चला था कि वो जार्ज को ख़ुश रखेगी और ख़ुद भी ख़ुश रहेगी। उन्हें लग रहा था ये लड़की जार्ज के लिए अच्छी जीवनसाथी, सहयोगी और उनके लिए एक अच्छी बहू।

माँ के भी इस मैत्री घेरे में शामिल हो जाने से अब जार्ज और क्लारा एक–दूसरे के बहुत निकट आ गये थे।

अब अकसर क्लारा जार्ज के घर आती तो चाय के बाद या दोपहर के खाने के बाद या रविवार को शाम के खाने के बाद माँ जो अब तक इन दोनों के साथ थीं अब अपने में हिस्से में विदा लेकर चली जातीं ताकि अब तक जो तीन थे फिर दो हो जायें। माँ के जाते ही क्लारा और जार्ज सीधे बिस्तर में घुस जाते। ये दोनों की आपस में रज़ामंदी का संभोग समय था। दोनों घण्टों एक–दूसरे के जनानांगों में घुसे रहते। उनकी कामुकता का कोई अन्त नहीं था। दो बदन प्यार की आग में जल उठते थे। दोनों प्रेम की कामाग्नि से दहक रहे थे, घण्टों वो काम क्रीड़ा में लिप्त रहते एक बार दो बार तीन बार और अलग–अलग होते–होते चौथी बार भी हो ही जाता था। जवान, खाये–पीये प्रेमी शरीर थे जिनमें प्रेम भावना भी थी सिर्फ़ कामवासना ही नहीं थी। शायद ये उद्दीप्त प्रेम की भावना ही थी जो इतने गुँथे अथक योनि लिंग सम्बन्धों को समर्पण और शान्ति देते थे जिसकी आख़िरी परिणति तृप्ति ही होती थी। अगाध तृप्ति देह की अबूझ तृप्ति मन की आत्मा की।

"प्रेम ही आत्मा है, आत्मा ही प्रेम जानती है।"

ऐसे ही एक दिन, जार्ज ने आख़िर क्लारा से पूछ ही लिया–"क्लारा क्या तुम मेरे बच्चे की माँ बनोगी?"

क्लारा जो अभी–अभी काम मैथुन से सुखमयी नींद में जाने के लिए आँखें मूँदने वाली थी शारीरिक उत्तेजना के चरम पर पहुँचकर बाल पसीने में भीगे थे, आँखें गरम और गड्ढों में धँसी थीं, सवाल सुनकर बिजली की तरह उठकर बैठ गयी और पसीने भीगे माथे पर हाथ मारकर बोली–"तुम पागल हो क्या?"

अचरज की बात ये हुई कि लगभग उसी समय के आस–पास अल्फ्रेड का एक लिफाफा बन्द ख़त जार्ज के नाम आया। युग बीत गये थे जब से जार्ज ने अल्फ्रेड से कोई ख़बर पायी थी। जार्ज की सचिव बार–बार ख़त के लिफाफे को उलट–पुलटकर देख रही थी

ये "अल्फ्रेड" कौन है कौन हो सकता है? जार्ज ख़ुद भी अल्फ्रेड को भूल ही चुका था।

ख़त का मज़मून भी बड़ा अजीब ही था। अल्फ्रेड ने भावुक होकर बहुत कुछ लिख डाला था।

"हो सकता है इस ख़त के बाद तुम मुझसे कुछ और कभी न सुन पाओ। पर आज तो तुमसे ये सब कहना ही है। मैं अकसर अपन दोनों का बचपन याद करता हूँ। यौवन याद करता हूँ। वियना में साथ–साथ बिताया समय याद करता हूँ। वो बचपन के दिन कहाँ चले गये?"

ख़त को यहाँ तक पढ़ते–पढ़ते जार्ज ने निर्णय ले लिया था कि कुछ भी हो जाये ये ख़त क्लारा को नहीं दिखायेगा। वो पहले से डाँवाडोल मनःस्थिति में अल्फ्रेड के ख़त के बाद और डगमगा जायेगी। क्लारा को इस ख़त के बारे में कुछ भी नहीं बताने का फैसला जार्ज ने वैसे तभी ले लिया था जब उसने लिफाफे पर अल्फ्रेड का नाम लिखा देखा था।

अल्फ्रेड ने आगे लिखा था– "तुम्हें याद है मेरे दोस्त हम किस मस्त अंदाज़ से मक्के से लदे गहरे हरे रंग के खेतों के बीच से अपनी साइकिलें चलाकर घूमते थे। हम साइकिलें चलाकर नदी के तट पर जा निकलते थे। कितने सुहाने थे वो गर्मी के दिन। तुम्हें याद है नदी के तल पर ठहरे वो पत्थर जिन्हें हम ऊपर लाने और छूने के लिए नदी में गहराई तक गोता लगाते थे। तुम्हें याद है वो मक्के के खेत कितने गहरे हरे रंग के होते थे। गर्मी की धूप में वो ताप से कुछ ज़्यादा ही हरिया जाते थे–कितनी प्यारी लगती थी उनकी चटक हरछांह। याद है कुछ? कुछ याद आ रहा है?"

मुझे याद हैं वो लकड़ी की नरम सीढ़ियाँ जो नदी के पानी में उतरने के लिए बनायी गयी थीं कितनी कोमल और चिकनी थीं वो। जैसे रेशम की बनी हों। उनके इसी मुलायम पने और रेशमी छुअन से हम ये भूल ही जाते थे कि जब लकड़ी की सतह कहीं से कमज़ोर होकर उखड़ेगी तो हथियार बन जायेगी और छुरा बनकर तुम्हारे पाँव को घायल कर डालेगी।

याद है मुझे सब याद है– अपनी नदी को अगर हम ठीक ऊपर से देखते तो उसका जल हमेशा हरा ही नज़र आता था। उसकी लहरें बड़ी धीमी थीं। कभी–कभी नदी हौले–हौले मदमाती–सी हिलती दिखती थी कितना मोहक था उसका यूँ धीरे धीरे डोलना।

याद है मुझे नदी की सीढ़ियों पर सहारे के लिए पकड़ने को लोहे के एंगल लगे थे। ये लोहे का हत्था नदी के जल तक जाकर अचानक से ही मुड़ जाता था। फिर थोड़ी दूर तक आड़ा–तिरछा चलता जाता था।

मुझे याद है हम दोनों कितने बड़े तैराक थे कितनी–कितनी देर तक पानी में कुत्तों की तरह खेलते रहते थे। लहरें और नदी की भँवरें इतनी महीन थीं कि ऊपर से तो दिखाई नहीं देती थीं पर अन्दर से इतनी मज़बूत के अपने साथ सब कुछ बहा ले जाये। हम जब कभी खेल–खेल में एक लकड़ी का टुकड़ा उसमें डाल देते तो कुछ ही पलों में लकड़ी भँवर से निकलकर लहर पर सवार होकर बहकर दूर निकल जाती। हो जाती थी हमारी नज़रों से दूर जाने बहकर कहाँ चली जाती थी।

याद है मुझे, सब याद है– याद है मुझे वो मोटे भुट्टे छीलने की आवाज़ वो अब भी गूँजती है कानों में। वो भुट्टे जिन्हें हम उनकी बालियों से बेदर्दी से चटाक–चटाक तोड़ते थे। याद है कि उन भुट्ठों से रेशमी बाल तोड़ते वक्त कितनी सावधानी बरतनी पड़ती थी। इतने मज़बूत अन्न के रेशे थे वो बाल की हमारी उँगलियों के माँस में धँसने की ताक़त रखते थे वो। ऊँगली कटकर खुल जाती थी। भुट्ठें की पत्तियों का हरापन अगर हाथ में रखकर देखो तो सिलेटी सा दिखाई पड़ता है। जैसे किसी मकड़ी का जाला हो वो।

मुझे याद है वो आकार जो हमारे गीले तैराकी सूटों से उस लकड़ी के तख्त पर निशान से छूट जाते थे–उस लकड़ी के तख्त पर बने गीले निशानों को देखकर ही आप तुरन्त बता सकते थे कि अभी–अभी जो नहाकर गया वो कौन था लड़का या लड़की। तुम्हें याद है कैसे हम से उम्र में बड़ी एक लड़की कानों में बड़े–बड़े बाले

पहनकर इठलाती घूमती थी मुझे ख़ूब याद है। हम कितने आश्चर्य में भर गये थे जब हमें मालूम पड़ा ये बाले तो उसे उसकी उम्र से छोटे लड़के ने भेंट दिये हैं। वो लड़का तैराकी के बोर्ड पर बड़ी शान मारता था। शाम को काम के बाद इन दोनों की कामलीला रंग लाती थी। याद है अपन दोनों को कितना ताज़्जुब हुआ था जब हमें ये मालूम पड़ा था कि बड़ी लड़कियों की बाँहों के नीचे बाल होते हैं

बस मैं आजकल इन्हीं यादों से घिरा रहता हूँ।

तुम क्या सोचते हो, अगर ऐसा किया जाये कि इन सब बिखरे लोगों की देहों को फिर से वैसा ही आकार दे दिया जाये जैसे वो हमारे बचपन में था। इन खोयी बिखरी आत्माओं को फिर से ढूँढ़ जाये कोई जादू हाथ लग जाये, कोई तरकीब़ सूझ जाये। कोई तकनीक ढूँढ़ जाये कि "समय को ही ठहरा दिया। समय वहीं खड़ा रहे जस का तस क्या सोचते हो दोस्त।"

जार्ज अल्फ्रेड का पत्र पढ़कर हैरान–परेशान हो गया। उसने तय कर लिया कि ये ख़त क्लारा के सामने नहीं पड़ना चाहिए। ये सोचकर उसने ख़त को एक खाली दराज़ में रख दिया जिसमें एक टूटा कंछ, कुछ छुट्टे पैसे और फालतू बेमतलब की चीज़ों के अलावा कुछ नहीं था। दराज़ बिल्कुल खाली थी।

स्टेपानिक को इस बात से कोई फ़र्क़ नहीं पड़ता था कि जार्ज अब क्लारा के ही साथ है। जैसे ही जार्ज ने क्लारा को लूकास से मिलाया लूकास ने क्लारा के बारे में अपनी एक ठोस राय कायम कर ली। उसने शिष्टतापूर्वक क्लारा से हाथ मिलाया और जार्ज और क्लारा की राहों से अलग हट गया। ये काम आसान इसलिए भी था क्योंकि क्लारा ने भी लूकास से और सम्बन्ध आगे बढ़ाने में कोई रुचि नहीं रखी। जार्ज ने फिर कभी इन दोनों को आपस में नहीं मिलाया और इस तरह जार्ज के जीवन के दो भागीदार अलग–अलग राहों पर जार्ज के साथ चल रहे थे।

लूकास इस बात से भी असहज हो जाता था कि जार्ज की माँ उसे बिल्कुल ही पसन्द नहीं करती थी। उसे बर्दाश्त नहीं कर सकती थी।

उनके मन में लूकास के प्रति एक अजीब किस्म की नफ़रत सी पैदा हो गयी थी। ऐसा क्यों था उसका कोई जवाब लूकास के पास नहीं था। वो ये भी जानता था कि जार्ज से अगर लूकास अलग हो जाये तो सबसे ज़्यादा ख़ुशी दुनिया में जार्ज की माँ को ही होगी। वो लूकास को एक बुरी संगत मानती थी जो जार्ज के लिए ठीक नहीं थी।

जहाँ तक जार्ज का सवाल था– वो अपनी माँ के साथ अकेला रहता था। माँ को बहुत प्यार करता था। वो माँ की हाँ में हाँ मिलाता ज़रूर था क्योंकि वो उन्हें दुख नहीं पहुँचाना चाहता था पर लूकास को व्यापार से निकालने के मामले में वो माँ को चुप करा देता था। समझा देता था कि ऐसा होना अभी सम्भव नहीं है।

क्लारा भी लूकास से दूरी बनाये रखती। जार्ज कई बार पूछता–"तुम्हें लूकास से क्या परेशानी है? तुम क्यों खार खाये बैठी हो उससे?" क्लारा बदले में कहती–"तुम बताओ न पहले कि तुम्हें उसमें क्या अच्छा दिखाई देता है?"

बस दोनों के बीच लूकास पर बहस वहीं ख़त्म हो जाती।

जार्ज भी बात बढ़ाना नहीं चाहता था वो क्लारा को नाराज़ नहीं कर सकता था। क्लारा लूकास के बारे में बात कर अपना समय नष्ट नहीं करना चाहती थी।

जार्ज क्लारा का साथ पाकर धीरे–धीरे बदल रहा था। इतना धीरे कि ख़ुद जार्ज को नहीं मालूम हो पाया कि वो अपनी सोच को ही बदलता जा रहा है। वो जितना क्लारा के पास आ रहा था। उतना ही लूकास से दूर जा रहा था। बात–बात पर वो लूकास से अड़ जाता। क्या समझता है वो अपने को। मामला व्यापारी फैसलों तक पहुँच गया था जिन में अब दोनों के बीच तगड़ी झंझटबाज़ी शुरू होती जा रही थी। स्टेपानिक सब समझ रहा था कि जार्ज के ऊपर क्लारा की सोच का असर बढ़ता जा रहा है। जार्ज क्लारा की तरह सोचना शुरू हो गया है। लूकास का जार्ज बदल गया है। अब क्लारा का जार्ज हो गया है।

जार्ज अब सारे व्यावसायिक फैसले ख़ुद ही लेने लग गया था। कमाल था फैसला लेने के बाद भी वो किसी भी मामले में लूकास की राय लेना जरूरी नहीं समझता था। जब वो लूकास के साथ बैठता तो लगातार विषय बदलता रहता। वो किसी भी विषय को गहराई से लूकास के साथ अब साँझा नहीं करना चाहता था– लूकास ऑफ़िस में अब एक शोभा की वस्तु मा्त्र रह गया था। बड़ी विषम परिस्थिति पैदा हो गयी थी लूकास के सामने वो क्या करे?

जार्ज ने देखते–देखते ही अपने जीवन की राह ऐसी बदली कि लूकास देखता ही रह गया। लूकास जानता था इस जार्ज के विचार बदलना अब एक बड़ा कठिन काम हो गया है उसने जो तय कर लिया है वो कर लिया है। जय हो क्लारा की जिसने उसके दोस्त जार्ज की सोच के तरीक़े में आमूलचूल परिवर्तन ला दिया है।

अब लूकास ने भी अपने बारे में सोचना शुरू किया–ऑफ़िस के मामलों में वो पहले भी दखल कम ही देता था। ज़्यादातर निर्णय जार्ज ही लेता था। यूँ कहने को वो भी बड़े ऑफ़िस का मालिक था पर अब वो उस मुकाम पर पहुँच गया था जहाँ ये ऑफ़िस और उससे चलने वाला व्यवसाय सिर्फ़ एक पैसा कमाने का ज़रिया रह गया था–लूकास को अब इस विज्ञापन की दुनिया के काम में कोई भी रुचि नहीं रह गयी थी। अब ऑफ़िस और काम दोनों ही उसके लिए अनजाने से होते जा रहे थे।

रुचि लेकर करता भी क्या–अब ये व्यवसाय चल पड़ा था ख़ूब तेज़ी से दौड़ रहा था–जैसे एक अच्छी मशीन तेल डालने पर बड़ी तेज़ी से चलती है आसानी से चलती है और मशीन की ड्राइविंग सीट पर एक काबि़ल चलाने वाला बैठा था जार्ज। जो हर छोटा बड़ा निर्णय अब ख़ुद ही लेना पसन्द करता था। लूकास का उसमें कोई योगदान नहीं होता था। जार्ज चाहता भी यही था कि सब कुछ वो ख़ुद ही करे। लूकास कोई भी शिकायत कैसे करे? क्योंकि उनका व्यापार दिन–दूना रात चौगुना बढ़ रहा था। विज्ञापन जगत की चकाचौंध दुनिया के अब वो ख़ुद बड़े खिलाड़ी बन गये थे और

विज्ञापन व्यवसाय बढ़ता ही जा रहा था। उसका असर भी पूरी दुनिया पर पड़ रहा था। विश्वव्यापी प्रभाव बन गया था विज्ञापन व्यवसाय एक महत्त्वपूर्ण व्यापार।

आजकल जब लूकास ऑफ़िस में जाकर जार्ज के सामने बैठता तो जार्ज का अलग ही नाटक शुरू हो जाता। वो अपनी निगाहें ही घुमा लेता। फ़र्श पर नीचे की ओर ऐसे देखने लगता जैसे कुछ गहरी बात सोच रहा हो–वो लूकास से आँखें चुराता। उससे निगाहें मिलाकर बात नहीं करता। अपनी छाती पर दोनों हाथ बाँध लेता और कुर्सी पर पसर जाता दोनों टाँगें आगे फैलाता जैसे कुछ गम्भीर मसला हल कर रहा हो। मज़ा ये था कि लूकास जार्ज का ये सतही नाटक ख़ूब अच्छी तरह से जान गया था। अपने प्रति जार्ज की भावना को समझ रहा था। वो देख रहा था कि सिर्फ़ व्यवहार निभाया जा रहा है जार्ज की विनम्रता एक झूठी ओढ़ी हुई दोस्ती की आख़िरी नकाब हैं अब कभी भी जार्ज का असली चेहरा सामने आ सकता है। नकली हँसी, खोखली तारीफें, हल्की बातें सब अब लूकास को तीर की तरह भेद रही थीं। ये सब जार्ज....ये सब जार्ज.....लूकास को अपना गुस्सा और दुख व्यक्त करने को अब शब्द ही नहीं मिल रहे थे।

एक समय था लूकास को जार्ज की बौद्धिक क्षमता, शान्त स्वभाव, लक्ष्य की प्राप्ति की चाह जैसे गुणों ने बहुत प्रभावित किया था। आज इन्हीं गुणों वाले जार्ज से उसे घिन आ रही थी। एक वक़्त था कि जार्ज की अथक परिश्रम कर पाने की लगन, व्यापार की सीधी समझ को लूकास दिल से सराहता था। जार्ज के इन गुणों से लूकास और जार्ज का साझा व्यापार सफल हो पाया एक ऊँचे मुकाम पर पहुँच पाया था। आज वही गुण लूकास को भद्दे, अश्लील और ढोंग भरे लग रहे थे। लूकास सोचने लगा ये छलिया, ढोंगी कहाँ से आ गया? कहाँ गया मेरा वो दोस्त जिसे में सराहता था। स्नेह करता था। कहाँ गया वो मित्र जो सीधा सादा मेहनती और ऊँचे सपने देखने वाला लड़का था। उस लड़के में सपनों को साकार करने के प्रति एक ईमानदार कोशिश छिपी थी।

अब वो सोचने लगा था, "क्या मैंने जार्ज को समझने में भूल की? क्या मैं उसे ठीक से परख नहीं पाया?"

दोस्तों के बीच दूरियाँ बढ़ती जा रही थी। अब सामाजिक आयोजनों में पार्टियों में शराबखाने, कैफ़े में यानी हर उस जगह जहाँ वो पहले लूकास के साथ जाता था अब सिर्फ़ क्लारा को लेकर जाने लगा। अब दोनों नहीं के बराबर मिलते थे। न आपस में मिलते व्यक्तिगत तौर पर न आपस में मिलते सामाजिक स्तर पर। एक दरार थी जो हर दिन दोस्ती की ज़मीन तड़का रही थी और अब धरती फटने के कगार पर थी।

एक दिन जार्ज को पकड़कर लूकास ने कह ही डाला दोस्त मुझे तुमसे इश्क तो पहले भी नहीं था अब तो बात हाथ से बाहर चली गयी। लूकास ने बात पूरी कड़वाई के साथ ज़हर बुझे शब्दों में कही थी पर हाय जार्ज ने उसे पुराने दोस्तों के बीच का मज़ाक समझकर कोई ध्यान नहीं दिया। उसे शायद समझ ही नहीं आया कि लूकास ने क्या कह डाला। बात उसके सिर पर से निकल गयी।

दोस्ती टूटने के कगार पर थी और नये व्यापार के प्रस्ताव सामने आ रहे थे। जुए का एक नया जुआघर या सैलून खोलना बिल्कुल तय हो चुका था। लूकास बार–बार जार्ज को चेतावनी दे रहा था कि ये सौदे का सही समय है। टाइम निकल जायेगा तो ये सौदा भी हाथ से निकल जायेगा। लूकास के इतना ज़ोर देने पर भी जार्ज पर कोई असर नहीं पड़ा। लूकास जितनी बार ये बात उठाता जार्ज उतनी ही बार बात टाल देता। आख़िर एक दिन जार्ज ने कहा अच्छा चलो सौदा करने पर सोचते हैं। लूकास ने राहत की साँस ली कि लगता है दिमाग़ कुछ ठिकाने पर लौट आया है। जार्ज फिर बोला, "लगता है मुझे ये सौदा करना ही होगा चाहूँ या ना चाहूँ तो भी।" अब लूकास का माथा ठनका कि ये अनचाहे उसकी बात उसकी सलाह मान रहा है।

फिर वही हुआ जिसका डर था जार्ज ने लूकास से साफ़–साफ़ कह दिया अब वो दोनों साथ–साथ ये व्यापार नहीं कर सकते इसलिए

दोनों में से किसी एक को अपना हिस्सा बेचना होगा। लूकास चाहे तो जार्ज उसके हिस्से को भारी रक़म देकर ख़रीद सकता है। लूकास ने भारी दिल से दोस्ती और भागीदारी दोनों ख़त्म की और बदले में अच्छी ख़ासी रक़म पायी। जार्ज ने इतना ज़रूर किया कि लूकास को उसके हिस्से से कहीं ज़्यादा बोनस दे डाली। क्लारा और उसकी माँ दोनों मना करते रहे झगड़े भी किये रक़म बहुत ज़्यादा है पर जार्ज ने एक ना सुनी।

एक दिन उसने क्लारा से अपने लूकास से बिछुड़ने का दर्द जताते हुए कहा भी, "लूकास अकसर याद आता है। इतने सालों का साथ था। मुझे उसकी आदत–सी पड़ गयी थी।" बात अभी मुँह से निकली ही थी कि क्लारा के मुँह के हाव–भाव से जार्ज ने समझ लिया था कि उसे ये बात नहीं जतानी चाहिए थी। क्लारा के सामने तो हरगिज़ नहीं बतानी चाहिए थी।

स्टेपानिक का विज्ञापन व्यवसाय छोड़ना बड़ा फ़ायदेमंद रहा। उसने उसी पैसे से जुआ खेल घरों की क़तार लगा दी। आधिकारिक रूप से लाइसेन्सशुदा जुआघरों का एक केन्द्रीय कार्यालय बना डाला जिसके तहत स्लाट मशीन हॉल जगह–जगह खोल दिये गये जैसा वो हमेशा से चाहता था। वियना शहर के हर इलाक़े में स्टेपानिक का खोला जुआघर था। शहर के नक्शे पर हम देखें तो पायेंगे कि अब गली–गली मोहल्ला–मोहल्ला ऐसे जुआघर बनाये गये थे जहाँ सैकड़ों किस्म से जुआ खेला जा सकता था। ये सब स्टेपानिक का सपना था जो पूरा कर दिखाया उसने। अब सवेरे और देर रात को वो इन जुआघरों का दौरा करता था और इस दौरान भी उसके दिमाग़ और सपने उपजते रहते।

वियना की सड़कों पर लूकास के जुआघरों का बोलबाला था। उसका काम बढ़ता ही जा रहा था। ख़ासतौर बाहर से आकर वियना में बसने वाले मोहल्लों में जिन्हें वो विदेशी अतिथि मोहल्ले कहा करते थे। लूकास के "जुआघर" घर बहुत तेज़ी से फैल गये थे।

जार्ज हाईटज़िग में था। वही वो विला थी जिसे वो आजकल फिर से मरम्मत करवाकर सज़ा रहा था। अब वो इस विला को अपनी मानकर मेरी विला कहने लगा था। विला की सजावट और मरम्मत दोनों का काम क्लारा और ख़ुद जार्ज को ध्यान में रखकर किया जा रहा था। जार्ज का काम बढ़ता जा रहा था, उसे ज़्यादा जगह चाहिए थी। हर वक़्त कुछ न कुछ चलता ही रहता था। मीटिंग, दौरा, जाँच विला की मरम्मत में ही जार्ज को उलझा देख क्लारा मज़ाक में कहती बस इतने में ही थक गये। अभी तो देखना क्या हाल होंगे तुम्हारे जब भीतरी सजावट शुरू होगी।

विला की मरम्मत, सजावट उसकी भव्यता बढ़ाने के लिए की जा रही थी। उसे आलीशान इमारत का दर्जा देने के लिए की जा रही थी। ये शाहाना ख़र्च अब सारे इशारे इस सच्चाई की ओर थे कि जार्ज बदल गया है। जार्ज की सोच बदल गयी है। इस बदलाव की चर्चा हम पहले भी कर ही चुके हैं।

ये महज़ इत्तेफाक की बात नहीं है कि इस तड़क–भड़क ताम–झाम के जार्ज की माँ शुरू से ही ख़िलाफ़ थी। उसने क्लारा को समझाया भी कि वो ये जानती है कि शादीशुदा जोड़े का रिहाइशी घर कुँवारे के घर से बिल्कुल अलग होता है पर फिर भी इतने मज़दूरों को घर में लगातार आने–जाने दीवारों के तोड़ने–फोड़ने के लिए जा रहे छैनी हथौड़ों की आवाज़ों से वो बेहद घबराती हैं। क्लारा की माँ को लग रहा था ये हथौड़े अब उस पर ही चलने वाले हैं। जार्ज माँ को प्यार से समझाता रानी भी महल भी आपका ही है। आप क्यों घबरा रही है। ये सब कुछ आपकी सुविधा के लिए आपके सुख के लिए बदला जा रहा है। ख़ासतौर पर आपके लिए माँ। अब आपकी छत और बड़ी हो जायेगी आपके शयनकक्ष से लगी हुई बड़ी सी बालकनी जहाँ आप खुलकर घूम सकेंगी या बैठकर दुनिया का नज़ारा देख पायेंगी। सोचो एक दिन जब तुम्हारे पाँव थोड़े डगमगाने से लगेंगे सन्तुलन थोड़ा गड़बड़ा जायेगा आपको चलना नहीं पड़ेगा आप यहाँ इसी बालकनी से बैठकर अपना बगीचा और बाहरी दुनिया देख पाओगी।

और अगर नये घर में ज़्यादा भीड़भाड़ हुई या अलग किस्म के लोग आने–जाने लगे तो आप यहाँ आ सकती हो अपना एकान्त पा सकती हो।

लीएटोमेरिटज़्की के जीवन में भी बदलाव आने लगे थे। ये बात लूकास के अलावा खुद लेटो के दोस्तों ने भी नोटिस करनी शुरू कर दी थी। अब जब सबने ध्यान दिया तो महसूस हुआ कि लेटो का ये किस्सा तो अब रोज़ का ही हो गया कि शाम के समय या आधी रात को लेटो अचानक निढाल होकर कुर्सी में पसर जाता फिर खुली आँखों से एकटक शून्य में ताक़ता रहता। उसका सूजा बीमार मुँह और सूज जाता। उसके पसीने छूटने लगते। बार–बार पसीने में नहा जाता वो। अपनी कमीज़ का कॉलर पूरे कन्धे तक खोलकर बैठ जाता और गले पर बार–बार हाथ फिराता। इतना सब होने के बाद भी घर नहीं लौटना चाहता।

एक दिन लूकास और लेटो दोनों एक वेश्या के अड्डे पर गये थे लेटो जब वेश्या के सोने वाले कमरे में अन्दर जा रहा था तो लूकास ने नज़र बचाकर वेश्या के कान में कहा "देखो इनकी तबियत ठीक नहीं है तुम ज़रा ध्यान रखना।" ऐसा करते समय लूकास ने इस बात का पूरा ध्यान रखा कि लीएटोमेरिटज़्की सुन न ले। आजकल दोनों शहर के निचले उजड़े और ग़रीब गलियों, गैराजों, फैक्ट्रियों में छिपे वेश्यालयों में ज़्यादा घूमते थे। वो महा महँगे होटल शाखर में जाना बाडेन कसीनो में शान झाड़ते हुए पैसा लुटाना अतीत की बातें हो चुकी थीं।

"वो दिन हवा हुए जब पसीना गुलाब था।"

अब दोनों जने टैक्सी में बैठकर कागरान और उसके आस–पास के इलाक़े की ग़रीब बस्तियों में बदन बेचने वाली औरतों को ढूँढ़ने जाते। इन इलाक़ों की औरतों के देह व्यापार को भोगते।

लीएटोमेरिटज़्की लूकास को पिता की तरह प्यार से रखता, दोस्त की तरह साथ–साथ लिए घूमता और कहता– "हम दोनों हमेशा ही कोई नयी चीज़ ढूँढ़ ही लेते हैं।" लूकास इस बात का कोई जवाब नहीं देता।

एक शाम लीएटोमेरिटज़्की ने कहा ये जगह मुझे लाईटोमिश्क़ की याद दिलाती है। जगह का नाम लेते हुए भी लीएटोमेरिटज़्की की ज़ुबान लड़खड़ा रही थी। वो दोनों "मारगारेटन गुरटल" के पास से गुज़र रहे थे। वो जिस घर में घुसे थे वो एक लगभग गिरने वाली इमारत जैसी थी। घर के कमरों की दीवारों पर लगा "वाल पेपर" पुराना होकर फट गया था और इधर–उधर झूल रहा था। दो कमज़ोर रोशनी वाले लैम्प छत से लटक रहे थे जिनकी रोशनी कमरे में नहीं के बराबर थी। कमरा जर्जर और बेहद फटीचर था।

लीएटोमेरिटज़्की बिस्तर पर दो तकियों के सहारे पसर गया फिर कमरे की इकलौती खिड़की से झाँकता हुआ बोला– वो देखो वहाँ सड़क पर खड़े रोशनी के अधजले खम्भों की लाइट में सिलेटी रंग की कुछ इमारतें नज़र आ रही थीं, इन इमारतों का आकार बिल्कुल राजाशाही ज़माने की इमारतों जैसा था। वहीं एक पोस्ट ऑफ़िस था एक स्कूल भी था। पर इस समय सब बन्द था। एक सन्नाटा था जिसका मौन बोलता था। इमारतों के खम्भे छतों के बेलबूटे, खिड़कियों की मेहराबें बिल्कुल एक जैसे बने थे। सब कुछ सामन्तशाही ज़माने का सा। लेटो बोला–"लूकास ये लाईटोमिश्क लग रहा है मुझे। हाँ, सच में, वही है ये।" कहकर उसने बार–बार अपना सिर झटका।

अब वेश्या ने पूछा ये इस हॉल में यहाँ क्या करने आये हैं। ये कह वो जूते खोलने लगी। दूसरी वेश्या शैम्पैन की बोतलों के ढक्कन खोलने लगी। ये बोतलें वो दोनों अपने साथ ही लाये थे। कमरे के बड़े बिस्तर पर लेटो था। बड़े बिस्तर से थोड़ी दूर एक दीवान पड़ा था लूकास उसी दीवान पर तीसरी वेश्या के साथ शरीर भोगने में जुट गया। दोनों एक समय में एक ही कमरे में काम खेल खेलने में लगे पड़े थे।

ठीक इसी समय के आस–पास विक्टोरिया श्रीमती स्ट्रेनाड को एक कार ने पीछे से टक्कर मारकर कुचल डाला। बेचारी विक्टोरिया अपने बैंक जाने के लिए राईकस्ट्रासी से शोटनटोर जा रही थी। ये हादसा बर्ग थियेटर के पास हुआ था। ड्राइवर ने कहा, "श्रीमती स्ट्रेनाड

जान–बूझकर मेरे सामने आयीं और कार से टकरा गयीं।" कोर्ट के आदेश पर मुर्दे की चीर–फाड़ से पता चला कि श्रीमती स्ट्रेनाड ने काफ़ी शराब पी रखी थी।

जब विक्टोरिया यानी श्रीमती स्ट्रेनाड टकराकर साइडवाक पर गिरीं तो उनके हाथों में एक प्लास्टिक का बैग था जिनमें बैंक के खाते के सैंकड़ों पर्चे थे जो बिल्कुल मुड़तुड़ के कुत्तों के कान से हो गये थे। लगता इन्हें कई बार उठाया–धरा गया है। इन्हें कई बार जाँचने के लिए पन्ना दर पन्ना उलटा–पलटा गया है।

जाँच मजिस्ट्रेट के आदेश पर सम्पत्ति जाँच के समय मृतक विक्टोरिया की लिखने वाली मेज़ की दराज़ का ताला खोला गया। उस दराज़ में कई चीज़ों के साथ एक ख़त पड़ा था जो प्रसिद्ध वाहन उद्योगपति, व्यापारिक पार्षद, श्रीमान लीएटोमेरिटज़्की के नाम था।

ख़त क्या था एक ख़तनुमा अधूरा सा ख़त का ढाँचा था जो एक कागज़ के टुकड़े में बेतरतीबी से लिखा हुआ था। मुझे अपने पर बेहद शर्म आ रही है कि मैंने तुमसे प्यार किया।

श्रीमती स्ट्रेनाड का कोई वारिस नहीं बचा था उनके अपने सगे बेटे को उन्होंने जायदाद से बेदख़ल कर दिया था। उसे सिर्फ़ वही हिस्सा मिला जो आस्ट्रीयायी क़ानून के अनुसार ज़रूरी था। उनकी सिर्फ़ एक ही बहन थी जो क्लागेनफुर्ट में महा ग़रीबी की हालत में जी रही थी। वो भी श्रीमती स्ट्रेनाड की मौत से कुछ दिन पहले ही कैन्सर से मर गयी थी।

अब ले चलते हैं आपको इस महानगर वियना उपन्यास के एक शुरुआती क़िरदार पर। मारिया ओ बर्थ एक बहुत प्यारी प्रेमी, साधारण लड़की। याद आया आपको कुछ? अरे वही गुनगुनाती गदबदी सी कोमल लड़की वो लाल मज़दूर संगठन वाले। रेल रोड विभाग में काम करने वाले की बीवी? याद आ रहा है न कैसे वो अपने जीवन की अन्तिम साँसें भरी जवानी में एक टीबी सेनीटोरियम में गिन रहा था। वही गूगिंग वाला टीबी अस्पताल। मारिया बेचारी पति से दूर अकेली ही कैसरमूहलन में रह रही थी। अपने पुराने मकान में जिया जा रहा

एक सादा सच्चा जीवन और उसमें वो बहुत सन्तुष्ट सी रहती थी। उसने ख़ुद से और दुनिया से एक मौन समझौता कर लिया था। ख़ुश रहो और खुश रहने दो।

वो रविवार सारा दिन चर्च में गुज़ारती थी कभी–कभी तो सप्ताह के काम के दिनों में भी चर्च जाती। चर्च में "मे डे व्हेस्पर आफ द क्रास" जैसे धार्मिक अनुष्ठान होते ही रहते थे। दिन गिरजाघर में गुज़ारने के बाद मारिया शाम को घर में अपने बड़े पर्दे के टीवी के सामने बैठकर सीरियलनुमा कार्यक्रम देखती रहती।

छुट्टी के दिन तमाम रिश्तेदारों से मिलने उनके घर जाती। इनमें उसकी एक मुँहबोली माँ, मौसी, चाची, दादी और चचेरे, फुफेरे भाई बहन शामिल थे। मारिया के स्नेही और ख़ुशमिजाज़ी स्वभाव के कारण सब उसे पसन्द करते थे। उसे देखकर ख़ुश हो जाते थे। मारिया का मिजाज़ ही नहीं अच्छा था वो बड़ी दरिया दिल लड़की थी, इसीलिए उसके गरीब रिश्तेदार उसे और भी पसन्द करते थे।

रविवार का दिन था, दोपहर का समय था। पतझड़ का मौसम बस शुरू ही हुआ था। जार्ज और उसकी माँ बैठे हुए चाय पी रहे थे। तभी दूर एक कार जाती हुई दिखी। थोड़ा उजाला अभी था लेकिन जार्ज ने सोफे के पास जाकर उसके साथ रखा हुआ लैम्प जला ही दिया और वापस आकर चाय की टेबिल पर बैठ गया। जार्ज माँ से इधर–उधर की बातें कहता सुनता रहा जैसा कि वो हमेशा से करता आया था पर आज वो कुछ और भी ख़बर माँ को देना चाहता था पर माँ ने पहले अपनी बात शुरू करके जार्ज से कहा कि एक बच्चों की संगीत–सभा करवानी है उसमें पैसा जमा करना है और वो पैसा सैन्ट स्टीफन गिरजाघर की मरम्मत के लिए मदद के तौर पर दिया जायेगा। जार्ज ने हल्के से सिर हाँ में हिलाया फिर निगाहें खिड़की से बाहर की ओर टिका दीं। सब कितना सुन्दर लग रहा था। चाय की टेबिल पर महँगे बोनचाईना की सफ़ेद कप केतली, केक रखने की प्लेट, चाँदी के चम्मच काँटे चमचमाते हुए। जार्ज की ख़ुश निगाहें

अब बगीचे की ओर गयीं। हरे–हरे ख़ूबसूरत छतनार पेड़ अभी पात विहीन नहीं हुए थे पर हाँ डालियों पर कुछ पीलापन आ गया था। पत्ते गिरने शुरू हो गये थे क्योंकि पतझड़ शुरू हो चुका था। जार्ज को पत्तों का भूरा, सुनहरा, हरा रंग बड़ा अच्छा लगने लगा। सभी रंग एक–दूसरे से मिलते–जुलते नज़र आ रहे थे उन्हें अलग कर पाना मुश्किल था। इन्हीं रंगों की तरह थी वो ख़बर जो उसने अब तक माँ को नहीं बतायी थी। वो सोच रहा था ये बात माँ को चाय के कप पर बतायेगा। शायद माँ के लिए वो बात उतना बड़ा आश्चर्य ना भी होती वो तो हमेशा ही आशंकाओं से घिरी रहती थी।

जार्ज अपनी आरामकुर्सी पर पूरी तरह फैल गया। वो पीठ सहित कुर्सी में धँस गया। जार्ज अब माँ के साथ–साथ मन ही मन पूरी तरह से प्रकृति की गोद में था। उसके दिल–दिमाग़ में एक चैन और सुकून था। अजब–गजब का आत्मविश्वास उसमें भरा था। वो समय को बख़ुशी जी रहा था मौसम को जी रहा था। सारी दुनिया को जी रहा था– वो और समूचा ब्रह्मांड अब एक थे। चरम सुख से भरे क्षण थे वो।

पिछले कई सप्ताहों से या यूँ कह लीजिए कि महीनों से जार्ज का हाल ये हो गया था जो उस पदार्थ का हो जाता है जिसमें कई रसायन एक साथ मिल जाते हैं पर हर रसायन की अपनी अलग खूबियाँ होती हैं वो मिलकर एक पदार्थ को जन्म ज़रूर देते हैं पर अलग–अलग उनका अपना अस्तित्व भी ठोस पहचान बनाये रखता है। मिसाल के तौर पर जार्ज को ही लीजिए वो भी एक साथ कई गुणों से बना था मेहनती जार्ज, माँ के प्रति वफ़ादार जार्ज, सतर्क जार्ज, व्यापार का पारखी जार्ज। अब उसके व्यापार करने के तरीक़ों और सौदों से निपटने के गुण को ही लीजिए। उसने हर मुश्किल का सामना सूझ–बूझ से किया और विज्ञापन व्यवसाय में अपना लोहा मनवा लिया। इन दिनों जार्ज को एक के बाद एक सफलता मिलती जा रही थी। अगर उसने अपने सपनों में भी अपने सफल व्यवसायी होने की कोई कल्पना की होती तो आज की हकीक़त की तस्वीर ज़बरदस्त हिट थी।

अगर जार्ज कोई चित्रकार होता तो माना ही जाता कि उसका वर्तमान एक भव्य तस्वीर बनकर सामने खड़ा मुस्कुरा रहा है।

जब कभी जार्ज आत्म–निरीक्षण के दौर से उलझता तो पाता कि वो माँ की हर इच्छा, हर भावना, हर सलाह को मानता ज़रूर है पर सतही तौर पर अन्दर से उसके कुछ और ही चल रहा होता और माँ ये बात अच्छी तरह समझती थी।

जार्ज जानता था माँ को अगर सही में मालूम ही हो गया तो वो कितना नाराज़ होगी दुख से सन्न रह जायेगी, क्रोध से फट पड़ेगी। पर तभी जार्ज को इस बात पर आश्चर्य होता कि माँ उसकी हर भूल को माफ़ कर देती है। वो कुछ भी करे उस ग़लती पर पर्दा माँ ही डालती है। माँ उसे बेहद प्यार करती है वो माँ का लाड़ला जो है। माँ थोड़ी–सी बहस करती फिर जार्ज की सलाह की इच्छा की क़दर करते हुए हँसकर हाँ कर देती। माँ कभी भी जार्ज का विरोध नहीं करती।

अभी कोई दो दिन पहले की बात है जार्ज प्यार से माँ के बालों में अपनी उँगलियाँ घुमा रहा था तो पहली बार उसे ये अहसास हुआ कि अब माँ के बाल कितने बदरंग, रूखे और कड़े हो गये हैं। बिल्कुल मरे हुए जीवनहीन बाल थे माँ के। माँ का चेहरा भी अब शिकन और झुर्रियों से भर गया था। उसके चेहरे पर पीलापन छाया था। बड़ा सिकुड़ गया था माँ का चेहरा। माँ का बुढ़ापा जार्ज के दिमाग़ पर हावी हो गया। ठीक उसी समय जार्ज की छाती करुणा, ममता, सेवा से भर गयी। माँ का रूप एक प्राण तत्त्व बनकर सामने आ गया। जार्ज डर गया माँ जा भी सकती है का डर–जार्ज को लगा वो ख़ुद बेहोश होकर नीचे गिर जायेगा।

जार्ज अपने बहके बिखरे ख़यालों में उलझा बैठा था कि उसने देखा टेबिल पर रखे माँ के हाथ ने जार्ज की ओर हाथ बढ़ा दिया। पहले तो जार्ज को हाथ में कुछ नहीं दिखाई दिया। सिवाय माँ के हाथ की मुड़ी अंगुलियाँ झुर्रीभर चमड़ी हथेली के पीछे एक भूरे धब्बे के। फिर जाने क्या सोच जल्दी–जल्दी बोला, "माँ मैं और क्लारा

शादी करने जा रहे हैं। मैं उम्मीद करता हूँ हमारे इस फैसले से तुम बहुत ख़ुश होगी।"

तो आख़िरकार वही हुआ जिसका डर था। लीएटोमेरिटज़्की को लकवा लग गया। पक्षाघात ने लीएटोमेरिटज़्की को भी ज़्यादा चौंकाया नहीं। पता था उसे एक न एक दिन ऐसा ही कुछ शरीर के साथ हो सकता है। उसने इस बात को ठीक वैसे ही लिया जैसे कोई अपने मकान में बिजली फेल हो जाने को लेता है, जैसे कोई अपनी कार के दुर्घटना में टूट–फूट जाने को स्वीकार लेता है। वैसे ही लीएटोमेरिटज़्की ने अपने शरीर के लकवाग्रस्त हो जाने को लिया। शहर के बड़े–बड़े डॉक्टरों को दिखा लेने और उनका समर्थन लेने के बाद उसने अपने व्यवसाय के हर काम को समेटना शुरू कर दिया क्योंकि डॉक्टर की सलाह थी, "अब हर दिन को चुनौती मानकर जीवन जीयो। आज मरे कल दूसरा दिन है ये शरीर।" सो उसने वही किया जो डॉक्टर ने सुझाया। लकवे के बाद भी उसका मस्तिष्क और शरीर अभी इस क़ाबिल था कि वो व्यापार की देखभाल कर सके पहले सी फुर्ती न सही पर गति तो थी। हॉस्पिटल से छुट्टी मिलने के बाद लीएटोमेरिटज़्की ने शहर के बीचोबीच स्थित एक कैफ़े में अपना नया ऑफ़िस खोल लिया। "क्रूगेरस्ट्रास" में स्थित ये छोटा–सा कैफ़े "श्वारज़ेनबर्गफ्लाटज़" के इलाक़े में था। लेटो ने यही कैफ़े अपने ऑफ़िस के लिए क्यों चुना? इस सवाल के पूछे जाने पर लेटो ने कहा, "मेरे पिता हमेशा अपने व्यवसाय से सम्बन्धित दोस्तों को यहीं बुलाते थे। उनका सारा व्यापार यहीं इसी कैफ़े की मेज़ों पर तय होता था।"

कैफ़े काफ़ी छोटा और बेहद संकरा सा था। जैसे कोई ट्यूब हो, या सुरंग हो। इसी लम्बी सी सुरंग के बिल्कुल पीछे वाले स्थान पर जहाँ रोशनी सबसे कम थी, दिनभर बल्ब जलाने पड़ते थे। लीएटोमेरिटज़्की ने अपने बैठने का डेरा जमाया था। वहीं एक मेहराब तले उड़े हुए लाल रंग की मखमल मढ़ी कुर्सी पर अब लीएटोमेरिटज़्की बैठा करता। सुबह के दस बजते ही कैफ़े खुल जाता था और ठीक घड़ी के काँटे के साथ लीएटोमेरिटज़्की अपनी कुर्सी पर बैठ जाता था।

कैफ़े में इस जगह के आस–पास की दुकानों वाले ही आते थे। यही नियम था इस कैफ़े था। आस–पास विरासती पुरानी चीज़ों की दुकानें थीं। और कपड़ों की फैशनेबल बुटिक्स थीं। अब यही दुकानदार और उनको सामान बेचने वाले दूसरे व्यापारी जल्दी से एक कॉफ़ी का कप पीने के लिए कैफ़े में आ जाते। पर दोपहर को पास के एक स्कूल के बच्चे आते। बच्चों के आते ही कैफ़े शोर भीड़ से भर जाता। सारा कैफ़े उनकी चांव–चांव और खिलखिलाहट से गूँजने लगता। बच्चे थोड़ी देर में लौट जाते फिर दोपहर में कैफ़े बिल्कुल वीरान और सुनसान हो जाता था। रह जाती थी आवाज़ उन अख़बारों की जो अमीर बड़े अपार्टमेन्ट्स से आयीं बुढ़िया हो गयी महिलायें पूरा पढ़े बिना कैफ़े में ही छोड़ जाती थीं। इनमें ज़्यादातर महिलायें विधवायें थीं या फिर परितिक्ता थीं। ये वृद्ध औरतें इस कैफ़े में बैठकर दिन के कुछ घण्टे यहीं गुज़ार लेती थीं क्योंकि उनके आस–पास इन्सानी चहल–पहल होती थी। शाम को कैफ़े में कुछ और लोग आ जाते थे जो भद्र किस्म के होते थे पर कुछ विशेष नहीं होते थे। लेटो कैफ़े में से बाहर सिर्फ़ पैर सीधे करने के लिए निकलता था। लीएटोमेरिटज़्की अब एक बड़े कप में "कॉफ़ी भूलेत" यानी लाते कॉफ़ी पीता और मैदे से बना पेटी जैसा क्रोन्से काफ़ी में डूबो–डूबोकर खाता। बीच का मुलायम मीठा हिस्सा पूरे मुँह में भर लेता। अब कुछ भी खाते–पीते समय किताबें उसका साथ नहीं छोड़तीं। वो बहुत पढ़ने लगा था। पहले पहल उसकी रुचि विज्ञान की किताबों में नज़र आयी, जब वो दुनिया की रचना और विनाश के अनोखे सच से दोचार हुआ। वो पढ़ता कैसे हर एक प्राणी धरती पर आया और कैसे–कैसे कुछ सालों में विलुप्त भी हो गया। कभी–कभी वो सिर्फ़ दर्शन की किताबें पढ़ता। वैचारिक मन्थन, गुन्थन, चिन्तन करता। जो है वो क्यों है? क्या है? कब तक रहेगा? इन सवालों के जवाब खोजता। बाद के दिनों लेटो धार्मिक किताबें पढ़ने लगा। पिछले कुछ दिनों से वो ईसाइयों का धर्म ग्रन्थ "बाइबल" ही पढ़ रहा था। वो ख़ासतौर से प्रभु ईसा द्वारा दिये

गये सन्देशों के बारे में लिखे गये गोस्पल सत्य ही पढ़ता। वो चारों गोस्पल का विश्लेषण करता। उनका तुलनात्मक अध्ययन करता और अपने विचारों को आस–पास रखे काग़ज़ों की पर्चियों पर पेन्सिल से लिखता जाता और अब उसने बड़े बड़े पन्ने भरने शुरू कर दिये थे।

हर रोज़ जो वो लिखता उसे अपनी मखमली कुर्सी के नीचे सरकाता जाता। उसे ऐसा करने की इज़ाज़त कैफ़े के मालिक ने दी थी। लेटो की इन फाइलों को कोई हाथ नहीं लगाता। वैसे भी इसी बैंच पर लीएटोमेरिटज़्की पूरे दिन बैठा रहता।

लेटो अब दाढ़ी भी नहीं बनाता था। उसके भरे गाल लटकने लगे थे, दाढ़ी भी मुँह के आस–पास सफ़ेद हो गयी थी। मुँह के दायें बायें अजीब से आकार की दाढ़ी अब उसका स्थायी हिस्सा बन गयी। मुँह उसका अब भी लाल ही रहता था।

लीएटोमेरिटज़्की ने सिगरेट, शराब लगभग छोड़ ही दी। अब वो केवल काफ़ी पीता था। कैफ़े का मालिक हर घण्टे में एक नया कप उसके सामने लाकर रखता था।

शाम होते ही कॉफ़ी के कप के साथ एक छोटा पैग कोनियेक का बड़े बर्तन में लाया जाता। लेटो वहीं बैठा रहता किताब में नज़रें गड़ाये। दोपहर में खामोश अख़बार पढ़ती बूढ़ी महिलाओं के बीच अपनी किताब पढ़ता "लीएटोमेरिटज़्की" भी अब अकेला बैठा रहता। अपने विचारों को मथता रहता पर शाम को भीड़ में और उसके व्यापारी सम्बन्धों और सौदों के बीच उसके हाथ ज़रा नहीं काँपते।

पहले भी लीएटोमेरिटज़्की कभी सीधे, खड़े कद वाला नहीं था पर अब लकवे की बीमारी के बाद वो और भी झुक गया था। आँका–बाँका कद हो गया था उसका। जब वो अपनी किताबें पढ़ रहा होता तो किताब से सिर्फ़ उसके सर का ऊपरी हिस्सा दिखाई पड़ता था। गन्जे होते सिर पर सिर्फ़ पुरानी यादों की तरह एक जुल्फ की लट वो भी पूरी सफ़ेद सिर के ऊपर नज़र आती। गहरे रंग के सूट से उसके सिर्फ़ कन्धे नज़र आते। किसी वक़्त यही सूट उसके काँधों पर फिट बैठता था जो अब झूल रहा है।

लेटोमेरीटज्की का स्व अध्ययन यानी किताबें पढ़ना उसकी आत्म संतुष्टि के लिए काफ़ी था। वो अपने इस स्व अर्जित ज्ञान के बारे में कभी किसी को बताता नहीं था। ना ही उसने कभी किसी को अपने ज्ञान से प्रभावित करने की कोई चेष्टा की। कभी नहीं कहा कि इन किताबों में जो लिखा है उसका दर्शन तत्त्व है क्या?

अगर कभी कोई उसकी इस नयी आदत और ज्ञान का मज़ाक उड़ाने की कोशिश करता तो लीएटोमेरिटज़्की सीधा होकर बैठ जाता सवाल पूछने वाले की आँखों में झाँकता और शान्त आवाज़ में कहता "भाई साहब! आपको दिखाई नहीं देता मेरे पास बहुत काम है।" एक वक़्त इसी आवाज़ के ज़ोर से गर्जने पर लोग थर–थर काँपते थे, आज वही आवाज़ ठण्डी बर्फ़ बन गयी है। लोगों का सवाल पूछना भी स्वाभाविक था क्योंकि अब तक तो पूरे वियना में लीएटोमेरिटज़्की के गहन बाइबल शोध की चर्चा फैल गयी थी। लोग उसे बाइबल विशेषज्ञ मानने लगे थे। एक दिन एक जिद्दी किस्म का शराबी आख़िर लीएटोमेरिटज़्की से टकरा ही गया। बैठ गया साहब वो ठीक लेटो के सामने और फिर लगा बहस करने। लेटो ने बड़ी कोशिश की वो शान्त और संयत बना रहे, लेकिन नहीं जनाब वो शराबी किसी तरह नहीं माना। लेटो के निर्विकार भाव से भी हताश नहीं हुआ और लगा हिटलर और उसके आदमियों के विनाश की कहानी और अफवाहों से भरपूर तथाकथित सच। लेटो ने कहा हिटलर के पीछे मत पड़ो हिटलर एक विश्वव्यवस्था का छोटा–सा बिन्दु था। उसके नाश या विनाश से कोई फ़र्क़ नहीं पड़ने वाला समस्या की जड़ इस समाज की सारी तथाकथित व्यवस्थायें हैं। ये दुनिया उन चीज़ों को ही मानती है जिनका माना जाना बिल्कुल ग़ैर ज़रूरी है जिनसे सिवाय मौत और हिंसा के कुछ हासिल नहीं होता अब दुनिया को चाहिए कि आँखें खोले। उन चीज़ों को, उन धारणाओं को समाज से दुनिया से निकाल फेंके जो फालतू हैं। इस संघर्ष को जन्म देती हैं मुसीबतों को आफतों को फैलाती हैं। इस व्यवस्था को सुधारने की सख़्त ज़रूरत है समझे आप– अब उठें और मेरे सामने बैठकर बकबक करने के

बजाय नासमझ दुनिया को समझायें। इतने में कैफ़े का मालिक आ गया। उसने बड़ी मुश्किल से शराबी को सामने से हटाया।

और फिर एक दिन–

सुबह का वक़्त था, कैफ़े में सब प्रौढ़ और वृद्ध औरतों का जमावड़ा था। अचानक बड़े ज़ोर से किसी भारी चीज़ के गिरने की आवाज़ आयी। औरतें चीख उठीं तो किसी ने देखा लीएटोमेरिटज़्की अपनी बैंच से ज़मीन पर गिर गया है और गिरते समय बैंच भी उसी पर उलट गयी है। बैंच के उलटते ही बैंच के नीचे से लीएटोमेरिटज़्की के लिखे हुए काग़ज़ पर पेन्सिल के नोट चारों ओर बिखर गये। एक आदमी ने सारे काग़ज़ उठाये पढ़ने शुरू किये। इन काग़ज़ों में कुछ बेहद प्रभावशाली परिच्छेद थे जो लेटो ने बाइबल से लेकर अपने विश्लेषण से बड़े अर्थवान ढंग से समझाकर लिखे थे। उसके लिखे हर नोट में कोई नयी गूढ़ रहस्य भरी धर्म व्याख्या और समाज व्यवस्था लिखी थी। "बाइबल" मे दिया गया न्याय का सन्देश लेटो ने अपनी सरल व्याख्या से आम आदमी के आसानी से समझने लायक बना दिया था। उसने लिखा विश्वास करो न्याय है। प्रभु का न्याय है, वही है परम परमात्मा वही हमारा दण्डाधिकारी है। उसके नियमों को समझोगे तो जीवन सुख शान्ति से गुज़रेगा। जो नियम तुम्हें दुरूह लग रहे हैं वो दरअसल इतने आसान हैं कि अगर प्रभु में विश्वास रखोगे तो ईश्वर का हर नियम तुम्हें छलकते नीले जल सा साफ़ नज़र आयेगा। इस समय हर मुसीबत की जड़ विश्वास की कमी है, प्रभु में विश्वास की कमी। लेटो महान काम कर गया था। बाइबल को आम आदमी के लायक बना गया था। बैंच से गिरा लीएटोमेरिटज़्की तो फिर नहीं उठ पाया। अब वो स्वर्ग के अनन्त सुख की गोद में था।

अध्याय-5

हॉल में बातें ज़ोरों से चल रही थीं।

पिछली बार मैंने 'मोसलर' महोदय को एक डिनर पार्टी पर रात के खाने की टेबिल पर देखा था। वो खाना उस अस्पताल के लिए चन्दा करने के लिए हुआ था जो अन्तिम क्षणों की प्रतीक्षा कर रहे होते हैं जिनकी बीमारी का अब इलाज़ सम्भव नहीं होता। तो मैं बता रहा हूँ कि मोसलर उस लम्बी खाने की टेबिल के बिल्कुल आख़िरी छोर पर बैठे थे और बिल्कुल ख़ामोश थे। वो शायद फल डालकर परोसी गयी शराब 'पंच' पी रहे थे। वहाँ पादरी जी भी अपनी सीधी–सादी काली फ्राक जिसमें सफ़ेद झकाझक कॉलर लगा था– पहनकर आये थे। इस कॉलर से उनकी गर्दन और बेहद ज्ञानी सिर की शोभा बढ़ती थी इसमें कोई शक नहीं। बात 'मोसलर' महोदय की चल रही है। उस दिन वो बड़े खामोश थे हमेशा की तरह चुटकले भी नहीं सुना रहे थे।

कुछ ज़्यादा ही गम्भीर नज़र आ रहे थे। लगता था किसी सोच में डूबे हैं या ये भी हो सकता है शराब का पंच ज़्यादा पी लिया हो। मेरा मतलब कहने का ये है कि जो आदमी हद से ज़्यादा बक–बक करे महाबतोकड़ा हो वो अचानक ख़ामोश हो जाये तो ध्यान तो जायेगा ही। अरे वो हर महफ़िल की जान थे। साहब उनकी मज़ेदार बातें सुनने के लिए हर कोई उत्सुक रहता था। उन्हें हर पार्टी में लोग चारों तरफ़ से घेरे रहते हैं ताकि उन्हें सुन सकें और ऐसा ही आदमी गम्भीर हो जाये, खामोश हो जाये तो समझिये कि मामला गम्भीर है कुछ तो है जिसकी पर्दादारी है।

"जहाँ तक मेरा सवाल है मुझे तो उसका वो बेढंगा हैट पहनकर आना ही बेहूदा लगा। कोई ऐसा बेतुका हैट पहनकर ऐसे औपचारिक खाने पर थोड़े ही आता है। कोई आर्ट गैलरी का शुभारम्भ हो या किसी कलाकार की निजी पार्टी हो तो आप ऐसे भड़काऊ हैट पहन सकते हैं औपचारिक खाने पर नहीं।"

और औपचारिक भी किस स्तर का जिसमें स्वयं संघ के राष्ट्रपति मौजूद थे। ये इस तरह के लोग औपचारिक पार्टियों में सजते नहीं। सुना है इमारतें ख़रीदने बेचने के व्यापार में लगे हैं। व्यापार भी अच्छा चल रहा है। पर सब जानते हैं ये सम्पत्तियाँ वो किन के लिए ख़रीदता बेचता है। अब मेरा मुँह मत खुलवाओ... पर मानना पड़ेगा 'मोसलर' है बड़ा चतुर। सनकी कहीं का। कभी–कभी अचानक कोई इतना ख़र्चीला काम कर डालेगा कि देखने वाले बेचारे भौचक्के रह जाते। लोग तो ये भी कहते हैं वो... अरे वही विश्वविद्यालय वाला आदमी।

"मेरी कहो तो मैं उस आदमी को नहीं जानता वो मोसलर मेरे लिए अनजान आदमी है वो बड़ा खिलाड़ी है वो मध्यम दर्जे के सज्जनों और प्रदर्शकों में नहीं आता है। मिलने जाओ या मिलने का समय लेना चाहो तो उसकी सचिव समय ही नहीं देती। अब किसी न्यायघर में वो दिखाई भी पड़ जाये तो सीधी बातचीत करना ठीक नहीं लगता।"

"सारा मामला लम्बा और उलझा–सा लगता है।"

"उसने कहा कि उसका बाप एक 4 सितारा जनरल था। युद्ध में उसे बड़े सम्मान मिले थे। वो भी ब्रिटिश युद्ध में वो दक्षिणी अफ्रीका गया था और उसने रोडेशिया में युद्ध लड़ा था। मेरा मतलब मूल अफ्रीकियों से था। कोई तो ये भी कह रहा था कि 'मोसलर' को जानता तक नहीं। उसके बाप है ही नहीं।" वो तो लोगों का मज़ाक उड़ाता है इसीलिए ऐसी मनगढ़न्त कहानियाँ गढ़ता है।

वियना एक महानगर है ही नहीं। ये एक बहुत छोटा शहर है। इतना छोटा कि किसी एक जने को किसी के बारे में कोई छिपी बात मालूम पड़ जाये तो पूरे शहर को वो बात तुरन्त ही मालूम पड़ जाती है।

एक बार मैंने मोसलर को बहुत ही गुस्से में देखा। हुआ यूँ कि एक रेस्टोरेन्ट में बैठे थे हम ये भी वहाँ था। हुआ यूँ कि इसने रेस्टोरेन्ट की परिचारिका यानी वेट्रेस को ऑर्डर दिया उसने इसका ऑर्डर सुना नहीं या सुन नहीं पायी। भैय्या ये तो आग–बबूला हो गया। इसने एक ख़ास किस्म की पुरानी शराब परोसे जाने का आदेश दिया था। वो शराब नहीं लायी गयी। इसने रेस्टोरेन्ट की ईंट से ईंट बजा दी। सब कुछ उठा के पटक दिया। तोड़–फोड़कर डाली। छिः घिन आती है मुझे ऐसे लोगों से। पर फिर ये भी सच है कि लोग उसके बारे में कुछ अच्छी बातें भी करते हैं।

"हम दोनों एक ही नाई की दुकान का इस्तेमाल करते हैं। पुराने ज़माने में इस बात को स्वीकारना सम्भव था कि हमारा नाई एक है पर आजकल कुछ और ही दौर चल रहा है।"

मोसलर को उस पर बहुत विश्वास था उसने बहुत सारे चित्र लोईकेस से ख़रीदे। उसका विश्वास था कि लोईकेस में बेशक़ीमती कला वस्तुएँ पूरे भरोसे वाली ही उसे देगा। मोसलर की आधी चतुराई आधी बेवकूफी में तब बदल गयी जब पूरे भरोसे के बाद भी कुछ नकली माल सप्लाई हो गया। लोईकेस को कला वस्तुओं की ख़ासी समझ थी इसीलिए मोसलर उस पर भरोसा करता था। लेकिन ये भी सच है कि लोईकेस के म्यूजियम में काफ़ी कुछ नकली था निचले स्तर का माल भी भरा हुआ था। लोईकेस अब संग्रहालय का निदेशक भी बन चुका था। बड़ी मुश्किलों से उसने सफलता की सीढ़ियाँ चढ़ी थीं पर अब लगता था कि उसका पतन हो रहा है यहाँ ग्राज़ में।

"सुना तुमने हूटर अब नाज़ी दल को समर्थन देने जा रहे। वो उस दल के लोगों को अपना प्रमुख उम्मीदवार घोषित करने जा रहे हैं।"

"मुझे वो कतई बर्दाश्त नहीं है। साला अहंकारी घमण्डी कहीं का।"

बृहस्पतिवार को क्लारा ने अपने यहाँ ओपन हाऊस पार्टी रखी थी। उसके पिता जो अब उच्च प्रोफ़ेसर होलब्रक के नाम से जाने जाते थे। इस ओपन हाऊस पार्टी में ख़ुद आकर खड़े हुए। प्रोफ़ेसर साहब की डॉक्टरी भी जारी थी। उनके मरीज़ उनके इलाज़ के मुरीद थे।

वो उनका पीछा ही नहीं छोड़ते थे। वो इस अमीरी का अहसान मानते थे। एक ज़माने में जो डॉक्टर सभी मरीज़ों के मर्ज़ों का मसीहा बना घूमता था। अब सिर्फ़ एक मरीज़ का इलाज़ करता है और वो मरीज़ वो ख़ुद है। उसकी सत्तरवीं सालगिरह पर ये पता चल गया था कि डॉक्टर को ख़ुद को मधुमेह की यानी डायबिटीज़ की बीमारी है और ये शर्करा का रोग कुछ ज़्यादा ही उलझ गया था।

अब उसका इलाज सिर्फ़ सही खानपान बचा था, क्या खाओ, कब खाओ, कितना खाओ सब नापना–तोलना ज़रूरी हो गया था। ये भी जानना ज़रूरी था कि पेट में गया क्या और पेट से बाहर निकला क्या? इसी कारण हर चीज़ का रिकार्ड रखा जाता। खाने का भी मलमूत्र का भी। अब ये भी प्रोफ़ेसर की एक भ्रान्ति बन गयी थी वो उसी में उलझा रहता। वो आदमी जो एक ज़माने में फैशन का महाराजा माना जाता था।

सारे समय सजा–धजा सुन्दर स्मार्ट दिखता था। अब अपनी ओर से बेख़बर हो गया। पहनने–ओढ़ने की इच्छायें उसने मार डालीं। अब उसके कपड़ों पर धब्बे नज़र आते, दवाई के धब्बे या बिना घी के बिना तले खाने के रस मसालों के धब्बे। अपने खाने के पकाने का तरीक़ा भी प्रोफ़ेसर ख़ुद ही तय करता था।

ख़ुद वो ऊपरी तौर पर एक शान्त परिवेश बनाये रखता था पर उसकी आँखें बोलती थीं, "मैं एक ज़िद्दी अड़ियल खड़ूस व्यक्ति की आँखें हूँ।"

प्रोफ़ेसर अपने दिन के सारे काम थोड़ा झुके–झुके पूरा कर ही डालते थे। ऊपरी तौर पर अब वो बेहद शान्त नज़र आते थे। लोगों से उन्होंने बातचीत करना छोड़ ही दिया था। बहुत धीरे और फुसफुसा कर ही बोलते थे। अब उनके पास वही मरीज़ जाते थे जिनका उन पर गहरा विश्वास था जो ये मानकर चलते थे कि डॉक्टर प्रोफ़ेसर ने ही उन्हें मौत के मुँह से बचाया था वरना वो तो कब के मर चुके होते। डॉक्टर ने उन्हें उनकी कब्र खोदने वाले के फावड़े से बचाया है वरना अब तक उनके कफ़न–दफ़न सब हो चुका होता।

ये लोग जब डॉक्टर के पास सलाह लेने जाते तो डॉक्टर इतना धीरे बोलते कि ये लोग मेज़ के ऊपर से झुककर डॉक्टर के मुँह के पास अपना कान ले जाकर उसकी डॉक्टरी सलाह सुन पाते थे। मरीज़ के जाते ही डॉक्टर अपने हाथ धोने लगते थे।

क्लारा अब अपना अतीत भूलकर एक बार फिर से अपने पिता को प्यार करने लगी थी। थे तो वो उसके पिता ही। अब क्लारा को अपने पिता की चिन्ता लगी रहती। हालाँकि उसे इस बात की सख़्त नाराज़गी थी कि उसके बार–बार समझाने और डाँटने और घर सम्भालने वाली औरत के झिड़कने के बावजूद प्रोफ़ेसर दिन–ब–दिन अस्त–व्यस्त और गन्दा रहने लगा था। क्लारा को अपने पिता से ख़ासी जायदाद मिलने वाली थी। वो अकेली उत्तराधिकारी थी। उस विरासती सम्पत्ति में ही इतना दम–खम था कि क्लारा अपने पिता का सनकीपन और अस्त–व्यस्तता बर्दाश्त कर लेती।

उसने पिता से पूछा, "आप पिछले रविवार को हुई प्रार्थना सभा में गये थे क्या?"

उन्होंने जवाब दिया, "नहीं, मेरे पास इन सब के लिए समय नहीं है।"

अब डॉक्टर संगीत सभाओं में भी नहीं जाता था। प्रोफ़ेसर ने अब अपनी कमीज़ के गन्दे कफ की तरफ़ ध्यान दिया जो सच में गन्दा था। पर वो अपनी बेटी की बातों का और जवाब नहीं देना चाहता था। तब तक हॉल में कोई बेहद औपचारिक मेहमान आ गया क्लारा से मिलने। प्रोफ़ेसर की बेटी उसमें व्यस्त हो गयी प्रोफ़ेसर की और सवालों का जवाब देने से जान छूटी। आने वाला मेहमान डॉ. प्रावडी था जिनके आगमन पर क्लारा ने उठकर स्वागत किया। क्लारा काफ़ी सुन्दर लग रही थी, आज उसने अपने बाल भी ख़ास तरीक़े से बनवाये थे। डॉ. प्रावडी को देखकर क्लारा ख़ुशी से मुस्कुरायी। डॉ. प्रावडी छोटे कद के आदमी थे। अपने गहरे रंग के सूट में वो एक पादरी से नज़र आ रहे थे पर थे वो एक गहरे कला प्रेमी। उनका आपेरा प्रेम (एक प्रकार की पाश्चात्य गायन नाट्य शैली) जग–विदित था।

उनके इसी आपेरा प्रेम के कारण इन्हें कई बार आपेरा हाऊस का डायरेक्टर बना दिया गया था। उनकी आपेरा प्रेम की ख्याति दुनिया भर में फैल चुकी थी। लोग उनका और उनके आपेरा ज्ञान का बेहद आदर करते थे। पादरी जैसी उनकी छवि उन लोगों को बहका देती थी जो उनको जानते नहीं थे क्योंकि वो हमेशा बैले नृत्य और आपेरा गायिका बनने की चाह रखने वाली सुन्दरियों से घिरे रहते थे।

डॉ. प्रावडी ने क्लारा से धीरे से पूछा कि तैयारी तो है तीन सप्ताह की। वो अपनी एक ख़ास नौजवान उभरती हुई आपेरा गायिका के साथ समय बिताने वाले थे। वही कुमारी 'बायूर'। डॉक्टर को पता था कि क्लारा को सब पता है कि वो 'मिस बायूर' को कला जगत में आगे लाने के लिए अथक प्रयास कर रहे हैं। क्लारा बयाँ करती थी कि उभरते कलाकारों के लिए अपने घर शानदार शाम की चाय रखती थी जिनमें शहर के गणमान्य व्यक्ति बुलाती थी।

इन शानदार चाय पार्टियों में नये कलाकार का ज़ोरदार परिचय लोगों से करवाया जाता। इन कला दावतों में जार्ज की माँ पूरा सहयोग करती थी। इन कला शामों में बढ़िया चाय के साथ एक छोटा–सा कला वक्तव्य दिया जाता। कोई अन्य कलाकार अपनी कवितायें भी पढ़ता। या कोई अब तक अनजाना रहा लेखक अपनी लिखी कहानी या लेख पढ़ता। डॉ. प्रावडी कहते इस तरह की शामें अतीत की बात लग सकती हैं पर इन शामों में बहुत जान है इसीलिए ये आज भी ज़िन्दा हैं और कला का परचम लहरा रही हैं। कला को और कलाकारों को ऐसी कला गोष्ठियों की सख़्त ज़रूरत होती है। कला पलती ही ऐसी बैठकों पर है। डॉ. प्रावडी जिस मज़बूती और अन्तिम निष्कर्ष के तौर पर अपनी बात रखते कि लोग उनका लोहा मान जाते। किसी में इतनी जान और समझ नहीं थी कि वो डॉ. प्रावडी की बात काटे।

क्लारा ने डॉ. प्रवाडी के सवाल का जवाब हाँ में दिया और तभी एक और सज्जन क्लारा को हॉल के पिछले भाग की ओर खींच ले गये। ये एक सेना संग्रहालय के सलाहकार थे। नाम था उनका प्रोफ़ेसर फ्रोडल। क्लारा उनको सरसरी तौर पर पहचानती।

वो किसी ऐसे ही सामाजिक आयोजन में उनसे मिली थी। सज्जन ने कहा, "मैं प्रोफ़ेसर फ्रोडल हूँ एक सैनिक संग्रहालय का उच्च सलाहकार उनके संग्रहालय में आस्ट्रिया का सैनिक इतिहास संग्रहित है शायद आपने भी सुना हो।"

क्लारा ने कहा, "नहीं।"

प्रोफ़ेसर ने कहा, "मैं दरअसल द्वितीय विश्वयुद्ध के इतिहास का विशेषज्ञ हूँ।" आगे बात बढ़ाते उस आदमी ने क्लारा से फुसफुसाकर कहा और उसमें भी युद्ध के एक ख़ास पहलू का मैं विशेष शोधकर्ता हूँ इसलिए उसका अकेला विशेषज्ञ हूँ।

क्लारा को प्रोफ़ेसर की ये हरक़त कुछ अजीब–सी लगी। पर जैसे–जैसे वो अपनी जाँच का दायरा बताते गये, क्लारा की रुचि गहराने लगी। अब प्रोफ़ेसर उस सेना के जनरल की बात कर रहा था जो ब्रिटिश था बहुत ही सुदर्शन व्यक्तित्व था–बड़ा बहादुर था जिसे कई शानदार साहसी तमगों यानी मैडल्स से सजाया गया था। 'विक्टोरिया क्रास', 'स्टार ऑफ इंडिया', 'आर्डर ऑफ बाथ' ऐसे सम्मान जिनको पाने के लिए सैनिक अपनी जान हथेली में लिए घूमते हैं। लेकिन अभाग्यवश...." प्रोफ़ेसर अपनी बात अधूरी ही छोड़ देते हैं। अब तक क्लारा अच्छी तरह समझ गयी है वो किस ब्रिटिश जनरल की बात कर रहे हैं।

ख़ुद ये प्रोफ़ेसर भी कुछ कम हैन्डसम, स्मार्ट नहीं था। लम्बा चौड़ा क़द, सिर पर बालों का घना घुँघराला गुच्छा। चेहरे का आकार कसा और तना हुआ, आँखें तीखीं और भेदती हुई नज़रें। वो निडर होकर अपने सुनने वाले की आँखों ने सीधा झाँकते थे। जैसे मन के भीतर तक झाँककर दम लेंगे। अभी भी उनकी मेरी नज़रों ने क्लारा को अपनी ओर देखने पर मज़बूर कर दिया था। बीच–बीच में क्लारा प्रोफ़ेसर की निगाहें बचाकर फ़र्श की ओर भी देखने लगती पर फिर थोड़ी देर में एक बार नज़र उठाकर प्रोफ़ेसर साहब की ओर भी देख लेती। क्लारा बस ये सब सुनकर एकान्त में बैठना चाहती थी। नितान्त एकान्त, पर इस भीड़ का क्या होगा जो उसने बतौर मेहमान बुलायी है।

प्रोफ़ेसर फ्रोडल ने क्लारा से कहा चिन्ता मत करो जनरल जहाँ भी है बिल्कुल ठीक है। प्रोफ़ेसर ऐसा कहने में सक्षम था क्योंकि उसका उन अति महँगे क्लबों में उठना–बैठना था जहाँ से सब ख़बरें मिलती थीं।

हाँ ये एक अफवाह ज़रूर उड़ी है कि जब ये इंडिया में ब्रिटिश सेना के साथ था तो इसने गाँधी सत्याग्रहियों के साथ अत्याचार किया था। उनके साथ ज़्यादतियाँ की थीं।

फ्रोडल ने कहा जहाँ तक मेरा सवाल है मैं उसे एक श्रेष्ठ सैनिक मानता हूँ। एक सैनिक जिसने अपना फर्ज पूरी तरह से निभाया। एक बढ़िया सैन्य मस्तिष्क वाला आदमी है वो। इसी ने आगे बढ़कर सेना में स्वच्छता की भी अगुवाई की। सैनिकों को साफ़ रहना सिखाया। अब तक क्लारा को ये सब सुनकर चक्कर से आने लगे थे। फ्रोडल ने फिर कहा, "मैंने दरअसल जनरल की जासूसी करवाई थी, उसकी पत्नी के आग्रह पर।"

क्लारा के साथ जार्ज नहीं होने से क्लारा अकेली पड़ गयी थी अब ये सब जो फ्रोडल बता रहा था क्लारा अकेले ही झेल रही थी। वो सही मर्द था जिसे पता था काम, लोगों और ज़िन्दगी से कैसे निपटा जाता है।

क्लारा सिरदर्द के कारण बड़ी परेशान रहती थी। उसके सिरदर्द को अब तो मनोरोग विशेषज्ञों तक को दिखाया जाने लगा था। उसे माईग्रेन या आधा सीसी का दर्द हर दूसरे तीसरे दिन होता ही रहता था। इसे शिराओं की बीमारी माना जा रहा था जिसमें नसें काम करना बंद करती हैं। चटकने लगती हैं। अब कह चाहे कुछ भी लो पर सच यही था कि क्लारा हाल बेहाल हो जाती थी दर्द से। पैर तले की ज़मीन खिसक जाती थी उसकी। सारी दुनिया घूमने लगती थी उसके आस–पास की हर चीज़ डोलने लगती थी। खिड़की के बाहर दिखाई देता 'वियना वुड' का जंगल, उसके पीछे खड़े आवाज़ देकर बुलाते पहाड़ झूमने लगते हैं। क्लारा के आसपास के सब रोशनी भरे हरियाले परिदृश्य इस सरदर्द की लहर के ज्वार में डूबने लगते हैं

और उनके साथ डूबने लगती है क्लारा। एक काले अँधेरे दर्द भरे कमरे में सब कुछ नीचे डूब ही जाता है। ये दर्द इतना तीखा होता था जैसे दाँत का दर्द। और दर्द के थपेड़े इतने ज़ोर से पड़ते थे जैसे कोई घातक रूप से मुष्टि प्रहार कर रहा हो यानी मुक्का मार रहा हो।

जब मनोविज्ञान के डॉक्टर ने क्लारा से दर्द की पहचान बताने के लिए उससे पूछा, "तुम्हें क्या लगता है ये शरीर का दुख है या मन का?" तो क्लारा ने कहा, "मेरे दुख का असली कारण है ये दुनिया ख़ुद।" ये बोलते समय उसके होंठ काँप रहे थे। क्लारा का जवाब सुनकर मनोवैज्ञानिक का दिमाग़ घूम गया। जार्ज जहाँ तक सम्भव होता अपनी पत्नी क्लारा की इन कला गोष्ठियों में, कला दावतों में शामिल नहीं होता था। ज़्यादा से ज़्यादा वो पार्टी ख़त्म होने से कुछ पहले औपचारिक तौर पर आ जाता था। जब पार्टी पूरे शबाब पर होती पर वो कभी भी शाम के 6:30 बजे से पहले नहीं आता। उससे फ़ायदा ये होता कि वो सीधे खाने की मेज़ पर चन्द चुने हुए लोगों के बीच ही बैठता। हर ऐरे ग़ैरे नत्थू ख़ैरे से मिलने से बच जाता। कमरे में बनी सामने वाली खिड़की में दो सज्जन आपसी बातों में उलझे थे। आम तौर पर ऐसी पार्टियों में आप हर एक से दुआ सलाम करते हैं। एक ही जगह खड़े होकर चन्द लोगों से चर्चा में भी उलझते। दो मिनट से ज़्यादा तो एक जगह पर खड़े ही नहीं रहा जाता था उसे बेअदबी बदतमीज़ी माना जाता था। पर कुछ लोगों को अपवाद–स्वरूप माफ कर दिया जा सकता था। ख़ास तौर पर अगर बात करने वाले ख़ालिस राजनेता हों।

बड़ी खिड़की के सामने बहस में उलझे दोनों आदमी दो विपक्षी राजनैतिक दलों से आये नेता थे। जनता के सामने उन दोनों राजनैतिक दलों का गहरा आपसी मतभेद एक खुला सच बन चुका था। वो अकसर बड़े गँवारू ढंग से खुलेआम झगड़ा करते थे। इनमें से एक व्यक्ति जो मझोले कद का देखने में भी दुबला–पतला सा था। समाजवादी लोकतांत्रिक दल से चुनकर आया हुआ सांसद था। यूँ तो वो बड़े सामन्ती खानदान से था पर अब उसकी विचारधारा समाजवादी

हो गयी थी। इस क़दर समाजवादी कि कुछ–कुछ वामपन्थी ही नज़र आने लगा था वो। अब इस आदमी से धीरे शालीनता से बातें कर अपने विचार गहराई से सामने रखने की उम्मीद करना व्यर्थ था। वो नारे लगाने और जुलूस निकालने में विश्वास रखने वाला आदमी था। वो इस दल का प्रतिनिधित्व करता था जो हर प्रदर्शन पट्ट पर अतीत की बातें ही लिख–लिखकर दोहराता था– "हमारे साथ ये जुल्म हुआ था, वो जुल्म हुआ था।" "पिछले ज़माने को याद करो।" "इन्हें कभी वोट न दो।"

और भी न जाने क्या–क्या। जो बीता समय और उसके घावों को लगातार कुरेदते रहना ही समाजवादी लोकतांत्रिक दल का आधार था। वो बातें जिन पर अब काबू पाया जा चुका था। वो बातें जिन्हें लोग भूल चुके थे उन बातों को कभी भूलने नहीं देना ही समाजवादी दल की चुनावी विजय की रणनीति थी।

खिड़की के पास चल रही इन दोनों राजनेताओं की बहस का आज का विषय कुछ अलग हटकर था। इसमें राजनैतिक विचारधारायें भी परे हटा दी गयी थीं सिर्फ़ ज़मीनी हक़ीक़त ही सामने रखी गयी थी। विषय था एक उच्च सरकारी पद पर होने वाली सरकारी अफ़सर की भावी नियुक्ति।

समाजवादी दल के सांसद ने कहा–"प्रिय मित्र! हमारे दल ने जनता के स्वास्थ बीमा की योजना को सार्थक कर दिखाया। हमने ही ये योजना चालू की थी। आज उसी का लाभ आम जनता खुलकर उठा रही है–'समाजवादी स्वास्थ्य बीमा योजना' हम ही इसको ज़िन्दा रखने में अपनी जान खपा रहे हैं। तुम्हारा दल कोरे वादे, झूठे वादे करता है।" अब बारी दूसरे की थी उसने ज़ोर से कहा–"जाओ जाओ तुम अपना आदमी इस पद पर इसलिए नियुक्त करवाना चाहते हो, ताकि तुम्हारी भाड़े की राजनीति चलती रहे। अरे! सैकड़ों साल से तुम लोग जनता के नाम पर उनको लूटते रहते हो अपनी मेहनत से अमीर बने हैं। लोकतन्त्र ऐसे नहीं चलता बच्चू–'भाड़े की राजनीति भड़वे चलायें।' लोकतंत्र सिर्फ़ ग़रीब तबके की बपौती नहीं इनमें हम

लोग भी शामिल हैं जिन्हें तुम सर्वहारा वर्ग कहते हो, जनाब। देश और इसका लोकतंत्र का आधार हम लोग हैं। हम देख चुके हैं तुम जैसों की टुच्ची राजनीति को तुम्हारे टुच्चेपन को।''

अब ये जो आदमी बोल रहा था वो बोलते–बोलते इतने ऊँचे स्वर में बोलने लगा कि पार्टी में खड़े आस–पास के लोग चौंक ही तो गये। समाजवादी दल के सांसद ने इधर–उधर कनखियों से देखा और भाँपा कि पार्टी में से कितने लोग उनकी तरफ़ देख रहे हैं फिर एक खांटी मैदानी नेता की तरह छाती पर दोनों हाथ बाँधे और उतर आये असली रूप में मैदान पर। बोले– ''अरे! छोड़ो किसी और को यूँ...बनाना। सब पता है पार्टी ख़ुद है उद्योगपतियों की। उद्योगपतियों को इस लोकतान्त्रिक देश में संसद में बैठाने वाले मज़दूरों के हितों की, कामगारों के हितों की बात कैसे करेंगे? तुम तो मज़दूरों को कामगारों 'छोटा आदमी' कहकर बुलाते हो। तुम्हारी तो सोच में ही नीचता भरी है। तुम इन छोटे लोगों का हित क्या देखोगे, क्यों देखोगे?' अब भैया दूसरा राजनेता सकपकाया वो भरी भीड़ में इस तरह अपने विपक्षी द्वारा पटकी दिये जाने को तैयार नहीं था। उसने हाथ उठाया और गाली का एक भद्दा निशान बनाया फिर मुड़कर पार्टी की भीड़ में खो गया।

ये तमाशा साथ ही में बाँहों में बाँहें डाले खड़ी दो औरतें बड़े ग़ौर से देख रही थीं। एक ने दूसरी से पूछा– "कौन थे ये दोनों?" दूसरी ने जवाब देते हुए कहा– "इन्हें नहीं पहचानती? अरे ये समाजवादी लोकतांत्रिक दल का सांसद है–'श्रीमान मोरीलीथन' लाल सेना का प्रमुख। तुम इसको नहीं जानतीं?"

अब दूसरी औरतें गृह–सज्जा व्यवसाय पर ध्यान देने लगीं उनकी बातों का केन्द्र नये रंग संयोजन, नये नमूने, नये डिजाइन थे। पुराने घरों को कैसे फिर से नये तरीक़े से सजाया जाये कि वो बिल्कुल नये दिखने लगें। आख़िरकार ये पार्टी कला व्यवसाय से जुड़े लोगों की थी। बड़े–बड़े मूर्तिकारों, चित्रकारों की कृतियों का ज़िक्र चल रहा था। रंग समीक्षायें चल रही थीं औरतें गहन चर्चाओं में गहराई से खोयी थीं,

इतनी गहराई से कि उन्होंने ध्यान ही नहीं दिया कि कब वो समाजवादी लोकतान्त्रिक दल का आदमी चुपचाप उनके बीच आ गया और उनकी बातों को ध्यान से सुनने लगा। फिर देखते ही देखते औरतों की बातों का सारा केन्द्र उस आदमी ने अपनी बातों का केन्द्र बना लिया। अब सारी रंग चर्चा रंग संयोजनों की समीक्षा चर्चा की लगाम उसके हाथों में थी। वो बोला–"एल्पाई पर्वतों के नीचे वाले पहाड़ों का नैसर्गिक सिद्धान्त कभी ध्यान से देखा है किस ख़ूबसूरती से प्रकृति ने ख़ुद अपने चित्र को रंग दिये। हर रंग दूसरे रंग को उभारता लगता है।"

देखो वो रंग काले, सफ़ेद, भूरे और हरे। सारे के सारे अपनी शान से पूरी छटा बिखेरते हैं। क्या आप ये सब नहीं देख पातीं? हमारे पूर्वी प्रदेश के रंग जो इस राजधानी वियना के पास बिखरे हैं और तो और मैं तो ये कहता हूँ रंगों में रंग तो वो शाही पीला रंग है जो राजा के महल "शोनबोर्न" पर पुता है। हमें अपने पारम्परिक राजाशाही रंगों की उपेक्षा, अवेहलना नहीं करनी चाहिए। साम्राज्यी शाही शानदार शोनब्रून पीला रंग महल को बनाने वाले महान वास्तुकार होलीज़िगर की सुन्दर देन।

महिलाओं ने आश्चर्य से इस अचानक चले आये आदमी को देखा जिसने उनकी अच्छी चल रही बातचीत का अपहरण कर लिया था और अपने भाषण का झण्डा लहरा दिया था। एक महिला ने विस्मित होकर पूछा, "जनाब, आप हैं कौन? क्या कोई वास्तुकार? आर्किटैक्ट, इमारतों के डिजाइनर?"

एक और महिला बोली, ये आदमी मुझे हमेशा ही जंगली सा लगा है, वो क्या कहते हैं उसे... अरे यार नाम ही भूल गया.... हाँ याद आया, असली "जिलासो वादी"। सही कहा न?"

तब तक राजनेता फिर मुड़ा बोला, "हम परम्पराओं को बनाये रखते हुए भी आधुनिक हो सकते हैं।" तब दूसरे समूह से जहाँ भरे खड़े थे। किसी ने 'मोरीलन' को यानी सांसद को इशारा किया तो सांसद उस समूह की तरफ़ मुड़ गया। इसी समूह से वो अलग होकर महिलाओं

की ओर आया था अब ये समूह एक बड़े क़ीमती झाड़–फानूस के नीचे खड़ा था। उसके पैरों तले था एक क़ीमती परिशियन कालीन।

इस समूह में ही था वो भारी कपड़े पहने जो स्टाईरन वेशभूषा से प्रेरित होकर बनाये गये थे जो उस पर बड़े सज रहे थे इसी ने "मोरीलन" को अपनी ओर बुलाया था। ये चौड़े कन्धे वाला आदमी अब वक्तव्य दे रहा था। वो बोला, "बात यही है बन्धु कि हम लोग अपने पहाड़ों के रास्ते तो पहचानते हैं पर शायद उन्हें ठीक से जानते नहीं।" कहकर उसने अपनी कमर मटकायी कूल्हे मटकाने की ये उसकी अपनी निराली अदा थी।

वो फिर बोला– "अब ये साहब कहते हैं कि इन्होंने तीन साल पहले काईनबर्ग शिकारगाह में चानोईस जानवर का शिकार किया था।" बोलने वाला व्यंग्य से मुस्कुराया उसने एक साधारण से दिखने वाले सिलेटी सूट पहने आदमी की ओर इशारा किया।

एक आर्किटैक्ट भीड़ में से बाहर आया बोला–"बकवास ये हो ही नहीं सकता असम्भव है, ये झूठ है।" बेचारा स्लेटी सूट वाला सकपकाकर इस समूह से नहीं पार्टी से ही बाहर चला गया। वो भारी–भरकम आदमी जो कह रहा था कि "सुना आपने जनाब सुना आपने इस गप्प को।"

बाद में मालूम हुआ वो आदमी एक बड़ा भारी ज़मींदार है। बड़ा व्यापारी भी था उसके बहुत से मुर्गी फार्म थे। वियना के पूर्वी इलाके में सैन्य क्षेत्र में भी उसका व्यवसाय फैला था।

एक महिला बोली–"तुम्हें पता है आजकल वियना में स्वस्थ स्वच्छ खाना मिलना ही मुश्किल हो गया है।" वो आदमी बोला, "हाँ, श्रीमती जी, आप सही कह रही हैं। आप कभी मेरी जगह आइये। मुझे फ़ोन कर दीजिये और आ जाइये। फिर देखिये असली स्वच्छ स्वस्थ खाना क्या होता है।" अब क्लारा के "संलोन" में इस तरह का संवाद सम्प्रेषण सराहा नहीं जाता था, पर फिर वही बात कि किसने किससे क्या कहा। महत्त्व उसी बात का था। वो औरतें जो अब तक घरेलू साज–सज्जा के वार्तालापों में व्यस्त थीं, अब विषय बदलकर

रंगमंचीय प्रथम प्रस्तुतियों की गपशप में उलझ गयीं। कहाँ पुराने फार्म हाऊस के नवीनीकरण की चर्चायें कहाँ रंगमंच पर होने वाली प्रथम प्रस्तुतियों की चर्चा।

उन महिलाओं में एक स्थूल काया वाली डान्स फ्लोर पर नाचते–नाचते हर एक को घूर रही थी जैसे कोई पुलिस की महिला सिपाही हो। इतनी छोटी स्कर्ट पहन रखी थी कि उसकी जाँघें तक दिखाई पड़ रही थीं। ऐसे वो नाचते समय ऐसे लग रही थी कि जैसे बड़ी असहज हो। उसे अपने नाच का तरीक़ा आजमाया सा न लग रहा हो। बीच–बीच में अपना ये कमज़ोर असुरक्षित भाव छिपाने के लिए ज़ोर–ज़ोर से हँसती थी। उसके ज़ोर से हँसने के इसी दौर के बीच प्रोफ़ेसर फ्रोडल का भाषण बीच में ही रुक गया जिस पर प्रोफ़ेसर ने बहुत चिढ़कर उस महिला की ओर देखा। कुछ महिलायें भी साथ ही खड़ी थी। बात काटे जाने पर प्रोफ़ेसर फ्रोडल ने कहा–"आस्ट्रिया की सारी राजनीति बेवकूफी से भरी है।" साथ ही खड़े एक और भद्र सज्जन ने विनम्रता से हाँ में हाँ मिलाते हुए कहा आप सही फरमा रहे हैं। अब प्रोफ़ेसर नाराज़ भी नहीं हो सकता था क्योंकि सामने वाला राज परिवार के नज़दीक का व्यक्ति था और ख़ुद भी सामन्तशाही था वही भद्र और शालीन–व्यवहार उसका था जो ऐसे कुलीन लोगों से अपेक्षित था, सो प्रोफ़ेसर साहब चुप रह गये कुछ और न कहकर एक सीधे खड़े सवाल पर बड़े ही महत्त्वपूर्ण सवाल पर उतर आये तो आप मानते हैं कि बीसवीं सदी की सबसे महत्त्वपूर्ण घटना 'होलोलास्ट' यानी नाज़ियों द्वारा लाखों यहूदियों का नरसंहार किया जाना है?" आप मानते हैं? बोलिए, जवाब दीजिये कि आपका विश्वास भी यही है?"

वो भद्र सामन्ती परिवेश का व्यक्ति खामोश ही रहा और चुपचाप खाने की मेज़ की ओर मुड़ गया उसने प्रोफ़ेसर की बात का जवाब देना ज़रूरी ही नहीं समझा। हाल के दरवाज़े के पास दो नौजवान लड़कियाँ खड़ी थीं। लगता था वो पहली बार ऐसी भव्यता से आयोजित किसी कला–गोष्ठी में आयी हैं। वो बेचारी इतने बड़े–बड़े लोगों की भीड़, इसका वैभव, इतनी भव्यता देखकर ही चकरा गयीं।

वो बड़ी उत्साहित थीं कि आज उन्हें भी ये सब देखने का अवसर ही नहीं सुअवसर मिल गया। वो दोनों भविष्य की सम्भावनाओं में उलझी ग्रह नक्षत्रों पर विश्वास करना चाहती थीं। राशिफलों की बात कर रही थीं। दोनों लड़कियाँ दिखने में ख़ासी आकर्षक थीं। उनमें से एक अपने सिर पर बार–बार आती लट को अपने हाथों से बड़ी अदा से सँवार रही थी। उसके बाल गहरे भूरे थे। तब तक क्लारा वापस हॉल में आ गयी और कोने में आराम–कुर्सी पर बैठी अपनी सासू माँ से धीरे से बोली, "जार्ज आ गया है माँ जार्ज कहाँ है?" अब तक जार्ज माँ की इस शाहना उपस्थिति पर अधिकतर लोगों का ध्यान नहीं गया था। अब सबने देखा वो अपनी चाँदी की मूठ वाली छड़ी के साथ उस मखमली कुर्सी पर आराम फरमा रही थीं।

तभी दरवाज़े पर एक जोकरनुमा नाक वाला और चेहरे पर चेचक जैसे गड्ढे वाला पतला सा आदमी नमूदार हुआ यानी प्रकट हुआ। उसने अपने बाल चिपकाकर सीधे काढ़े हुए थे, पीछे जाकर यही लम्बे बाल उसने घुमावदार कर दिये थे देखते ही लगता था– ज़रूर कोई रंगमंच–टीवी या फिल्म का कलाकार है। हो सकता है कि वो बर्ग थियेटर का ही कोई कलाकार हो जो अपनी अगली प्रस्तुति के लिए नया प्रोड्यूसर डायरेक्टर तलाश रहा हो या प्रस्तुति करने ही जा रहा हो। ये आदमी जब आया– तो जार्ज की माँ भी खड़ी होकर उसका स्वागत करने अपनी चाँदी की मूठ वाली छड़ी लेकर आगे बढ़ी बोली–"आपका स्वागत है।"

वो आदमी स्पोर्ट कोट पहने अपनी जेबों में ऐसे हाथ डालकर खड़ा था कि उसके अँगूठे बाहर निकल रहे थे। उसका बदन थोड़ा पीछे की ओर झुका हुआ सा लगता था। उसने अपने तने हुए सिर से तिरछी निगाहों से नापा हॉल में कौन–कौन है।

ऐसा करने से उसकी निगाहें और तिरछी होकर अब तो भैंगी ही लगने लगी थीं। मेहमान ने आते ही अपने ख़ास लेखक होने की घोषणा इतने ज़ोर से की कि सबको सुनायी पड़ा कि वो कौन है। वो बोला क्या करूँ देर हो गयी। मैं दोपहर के खाने पर एक

बड़े जर्मन प्रकाशक द्वारा आमंत्रित किया गया था अपनी प्रकाशित होने जा रही अगली किताब के लिए। क्या करें वो इतनी बातें कर रहे थे कि दोपहर का खाना लम्बा खिंच गया और यहाँ आने में देर हो गयी। तभी एक मेहमान ने व्यंग्य का तीर तरकश से निकाला और छोड़ ही दिया– "इन बातों से अपना दिमाग़ कभी नहीं सुजाना चाहिए। दिमाग़ की सूजन बड़ी ख़तरनाक होती है। अरे तब भी दिमाग़ नहीं चढ़ाना चाहिए जब आपके नाटकों का मंचन हज़ार बार होटल शाख़र या इम्पीरियल में हो रहा हो। क्यों जनाब सही कहा ना मैंने?"

मैं इतनी देर से इस खाने को परोसने वाली वेट्रेस को देख रहा हूँ जिसे वियना की शहरी लड़की की भड़कीली ड्रेस पहनकर शहर वाली लड़की बनाने की कोशिश की गयी है जो गाँव जानते हैं जिन्होंने गाँव की ज़िन्दगी जी है वो ये जानते हैं कि लड़की बेचारी गाँव का पला कद्दू है जिसका उपयोग सिर्फ़ झाड़ू पोचे, फर्श पालिश के लिए ही होता रहा है। अब इसे चमकीला ब्लाऊज और सफ़ेद ऐप्रैन पहनाकर शहरी जामा पहना दिया गया है और वो आदमी चालू कहीं का जो मेरे पास खड़ा बर्ग भरे की बकवास कर रहा था और मैं चुप रहा अब कहाँ चला गया आकर ये नज़ारा भी तो देखे।

पीछे से वो बड़ा ज़मीदार ज़ोर से बोला, "सच्चाई तो ये है कि तुम सब लोग गाँव के लोगों के ख़िलाफ़ हो।"

"ज़िन्दगी भद्दी है, छोटी है, वीभत्स है। कोई फ़र्क़ नहीं पड़ता, कोई भी नहीं जब हम और हमारे जैसे लोग– जिसमें मैं ख़ुद शामिल हूँ। गाँव को, मज़दूर को, छैनी को, हथौड़े को, फावड़े को, कुदाल को, इनके चलाने वालों को हाशिये का आदमी मानकर उन्हें 'छोटा आदमी' मानने की ज़बरदस्त भूल करते हैं। इस भूल में सब शामिल हैं– किले का मालिक भी और दिमाग़ का मालिक भी यानी विश्वविद्यालय के ज्ञानी गुणी प्रोफ़ेसर लोग भी।"

ये शब्द थे उस लेखक के जो जार्ज की माँ के स्वागत से अभिभूत था। अपनी सही सिलेटी पैन्ट पहने वो अब बड़ा बुद्धिमान और तेजस्वी नज़र आ रहा था। वो जार्ज की माँ के ठीक सामने

खड़ा होकर बोला, "यही सच है—ज़िन्दगी इसी तरह की है।" जार्ज की माँ हतप्रभ होकर उसे निहार रही थी। उनकी आँखों में गहरी प्रशंसा छलक रही थी।

वो फिर बोला, "मरना तो सभी को है एक न एक दिन। सामन्त को भी भिखारी को भी। ये सच तो मानोगे ना।" और फिर वो हँस पड़ा।

इस बीच हल्के क़दमों से शान्त भाव से जार्ज भीतर चला आया। इस सारे बहस वार्तालाप और आश्चर्य के बीच उसने पूछ ही लिया— "तो क्या चल रहा है यहाँ?" वो बहुत ख़ुशनुमा मूड़ में अन्दर घुसा था और हँसकर बात कर रहा था तभी उसने देखा माँ एक तरफ़ खड़ी, बड़ी नाराज़ नज़र आ रही है। उसको देखते ही जार्ज को महसूस हो गया कि कुछ हुआ है जिसने माँ का मन ख़राब कर दिया है।

"माँ आज तुम्हारा विशिष्ट अतिथि कौन है?" उसने हँसकर ये सवाल माँ और क्लारा जो आ चुकी थी दोनों से पूछा?

क्लारा झट से आगे बढ़ी और कहने लगी— "चलो मैं मिलवाती हूँ तुम्हें उनसे।"

क्लारा ने जल्दी से जार्ज की बाँह में अपनी बाँह डाली और उसे लेखक की ओर खींच ले गयी।

लेखक ने जार्ज को देखा तो पहले उसके प्रभाव तले दब—सा गया, घबरा गया पर फिर अपनी पूरी ताक़त से अपना वजूद फिर से खड़ा कर मुस्कुराया। उसकी आँखों में बर्फानी अलगाव भरा था अब उसे लग रहा था इस बेवकूफ उच्च वर्ग की बेवकूफाना बातें, नकली हँसी, नकली सतही मुद्दों पर चर्चा की ये बेकार शाम अब यहीं रुक जानी चाहिए, कम से कम ख़ुद तो वो ये पार्टी छोड़ ही सकता है तो उसने जार्ज से विदा ली और हॉल के बाहर तेज़ कदमों से निकल गया। जार्ज की माँ ने तेज़ी से उसका पीछा करने की कोशिश की थी पर लड़खड़ाते क़दमों से वो छड़ी के साथ ऐसा कर नहीं पायी। वो महान व्यक्तित्व अपने कन्धे पर डाला ख़ूबसूरत शाल फहराते हुए निकल ही गया जैसे विरोध का परचम लहरा गया हो।

सबसे पहले इस सदमे से उबरकर बोलने वाला था– चिकन फार्मर यानी मुर्गियों का पालक व्यवसायी। उसने कहा– "ये महाशय किस नाली से रंग भर यहाँ पहुँचे?"

प्रोफ़ेसर ने कहा बुर्ग थियेटर से प्रोफ़ेसर फ्रोडल उदास से बोले–

होल ज़िगर ने शराब गिलास में ढाल ली और चुप हो गया।

वो नौजवान लड़कियाँ जो ग्रह नक्षत्र देख रही थीं। उनमें से एक बोली–"सत्यानाश मंगल सूर्य के ग्रह में प्रवेश कर चुका है।"

बस इसी समय जार्ज के प्रोफ़ेसर ने हॉल में प्रवेश किया। आज वो अपने पति को भी साथ लायी थी। याद आया कुछ अरे वही क़ानून की उद्‌भट विद्वान "फ्राऊ ट्राऊन लैन्गरिस और उनके पति प्रोफ़ेसर विक्टोरस"।

पार्टी में वही लेखक था जो उस दिन की पार्टी में अपना तीखा भाषण पूरी सभा को सुना गया था–जिससे जार्ज पार्टी में घुसते ही टकराया था। वो बृहस्पतिवार बड़ा अभागा था क्योंकि उसके बाद इस विला में फिर कभी कोई कला गोष्ठी या पार्टी नहीं हुई। जार्ज की माँ ने ही इस लेखक के लेखन से क्लारा को परिचित करवाया था। उन्होंने लेखक को भी क्लारा तक पहुँचा दिया था। शुरू–शुरू में क्लारा को 'ब्रेश्नर' का नाम बिल्कुल पसन्द नहीं आया था। उसे ब्रेश्नर का लेखन बड़ा मनहूस काले अँधेरे से भरा लगता था। फिर अचानक क्लारा की वीरानी–सी सनकी ज़िन्दगी में ब्रेश्नर का लेखन एक आत्मिक चेतना का दरवाज़ा खोल गया। अब वो रसधार बनके उसकी अचेतन जिज्ञासा को जगा रहा था। वो ब्रेश्नर को समझने लगी। उसने उसका लेखन तत्त्व पा लिया था। अब वो ब्रेश्नर से प्रभावित हो रही थी। वो उसका प्रेरणा का स्रोत बन चुका था।

प्रेरित होना कहना यहाँ बतौर एक शब्द के ठीक ही लगता है पर क्लारा का जो हाल हो रहा था उससे तो ये कहना बेहतर होगा कि 'ब्रेश्नर' की आत्मा ही क्लारा में समा गयी थी–वो आत्मा उसके सिर चढ़कर बोल रही थी।

जार्ज की माँ से उसका संवाद अब सिर्फ़ 'ब्रेश्नर' और उसके लेखन पर ही होता। 'ब्रेश्नर' के विचारों से परे अब उन दोनों के लिए कुछ नहीं था। जार्ज की माँ अब हर रोज़ क्लारा से मिलने आती। ब्रेश्नर की लिखी हर नयी पंक्ति का विश्लेषण किया जाता, नोट्स लिखे जाते, उन नोट्स को दोनों एक–दूसरे को पढ़कर सुनातीं, बहस करतीं।

माँ अपने नुकीले कन्धों पर क्रोशिये से बुना शाल पहनकर आतीं और क्लारा के बड़े बिस्तर पर ही बैठ जातीं। अपने काँपते हाथों से बिस्तर की सलवटें सीधी करती रहती या फिर अपनी बहू का बदन सहलाती थपथपाती। बहू अब तन और मन दोनों से ही बीमार हो गयी थी। माँ अपनी छोटी पनियायी आँखों से बहू की ओर एकटक देखती रहती। वो क्लारा की बातें ध्यान से सुनती, उसकी हर बात पर सिर हिलाकर हामी भरती। पूरे गौर से देखती माँ को क्लारा उत्तेजित होकर अपना ब्रेश्नर अध्याय सुनाती। इतनी देर तक सुनाती कि ख़ुद ही थक जाती और थककर अपने रेशमी तकियों में धँस जाती। फिर एक बार फिर से दुनिया से विरक्त हो जाती। बाहरी दुनिया से उचट जाती, एक गहरी नफ़रत से भर जाती। जीवन से भी थक जाती।

इन सब मिलने वालों में सबसे अलग किस्म का मिलना क्लारा का प्रोफ़ेसर फ्रोडल से होता, जो अब सिर्फ़ एक जान पहचान वाले नहीं रह गये थे। अब वो क्लारा के निकटतम, परम विश्वसनीय मित्र बन चुके थे।

क्लारा उस समय लेटी हुई एक उपन्यास पढ़ रही थी जिसे ब्रेश्नर ने लिखा था, जब प्रोफ़ेसर फ्रोडल उसके कमरे में घुसे। प्रोफ़ेसर आकर क्लारा के बिस्तर पर ही बैठ गये। क्लारा ने उनको देखकर उपन्यास बिस्तर पर ही रख दिया और गहरी साँस लेकर बोली "अगर में इस दुनिया को अपनी दुनिया मानती हूँ तो आमतौर पर मुझे मानना ही चाहिए तो पाती ये दुनिया कुछ भी नहीं है सिर्फ़ एक खेल के मैदान के–जहाँ दिनभर बेवकूफ़ियों से भरे खेल खेले जाते हैं, रचे जाते हैं जिनका परिणाम और हासिल सिर्फ़ बेवकूफ़ियाँ ही होती हैं। जो जंगली घने खूँखार रवैयों को जन्म देती जाती है। बेवकूफ़ियाँ और खूँखार रवैये इस दुनिया का दूसरा नाम है।"

चाहे तो ये भी मान सकते हैं ये दुनिया ज़ाहिलों से पागलपन से भरी और पागलपन को जन्म देती जाती है। नासमझी ही शाश्वत है अनन्त है। पागलपन नित्य **चिरूतन** है।

प्रोफ़ेसर ने क्लारा पर झुककर लाड़ से दुलारा और कहा– तुमसे किसने कहा कि तुम सारी दुनिया का बोझ अपने नाजुक दिमाग़ पर उठा लो। फिर उसने क्लारा का हाथ अपने हाथों में लिया और कहा– हाँ, मेरी प्रिय दुनिया एक भौंडी, घिनौनी, अश्लील जगह है पर तुम्हें ब्रेश्नर को भगवान मानकर उसके लिखे हर शब्द को दिल पर नहीं लेना चाहिए। फिर उसने क्लारा से पूछा, "क्या तुम्हें ठण्ड लग रही है?" क्लारा ने अपने होंठ कसकर भींच लिए और हाँ में सिर हिलाया। माथे पर झूल आयी अपने बालों की लट पीछे हटायी।

प्रोफ़ेसर फ्रोडल फिर बोले– "ब्रेश्नर करता कुछ नहीं है सिवाय ये सब लिखने के और कुछ चित्र बनाने के। मानता मैं भी हूँ कि वो सच और सही कह रहा है।"

बेवकूफों की सत्ता है, बेवकूफी ही निजाम है। दुनिया में बेहूदा पागलपन ही राज कर रहा है जिसने पूरी दुनिया को, समाज को, आदमी को आधारहीन बना दिया है। हम खड़े तो हैं पर हमारे पैर तले की ज़मीन हमारा आधार खिसक चुका है। क्लारा बोल रही थी नीचे की आम, साधारण जनता इस खेल में और नीचे जा रही है। विनाश के पाताल में अब यही बात दुनिया के लिए साधारण बात हो गयी है। उनकी बेवकूफी में ऊपर खड़े खूँखार रवैये वाले लोगों को कोई फ़र्क़ नहीं पड़ता। क्लारा अब भारी गले से फुसफुसा कर बोल रही थी।

प्रोफ़ेसर बोला, "ख़ासतौर पर इस देश में।" थोड़ी देर बाद प्रोफ़ेसर का हाथ और बदन क्लारा के बिस्तर की चादर से खेलते हुए उसके शरीर पर पहने रात के कपड़े के नीचे से उसका बदन टटोलने लगे। अब बात किसी गिरावट और पतन की नहीं हो रही थी।

अब प्रोफ़ेसर का लिंग क्लारा के गुप्तांगों तक पहुँचकर उसकी योनि गुफा के रस में डूबकर आ रहा था, जा रहा था। क्लारा उस रस–धारा में नहा रही थी। मदहोश और उत्तेजित होकर प्रोफ़ेसर की

पीठ पर अपने नाख़ून गड़ा कर बार–बार कह रही थी– आह। तुम मुझे डूबने से बचा लो–आह बचा लो मुझे। कितना सुख है–अपार सुख आह! क्लारा दिखने में दुबली–पतली कोमल ज़रूर थी पर इस नाजुक बदन में आग जलती थी भीतर ही भीतर। वो उसके काम–सुख की गहरी ज़रूरत थी जो सिर्फ़ दिमाग़ के रास्ते से देह में उतरती थी। काम ज्वार से क्लारा की देह उद्वेलित हो रही थी। देह सागर एक अथाह सुख है जिसका मन्थन कर लहरों को आन्दोलित करना प्रोफ़ेसर फ्रोडल को बख़ूबी आता था। क्लारा ने अपने पतले हाथों के नाख़ून प्रोफ़ेसर की पीठ पर इस बार चिमटों की तरह गहराई से गड़ाकर एक लम्बा सुख भरा साँस लिया शायद ये यौन सुख का चरम था।

शायद यही समय था या इस समय के आस–पास ही पान्डुरा ने वियना की पुलिस सेना में जगह पा ली। बड़े दिनों से वो पुलिस विभाग में जाने के बारे में सोच रहा था अब समय आ ही गया था। अब पान्डुरा को आम पुलिस कर्मी की तरह थोड़े समय के लिए काम पर जाना होता था। उसकी ड्यूटी सिनेमा हॉल में लगायी गयी थी। इसी दौरान उसने एक फिल्म तीन बार देख डाली। उस फिल्म का पान्डुरा के मन मस्तिष्क पर गहरा असर पड़ा। सहसा उसकी रुचि राजनीति में बढ़ने लगी। खा़सतौर पर घरेलू राजनीति ने उसका ध्यान अपनी ओर खींचना शुरू किया। "करत करत अभ्यास के जड़मति होत सुजान" कहावत के हिसाब से पान्डुरा समाचार रील देख–देखकर अपने–आप को घरेलू राजनीति का विशेषज्ञ समझने लगा था। अब वो अपने पुलिस थाने में खाने की छुट्टी के समय दिन का अख़बार निकालता और ज़ोर–ज़ोर से वो अख़बार पढ़ता। अब चाहे कोई उसे सुने या ना सुने या फिर थककर अपनी डैस्क के पीछे बैठ जाता और किसी पत्रिका के पन्ने पलटता।

ऐसे में एक दिन वो ड्यूटी पर था तो सड़क पर एक विरोध प्रदर्शन का जुलूस निकला–जुलूस छोटा था–वो सब लोग एक 'परमाणु शक्ति संस्थान' के बनाये जाने का विरोध कर रहे थे।

उनके हाथ में प्रदर्शन पट्ट थे जिन पर हाथों से नारे लिखे जो सत्ता विरोधी नारे थे। वो सब एक सुर में सत्ता मुर्दाबाद और हाय–हाय की आवाज़ें उठा रहे थे। न जाने पान्डुरा को क्या हुआ कि उसने अपना आपा खो दिया। उठा और लाठी उठाकर अपने साथियों के साथ प्रदर्शनकारियों की बिना कारण धुनाई कर डाली। अपने–आप पर नियन्त्रण खो चुके पान्डुरा ने प्रदर्शनकारियों को बहुत मारा। उसके इस तरह प्रदर्शनकारियों को पीटने से एक राजनैतिक मुद्दा खड़ा हो गया। पान्डुरा को निष्कासित कर दिया गया उस पद से ही हटा दिया गया उसकी जगह दूसरे विभाग में उसे नियुक्त कर दिया गया। जहाँ थोड़ी शान्ति थी।

जार्ज की अपनी ज़िन्दगी अब ऊँचे और ऊँचे लक्ष्यों की प्राप्ति की ओर बढ़ रही थी। ये बात बहुत स्पष्ट थी जार्ज आसमान छूना चाहता है। मुश्किल ये थी उसके आसमानी लक्ष्यों को ज़मीनी हक़ीक़तों का पता नहीं था। ऊपर की ओर उठते लक्ष्यों के बीच धरातल के सच को जार्ज नहीं जान पा रहा था। वो व्यवसाय का और जीवन का एक सुनहरा दौर था जो बहुत जल्द चुकता जा रहा था। ऐसा हर ख़ुशनुमा लक्ष्य, उसकी प्राप्ति और उसको पाने का सन्तोष जल्द ही चुक जाने वाली चीज़ें होती हैं जो इतनी जल्दी बीत जाती हैं कि पता ही नहीं चलता।

जार्ज के घर हैटजिंग विला में अब एक विचित्र किस्म का बदलाव भरी व्यवस्था स्थापित हो गयी थी। एक तरफ़ उसकी माँ थी जो अब अपनी परछाईं बनकर रह गयी थी। वो अपने ही कमरे में बन्द रहती कभी–कभार बाहर निकलती। वो अपने कमरे में क्या करती रहती थी किसी को नहीं मालूम। शायद कुछ भी न करती हो।

जार्ज अब माँ को बहुत कम मिलने जा पाता था। शायद दो सप्ताह में एक बार। वो मिलना भी ख़ास डिनर यानी रात्रि भोज के बुलावे पर होता था। वो टेबिल पर बैठकर माँ की समन्दर–सी आँखों में झाँकता और उनकी अतल गहराइयों में अपने लिए केवल प्यार ही प्यार पाता। जार्ज को और कुछ चाहिए भी नहीं था।

घर का सारा काम व्यवस्था एक महिला ही देखती थी–जिसे घर चलाने के लिए ही रखा गया था। वो जो घर का ख़र्च का बिल पेश करती थी वो कमाल का था। घर में दो महिलायें रहती थीं– जार्ज की माँ के अपने ख़र्चे का कोई बिल उसमें होता ही नहीं जैसे कि उन्होंने दुनिया के हर राज भोग से अब नाता ही तोड़ लिया हो, न मेकअप प्रसाधन, न कपड़े, न खाना। उनके नाम की कोई भी फरमाइश पर ख़र्च होता ही नहीं था। माँ वैसा चाहती ही नहीं थी। दूसरी ओर क्लारा के ख़र्च के बिलों का हर महीने अम्बार लग जाता था। एक से एक मेकअप प्रसाधन, एक से एक औरतों के भीतरी कपड़े जैसे– ब्रा, पैन्टी, नाईटी, गाऊन। महँगे से महँगे कपड़े। बड़ा पैसा ख़र्च किया जाता इन पर। जार्ज को ये तकलीफ नहीं थी कि वो इतना ख़र्च करती थी। उसको ये अचरज होता कि जब क्लारा कहीं आती–जाती नहीं तो इन अंग वस्त्रों को बिस्तर में पहनकर सोकर क्या आनन्द उठाती है। पर वो ये सोचकर सवाल नहीं करता कि अगर क्लारा इसी में ख़ुश है तो इसी में ख़ुश रहने दो।

क्लारा कभी वार त्योहार जैसे क्रिसमस या कोई और धार्मिक अनुष्ठानों और जन्मदिन पर ही बाहर आती थी और बड़े घर में चलती–फिरती दिखाई देती थी। पर घर की बजट लिस्ट में वो लगातार बार–बार चीज़ों के साथ दिखाई देती थी। बेहद ख़र्चीली चीज़ें क्लारा के लिए मँगवायी जातीं। जार्ज अब इसका बुरा नहीं मानता था क्योंकि जार्ज की कम्पनी बहुत अच्छी चल रही थी। मोटा मुनाफ़ा कमा रही थी।

जब कभी भी जार्ज को आराम करने के एकान्त क्षण मिलते। जार्ज अपनी पलकें बन्द कर लेता। आँखें मूँद लेता। अपना सिर आराम कुर्सी की पीठ पर टिका देता। पलकों के हल्के खुले झरोखों से उसे एक सुनहली रेखा दिखाई पड़ती। पलकों की दरारों के झरोखे आधा घुमाव जार्ज की स्वर्ण रेखा का वो गहरा अहसास था जिसे वो सागर के तट की स्वर्णिम रेखा या घुमावदार झील का सुनहरा तट समझता था। उसी को स्वर्ग से मिलन मानता था।

एक अभूतपूर्व, अनोखा अनुभव न न इसे वैभव की स्वर्ण रेखा या धन की स्वर्ण रेखा कहकर इस विशुद्ध आत्म सुख का अपमान मत करिये। ये अहसास तो इतिहास से पहले का है प्रागैतिहासिक काल का, कार्बन काल था जब सुनहरी दलदल के ऊपरी चमक की सतहों की स्वर्ण रेखा को देखते ही ये भी ज्ञात हो जाता था कि इसी सुनहरे दलदल के नीचे से अचानक उदित हो जायेंगे, प्रकट हो जायेंगे। डायनासोरस, भयंकर घातक डायनासोरस, वो प्रागैतिहासिक जीव जिसके आने के बाद तब की दुनिया ख़त्म हो गयी थी। ठीक यही हाल होगा इस नये विश्व का जिसकी सुनहरी रेखा के पीछे छिपे हैं भयंकर डायनासोरस। धड़कते दिलों से इन्तज़ार कीजिये उस पल का जब इसी नये विश्व के सुनहरे लगने वाले दलदल से अचानक ऊपर उठेंगी। डायनसोरस की गर्दनें भयंकर सिर। जो अभी अदृश्य है दिखाई नहीं दे रहा है पर है ज़रूर वही छिपा हुआ विनाश।

जार्ज की कल्पना के सुनहरे सागर में आशा–आकांक्षा की नावों के पाल खुल गये हैं इनमें भर गयी है ताजी हवा। इस हादसे से सबसे पहले उबरने वालों में थे चिकन यानी मुर्गीपालन करने वाले सज्जन और प्रोफ़ेसर फ्रोडल।

मुर्गी पालक ने कहा, "भाई साहब ये नाली का कीड़ा यहाँ से रैंगकर कहाँ घुस आया?" प्रोफ़ेसर फ्रोडल बोले, "बुर्ग रंगमंच से।" और थोड़े हताश होकर बैठ गये।

इमारतों के फिर से सजाने का काम करने वालियाँ आपस में खिखि कर हँस पड़ीं। होलज़िगर वास्तुकार ने चैन की साँस ली और खाने के टेबिल पर लगी शराब अपनी गिलास में उड़ेल ली।

वो जो दो लड़कियाँ ग्रहों के प्रभावों की, नक्षत्रों की बातें कर रही थीं उनमें से एक बोली, "मंगल अब सूर्य की राशि में प्रवेश कर गया है।" ये बात कही तो उसने फुसफुसाकर थी पर ये निशाना उसका क्लारा की ओर था। ठीक उसी समय प्राऊ प्रोफ़ेसर ट्राऊन–लैन्गरीस अपने पति प्रोफ़ेसर विक्टोरस के साथ आयीं। अब इतनी देर में पार्टी में आना उचित था या अनुचित ये तो मेज़बान ही जाने पर थे वो मेज़बान के प्रिय

अध्यापक याद आया आपको जार्ज का ला कालेज? यूनिवर्सिटी ऑफ वियना के दोनों जाने–माने प्रोफ़ेसर थे इसीलिए हर कोई मुस्कुराकर उनका स्वागत कर रहा था। प्रोफ़ेसर ट्राऊन लंगरीज़ सीधे होलब्रुक के पास जाकर खड़ीं हो गयीं। वो होलब्रुक से भोजन के सन्तुलन की पेचीदिगियों पर चर्चा करने लगीं। प्रोफ़ेसर लंगरीज़ बड़ी ख़ूबसूरत लग रही थीं पहले से भी ज़्यादा। अब वो ज़्यादा स्वस्थ और तरोताज़ा दिखाई दे रहीं थीं। मोतियों से दाँत वाली झिलमिलाती मुस्कुराहट वाला चेहरा था उनका। वो बार–बार अपने दाँतों पर सलज्जता से हाथ रख लेती थीं ताकि लोगों का ध्यान सारा उनकी तरफ़ ही न हो जाये।

वो जो क्रोध से भरा उत्तेजित लेखक पार्टी छोड़कर गया था वो 'बेर्नेर' था। एक प्रसिद्ध और लोकप्रिय लेखक। आने वाले सालों में इसी लेखक द्वारा लिखे गये बड़े–बड़े ग्रन्थ क्लारा को पढ़ने ही पड़े।

इस बृहस्पतिवार के बाद, एक बड़ी बात ये हो गयी कि क्लारा और जार्ज अपने–अपने शयन कमरों में अलग–अलग सोने लगे। ये विला अब पूरी तरह से बारीक से बारीक बदलाव जो क्लारा और जार्ज चाहते थे वो सब करवा के बिल्कुल नयी–नवेली बन गयी थी।

इधर विला फिर से दुल्हन बनी और उधर जार्ज और क्लारा के बिस्तर तो क्या कमरे भी अलग हो गये।

जार्ज को इसका दुख नहीं था कि अब वो और क्लारा एक कमरे में साथ नहीं हैं उसके लिए तो यही बात बहुत थी कि क्लारा घर में ही थी और इतनी गम्भीर बीमार नहीं थी कि चल फिर ही न सके क्या हुआ कि क्लारा ने कमरे में घुसने का समय और घण्टे भी नियत कर दिये हैं वो उन्हीं घण्टों के दौरान कमरे में घुस सकता। उसको यही बड़ा सन्तोष है कि कम से कम क्लारा उसके ही आस–पास है। क्लारा ज़्यादातर अपने महल जैसे शयनागार में ही रहती बाहर बहुत कम निकलती थी। अब उसके लिए सबसे बड़ी शान्ति और बड़ा सुख था– एकान्त के क्षण। उस दुनिया से बचने के क्षण जिस दुनिया की बेरुखी, क्रूरता और ज़िन्दा रहने की बेहूदा माँगों से क्लारा तंग आयी थी। वो विरक्त हो गयी थी इस दुनिया से।

अब वो अपनी रेशमी तकियों के ढेर में उचकी बैठी रहती थी। कमरे के पर्दे हमेशा गिरे रहते थे पलँग के पास का लैम्प जलता रहता– दिन हो या रात। उस पर लगा लैम्प शेड जो सिल्क का था ज़िसके किनारे झालरें लगी थीं। उसमें से ही छनकर आती थी, एक बड़ी झीनी सी रोशनी जो आँखों को बहुत सुहाती थी।

क्लारा को दिन का पता था न रात का। उसे उसकी ज़रूरतों के हिसाब से सारी सूचनायें उसकी निजी नौकरानी ही देती थी। उसे सब पता था क्लारा को कब क्या चाहिए किस को अन्दर आने देना है किस को नहीं। कब उसके सौन्दर्य को सँवारने, पैर हाथ धोने वालियाँ अन्दर आयेंगी। कब उसका सिर और मन दर्द दूर करने डॉक्टर भीतर लाया जायेगा। कब वो लोग भीतर मिलने आ सकेंगे जिनसे क्लारा मिलना पसन्द करती है।

क्लारा अपनी चेतन जागृत अवस्था का अधिकांश समय पढ़ने में ही बिताती। क्लारा दिन में भी अपने फ़ुर्शो लैम्प के अलावा दो चार रात के लैम्प जिनमें तेज़ रोशनी होती उनको जलाये रखती। एक लैम्प पर शीशे का ही अजीब–सा शेड था जो बीच में से खुला था चारों तरफ़ से घिरा था तो उसकी रौशनी भी बड़ी ख़ुशनुमा लगती थी। कहा नहीं जा सकता कि इतना पढ़ने से क्लारा के दिमाग़ की खिड़कियाँ खुलीं या नहीं। एक समय ऐसा भी आया जब क्लारा सिर्फ़ और सिर्फ़ ब्रेश्नर के ही भारी ग्रन्थ पढ़ रही थी।

उपसंहार

पतझड़ के मौसम का दिन था वो शाम ढल चुकी थी। आज न जाने क्यों जार्ज ऑफ़िस से घर जल्दी लौट आया। उसका मन उचाट था। वो सालोन में बगीचे की तरफ़ मुँह करके बैठ गया। बाहर पेड़ से घिरी खड़ी थी वो मूर्ति जिसे माँ ने 'आज्ञाकारी बेटे' का नाम दिया था। माँ ने ज़िद की तो ये मूर्ति ख़रीद ही ली गयी। माँ ने जहाँ, जैसे कहा मूर्ति वहीं लगवायी गयी। काँसे की मूर्ति में बहुत कलाकारी नज़र आती थी। चारों तरफ़ बड़े कलात्मक तरीक़े से कुछ चीथड़े भी लटकाये गये थे सब कुछ काँसे में बना था। जार्ज मूर्ति देखकर मुस्कुराया जो वो बहुत कम करता था यानी मुस्कुराता कम था। जार्ज सोचने लगा ये 'आज्ञाकारी बेटा' यों झुककर किस ओर किस दिशा में देख रहा है क्या अपने घर की ओर। कला की दृष्टि से मूर्ति अभूतपूर्व थी अमूल्य थी। अचानक जार्ज के मुँह से निकला 'ऊफ छि' क्योंकि सूर्य ढलने से पेड़ों की छायाएँ गहरा गयी थीं। अब इस कलाकृति को जार्ज देख नहीं पा रहा था। सब कुछ छिप गया था उसका चेहरा, उसका आकार उसके नैननक्श जार्ज नहीं जानता इस 'आज्ञाकारी बेटे' को नहीं पहचानता है माँ के दिये नाम की इस कलाकृति। ये कौन है?

–रमा पाण्डेय

❐❐